# Bilişsel Davranışçı Terapi: Temel İlkeler ve Uygulama

**YENİLENMİŞ VE GÖZDEN GEÇİRİLMİŞ 11. BASKI**

**Prof. Dr. M. Hakan Türkçapar**

**BİLİŞSEL DAVRANIŞÇI TERAPİ:**
**TEMEL İLKELER ve UYGULAMA**

Yazarı: Prof. Dr. M. Hakan Türkçapar
Yayın Yönetmeni: Aslı Tunç
Editör: Elif Okan Gezmiş
Düzelti: Yağmur Yavaş
Düzenleme: Ceyda Çakıcı Baş
Kapak Tasarım: Dilara Kavaklıoğlu

2. Baskı: Kasım 2018

1-10. baskılar HYB Yayıncılık tarafından yayımlanmıştır.

ISBN: 978-605-173-453-8

YAYINEVİ SERTİFİKA NO: 34590



MY MATBAACILIK SAN. VE TİC. LTD. ŞTİ.
Maltepe Mah. Yılanlı Ayazma Sk.No: 8/F Zeytinburnu / İstanbul
Tel: 0212 674 85 28 - 0532 739 94 56
mymatbaa34@gmail.com
Sertifika No: 34191

**Yayımlayan:**
Epsilon Yayınevi Ticaret ve Sanayi A.Ş.
Osmanlı Sk. Osmanlı İş Merkezi 18 / 4-5 Taksim / İstanbul
Tel: 0212.252 38 21 Faks: 252 63 98
İnternet adresi: www.epsilonyayinevi.com
e-mail: epsilon@epsilonyayinevi.com

# Bilişsel Davranışçı Terapi: Temel İlkeler ve Uygulama

YENİLENMİŞ VE GÖZDEN GEÇİRİLMİŞ 11. BASKI

PROF. DR. M. HAKAN TÜRKÇAPAR

epsilon®

# İçindekiler

# Özgeçmiş

*Dr. Türkçapar 1990 yılında Hacettepe Üniversitesi Tıp Fakültesini, 1995 yılında psikiyatri ihtisasını bitirdi. Uzmanlık sonrası 1997'de Beck Institute for Cognitive Therapy and Research'te bilişsel psikoterapi eğitimi aldı. 1999 yılında New York Ellis Institute'te Rational Emotive Behaviour Therapy eğitimi sonrası REBT'de önce Temel Sertifika (Primary Certificate), ardından 2008 yılında da ileri düzey sertifika (Advanced Certificate) aşamalarını tamamladı.*

*2000 yılında Psikiyatri Doçenti, 2012 yılında Psikiyatri Profesörü olan Dr. Türkçapar, psikiyatrinin yanı sıra antropoloji alanında da uzmanlaşarak 2002 yılında sosyal antropoloji alanında bilim uzmanlığını, 2009 yılında da doktorasını tamamladı. 2003 yılında bilişsel terapi alanında yeterliliği değerlendiren uluslararası akademi olan Academy of Cognitive Therapy (ACT) tarafından Bilişsel Terapist olarak sertifiye edildi. Aynı yıl alana olan katkıları nedeniyle akademinin fellow üyeliğine, 2005 yılında akademinin sertifikasyon kuruluna alındı.*

*Dr. Türkçapar'ın, bilişsel davranışçı terapi alanında "Bilişsel Terapi Temel İlkeler ve Uygulama" (2007) ve "Klinik Uygulamada Bilişsel Terapi: Depresyon" (2009) başlıklı iki kitabı ve sayısı yüzü aşan makalesi yayımlanmıştır. Türkçapar, 1999 yılından itibaren çeşitli merkezlerde ve kongrelerde bilişsel davranışçı terapi konusunda alanda çalışan profesyonellere dönük eğitim çalışmaları yapmıştır. 2005-2012 arasında Ankara Dışkapı Yıldırım Beyazıt Eğitim Araştırma Hastanesi Psikiyatri kliniği şefliği ve 2006-2011 yılları arasında Etlik İhtisas Hastanesi Psikiyatri Kliniği kurucu şefliğini yapan Dr. Türkçapar, halen Bilişsel Davranışçı Psikoterapiler Derneği başkanlığı ve Hasan Kalyoncu Üniversitesi Psikoloji Bölümü başkanlığını yürütmektedir.*

*Sevgili Eşim Figen Türkçapar*
*ve*
*Oğullarım*
*Ali Merd ve Mehmet Berk Türkçapar'a,*
*Sevgi ve Minnettarlıkla*

# Kitap için Yazılanlar
# BİLİŞSEL TERAPİ

"Bilişsel terapi alanında yazılan bu kitapta hem BDT'nin tanıtılması, hem de BDT'nin uygulanabilir alanlarının akıcı ve anlaşılır bir dille aktarılmış olması Türkiye'deki bilişsel terapi alanı adına bir kazanç niteliğindedir. Bunun yanında tüm ruh sağlığı alanında çalışanlara ve hastalara yol gösterici niteliğinde olan bu kitabı bizlere kazandıran Dr. Hakan Türkçapar'a teşekkürlerimi sunarım."

***DR. EMEL STROUP, ABPP, ACT***

"Prof. Hakan Türkçapar'ın *Bilişsel-Davranışçı Terapi: Temel İlkeler ve Uygulama* isimli kitabının yeni baskısı, bilişsel terapi modeli için harika bir başlangıç ve genel değerlendirme. Bu müthiş eser, klinisyenlere, bilişsel model veya psikopatoloji hakkında, hastaların nasıl değerlendirilmesi gerektiği, ilk seansta nasıl etkili çalışılacağı, olgu kavramlaştırması ve sorunlu düşünüş-davranış biçimlerini tanılama hakkında güncel bir bakış açısı sağlıyor. Elinizdeki kitap, bilişsel modeli bilinçli ve sofistike bir bağlamda kullanmak isteyen klinisyenler için çok önemli bir kaynak. Klinisyenlere şiddetle tavsiye ederim."

***Prof. Dr. Robert L. Leahy***
***American Bilişsel Terapi Enstitüsü Direktörü***
***Bilişsel Davranışçı Terapiler Derneği Eski Başkanı***
***Uluslararası Bilişsel Psikoterapi Derneği Eski Başkanı***
***Bilişsel Terapi Akademisi Eski Başkanı***

"Hakan Türkçapar, bilişsel terapinin teori ve pratiğiyle ilgilenen Türkçe konuşan klinisyenler için değerli bir kitap yazmış. Hakan, Türkiye'deki psikiyatri kurumlarında bilişsel davranışçı terapi eğitimi, süpervizyonu ve yaygınlaştırılması konularında oldukça yoğun çalışmalar yapan deneyimli bir BDT klinisyeni. Onunla çalışmaktan her zaman büyük keyif aldım; bu kitabı da bilişsel terapinin temel prensipleri ve uygulamalarını öğrenmek isteyen Türkçe konuşan tüm akıl sağlığı çalışanlarına tavsiye ederim."

***Prof. Dr. Judith S. Beck***
***Beck Bilişsel Davranışçı Terapi Enstitüsü Başkanı***

# Yenilenmiş ve Gözden Geçirilmiş 11. Baskıya Önsöz

*"Bilişsel Terapi: Temel İlkeler ve Uygulama" kitabı ilk yayımlandığı zamandan bu yana yıllar içinde bilişsel davranışçı terapiyi öğrenmek isteyenler için aranılan ve çok okunan bir kitap oldu; pek çok okul bilişsel davranışçı terapi derslerinde kaynak kitap olarak kullandı, ayrıca Türkiye'nin yanı sıra kardeş ülke Azerbaycan'da da bu alanda çok okunan ve başvurulan bir kaynak kitap olduğuna ilişkin çok güzel geribildirimler aldım. Bu benim başlangıçta düşünemediğim düzeyde bir ilgiydi.*

*Kitabın ilk yayınından itibaren okuyan değerli meslektaşlarımdan çok olumlu ve geliştirici öneriler ve geribildirimler aldım, ayrıca ilk basımdan bu yana yıllar içinde alanda ve bilişsel davranışçı terapide çeşitli yeni gelişmeler oldu. Bilişsel Davranışçı Terapiye ülkemizdeki ilgi giderek artarak devam ediyor, psikoloji ve klinik psikoloji programlarındaki ağırlığı artıyor. Bu artan ilgi sadece profesyoneller arasında değil halkın genelini içine alan bir ilgi. Bu ilgiye gereği gibi karşılık verebilmek bu alana hâkim ve bilgili yetkin ruh sağlığı çalışanları ve terapistlerin yetişmesinden geçiyor. Bilişsel Davranışçı Psikoterapiyi dünyadaki en iyi örneklerine uygun şekilde uygulayan terapistlerin yetişmesi için 2010 yılında kurduğumuz Bilişsel Davranışçı Psikoterapiler Derneği, Avrupa Bilişsel Davranışçı Terapiler Birliği'ne (EABCT) tam üye olarak kabul edildi ve derneğimizin eğitim programı da yine EABCT tarafından akredite edildi.*

*Bütün bu gelişmelere katkıda bulunabilecek en önemli bir diğer kaynak da alana ilişkin yazılmış ve yazılacak olan kitaplardır.*

*Geçen yıllarda kitabın ana gövdesi aynı kalmakla birlikte kitabın gözden geçirilerek yenilenmesi gerekiyordu. Bunu 2016 yılında yayımlanan kitabın önceki halinin ilk baskısında bir ölçüde yapmakla birlikte, kitabı daha köklü bir şekilde yenilenmiş ve güncellemiş halde karşınıza çıkarmak istedim. Tabii ki böylesi bir girişim zaman alıcı idi ama bu çabanın gösterilmesi gerektiğine inandığım için 2016 Kasım ayında kitabı yeni baştan inceleyerek yazma işine giriştim ve sonunda elinizde tuttuğunuz bu yenilenmiş baskı ortaya çıktı. Bu baskıda kapsadığı ve konu aldığı alanı daha güncel ve iyi bir şekilde yansıtması için kitabın adında da küçük bir değişiklik yaptım.*

*Her zaman olduğu gibi kitabın gözden geçirilmiş yeni baskısını hazırlarken ilgi ve destekleri için eşim Figen ve çocuklarım Merd ve Berk'e teşekkür ediyorum.*

*Umarım kitabın bu yeni baskısı alanda çalışan öğrenci, akademisyen, terapistlere ve diğer okurlara yararlı olur. Her zaman olduğu gibi yine de gözden kaçan hatalar veya eksiklikler olması durumunda okurlarımızın geribildirimlerini bekliyor ve hepinize iyi okumalar diliyorum.*

*M. Hakan Türkçapar*
*Ankara 2018*

# 2. Baskıya Önsöz

*"Bilişsel Terapi: Temel İlkeler ve Uygulama" kitabının ilk baskısı kendi türündeki kitaplara göre oldukça hızlı biçimde bitti, kitabın ilk baskısının yayınından sonra geçen yaklaşık 8 aylık süreçte ben "Klinik Uygulamada Bilişsel Terapi: Depresyon" kitabının yazımına yoğunlaştım, ama henüz onu bitirmeden yeniden ilk kitap üzerinde çalışmaya başladım: Kitabın ilk baskısı bitmişti ve yeniden basılacaktı. İlk ve kolay yol bu basımın birincisinin aynısı olmasıydı. Ben bunu tercih etmedim, tıpkı verdiğim eğitimlerde her grupla beraber içeriğin biraz daha yenilenmesi gibi yayın editörüm Dr. Köroğlu kitabın ikinci basımını gündeme getirdiğinde benim de kitapta yapmayı istediğim düzeltmeler ve eklemeleri yapabilme fırsatı da doğmuş oldu.*

*Elinizde tutmakta olduğunuz bu yeni baskıda iki ek bölüm ve bazı bölümlerde değişiklikler ve eklemeler göreceksiniz. Kitabın ilk yeni bölümü aynı zamanda birinci bölümü de oluşturuyor. Bu bölüm psikoterapinin tarihinin ve kuramsal bilgisinin bilişsel davranışçı terapiyi merkez alarak klinik uygulama açısından anlamlı bir özetini vermeyi amaçlıyor. Yaptıklarımızın hangi gelişimi temel aldığını bilmenin çok önemli olduğunu düşünüyorum. Bu çok temel bilgilere sahip olmanın bilişsel davranışçı terapiyi uygulayan kişiler açısından bir gereklilik olduğuna inandığım için bu bölümü ekledim. Yeni yazdığım ikinci yeni bölüm de benzer şekilde kitabın ikinci bölümünü oluşturuyor. İlk bölümle beraber bu ikinci bölümü yazarken en temel amacım Türkiye'de ruh sağlığı alanında çalışan kişilerde gözlemlediğim bir uyumsuzluğu azaltmaya çalışmak. Bu uyumsuzluk, kısaca belirtirsem, akademik ortam da dahil olmak üzere psikoloji çevrele-*

*riyle, klinik çalışma yürüten psikiyatristler arasındaki kopukluk. Bu kopukluğun olumsuz sonucu psikologların klinisyen ve patolojiden; psikiyatristlerin de psikolojik kavramlardan uzak ve yabancı olmasına yol açıyor. Disiplinlerarası bu kopukluk şüphesiz ki bir bütün olarak ruh sağlığı alanındaki hem bilimsel hem klinik çalışmaları fakirleştiriyor. İşte kitabın ikinci bölümünde bir klinisyen bakış açısıyla psikolojideki temel kavramları klinik örneklerle açıklamaya çalıştım. Bu kavramlar kitabın diğer bölümlerinde anlatılan uygulamaların da temel dayanağıdır. Umarım bu bölümü yazarken duyduğum ilgi ve merakı sizler açısından da yaşanılır kılacak biçimde yazmayı başarmışımdır. Sözü daha fazla uzatmadan sizleri bu ikinci bilişsel terapi yolculuğuna davet ediyorum.*

*Kitabın ikinci baskısı için yeni bölümleri yazarken ilgi ve destekleri için eşim Figen ve çocuklarım Merd ve Berk'e teşekkür ediyor, sizlere iyi okumalar diliyorum...*

*M. Hakan Türkçapar*
*Ankara, 2008*

# Önsöz

*Psikiyatri asistanlığıma başladığım 1990 yılından itibaren temel ilgi alanlarımdan birisi psikoterapi oldu. Psikoterapiye yönelmemin en önemli nedeni ilaç tedavilerinin hastaların tedavisinde önemli katkılar sağlamasına karşılık her hastada tatmin edici sonuçlara ulaşılamaması ve ilaç kesildikten sonra yinelemelerin oldukça sık olmasıydı. Bu nedenlerle psikiyatri asistanlığıma başladığım ilk yıldan itibaren psikoterapi eğitimlerine de katıldım: O yıllarda yaygın olan ve çok bilinen psikodrama konusunda Grup Psikoterapileri Derneği'nin verdiği eğitime bir yıl devam ederek psikoterapi alanına adımımı attım. Ardından psikodinamik terapilerle ilgili çeşitli kurs ve çalışmalara katıldım. Dinamik terapiler konusunda kendilerinden çok şey öğrendiğim Dr. Haluk Özbay, Dr. Leyla Zileli, Dr. Sağman Kayatürk ve Dr. Orhan Öztürk'e bu alanda çok şey borçluyum.*

*1993 yılı psikoterapiyle ilgili çalışmalarımda bir dönüm noktası oldu. Dr. Işık Savaşır ve Dr. Perin Yolaç başkanlığında yürütülen bir çalışma grubuyla bilişsel terapiyle tanıştım. Bu tanışma psikodinamik terapiye göre gerek psikolojik sorunları açıklama gerekse tedavi yöntemleri açısından çok daha etkili olabileceğini gördüğüm yeni bir kurama yönelmemi sağladı. İlk yıllarda sadece sempati ve ardından yıllar içinde kuramsal okumalarla sürdürdüğüm bu ilgim, psikiyatri uzmanı olmamın ardından 1997 yılında Philadelphia'ya giderek kuramı kuran Dr. Beck'in enstitüsünde eğitim almama yol açtı. Sonraki yıllarda yine okumalarım sırasında rastladığım ve ilgilenmeye başladığım akılcı duygusal terapiyi öğrenebilmek için New York'taki Ellis Enstitüsü'nde eğitim aldım. Aldığım eğitimler ve alanda süren çalışmalarım 2002 yılında bilişsel terapistleri sertifiye etmek için kurulan akademiden (Academy of Cognitive Therapy) Bilişsel Terapist Ünvanı almamla sonuçlandı. Academy of Cognitive Therapy'nin fellow üyesi olarak 2005 yılında da akademinin kredilendirme komitesine değerlendirici olarak seçildim.*

*Bu kitabın yazılış serüveni 1999 yılına dek uzanıyor. Kognitif Davranış Terapileri Derneği'nin Bilişsel Davranış Terapileri Eğitim Programı'nda eğiticilik yaparken hazırladığım notlar bu kitabın ilk kaynağı. Bu notlar her yıl gelişti ve daha yoğun eğiticilik yaptığım dönemde hacmi büyüdü. Terapistlere süpervizyon vermeye başladıkça teknik konularla ilgili notlar doğmaya başladı. Yaptığım hasta görüşmelerinin eğitime katılan sevgili Tamer Duman tarafından yazıya geçirilmesiyle hasta görüşme örnekleri ortaya çıktı. Kitapta iki psikoterapi seansının tamamı ayrıca çeşitli tekniklerin uygulanmasına ilişkin örnek diyaloglar yer almaktadır. Bunlarla konunun daha iyi anlaşılmasını amaçladım.*

*Bilişsel terapinin hemen bütün alanlarını kapsayan notlar, arkadaşlarımın ve eğitime katılan öğrencilerimin bu alanda yaşadıkları, Türkçe özgün kaynak olmamasından yakınmaları ve bu konuda beni teşvik etmeleriyle süreç kendiliğinden oluştu ve bu kitap ortaya çıktı.*

*Kitabın hedeflediği okur olan bilişsel terapiye ilgi duyan ve öğrenmeyi isteyen ruh sağlığı alanında çalışan herkese ulaşması ve yararlı olması benim için çok büyük bir mutluluk kaynağı olacaktır. Kitap yazıldıktan sonra ilk dört bölümle ilgili düzeltme ve öneriler yapan sayın Dr. Olga Güriz'e, kitap önerisini ilettiğimde bu projeye destek veren yayın editörü ve meslektaşım sayın Profesör Dr. Ertuğrul Köroğlu'na ve HYB Yayıncılık'a çabalarından ötürü teşekkür ederim.*

*Bu kitabın yazım süresince bana olan destekleri için sevgili eşim Figen ve oğullarım Merd ve Berk'e minnettarım; onların bana gösterdikleri destek ve anlayış bu kitabı yazmamda temel itici güç olmuştur. Son olarak gerek bu alanda bana bildiklerimi öğreten değerli bilimadamlarına ve psikoterapistlere, gerekse yıllardır öğretim üyesi olarak çalıştığım Ankara Dışkapı Hastanesi'ndeki değerli çalışma arkadaşlarıma ve sorunları nedeniyle tanıştığım ve yardımcı olmaya çalıştığım, yardımcı olurken de çok şeyler öğrendiğim hasta ve danışanlarıma teşekkür ederim...*

Ankara 2007

# Bölüm 1
# Kuramsal Arkaplan

*"Biliminsanı doğru cevapları veren kişi değildir; doğru soruları soran kişidir."*
**Claude Lévi Strauss**

Psikoterapiyle ilgili bir kitaba neden bilimle ilgili bir bölümle başlıyoruz?

Bu sorunun cevabı psikoterapiyle ilgili temel iki sorunun cevabıyla bağlantılı:

Psikoterapi kuramları ve dolayısıyla psikoterapi uygulamaları neye dayalı olmalıdır?

Psikoterapi bir bilim midir? Yoksa sanat mı?

Bilim (*science*) sözcüğü, Latince *scientia*, (bilgi) kökünden gelir. Bilim, maddi ve doğal evrenin yapısının ve davranışlarının deney ve gözlemler aracılığıyla sistematik bir şekilde incelenmesini kapsayan çalışmaların bütünüdür[1]. Bilgi çok çeşitli yöntemlerle üretilebilir, ancak bilimsel bilgi dediğimizde, gözlemlere dayalı olarak üretilen varsayımların (hipotezlerin) deneylerle sınanması yoluyla elde edilen bilgiyi kastediyoruz.

Maddi dünyayı inceleyen doğal bilimlerle, insanı inceleyen (beşeri) bilimler arasında yer alan psikoloji, davranışsal ve zihinsel süreçlerin (duygu, algı ve bilişlerin) bilimidir. Bu bilim, normal insan davranışlarını, düşünsel ve duygusal tepkilerini açıklamaya çalıştığı gibi bunun yanı sıra sorun olan veya sıra dışılaşan, "sorunlu" sayılan davranış, düşünce ve duygusal tepkileri de açıklamaya çalışır.

Ruhsal bozukluk adı da verilen ve kişi ve/veya çevresine sorun yaşatan durumların azaltılması veya yok edilmesine dönük çabalar neredeyse tarihin başlangıcıyla birlikte başlamıştır. Bu çabaların bir kısmı bedene dönük bedensel yöntemler (ilaç tedavileri, vb.) bir kısmı da sözel veya ilişkisel yöntemlerdir. Bu söze dayalı ilişkisel tedavi yöntemlerine genel olarak psikoterapi adı verilir. Ruhsal rahatsızlıkların konuşma veya iletişim yoluyla tedavisi demek olan psikoterapinin kökenleri, neredeyse insanlık tarihiyle başlar. Bugün için yüzlerce psikoterapi yöntemi tanımlanmış ve halen de kullanılmaktadır ve zaman geçtikçe bunlara yenileri katılmaya devam etmektedir. Yaşanan bu çokluk ister istemez hangi terapi sorusunu akla getirmektedir. Eğer söz konusu olan bir ruhsal bozukluğun psikolojik düzeneklerinin en iyi şekilde açıklanması ve en etkili şekilde azaltılması ise bunu en iyi yapan yöntem diğerleri arasında öne çıkacaktır.

Bu bağlamda etkinliği en çok araştırılmış ve uygulamaları elle tutulur tedavi rehberlerini esas alarak yürütülen psikoterapi yöntemi, bilişsel davranışçı terapidir. Bilişsel davranışçı terapiyi diğer yöntemlerden farklılaştıran şey, gözlem ve hipotez sınamaya dayalı bilimsel yöntemi esas almasıdır.

İşte bu nedenle klinik uygulamada bilişsel davranışçı terapinin temel ilkelerini aktarmayı hedefleyen bu kitabın bu tür terapinin dayandığı temel ilke olan bilimsel yöntemi konu alarak başlaması kadar doğal bir şey olmadığı için bu kitap bilimsel yöntem ve bunun psikoterapideki yansıması nasıl olmalıdır sorusuyla başlıyor.

## Bilim Felsefesi: Bilimin Evrimi

Bilimin yeri, işlevi ve ne olduğuyla uğraşan felsefe dalı olan bilim felsefesi, bilimin niteliğini anlamak için başvurulacak en önemli birikimdir. Bilimin tarihini bilim felsefesi penceresinden izlediğimizde karşımıza çıkan ilk yaklaşım pozitivizmdir. 19. yüzyılın sonu, 20. yüzyılın başlarında bilimde hâkim anlayış olan pozitivizme göre evrenin bilimsel olarak anlaşılmasının tek yolu duyumlardır. Pozitivizm, deneyci (ampirist) bilgi anlayışını temel alan, deney ve gözleme dayalı olgulardan hareketle bilginin kaynağını ve geçerliliğini kabul eden bir yaklaşım biçimidir. Pozitivizmin dayandığı tümevarımsal akıl yürütmeye göre, bilim gözlemle başlar; ardından bu gözlemlere göre bir sonuca ulaşılır (hipotez veya varsayım) ve sonunda bu hipotez sınanır (deney-araştırma). Deneyin sonucunda hipoteziniz doğrulanırsa, o hipotez artık bilimsel bilgi olarak tanımlanır[2].

Pozitivizmin bu yaklaşım biçimi, pratik anlamda günlük yaşamın birçok alanında ve psikoloji, tıp gibi uygulamalı bilimlerde oldukça iyi biçimde işler. Ancak bu tür uygulamalı bilimlerde çoğu kere iyi işlemesine rağmen tümevarım ve doğrulamaya dayalı pozitivizmin hem pratik hem de felsefi açıdan bazı sorunları vardır. Bu sorunların başında, uygulamaya dönük bir sorun olan doğrulama yanlılığı (*confirmation bias*) gelir. Bireyler inançlarını destekleyen doğrulayan örnekleri arar ve aykırı örnekleri görmez: Görmek istemediğimizi görmeyiz. Tümevarımcılığın önemli bir diğer sorunu ise bir bilimsel konunun veya "gerçek-hakikate" ulaşmak için ne kadar gözlem yapmaya gereksinimimiz olduğunun net olmamasıdır.

Bilim felsefecisi Karl Raimund Popper (1902–1994) pozitivizmin bu sorunlarını dikkate alarak, bilimsel kuramlar için aranması gereken özellik olarak doğrulanabilir olma (doğrulama ilkesi) yerine yanlışlanabilir olmayı (yanlışlanabilirlik ilkesini) önermiştir. Popper'a göre bilimsel kuramların temel özelliği **yanlışlanabilir** olmasıdır. Gerçek bilimsel kuram bilim olmayandan yanlışlanabilir olmasıyla ayrılır. Örneğin "yalan söylemek kötü bir şeydir" önermesi, bilimsel değil ahlaki bir önermedir. Test edilemez ve yanlışlanamaz. Öte yandan "su yüz derecede kaynar" önermesi bilimsel bir önermedir ve test edilip sınanabilir ve yanlışlanabilir. Popper, diğer yandan tümevarımın temel yöntemi olan doğrulamanın boşuna bir çaba olduğunu öne sürer: "Herhangi bir deneydeki olumlu sonuç bilimsel bir kuramın geçerliliğini göstermez veya artı bir katkıda bulunamaz ancak bir tek karşı örnek onun yanlış veya geçersiz olduğunu nihai olarak belirler."[3]

Amerikalı bilim felsefecisi Thomas S. Kuhn (1922-1996) ise hem pozitivist çerçeveye hem de Popper'a karşı çıkarak aslında bilimsel kuramların ne doğru ne de yanlış olduklarını, bunun için de hem doğrulanabilir olma hem de yanlışlanabilir olmanın bilimsel bir kuram için temel karakteristik olmadığını söylemiştir.[4] Kuhn'a göre bilimsel kuramlar gerçek dünyanın modelleridir, ancak hiçbirisi gerçeğin tam bir kopyası olamazlar. Bütün kuramlar kusursuz olmayan açıklamalardır (paradigma). Örneğin Newtonyen fizik yerini Einstein'ın görecelik kuramına bırakmış olsa da eski kuram pek çok durumda, –örneğin bir bina inşaatı yaparken– geçerlidir; diğer yandan, bazı durumlarda da –örneğin uzaya bir araç gönderirken– Einstein'ın modern fizik kuramı daha geçerlidir[5].

*Vaktiyle Hintliler bir fili karanlık bir ahıra koyarak halka göstermek istediler. Bir sürü insan hayvanı görmek için o kapkaranlık yere toplandı. Fakat ahır o kadar karanlıktı ki gözle görmenin imkânı yoktu. Göz gözü görmeyecek kadar karanlık olduğundan ve hiçbir şey göremediklerinden, filin nasıl bir hayvan olduğunu anlamak için elleriyle yoklamaya başladılar.*

*Biri eline hortumunu geçirdi, "Bu bir boru," dedi. Başka biri kulağını elledi, "Fil bir yelpazeye benziyor," dedi. Bir başkası bacağından tutarak, "Bir direk olmalı bu hayvan ," dedi. Bir başkası da sırtına dokunarak, padişah tahtına benzetti garibi!*

*Herkes neresini elleyip, ne sandıysa hayvanı, tanımı da ona göre oldu. her birinin görüşleri farklı olduğundan sözleri de farklı oldu. Biri "a" derken öbürü "b" diyordu.*

*Herkesin elinde bir ışık olsaydı her sözde bunca aykırılık olmazdı.*

*Duygu gözü ancak avuca, ancak köpüğe benzer, avuç bütün fili birden nasıl kavrayabilsin!*

*Denize bakan göz başkadır, köpüğe bakan gözden. Köpüğün değil, denizin gözüyle bak sen! Köpükleri, gece gündüz deniz oluşturur; fakat ne şaşılacak şey, köpüğü görüyorsun da denizi görmüyorsun!*

*Biz, gemiler gibiyiz. Aynı denizin içindeyiz, ama birbirimizi görmüyoruz. Ey ten gemisine binen adam, uykuya dalma! Denizi gördün ama asıl denizin denizini de gör. Denizin de bir denizi var, onu sürükleyip duran.*

Mesnevi[6]

Her bilimsel açıklama (kuram) gerçekliğin belli parçalarını ele alır, bazı kuramlar gerçekliği daha çok açıklayan, daha iyi modeller sunar ve bu daha iyi modeller öncelikle yaşamla sınanır, daha sonra da bilimsel deneylerle. Yaşam içinde ve bilimsel deneylerde takılan modeller tekrar yerlerini daha açıklayıcı yeni modellere bırakır.

## Bir Kuramcı Olarak İnsan

Bilimsel kuram, konu aldığı olgularla ilgili birçok gözlemi, görüngüyü bir araya getiren ve bütünleştiren sistematik bir açıklamadır. Kuram dış dünyada var olan birçok olguyu ve bunlara ilişkin bilgi ve gözlemlerimizi bir araya getirerek anlamlı ve anlaşılır biçime sokar. Örneğin havada bulutların toplanmasının ardından yağmur yağdığı gözlemi bu ikisi arasında bir ilişki kurmamıza yol açar: Bulutlu havalarda yağmur yağar. Bilimsel kuram sadece bu olguları ve bunlara ilişkin gözlemleri betimlemekle yetinmez, aynı zamanda bunların nasıl olduğunu, sürecin nasıl geliştiğini, neyin neyi izlediğini ve neden olduğunu da açıklar. Örneğin yukarıdaki örnekte, bulutların nasıl olup da yağmur oluşturduğunun düzeneğini açıklar. Kuram benzetme, model, formüller ortaya koyarak olayları anlamanın yanı sıra öngörmemize de hizmet eder. Bilimsel kuram bize sadece benzetmeler bile verse bu dünyayı ve olguları anlamakta ve öngörmekte bize çok yardımcı olur. Hiçbir kuram ya da en iyi kuram bile gerçekliğin dört dörtlük, mükemmel bir açıklamasını veremez ama bu, kuramın değerini ortadan kaldırmaz. Kuramlar olmaksızın hiçbir yere gidemeyiz; olguları, görüngüleri ve bunlara ilişkin bilgileri bütünleştirip düzenli bir biçime sokamayız. Sadece bilimsel etkinlik için değil; yaşantımızı daha rahat bir biçimde sürdürebilmek için de bunları yalın ve bütünlük oluşturacak şekilde bir araya getiririz.

Kuram oluşturmak insani bir etkinlik olup hemen hepimiz her gün onlarca kuram oluştururuz. İnsanların, yani bizlerin "şeyleri" sınıflamaya dönük doğal bir eğilimimiz vardır, sürekli "şeyleri" organize ederiz. İnsanlar karışıklığı, karmaşıklığı, anlaşmazlığı, rastlantısallığı sevmez; farkında olmasak da, bu konuda eğitilmesek de bu bizim gereksinimimizdir. Her şeyde bir örüntü ararız, zihnimiz bunu otomatik olarak yapar ve kuram geliştiririz. Hepimiz aslında "naif" kuramcılarız. Bu nedenle sorun kuramlara göre yaşayıp yaşamama, kuramları kullanıp kullanmama sorunu değildir çünkü bütün insanlar yaşamın içinde sürekli kuram oluşturur ve bunları kullanır; bu özellik insan türünün bilişsel yapısında doğuştan vardır. Asıl önemli olan oluşturduğumuz kuramların iyi mi yoksa kötü mü olduğudur.

Bilişsel terapi insandaki bu ayırt edici bilişsel özelliğin aynı zamanda onun yaşadığı kimi sorunların kaynağı olduğunu savunur. Bir kişinin soğuk bir günde Ankara'ya geldiğini ve havanın soğuk ve karlı olduğu gözlemini yaparak bunun sonucunda "Ankara soğuk ve karlı bir yerdir" sonucuna ulaştığını varsayalım. Bu varsayım veya kuram yanlış mıdır? Hayır çünkü kişinin bizzat yaşayarak gördüğü şeyle uyuşum halindedir. Doğru mudur? Yine hayır çünkü Ankara'nın sıcak ve güneşli günleri de vardır. O zaman bu "kuram" bütün kuramlar gibi eksiktir. Eğer Ankara'nın iklim koşullarıyla ilgili gerçekliğini bir resme benzetirsek kişi resmin bir parçasıyla bütünü nitelemektedir.

Bilişsel terapi sürecinde işte insanın bu kuram oluşturan yanı öncelikle ele alınır ve resmin mümkün olduğunca daha bütüncül görünebilmesi sürecine yardımcı olunmaya çalışılır.

Arkadaşım bana "Sana yardımcı olamam," dediğinde ben onun bu sözünden *onun bana hiç değer vermediği* biçiminde bir **"kuram"** oluşturursam kendimi kötü (üzgün veya öfkeli) hissederim.

İşte bilişsel terapi bu kişisel kuramlarımızın gerçeğe daha uygun hale gelmesine yardımcı olur. Bu yardımcı olma süreci Sokratik yöntemle ilerler ve aşağı yukarı süreç şuna benzer: Ankara'nın iklimiyle ilgili olarak "Ankara soğuk ve karlı bir yerdir," diyen kişiye "Bu sonuca nasıl ulaştınız?", "Siz hangi ayda geldiniz?" "Peki, bu ayda genelde hava koşulları nasıldır?", "Yaşadığınız yerde Şubat ayında hava koşulları nasıldır?", "Yaşadığınız yerde Temmuz ayında hava koşulları nasıl olur?", "Temmuz ayında Ankara'ya gelseniz hava koşulları nasıl olur?" gibi sorular sorularak resmin daha büyük bir kısmı görülmeye çalışılır. Bu soruların ardından "Ankara yazın sıcak ve güneşli; kışın soğuk ve karlı bir yerdir" biçiminde daha bütüncül ve gerçeğe yakın bir sonuca ulaşılabilir. Peki bu sonuç gerçeğin tamamı mıdır? Hayır ama ilkine göre daha yakındır. Bireylerin ruhsal sorunlar yaşamasına yol açan işlevsel olmayan otomatik düşünceler kısa ve nettir. "Arkadaşım bana hiç değer vermiyor" gibi. Oysa gerçek ya da resmin tamamına ilişkin daha gerçekçi ve işlevsel değerlendirmeler daha kapsayıcı ve bütüncüldür. "Arkadaşım bazı durumlarda bana değer veren ama bazı durumlarda da bana değer vermeyen biridir" gibi. Bilişsel terapi bu nedenle herkesi kendi özelinde bir biliminsanı gibi görür ve biliminsanının daha iyi kuramlar geliştirmesine yardımcı olur. Daha iyi kuramlar hem gerçeğe daha uygundur hem de böyle oldukları için daha işlevseldirler.

**Görüldüğü gibi ve yaşandığı gibi** insan zihninin yapısal olarak kuramlardan bağımsız çalışması mümkün değildir.

Bu anlamda, ruhsal rahatsızlıklarda sorunun altında yatan şey dünyaya kuramlardan bağımsız şekilde bakma veya bakmama sorunu değil de kullandığımız kuramın iyi ya da kötü olması ise, o zaman iyi kuramla kötü kuram arasındaki farklar nelerdir? Bu soruyu tekrar bilimsel kuramlara dönerek yanıtlarsak, iyi kuramla kötü kuram arasındaki fark kuramın işe yarayıp yaramamasında, çalışıp çalışmamasında, bilgiyi ya da verileri bütünleştirip organize edip edememesinde yatar. Eğer bir kurama sorulacak olan aşağıdaki sorunların cevaplarına evet diyebiliyorsak o iyi bir kuramdır.

**İyi bir kuramı anlamamıza yarayacak sorular:**

1. Kuram gerçek dünyayı yansıtıyor mu? İlk bakışta bize geçerli geliyor mu? Yani kişisel yaşantımıza, sağduyuya uygun mu? Size anlamlı geliyor mu? Yaşantılarınızla uyuşuyor mu? Eğer kuram farklı bir dünyadan gelmiş gibi duruyorsa iyi bir kuram değildir.
2. Kuram ikna edici kanıtlar tarafından destekleniyor mu? Belirttiğimiz gibi aslında hepimiz sürekli kuram üretiriz ama eğer bir bilimsel kuram ortaya atıyorsak bunun gözlenebilir deneysel kanıtlara dayanması gerekir.
3. Kuramlar bildiklerimizi açıklamak için kullandığımız araçlardır. Bu anlamda da iyi bir kuramda aranması gereken şey o kuramın geçmişi ne kadar açıklayabildiği ve geleceği ne ölçüde öngörebildiğidir.
4. Kuram ortaya çıkan yeni bilgi, gözlem, veri ve bulguları kapsayıp açıklayabiliyor mu?
5. Kuram, yeni sorular ve dolayısıyla yeni araştırmaları uyarıyor, doğuruyor mu?
6. Kuram, açık ve anlaşılır mı? (Kötü kuramlar karmaşık ve anlaşılmazdır.)
7. Kuram tatmin edici mi, esnek mi?

Kuramlar, fotoğraf çeken bir kameraya benzer; kameranın objektifi resmi çekerken belli bir noktaya odaklanır, diğerlerini göz ardı eder, etmek zorundadır. Kameranın açısı ne kadar genişse o kadar fazla öğe kapsanır. İnsan psikolojisiyle ilgili çeşitli kuramlar da böyledir. Bilişsel davranışçı terapinin bu noktadaki farkı ya da ayrıcalığı, psikoloji alanındaki çeşitli kuramlar içinde kalkış noktası bilimsel yöntemi psikolojiye uygulama iddiası olan kuram olarak diğerlerinden farklılaşmasıdır. Bilişsel davranışçı kuramın bilimsel önerme ve verilere (gözlem, hipotez-hipotezin test edilmesi) dayalı olarak oluşturulması ve onu temel alması, diğer bilimsel kuramları içinde kapsayarak dışlayıcı olmaması ve psikolojideki en insana özgü yanı, yani bilişleri merkeze oturtması ve değişimde merkezi dayanak noktası yapmasında yatar. Birazdan sayfalar arasında ilerledikçe, yukarıdaki ölçütler açısından kuramları değerlendirdikçe, neden bu kitapta bilişsel davranışçı terapinin konu alındığı daha iyi ortaya çıkacaktır.

## Bilişsel Terapinin Doğuşu: Epiktetos

O zamanlar Bir Roma eyaleti olan Anadolu'nun Frigya* bölgesinde milattan sonra 100 yılları civarında tarlasında çalışan köleleri gözetleyen çiftçinin dikkatini bir kölenin ayağındaki pranga çekti. Pranga gevşek görünüyordu, kölenin kaçabileceğini düşünerek hemen yanına gitti. Sahibi ayağındaki prangayı sıkılaştırmak istediğinde köle buna gerek olmadığını zaten kaçamayacağını eğer pranga sıkılaştırılırsa ayağının kırılabileceğini söyledi. Buna rağmen efendisi onu dinlemeyerek prangasını sıkılaştırdı: Sonuç kölenin dediği gibi oldu: Ayağı kırıldı.** Ancak sonra yaşananlar efendisi için oldukça şaşırtıcıydı, kölede bu duruma karşı hiçbir tepki yoktu. Efendisi bunun nedenini sorduğunda köle *zaten ayağının artık kı-*

* Bugünkü Sakarya ve Büyük Menderes nehirlerinin kuzeyinde yer alan, Ankara'nın güneybatısını, Eskişehir, Kütahya, Afyon illerinin tümünü, Denizli'nin kuzeyini, Uşak'ın doğusunu kapsayan bölge.

** Burada anlatılan öykünün farklı bir versiyonu şöyledir: Epiktetos topaldı. Bir gün Epaphroditos bir kıskaçla bacağını burkarak eğleniyordu. Esir yavaşça ona "Bacağımı kıracaksın" dedi. Epaphroditos eğlencesine devam ederek sonunda bacağını kırdı. Epiktetos soğukkanlılıkla "Kıracağını söylemiştim, işte kırdın!" dedi. (Düşünceler ve Sohbetler, Epiktetos, çev. Burhan Toprak, İnkılap ve Aka Kitabevleri, Beşinci baskı, İstanbul, 1962) *rılmış olduğunu, bundan rahatsız olarak bağırıp çağırmanın bir şeyi değiştirmeyeceğini* söyledi. Onun yaptığı hatanın sebep olduğu kötü sonuç karşısında hiç rahatsızlık duymamasından çok etkilenen sahibi, köleyi bir miktar para vererek özgürleştirdi ve bugün bile adı bilinen ünlü bir felsefeci olan Epiktetos'un (55-135) yolu açılmış oldu. Epiktetos özgürlüğünü elde ettikten sonra o dönem için Batı dünyasının merkezi olan Roma'ya gidip önemli bir felsefeci olarak yaşamını sürdürdü, daha sonraları Roma İmparatoru olacak olan Marcus Aurelius'un çevresinde bulundu.

Epiktetos'a göre mutluluk ve özgürlük neyi kontrol edip neyi kontrol edemeyeceğimizi anlamamıza bağlıdır. Kişi bu gerçekliği, yani yaşamın bizim kontrolümüzde olan ve olmayan öğelerden oluştuğunu kabul ettiğinde ve ikisini birbirinden ayırmayı becerdiğinde hem iç huzura hem de iyi bir yaşama sahip olur. Epiktetos'a göre insanlara dış nesneler veya diğer insanlar zarar veremezler, ancak bizim kendi tutumlarımız veya inançlarımız bize zarar verme gücüne sahiptir. Koşullar bizim arzu ve beklentilerimizden bağımsızdır. Olaylar olması gerektiği gibi olur, kendi kurallarımızı dünyaya dayatmak ya da dünyadan bunlara uymasını beklemek sonu hüsrana giden en garantili yoldur.

Epiktetos'a göre insanları rahatsız eden "şeyler" değil, ona verdikleri anlamlardır. İnsanın kişisel algısının önemi ve sadece buna dayanmasının yarattığı sorunlar sadece Batı felsefesinde değil Doğu dünyasında da yüzyıllardır bilinmektedir. Mesnevi'de anlatılan yukarıdaki hikâye bunu çok güzel yansıtmaktadır.

Bilişsel terapinin dayanağı olan insanın algı, anlamlandırma ve bilişlerinin onun ruhsal tepkilerinde rol oynadığı ilkesi, insana ilişkin temel bir gerçekliği içermesi nedeniyle yüzyıllar öncesinde yazılan ve anlatılanlarla, örneğin Stoacı filozof Epiktetos'un kimi söyledikleriyle, benzerlikler bulmamızı sağlıyor. Günümüzde psikoterapi alanında en hızlı biçimde yaygınlaşan terapi türü olan bilişsel davranışçı terapi elbette sadece yukarıdaki ilkelerden ibaret değildir. Çağdaş bilişsel kurama göre bireyin içinde yaşadığı çevre, ilişkide olduğu insanlar, biyolojik yapısı, duyguları, biliş ve davranışları karşılıklı bir etkileşim içinde bireyin ruhsal yaşamını oluştururlar. Bu boyutlar içinde psikoterapötik etkinliğin en uygun müdahale alanları bireyin biliş ve davranışlarıdır. Bilişsel terapi, sorunun ortaya çıkmasına neden olan biliş ve davranışların bilimsel araştırmalarda elde edilen verilerle açığa çıkarılabileceğini kabul eder. Bu anlamda da temel dayanak noktaları öğrenme kuramı, sosyal öğrenme kuramları ve bilişsel psikolojidir. Bilimsel araştırmalarla ortaya konan bu sorun yaratan biliş ve davranışların hangi yöntemlerle en etkili biçimde değiştirilebileceği de yine tedavi alanında yapılan yansız kontrollü çalışmalarla ortaya konur. Bu ilkeler aynı zamanda kanıta dayalı psikoterapi dediğimiz yaklaşımların da özüdür.

Bilişsel davranışçı terapinin Epiktetos'tan yukarıda özetlediğimiz bugünkü noktaya gelmesi uzun bir tarihsel süreç içinde gerçekleşmiştir. Ruhsal alana ilişkin kuramların serüvenini anlamakta bilim felsefecisi Thomas Kuhn'un paradigma kavramı yardımcı olabilir. Paradigma, çoğunluğun olguları algılama şekli olarak tanımlanabilir. Daha önce kısaca bilimle ilgili görüşlerini aktardığımız ünlü Amerikalı bilim felsefecisi Kuhn, bir bilim çevresine belli bir süre için egemen olan modele, düşünüş yöntemine paradigma adını verir. Örneğin 19. yüzyılda Newtonyen fizik paradigması egemen durumdayken, 20. yüzyılda Einstein'ın fizik kuramı egemen olmuştur. Bu paradigma değişiklikleri, Kuhn'un bilimsel devrim adını verdiği hâkim bilimsel paradigmanın açıklayamadığı olaylar biriktikçe daha sonra bunları açıklayan yeni bir paradigmanın alana hâkim olarak eskisini yıkmasıyla gerçekleşir. Kuhn gerek mantıksal pozitivist bilim felsefecilerinin doğrulanabilme özelliğine sahip önermelerin anlamlı olduğu görüşüne, gerekse de Karl Popper'ın bilimsel önermelerin özelliğinin yanlışlanabilme olduğu görüşlerine karşı çıkarak bilimsel paradigmaların doğruluğu ya da yanlışlığından çok açıklama gücü ve açıklama alanından bahsedilebileceğini söyler. Örneğin Newton fiziği temel mekanik ilkeleri ve örneğin yerçekimi, serbest düşme gibi temel fizik yasalarını açıklayabilir ve bu ilkelerle ev inşa edebilirken, GPS'le uydu aracılığıyla konum belirlemede, çok yüksek hızlara çıkıldığında ya da atomik parçacıklarla ilgili hesaplamalarda yanılmaktadır. Einstein'ın geliştirdiği modern fizik paradigması ise bu olguları daha iyi açıklayabilmekte, uzaya uydu gönderirken ya da nükleer çalışmalarda bulunurken işe yaramaktadır. Bilim, yeni bilimsel paradigmaların birbirinin yerini alarak, eski paradigmanın açıklayamadığı olayları açıklayarak değişmesiyle gelişir. Bazı bilimlerde hâkim ve açıklayıcı bir egemen paradigma varken, bazı bilimlerde (özellikle insan bilimlerinde) birbiriyle yarışan ve tam hâkimiyet kuramayan birden fazla paradigma olabilir. Kuhn, belli bir bilimsel alanda tek bir paradigma baskın hale geldiğinde o alanın bilimsel konumunun netleşeceği ve tartışmaların sona ereceğini söyler. Kuhn'un bilim felsefesi perspektifinden, ruhsal bozukluklar (psikiyatri, psikolojik bozukluklar) alanına bakan Gerald Klerman, psikiyatride henüz hiçbir paradigmanın alan için baskın ve birleştirici bir paradigma haline gelmediğini savunur.[7] Çağdaş psikiyatri alanındaki bu paradigmalar, biyolojik, tanımlayıcı (deskriptif), davranışçı-bilişsel, psikanalitik-psikodinamik, kişilerarası ve sosyal (toplumsal) paradigmalardır. Bunlardan bazıları (psikanalitik, toplumsal paradigmalar) Klerman'ın bu satırları yazdığı günden bu yana daha gerilerken, bazıları (biyolojik, bilişsel davranışçı paradigmalar) daha fazla güç kazanmışlardır.

Şimdi bu paradigmalardan önemli olanlarını kısaca bir gözden geçirelim:

### Herkes için Kısa Psikanaliz Tarihi

Modern psikoterapi tarihini psikanalitik paradigma ile başlatabiliriz. Psikanalizin kurucusu olan Sigmund Freud temelde insanın duygusal tepkilerinin biyoloji tarafından belirlendiğine inanıyordu. Freud'un kuramı yıllar içinde değişkenlik gösterse de temelde insanın ruhsal tepkilerinin biyolojik kökenli saldırganlık ve cinsellik içgüdüleriyle açıklama denemesidir. Libido veya cinsel arzu bu anlamda ruhsal yaşamda etkili olan en üst düzey dürtüsel organizasyondur ve ruhsal yaşamın temel belirleyicisidir.[8] Freud algı, bellek, biliş gibi önemli işlevleri yüklediği kişiliğin merkezi yönlerini oluşturan benliğin (egonun) kendi başına bir kökeni olmadığını; altbenlikle dünya arasındaki çatışmanın bir ürünü olduğunu öne sürmüştür. Ruhbilim alanındaki her hâkim paradigma gibi psikanaliz de dönemin genel bilimsel ikliminden büyük ölçüde izler taşır. Freud'un psikanalizi kavramlaştırdığı dönemde fizik ve biyoloji bilimsel dünyanın yıldızı konumundaydılar. Bu nedenle de psikanalizin Freud tarafından kavramlaştırılan ilk şeklinde fiziksel kavramların etkisi ve ruhsal yapıyı fiziksel açıklama tarzı –doyurulmayan dürtülerin yarattığı gerilim kavramı gibi– çok belirgindir.

Kuhn'un paradigma değişikliklerinin hâkim paradigmayla açıklanamayan olayların birikmesi veya paradigmaya uymayan gözlem ve bilgilerin artık o paradigma çerçevesi içinde kalarak açıklanamaz hale gelmesiyle gerçekleşmesi savıyla paralel biçimde psikanalizin kendi içindeki değişikliklerin de bu anlamda klinik-terapötik zorunluluklardan doğduğunu görüyoruz. Yani karşılaşılan hasta ve hastalıklarda yürürlükte olan hâkim paradigmanın yaşadığı başarısızlıklar, değişimi ve yeni kuramsal atılımları dayatmaktadır. Bu şekilde psikanalizin kendi içinde ilk paradigma değişikliği altbenlik psikolojisinden (dürtü kuramı), benlik (ego) psikolojisine geçiştir. Analitik kuramın ilk şekli olan altbenlik psikolojisinde, vurgu benliğin kendini koruyucu dürtüleriyle çatışmaya giren bastırılmış veya inkâr edilmiş cinsel ve saldırgan dürtüler üzerineydi. Ancak nevrozların tedavisinde gizlenmiş dürtülerin araştırılması giderek artan bir biçimde başarısızlıkla sonuçlanınca, hastaları anlamada ve tedavide başka yollar arandı. Terapide karşılaşılan sorunlar yüzünden, Freud 1914 yılında narsisizm kavramını ortaya atarak kuramında önemli yeniliklerden birini gerçekleştirdi. Bu yenilikle Freud, dürtü kuramını değiştirerek, benlik psikolojisi ve nesne ilişkileri kuramına zemin oluşturan görüşler öne sürdü. Böylece ikinci psikanalitik paradigma olan benlik psikolojisi doğdu. Bu yaklaşımla psikanaliz sadece bilinçdışı arzu ve çatışmaları araştırmak yerine, öncelikle altbenlikten kaynaklanan arzular ve üstbenlikten gelen yasaklamaları uzlaştırmada benliğin kullandığı savunma düzeneklerine yöneldi. Bu odaklanmada amaç yine dürtü-savunma analizi yoluyla ruhsal rahatsızlıkların çözümlenmesidir.[9] Dürtü kuramına benzer biçimde benlik psikolojisine göre de dürtüler birincil, diğer insanlarla ilişkiler –yani nesne ilişkileri– ikincildir.[10] Benlik psikolojisi ve ona eşlik eden terapötik yaklaşım karmaşık olmayan nevrozlarda başarılı görünmesine karşılık, özellikle başta kişilik bozuklukları olmak üzere çok çeşitli hastalar analize gelmeye başladıkça giderek tökezlemeye başladı. Benlik psikolojisinin sınırlılıklarını aşmak için ise iki yeni psikanalitik kuram ortaya çıktı: nesne ilişkileri ve kendilik psikolojisi.

Nesne ilişkileri kuramının ayırt edici yönü dürtüyü tek başına değil ilişki bağlamında ortaya çıkan ve ilişkiden asla ayrılamayacak bir süreç olarak görmesidir. Kimi nesne ilişkileri kuramcıları daha da ileri giderek dürtüyü gerilimi gidermekten çok nesne aramaya yönelik bir güdülenme şeklinde tanımlamışlardır. Çok özetle, nesne ilişkileri kuramını da insan psikolojisini ve psikopatolojisini çevresindeki önemli kişilerle erken yaşamında yaşadığı ilişkiler bağlamında açıklama denemesi olarak görebiliriz.

Nesne ilişkileri kuramına göre ruhsal yapı içselleşmiş nesne ilişkilerinden oluşur. Nesne ilişkileri tasarımları bebeklikte şekillenmeye başlar ve daha sonra yetişkin yaşamda da kişinin ilişkilerinin biçim ve kalitesini etkiler. En yalın şekliyle söylersek, nesne ilişkileri kuramına göre bebek-anne (ya da birincil bakıcı) ilişkileri, ilişki tasarımı şeklinde içselleşerek ruhsal yapıyı meydana getirir. Nesne ilişkileri kuramına göre, büyüyen çocuk bir nesneyi veya kişiyi değil, o kişiyle olan ilişkisinin bütününü ve ona eşlik eden duygulanımı içselleştirmektedir. Örneğin annesi tarafından beslenen ve doyurulan bir çocuk anneyle bu ilişkisini şu şekilde içselleştirir: Olumlu bir kendilik tasarımı (beslenen ve doygun rahatlamış çocuk – yani kendisi); olumlu bir nesne (besleyen ilgilenen, doyuran ve huzur veren diğeri – yani anne) ve bu ikisini birbirine bağlayan olumlu bir duygusal yaşantı (doygunluk haz). Tersini düşünürsek , yani çocuk aç olmasına karşılık annesi onu beslemediğinde ya da o anda yanında yoksa, olumsuz bir yaşantı ortaya çıkar. Bu durumdaki nesne ilişkisi ise kendisinin olumsuz yaşantısı (aç, engellenmiş çocuk), ilgilenmeyen, engellemeye yol açan nesne (doyurmayan anne) ve olumsuz duygulanımdır (açlık, öfke hatta korku). Bu örneklerde de görüldüğü gibi nesne ilişkileri bir kendilik tasarımı (çocuğun kendisi), bir nesne tasarımı (anne veya bir başka birincil bakım veren kişi) ve bu ikisini birbirine bağlayan bir duygulanımdan oluşur.[11]

Nesne ilişkileri kuramına göre kişinin gündelik yaşamındaki gerçek ilişkileri ve içselleştirilmiş ilişkiler birbirlerini etkilese de özellikle bir psikopatoloji var olması durumunda belirleyici olan, dışarıda yaşanan gerçek olaylardan çok iç ruhsal dünya ve ilişki tasarımlarıdır. Psikoterapide amaç ortamla/yaşananla uygun olmayan bu ilişki biçimlerini daha uyumsal ve gerçekçi olanlarla değiştirmektir. Yani tedavi ilişkisinin amacı içselleştirilmiş olan bu eski ilişki biçimini dönüştürmektir. Nesne ilişkileri kuramı psikanalizin önemli bir genişlemesi olmasına ve daha şiddetli patolojilere dikkatin yönelmesine izin vermesine karşın, bölünmeye (splitting) dayanan normal gelişim kuramı sorgulanmıştır. Borderline ve narsistik hastalara özgü aktarımları keşfedememiş olması onun 1960'larda sınırlı kalmasına yol açmıştır.

Psikanalizdeki son gelişme Heinz Kohut'un çalışmalarıyla ortaya çıkan kendilik psikolojisidir (*self psychology*). Kohut ruhsal yapının temeli ve en üst yönetici gücü olan kendiliğin, üstün kendilik, idealleştirilmiş kendilik kutuplarından oluştuğunu, üstün kendiliğin sağlıklı gelişimi için beğenilme, onaylanma ve doğrulanma gereksinimlerini karşılayan kişiler veya ilişkilere gereksinim olduğunu, kendiliğin diğer kutbu olan idealleştirilmiş kendiliğin sağlıklı gelişimi için ise kişinin yakınlık duyduğu, hayran olduğu ve beğendiği kişilerin ve onlarla kurulan ilişkilerin gerekli olduğunu söylemiştir. Eğer yalın bir biçimde ifade edecek olursak, kendilik psikolojisi insanın ruhsal yapısını, birisi tarafından beğenilme ve birini beğenme arzusuyla açıklama girişimi olarak görülebilir. Bunu da ancak bu beğeniyi verip gösterebilecek, iyi yansıtma yapan ve hayranlığı doğurabilecek kişiler, yani idealleştirilmiş kendilik nesneleri gerçekleştirebilir.

Psikanalitik paradigmanın ortaya çıktığı döneme göre en önemli farklılığı, o güne dek insan davranışlarının bilerek isteyerek yapılan seçimlerle olduğu şeklindeki yerleşik anlayışa bilinçdışı kavramı ile karşı çıkarak davranışın ardında yatanın kişinin farkında olmadığı bilinçdışı motifler olduğu öne sürmesiydi. Bunun anlamı, yüzeyde olan yani kişinin farkında olduğu düşüncelerine gerek psikopatolojide gerekse de tedavide çok fazla yer verilmemesiydi. Her ne kadar birbirini izleyen değişik psikanalitik paradigmalar ortaya çıksa da bilinçdışına yapılan vurgu psikanalizin değişmeyen bir özelliğidir. Psikanalitik paradigmanın en önemli eksikliği deneysel olarak sınanamayan ve araştırılamayan niteliğidir. Psikanalitik kuramın en önemli kavramları ya çok az ya da hiçbir şekilde deneysel olarak gösterilmeyip, sınanmamıştır. Bu bazen bu kavramların sınanmaya elverişsiz olmasındandır. Psikanalizin cinsellik ve saldırganlık içgüdüsünü insanın ruhsal yapısının temel güdüleyicisi olarak görmesi bir diğer zayıflığıdır. Bu bazı durumlarda ve bazı kişilerde geçerli olabilmekle birlikte bütün ruhsal yapıyı açıklamaktan uzaktır. Klasik Freudyen kuramın bir diğer eksikliği ise kadın kişiliğini sadece penise imrenmeyle açıklamasıdır. Dördüncü önemli eksiklik ise psikanalizin patolojiyi açıklamaya odaklanması, diğer yandan insan psikolojisinin gündelik yaşama uyumunu sağlayan normal psikolojik işlevleri, algı, düşünme, bellek vb. benliğe atfederek üstün körü geçmesidir. Örneğin bu kitabı yazarken belleğimi, düşünce sürecimi, yazacağım sözcükleri seçmemi, parmaklarımı idare etmemi, daha sonra düşündüklerimi yazıya aktarmamı içeren karmaşık süreçleri psikanalitik kuram benliğin otonom işlevleri olarak açıklayarak geçiştirmektedir. Psikanalizle ilgili en son ve en önemli problem, çoğu klinik durumda hem uygulanabilirliğinin hem de uygulanan tedavinin başarılı olmamasıdır. Psikanaliz konusunu, psikanalizin konumunu bilim ve felsefeyle birleştiren bir öyküyle noktalayalım: Öğrenci profesöre sorar: "Bilim nedir?" Profesör yanıtlar: "Bilim karanlık bir odada siyah bir kediyi aramaktır." Aradan biraz zaman geçer, meraklı öğrenci yine sorar: "Hocam felsefe nedir?" Profesör, "Felsefe..." der ve biraz duraklayıp ekler: "Felsefe, karanlık bir odada siyah bir kediyi aramaktır, odada bir kedi olmadığı halde." Öğrencinin merakı sona ermez, aklına üçüncü bir soru gelir, belki de en zor olduğunu düşündüğü sorusunu sorar: "Pekâlâ, psikanaliz nedir?" Profesör duraksamadan cevaplar: "Psikanaliz, karanlık bir odada siyah bir kediyi aramaktır, odada bir kedi olmadığı halde ve eninde sonunda bir şekilde kediyi bulmaktır." Psikanalitik kuram bu öyküde vurgulanana benzer şekilde ya da bilim felsefecisi Popper'ın ortaya koyduğu gibi bilimsel bir kuramdan çok bir ideolojiye benzediği için sonuçta her şeyi açıklayabilir, ancak bu açıklamaların gerçeklikle ne kadar uyuştuğu bir soru işaretidir.

### Davranışçılık

1960'lı yıllarda, aslında ilk kez psikanalize alternatif olarak 20. yüzyılın başında doğmuş ve insanın psikolojik yapısını açıklayan alternatif bir kuram olan davranışçılık, en azından akademik psikoloji alanında egemen paradigma haline geldi. Psikanalizin gündelik klinik pratikten kaynaklanmasına karşılık, davranışçılık çok farklı bir alandan, davranış bilimleri araştırmalarından, laboratuvarlardan geliyordu. Davranışçılığın kökenleri 19. yüzyılın sonlarına dek gitmektedir. Bu yıllarda daha henüz temelleri atılmaya başlayan ruhbilimin temel konularından birisi, öğrenme idi. Davranışçılık, Kartezyen[12] düalizme-ikiciliğe (zihin-beden ayrımı) karşı çıkarak bu ikisinin birbirinden ayrılamayacağını savunur, zihinsel içerikten çok gözlenebilir olan davranışa odaklanır. Davranışçılık psikanalize bir tepki olarak, bilimin gözlenebilir olanı temel alması ilkesinden hareketle, ruhbilimin içsel süreçleri değil, insan davranışlarını ele alması gerektiğini öne sürüyordu. Kurama göre insan davranışlardan ve fizyolojik tepkilerden ibaretti. Davranışçıların hedefi diğer bilimler gibi psikolojiyi de gözlemlenebilir, ölçülebilir ve kişiden kişiye değişmeyen ilkeler üzerine oturtmaktı. Davranışçılar zihni edilgen bir şekilde birey dünyaya geldiğinde üzerine yazılmayı bekleyen bir tür boş kâğıt gibi görüyordu, öğrenme deneyimleri de buraya yazılanlardı. Öğrenmenin de belli kuralları olduğundan psikoloji bilimi bunları ortaya çıkarmaya çalışmalıydı. Bu öğrenme yasaları insanlar kadar hayvanlar için de geçerliydi, nasıl fizik yasaları varsa aynı şekilde öğrenmenin de yasaları vardı. Bilinçli zihinsel süreçler veya bilinçdışı süreçler, savunma düzenekleri gibi gözlenemeyen, ölçülemeyen kavramların ise psikolojide yeri olmamalıydı.

Davranışçılık gözlem ve deneye dayalı bilimsel yöntemin psikoloji alanına ilk kez girmesini sağlamıştır. Her ne kadar modern bilimsel düşüncenin doğal bir uzantısı da olsa davranışçılığın II. Dünya Savaşı sonrası yükselişinin altında kuşkusuz o dönemin politik iklimi de rol oynamıştır. İnsanların doğuştan biyolojik olarak farklı olduğunu savunan ırkçılığa dayalı bir ideolojiye sahip Nazizm'in II. Dünya Savaşı ile dünyada oluşturduğu büyük yıkım ve tahribatın ardından, dünyada davranışçılığın insan ve dünya görüşünü kabule çok hazır bir ortam vardı. Her insanın özünde aynı olduğunu, insanın çevrenin etkileriyle şekillendiğini, eğer iyi bir biçimde yön verilirse insanın neredeyse kusursuz ve sorunsuz olacağı görüşünü savunan davranışçılık bu politik ortamın da etkisiyle 1950'li yıllardan itibaren hem ABD'de hem de Sovyet Rusya'da arkasında büyük bir destek bulmuştur.

Davranışçılığı Rus fizyolog Ivan Petroviç Pavlov'la (1849-1936) başlatabiliriz. 1890'lı yıllarda köpeklerin sindirim sistemi üzerinde çalışan bir fizyolog olan Pavlov'un klasik koşullanmayı keşfetmesi birçok başka bilimsel buluşta olduğu gibi şans eseri oldu. Pavlov köpeklerin tükürük bezleri üzerinde çalışırken köpeklerin bazen yiyecek olmadan da örneğin zil sesini duyduklarında salyalarının aktığını fark etti: Pavlov asıl araştırma konusunu bir kenara bırakarak **psişik salgılama** adını verdiği bu fenomeni araştırmaya koyuldu. Köpeklerin akıttığı salya miktarını ölçen bir cihaz geliştiren Pavlov neden zil sesinden sonra köpeklerin salyalarının aktığını araştırmaya başladı. Salya akıtma refleks bir tepkiydi ve doğal koşullar altında köpekler yiyecek bir şeyle karşılaştıklarında ortaya çıkardı, salya akması herhangi bir öğrenmeye gereksinim duymayan otomatik bir tepkiydi (koşulsuz tepki). Pavlov bu sorunun cevabını bulmak için yaptığı deneyler sonucunda laboratuvarında köpekler beslenmeden önce zil çalındığını saptadı. Daha sonra bu rastlantısal durumu bir deney olarak gerçekleştirdiğinde aynı sonucun ortaya çıktığını gözlemledi. Normal koşullar altında köpekte herhangi bir tepki doğurmayan bir uyaran, yani zil sesi (nötral bir uyaran), yine normal koşullar altında köpekte salya akmasına yol açan bir uyaran olan etten (yani koşulsuz uyaran) hemen önce verildiğinde (yani zil sesinden hemen sonra hayvan etle beslendiğinde) bir süre sonra hayvan sadece zil çalındığında da salya akma tepkisi vermeye başlar, yani **koşullanma** veya **öğrenme** gerçekleşmiş olur. Artık zil sesi koşullanmış uyaran haline gelir. **Klasik koşullanma** adı verilen bu durum, ele alınan davranış basit bir refleks tepki de olsa (salya akması) psikoloji tarihinde ilk defa bir davranışın neden ortaya çıktığına ilişkin sağlam-deneysel bir bilimsel açıklama getiriyordu. Pavlov fizyoloji alanındaki çalışmalarından ötürü 1904 yılında Nobel Tıp ve Fizyoloji Ödülü'nü kazandı. Pavlov'un çalışmaları bilimsel bir disiplin olarak davranış biliminin ve dolayısıyla yeni bir akım olarak gelişecek olan davranışçılığın da temellerini oluşturdu.

Davranışçılık kuramı o dönem için kendisine en uygun topraklar olan Kıta Amerika'sında gelişimini tamamladı. Davranışçılığın ABD'deki öncüsü John Broadus Watson'ın (1878-1958) 1913'te yayınlanan ve davranışçı manifesto olarak da adlandırılan yazısında, psikolojinin içe bakış veya zihinsel fenomenler gibi gözlenemeyen olaylara yer vermemesi, doğal bilimlerin saf deneysel bir dalı olması gerektiğini savundu. Zihin veya iç dünya, dünyanın yansımalarını işleyen ve bilgilerin toplandığı bir depodan ibaretti. Watson düşüncelerin insanın anlayışından bağımsız olan dış gerçeklikler tarafından yönlendirildiğini savunuyordu. Psikoloji biliminin nihai hedefi, davranışın öngörülmesi ve kontrolüydü. Pavlovyen klasik koşullanmanın insan öğrenmelerinde de geçerli olduğunu gösterilmesi de 1920 yılında Watson tarafından gerçekleştirildi. Watson "Küçük Albert" deneyiyle insanlarda fobik tepkilerin klasik koşullanmayla açıklanabileceğini deneysel olarak gösterdi. Watson ve asistanı Orali Rainer, beyaz ve tüylü canlılara (örneğin beyaz bir deney faresi) ve nesnelere (Noel baba maskesi, vb.) karşı herhangi bir korkusu olmayan 11 aylık sağlıklı bir oğlan çocuğu olan Albert'i beyaz bir deney faresiyle (nötral bir uyaran) her karşılaştığı anda yüksek bir ses (koşulsuz bir uyaran) vererek koşulladılar. Bir süre sonra koşullanma oluştu ve küçük Albert yüksek ses olmasa da beyaz tüylü canlı ve nesneleri gördüğünde rahatsız olarak ağlama ve kaçınma tepkisi verdi. Bu bulgu daha sonra **uyaran genellemesi** adı verilen bir kavramın keşfedilmesine yol açmıştır. Bu kişinin koşullandığı uyaranlara benzer olan uyaranlara da benzer bir tepki vermesidir. Örneğin Pavlov'un köpekleri özel bir zile koşullandırıldıkları halde, ayrı tonda herhangi bir zil sesi duyduklarında da hemen salya akıtmaya başlıyorlardı. Genelleme, bireyin koşullu uyarıcılar veya bunlara benzer uyarıcılar karşısında, benzer koşullu tepkiler vermesidir. Bu özelliğin yani uyaran genellemesinin hem olumlu hem de olumsuz yönleri vardır. Bunları bilişsel psikolojinin önemli ilkelerini tartışırken ele alacağız.

Watson'ın davranışçı yaklaşımı, düşünceyi kendi başına bir varlığı olmayan edilgin bir süreç olarak görür, düşünce de bir tür konuşma, (sessiz konuşma) ve dolayısıyla davranıştır. Davranışçıların bazıları sessiz bir konuşma olan düşünmenin larinks kaslarında titreşime yol açtığı veya boyun kaslarında ince titreşimler olduğu, düşüncenin bu şekilde gözlemlenebileceğini söylediler. John B. Watson, insan davranışlarını etkileyen en önemli faktörün çevre olduğunu vurguladı ve çevremizin bizi şekillendirdiğini savundu. "Bana bir düzine sağlıklı bebek verin, kendi özel davranışçı yöntemlerimle onları yetiştirerek, başka bir şeye gereksinim duymaksızın onları doktor, avukat, sanatçı, esnaf, hatta dilenci veya hırsız yapabilirim," diyordu.

Pavlov'un zil sesine koşullanmış köpeklerine eğer belli bir süre boyunca zil çalındıktan sonra et verilmezse koşullanma ortadan kalkar. Yani artık zil çaldığında salya akması ortaya çıkmaz. Buna **koşullanmanın sönmesi** adı verilir. Watson'dan sonra bir başka psikolog Mary Cover Jones, Watson'ın deneyini tersinden gerçekleştirip bu özelliği kullanarak fobilerin klasik koşullanma ilkelerine göre ortadan kaldırılabileceğini gösterdi. Bu deneyde tavşanlardan korkan üç yaşındaki Peter isimli bir çocuk alınarak ilk önce tavşanın ona hiçbir zarar vermeyeceğini göstermek için, tavşanla çocuğun gözlerinin önünde oynadı, takip eden uygulamalarla aşamalı olarak çocuk tavşana maruz bırakıldı. Çocuğun tavşana alıştırılması süreci sona erdiğinde artık tavşanla bir araya geldiğinde çocukta korku tepkisi olmadığı gözlendi.

Watson'ın basit klasik koşullanma kavramı temelinde bütün insan davranışlarını açıklaması bilimsel polemik düzeyinde başarılı olsa da karmaşık insan davranışlarını sadece refleks düzeyinde basit koşullanmalarla açıklamak oldukça indirgemeciydi. Bu dönemde Amerikan davranışçıları içerisinde yer alan bir başka isim Amerikalı psikolog Edward Lee Thorndike (1874-1949) kuramı daha zenginleştiren bir katkıda bulundu. Thorndike'ın bu katkısı **etki yasası** (*law of effect*) olarak bilinir. Thorndike'ın psikoloji laboratuvarında kedilerle yaptığı çalışmalar sonucunda elde ettiği bulgularla geliştirdiği bu yasayı kısaca şöyle özetleyebiliriz: Organizma olumlu ya da haz veren sonuçlara yol açan bir tepkiyi bu durumla bağlantılandırarak ve tekrarlama eğiliminde olurken, tam tersi davranışı olumsuz-rahatsızlık verici sonuçlar izliyorsa o durumu tekrarlama eğilimi zayıflar. Örneğin yediği bir şeyle doyuma ulaşan ya da haz yaşayan bir organizma bunu yeme davranışını artırırken hoşuna gitmeyen yiyecekleri tekrar yeme olasılığı azalır. Yani organizma kendisini ödüle götüren bir davranışı tekrarlarken cezalandıran bir davranışı azaltır.

Davranışçılığı Thorndike'ın çalışmalarından çok daha yetkin ve sistematize bir biçimde sistemleştiren kişi ise Burrhus Frederic veya "B. F." Skinner (1904-1990) oldu. Watson'ın ortaya koyduğu klasik koşullanma paradigması insan davranışlarını anlama açısından çok sınırlı bir açıklama getirebilirken Skinner'ın "edimsel koşullanma ve pekiştirme" kuramı, arkalarındaki epistemolojik arkaplanla birlikte davranışçı kuramı neredeyse bütün insan davranışlarını davranışçı ilkelerle açıklayabilecek bir konuma getirdi. Skinner'ın tanımladığı edimsel koşullanma, organizmanın çevrede gerçekleştirdiği bir etkinlik sonucunda ortaya çıkan sonuca göre o davranışın sıklığının artmasına veya azalmasına dayalıdır. Klasik koşullanmada ortaya çıkan tepki genelde refleks bir tepkiyken (zil-salya akması), edimsel koşullanmada motor sistemi ilgilendiren kompleks bir davranış ortaya çıkar (farenin bir pedala bastığında peynir gelmesi gibi). Tipik edimsel koşullanma paradigmasını şu örnekle açıklayabiliriz; yiyecekten bir süre yoksun bırakılmış bir deney faresini, içinde yiyecek gelmesini sağlayan bir pedalın bulunduğu bir deney kafesi içine bıraktığımızda fare etrafta dolaşır, koklar, bu sırada rastlantı sonucu kafesin içindeki pedala dokunduğunda kafesin içine yiyecek düşer ve fare yiyeceği yer. Bu fare tekrar aynı kafese koyulduğunda daha kısa zamanda pedala basar. Başlangıçta gelişigüzel davranış gösteren fare bir sonraki deneyde pedala daha çabuk yaklaşmaya başlar ve en sonunda da doğrudan doğruya pedala basıp yiyeceği elde eder. Böylece öğrenilmiş bir edim, yani davranış oluşur. Görüldüğü gibi edimsel koşullanma durumunda organizma, içinde bulunduğu çevrede birtakım edimler (davranışlar) gerçekleştirir. Örneğin, yukarıdaki deneyde fare kafesin içinde dolaşır, koklar, nesnelere bakar, onları iter; oysa klasik koşullanmadaki Pavlov'un köpeği pasiftir. Edimsel koşullanmada organizmanın yaptığı davranışın sonucunda o davranışın sıklığı artar veya azalabilir. Edimsel koşullanmada, istenen davranışın ortaya çıkma sayısını arttıran her uyarıcıya pekiştireç adı verilir. Pekiştireçleri olumlu ve olumsuz pekiştiriciler olarak ikiye ayırabiliriz. Pekiştirme veya ödül olumlu bir şey verilmesi ya da olumsuz bir şeyin ortadan kaldırılması şeklinde olabilir. Olumlu pekiştireçler verildiği zaman davranışın ortaya çıkma olasılığı fazladır. Örneğin su, yiyecek, övgü gibi. Olumsuz pekiştireçler ortadan kaldırıldığı ya da verilmediği zaman davranışın ortaya çıkma olasılığı fazladır. Örneğin çocuk ağladığında annesinin onu azarlamaması, klimayı çalıştırdığımızda sıcak havanın ortadan kalkması gibi.

Klasik koşullanmada uyarandan (zil sesi) sonra tepki (salya akması) gelirken, edimsel koşullanmada önce tepki veya davranış (güvercinin belli bir yeri gagalaması), ardından dış dünyadaki bir sonuç (örneğin yiyecek gelmesi) ortaya çıkmaktadır. Bir davranıştan sonra gelerek o davranışın sıklığını artıran her şey pekiştireçtir. Pekiştirme hedef davranışı artırır. Eğer bir uyaran tekrarlayan bir şekilde olumlu bir pekiştireçle eşlenirse davranışı pekiştirme özelliği kazanır. Skinner'a göre davranışlar, hem olumlu hem de olumsuz pekiştiriciler ile belli bir biçime sokulabilir. Skinner, buna biçimlendirme demektedir. Bir edim ne kadar çabuk ödüllendirilirse o kadar sağlam olarak benimsenmektedir.

Skinner'ın edimsel koşullanma kavramı görünürde Thorndike'ın etki yasasına benzemekteyse de en önemli farklılık, gözlenmeyen dolayısıyla da ölçülemeyen içsel zihinsel fenomenlere (örneğin hoşlanma, haz, istek gibi) yer vermeksizin sadece gözlenebilen olaylarla, yani davranışı bir başka ölçülebilen değişkenle, yani davranışın sıklığının artıp azalmasıyla, nesnel olarak tanımlamasıydı. Örneğin yeme davranışının neye göre belirlendiğini açıklarken Skinner bunu açlık düzeyi gibi içsel motivasyonel bir kavramla açıklamak yerine bir başka gözlenebilir olgu olan yiyecekten yoksun kalma süresiyle bağlantılı olarak inceler. Yiyecekten yoksun kalma süresi yeme davranışı nerede ve hangi laboratuvarda incelenirse incelensin aynı nesnel olguya karşılık gelir. Oysa açlık düzeyi bilemeyeceğimiz, dolayısıyla da ölçemeyeceğimiz öznel bir kavramdır. Skinneryen radikal davranışçılık, bir anlamda boş bir zihnin, edilgen bir zihnin kuramıdır. Böylece Skinner psikolojiyi diğer disiplinlerden bağımsız olarak davranış bilimi şeklinde kendi kendine yeterli bir disiplin olarak ortaya koyuyordu.

Davranışçılar neredeyse soyut düşüncenin bile davranış boyutunda gözlenebileceğini söyleyerek işi aşırıya vardırmışlardı. Davranışçılığın bu katı tutumu ve gözlenebilir davranışa yaptığı vurgu doğduğu yıllarda egemen kuram olan psikanalizin ruhsal alanı tamamıyla gözlenmesi mümkün olmayan meta psikolojik kavramlarla açıklamasına dönük bir tepkidir. Davranışçılık psikanalizin ruhsal olayları tamamıyla bilinçdışı iç güçlerle açıklamasına karşıt olarak her şeyi dış etkilerle açıklıyordu.

Skinner'ın geliştirdiği şekliyle psikoloji, öğrenmenin hem hayvanlara hem insanlara uygulanabilecek temel ilkelerini ortaya koymuş oluyordu, bunun önemli getirisi ortaya konan bu ilkelerin deneysel olarak sınanabilir olmasıydı. Bir diğer avantajı bilinç, bilinçdışı gibi zihinsel süreçlere bakma gereksiniminin olmayışıydı; zihne bir boş kutu olarak bakılabilirdi, tek yapılması gereken belli çevresel uyaranlara karşı bireyin verdiği davranış tepkilerine bakmak ve daha sonra bunların aralarındaki ilişkiye göre çıkan kuralları belirlemekti, bu şekilde bütün psikolojik yapıyı anlayabilir ve insanın ne durumda ne yapacağını öngörebilirdik; bu iki parça bilgiyle, "çevrede ne oldu - kişi ne yaptı" biçiminde insanın bütün olarak açıklanabileceğini savunuyordu. Bu kuramın psikoloji dışındaki bir diğer doğurgusu insanın otonomisi veya özgürlüğü diye bir şeyin aslında olmadığıdır. Skinner'ın perspektifinden davranışlar daima başka etkenler tarafından kontrol edilirler; bu ya çevredir, ya devlettir, ya ailedir ya da toplumdur. Örneğin kişinin belli bir mesleği seçmesi sanki özgür bir seçim gibi görülebilir ama bu ya ailesindeki koşullanmaların ya da ekonomik dengelerin, vb. sonucudur. Davranış ödül ve cezalar tarafından biçimlendirilir. Laboratuvarlardan doğan davranışçı ilkelerin klinik ortama tam anlamıyla taşınması 1960'larda gerçekleşti. Üniversitelerde öğrenme ilkelerini geliştiren, o zamanlar egemen olan psikodinamik yaklaşım veya diğer türdeki konuşmaya dayalı tedavilerden memnun olmayan ve amaçları öğrenme ilkelerine dayalı yeni bir teknoloji geliştirmek olan, hastalarına daha çok yararlı olabilmek için laboratuvarda çalışan bir grup biliminsanı diğer terapistlerin de kullanabilecekleri yeni yöntemler geliştirdiler. Joseph Wolpe (1915-1997) davranışçı ilkeleri tedavi ortamına taşıyan ve fobilerin tedavisinde önemli bir adım olan **sistematik duyarsızlaştırma** tekniğini geliştirdi. Bu teknik kişinin kaçındığı veya korktuğu uyaranlarla aşamalı bir şekilde karşılaştırarak bu uyaranların yarattığı olumsuz etkinin köreltilmesine dayalıdır.

### Bilişsel Devrim

Davranışçılık 1960'larda psikoloji dünyasında egemen paradigma iken, 70'li yıllarla birlikte bu egemenlik sarsılmaya ve bilişsel kuram ortaya çıkmaya başladı. Bilişsel kuramın ortaya çıkışında ilk itici güç yapılan klinik araştırmalar ve psikoloji laboratuvarlarında elde edilen deneysel bulgular olmasına karşılık, bilişsel terapi araştırma laboratuvarlarından doğmadı. İlginç biçimde bilişsel terapinin kurucu isimleri Aaron Beck ve Albert Ellis ne davranışçı terapist ne de deneysel psikolog olmayıp psikodinamik yönelimli terapi eğitimi almış klinisyenlerdi. Bu iki isim daha direktif biçimde çalışarak danışanla daha çok etkileşime girilmesini savunur. Ancak başlattıkları bilişsel devrimin klinik psikoterapiye egemen olmasında davranışçı terapistlerin hemen tamamının daha sonra bu akımla bütünleşmesi önemli rol oynamıştır.

Bilişsel paradigmanın ortaya çıkışını anlamamızda bilimsel devrimlerin nasıl ortaya çıktığına ilişkin Kuhniyen perspektif bize yardımcı olabilir. Kuhn bilimsel devrimleri hâkim paradigmanın açıklayamadığı gözlemlerin birikmesine bağlar. Bu anlamda davranışçı kuramla açıklanamayan ilk şey insanların aynı ortamlarda, aynı uyaranlara neden farklı tepki verdikleri sorusudur. Bu sorunun cevabının verilememesinin nedeni davranışı etkileyen biliş ve duygu boyutunun göz ardı edilmesidir. Bilişsel paradigmanın ortaya çıkmasında rol oynayan en önemli etkenlerden bir diğeri yapılan deneysel ve klinik çalışmalarda davranışçı paradigmaya uymayan bazı bulguların ortaya çıkmasıdır. Örneğin hayvanların herhangi bir şekilde pekiştirme olmaksızın da öğrenebildiklerinin açığa çıkması davranışçı paradigmayla açıklanamamıştır. Tollman'ın "latent öğrenme" dediği bu fenomeni gösteren deneyin ilk kısmında bir grup deney faresi bir labirente bırakılıp labirentin çıkışına bir yiyecek konularak koşullanmışlar, bu koşullanma sonucunda fareler her denemeyle daha hızlı biçimde yiyeceğe ulaşmayı öğrenmişlerdir. Deneyin bu ilk kısmında bir diğer grup fare ise herhangi bir pekiştireç olmaksızın labirentin içine bırakılmışlardır. Davranışçı kuram rasgele dolaşan bu ikinci grup fareye pekiştireç verilmediği için bir şey öğrenmedikleri varsayar. Oysa deneyin ikinci kısmında labirentin çıkışına yiyecek koyulduğunda bu farelerin de diğerleri kadar hızlı bir biçimde yiyeceğe ulaştığı gözlenmiştir. Bunun anlamı farelerin rastgele dolaşırken de bir yandan labirentin yapısıyla ilgili bir tür bilişsel haritanın zihinlerinde oluşturuyor olabilecekleridir: Yani koşullanmamalarına rağmen bir şey öğrenmektedirler.

Davranışçılığı gözden düşüren bir diğer etken de, ilerleyen yıllarla beraber oluşan bilimsel alandaki değişikliklerdir: Deneysel psikoloji alanında bilişsel bakış açısının daha hâkim olmaya başlaması, bilgisayarların geliştirilmesiyle zihnin de kendisine gelen girdileri işlemleyen bir bilgi işleme sürecine sahip olduğu gerçeğinin daha net görülmesidir. Zihnin uyaranları alıp işleme tabii tutması, bunların bir kısmını depolaması, daha sonra bir ürün ortaya koyması şeklindeki bu model insan davranışları için daha açıklayıcı bir kavramlaştırma sunuyordu.

Bilişsel kuramın temel ilkelerinden biri, çevreden gelen uyarılarla ortaya çıkan sonuçlar arasında bir aracı olduğu, bunun da insanın bilişsel sistemi olduğudur. İkinci önemli ilke insanlarda öğrenmenin hayvanlardan farklı olarak büyük ölçüde sosyal öğrenmeye bağlı olduğudur. Bu iki basit ilke hem normal insan psikolojisinin hem de patolojilerinin anlaşılmasında ve tedavi edilmesinde son derece gelişmiş bir kuramın doğmasını sağlamıştır.

Bilişsel kuramın psikoloji ve psikoterapi alanında çok sayıda öncülü vardır. Bunlardan Amerikalı psikolog George Kelly'nin (1905-1967) geliştirdiği "kişisel yapılar kuramı" doğrudan davranışı etkileyen bilişsel yapıları vurgulaması nedeniyle önem taşır. Kelly beklenti ve öngörülerin insan zihninin temel özelliği olduğuna inanıyordu, her bireyin bir biliminsanı gibi dünyanın, insan ilişkilerinin nasıl işlediğine ilişkin kuramlar ve modeller geliştirdiğini ve bunlar aracılığıyla öngörülerde bulunduğunu söylüyordu. Bu, bebeklikten itibaren başlayan bir süreçti. Örneğin bebek ağladığında annesinin geldiğini görünce bununla ilgili bir kuram geliştirir: "Demek ki ağlarsam annem gelir." Yaş büyüdükçe kuramlar artar ve çeşitlenir. Diğer insanlarla ilgili kuramlar veya sıklıkla belli öngörüler geliştiririz. Aynı zamanda kendi kuramlarımızı diğer insanlara uygulayarak kontrol etmeye ve onların davranışlarını tahmin etmeye çalışırız. Bütün bu kişisel kuramlar bir yapılar sistemini oluşturuyor ve zihnimiz dolduruyordu. Her bir yapının, örneğin mutlu-mutsuz şeklinde iki ucu vardı; kişi belli bir anda bu ikisi arasında bir yerde bulunmaktaydı.

Bilişlerin insan davranışında uyaranla davranış arasındaki önemli rolünü anlamamızda öncülük eden bilim adamlarından birisi Julian Rotter'dır (1916-). Rotter geliştirdiği sosyal öğrenme kuramında, insanın kişiliğinin kişi ve çevre arasındaki etkileşim sonucu ortaya çıktığını, bireyin davranışlarının klasik davranışçıların düşündüğü gibi çevreye karşı olan refleksif tepkilerden oluşmadığını, kişinin çevreye verdiği tepkilerin bireyin önceki öğrenme deneyimleri ve yaşam öyküsüne bağlı olduğunu ortaya attı. Bireyin uyarana vereceği tepki o kişinin daha önceki yaşantıları tarafından biçimlendirilir, bu anlamda da aynı uyaran veya aynı çevre içinde iki birey farklı tepkiler verebilir. Örneğin bir birey daha önce doktorlarla olan deneyimlerinde ağrı ve acı yaşadıysa doktora gitme durumunda tedirgin olurken, daha önce doktorlarla yaşadığı deneyimleri olumlu olan, diyelim çektiği acılardan kurtulan bir birey doktora gitmesi söz konusu olduğunda rahatsızlık yaşamayacaktır. Rotter'a göre kişilik, içinde bulunulan ortama göreceli olarak yerleşik hale gelmiş belli bir biçimde tepki verme eğilimidir. Rotter öğrenmelerin çoğunun diğer insanlarla yaşanan sosyal ilişkiler sonucu gerçekleştiğini vurguluyordu. Rotter'ın kişilik kuramı, bilişleri beklentiler biçiminde öğrenme, motivasyon ve pekiştirmeyle ilk kez bütünleştiren bir kuramdır. 1966'da ortaya attığı iç-dış kontrol odağı kavramıyla Rotter kişinin beklentilerinin ortaya çıkan pekiştireçleri nasıl etkilediğini ortaya koydu. Buna göre bazı insanlar pekiştireçlerin kendi yaptıklarına değil, kader veya şansa bağlı olduğunu düşünürler (dış kontrol odağı), bir grup insan ise pekiştireçlerin doğrudan kişinin yaptıklarının bir sonucu olduğuna inanır (iç kontrol odağı). Kontrol odağı, kişinin kişilik ve davranış özellikleriyle ilgili pekiştirmeleri veya sonuçları, ne ölçüde kendisine, ne ölçüde dışarıya, yani şansa, talihe, kadere, diğer güçlü insanlara ya da kısacası elinde olmayan, öngörülemez etkenlere bağladığını anlatan bir terimdir. Yani bir grup başına gelenleri dış güçlerin sonucunda görürken diğer grup kendi yaptıklarının sonucu olarak görürler. Bireyin nasıl pekiştirildiği kadar bu pekiştirmeyi kendisinin nasıl algıladığı da önemlidir. Dolayısıyla davranışı sonucunda iki kişi aynı sonucu yaşasa bile bunu kendi davranışına mı yoksa diğer etkenlere mi bağladığına göre kişinin bilişleri ve sonraki davranışları değişecektir. Nesnel koşullama ne olursa olsun organizma kendi yaptıklarıyla sonuç arasında bir bağlantı olmadığına inanırsa koşullanma gerçekleşmez.

Buna paralel bir diğer gelişme de Albert Bandura tarafından ortaya konan sosyal öğrenme ve özetkinlik (*self-efficacy*) kuramlarıdır. Kendisi aslında bir öğrenme kuramcısı olan Bandura klasik öğrenmede beklentilerin önemine ve davranışın değişimindeki içsel süreçlere dikkat çekerek klasik öğrenme kuramına bilişsel bir bileşen ekledi. Bandura pekiştirecin ancak geleceğe ilişkin bir değişiklik yaratırsa bir etkisi olabileceğini söyledi. Çok açıktır ki pekiştireç geçmişteki davranışı değiştirmez; gelecekteki davranışı değiştirir, gelecekteki davranışın sonucuyla ilgili beklentiyi değiştirir. Pekiştirme ile gelecekte olacağına inandığımız, beklediğimiz şey değişir; davranışımızın sonuçlarıyla ilgili beklentimiz değişmiştir. Pekiştirme sürecinde yaptığınız şeyle ortaya çıkan şey arasında nedensel bir ilişki görürsünüz ancak yaptığınızla sonuç arasında bir ilişkiye inanırsanız değişiklik olur. Bandura öğrenmenin zihinden bağımsız, onun işin içine katılmadığı bir süreç olmadığını söylemiştir. Örneğin siz hiç yapmasınız da başka insanları gözleyerek insanların "lütfen" dediğinizde sizin isteklerinizi daha çok yerine getireceğine inanırsanız daha fazla "lütfen" dersiniz. Bu beklenti değişikliği sadece bireyin bizzat kendi yaptıkları ve yaşadıklarıyla değil, çeşitli yollarla gerçekleşebilir. Bandura insan öğrenmelerinin çoğunun hayvanlardan farklı olarak doğrudan pekiştirilmeyle değil, sosyal yaşam içinde başkalarını gözleyerek ve model alarak gerçekleştiğini öne sürdü ve buna **gözlemsel öğrenme** adını verdi. Örneğin bir çocuğa ayakkabı bağlamayı ödül veya ceza ile öğretmeye çalışmak çok etkili olmayacaktır, oysa ebeveynin bunun nasıl yapıldığını çocuğa birkaç kez göstermesi çok daha iyi bir sonuç verir. İnsanlar diğer canlılardan daha farklı olarak diğer insanların davranışlarının sonuçlarını değerlendirebilir. Böylece bizzat yapmadığı ve sonucunda pekiştirici elde etmediği bir davranışı yapan ve pekiştirilen bir kişiyi görerek aynı davranışları kazanabilir; başka bir kişiyi gözleyerek, imgelemek yoluyla, aynı davranışı yapıp yapmayacağına karar verebilir. Kişi çevresindekilerin davranışlarını gözleyerek öğrendiği gibi onların davranışları sonunda ödül veya ceza almalarına göre de davranış değişikliği gösterir, yani öğrenebilir. Bu tür bir öğrenme, basit bir uyaran-tepki denkleminin ötesinde, arada var olan bilişsel süreçlerin önemine işaret eder. Bandura pekiştireçin etkili olup olmamasının kişinin beklentisinin değişip değişmemesiyle belirlendiğini fark etmiştir; örneğin Pavlov'un deneyinde köpekte koşullanmanın oluşması demek, köpeğin zil çaldığında etin geleceğini beklemesi demektir.

Bandura'nın bilişsel süreçlere olan asıl vurgusu özetkinlik (*self-efficacy*) kuramıyla olmuştur. Bandura'nın 1980'lerde geliştirdiği, sosyal öğrenme kuramıyla bağlantılı ve onu tamamlayan **özetkinlik kuramı** ile bilişsel süreçlere dair vurgusu iyice netleşmiş ve klasik öğrenme kuramından iyice uzaklaşmıştır. Bu kuram sadece çocuk gelişimi açısından değil, her yaştaki bireyler için önemli doğurgulara sahiptir. Özetkinlik kuramı, bireyin çevresi üzerine bir etkide bulunabileceğine olan inancıdır. Kişinin etkinliğine olan inancı ve bu inancın derecesi değişkendir. Özetkinlik kişinin çeşitli alanlardaki sorunlarla, zorluklarla baş edebilme yeteneğine olan inancıdır. Birey kendisinin bu etkinliğini belli bir alanla ilgili olarak yüksek görebilirken başka bir alanda düşük görebilir. Eğer kişi belli bir alanda başarısının veya yeteneğinin kendisinden kaynaklandığına, başarısızlıklarının kendi dışından kaynaklandığına inanıyorsa o alanda özetkinliğini yüksek görür. Yani özetkinlik düzeyini belirlemede başarı veya başarısızlığı neye atfettiğimiz önemlidir. Örneğin ben Türkçede kendimi oldukça yetenekli görürken matematikte görmeyebilirim; bu, o alandaki başarı veya başarısızlığımın kaynağı olarak neyi gördüğüme bağlıdır. Özetkinliğimize olan inancımız hangi alanlarda ne derece çaba gösterdiğimizi, hangi zorluklardan uzak durduğumuzu etkiler. Örneğin sosyal becerisine dair inancı yüksek olan, yani özetkinliğini yüksek gören bir erkek, kadınlara sosyal olarak ve güvenle daha fazla yaklaşıp, sosyal etkileşimlerinde daha atılgan olurken, sosyal becerilerine ve kadınlar tarafından nasıl göründüğüne ilişkin inancı olumsuz olan bir erkek, sosyal olarak kadınlara yaklaşmakta daha isteksiz ve daha utangaç olacaktır. Bandura'nın getirdiği en önemli yenilik çevreyle kişi arasındaki etkileşimin karşılıklı olarak belirlendiğini göstermesidir. Klasik öğrenme kuramında kişi çevrenin edilgin bir ürünüyken burada karşılıklı bir etkileşim söz konusudur. Eğer belli bir alanda başarısız olacağınıza inanırsanız o alanda daha az etkinlik gösterirsiniz ve başarınız da daha düşük olur.

Beklentilerin davranışın ortaya çıkışındaki rolü hayvan deneyleri yapan bir psikolog olan Martin Seligman'ın ortaya attığı **öğrenilmiş çaresizlik** kuramıyla ortaya koyulmuştur. 1964 yılında üniversiteyi yeni bitirmiş bir psikolog olan Martin Seligman, Pensilvanya Üniversitesi'nde o dönemin ünlü bir deneysel psikoloğu olan Richard L. Solomon'un davranış bilimleri laboratuvarında çalışmaya başladı. Öğrenme alanında önemli çalışmaları olan Profesör Solomon'un laboratuvarında ruhsal hastalıkların etiyolojisini açıklamaya dönük deneysel modellerle hayvanlar üzerinde kontrollü çalışmalar yapılmaktaydı. Seligman'ın çalışmaya başladığı günlerde yapılan bir deneyde laboratuvarın köpeklerinde şaşırtıcı bir durum söz konusuydu; denek köpekler herhangi bir şey yapmadıkları için o sıralarda yapılan bir deney ilerlemiyordu. Bu deney Pavlovyen ilkelerle koşullandırılan köpeklerin bu koşullanmayı başka bir ortama aktarıp aktaramayacaklarıyla ilgiliydi. Köpekler önce verilen bir ses tonu, ardından hafif bir elektrik şokuna maruz bırakılarak bu ses tonuna karşı korku ve kaçınmayla koşullandırılmışlardı. Deneyin ikinci kısmında köpekler, arası alçak bir bariyerle ayrılmış iki bölümlü büyük bir kutuya alınıyorlar ve bulundukları bölüme elektrik şoku verilip ikinci bölüme elektrik verilmiyordu. Böylece şoka maruz kalan köpek diğer bölüme atlarsa, orada elektrik olmadığı için şoktan kurtuluyordu. Bunu yaparak ikinci kısımda köpeklere bariyerden atlayarak elektrik şokundan kurtulmaları öğretiliyordu. Deneyin üçüncü kısmı ise asıl hedeflenen şeyi test etmeye dönüktü. Bu kısımda amaç iki bölümlü kutuya alınan sese karşı koşullandırılan köpeklerin bu kez sadece ses tonu verildiğinde daha önceden öğrendikleri bu ses tonundan sonra bariyerden atlayıp atlamadıklarını görmekti. Eğer atlarlarsa önceki öğrenmelerini başka bir ortama da taşıyabildikleri gösterilmiş olacaktı. Ancak bu deneyde ikinci kısımda köpekler elektrik şoku verilmesine rağmen karşı tarafa atlamadıkları için deney ilerlemiyor ve üçüncü kısma geçilemediğinden sadece ses tonuyla köpeklerin atlayıp atlamayacaklarını gözlemek mümkün olamıyordu. Seligman davranışçı kuram çerçevesinde açıklanamayan bu olay üzerinde düşündüğünde belki de deneyin asıl amacından çok daha önemli olan bir sonuç çıkardı: Deneyin ilk kısmında köpekler asıl öğrenmeleri istenen şeyi değil, kazara başka bir şeyi, çaresizliği öğrenmiş olabilirlerdi. Bu nedenle de artık herhangi bir eylemde bulunmuyorlardı. Deneyin ilk kısmındaki elektrik şokları esnasında atlasalar da, havlasalar da, koşsalar da yaptıkları şeyin sonucu değiştirmeyeceğini öğrenmişlerdi. Bu sonuç çok önemliydi, eğer köpekler yaptıklarının işe yaramadığı, boş olduğu gibi karmaşık bir sonuca ulaşabiliyorlarsa insanlardaki çaresizlik de böyle bir modelle açıklanabilirdi. Seligman'ın bu açıklamayı bulmasında babasının geçirdiği bir inme sonucunda felç olmasının ardından babasının yaşadığı çaresizlikle ilgili kişisel gözlemleri rol oynamıştı.

Seligman'ın bu varsayımı o anda sadece sınanması gereken bir varsayımdı. Seligman bu varsayımını iki aşamalı bir deneyle test edebileceğini düşündü. Deneyin ilk aşamasında köpekler üçe ayrılarak üç farklı şekilde koşullandılar. Deneyde ilk köpeğe kaçabileceği şekilde bir elektrik şoku uygulandı. Köpek deney ortamında bulunan bir paneli burnuyla iterse elektrik şoku kesiliyordu, yani köpek yaptıklarıyla durumu kontrol edebiliyordu. Birinci köpek bunu kısa sürede öğrenerek elektrik şokunu durdurabiliyordu. İkinci köpeğe ise yine elektrik şoku verildi ancak köpek ne yaparsa yapsın bu şoku etkileyecek bir mekanizma köpeğin bulunduğu bölümde yer almıyordu. Bu köpeğe uygulanan şok ancak birinci odadaki köpek paneli iterse kesilebiliyordu, yani durumun kontrolü onun elinde değildi. Üçüncü köpeğe ise kontrol grubu olması amacıyla herhangi bir şekilde elektrik şoku uygulanmadı. Böylece kuramsal olarak birinci köpek kendisine uygulanan olumsuz bir durumu kontrol edebileceğini, ikinci köpek kontrol edemeyeceğini, yani çaresizliği öğreniyor; üçüncü köpek ise hiçbir şey öğrenmemiş oluyordu. Birinci grup zarardan kaçmaya eğitilmiş köpeklerden, ikinci grup çaresiz köpeklerden, üçüncü grup ise kontrol grubu köpeklerden oluşuyordu. Deneyin ikinci kısmı ise köpeklerin bu varsayılan şeyleri gerçekten öğrenip öğrenmediklerini sınamaya dönüktü. İkinci kısımda bu üç grup köpek rahatlıkla atlayabilecekleri yükseklikte alçak bir bariyerle birbirlerinden ayrılmış bir kutuya alınarak aynı sayıda elektrik şokuna maruz bırakıldılar. Birinci grup olan kaçmaya eğitilmiş köpekler rahatlıkla saniyeler içinde bariyerin öbür tarafına atlayarak kaçıp kurtulabildiler. Kontrol grubu olan köpekler de süre biraz değişmekle birlikte yine aynı şekilde diğer tarafa atlayarak şoktan kurtulmayı öğrendiler. Buna karşılık, çaresizlik öğretildiği varsayılan köpekler, kaçmaya dönük herhangi bir şey yapmayarak oldukları yerde kalmaya devam ettiler. Bu deney daha sonra başka üçlülerle tekrarlandığında Seligman çaresiz gruptaki sekiz köpekten altısının kutunun elektrik şoku verilen bölümünde kalmaya devam ettiğini, buna karşılık diğer gruptaki sekiz köpeğin de diğer tarafa atlamayı öğrendiğini saptadı. Öğrenilmiş çaresizlik kuramı, 1970'lerde yaptığı öğrenme deneyleri sonucunda Martin Seligman tarafından ortaya atıldıktan sonra bugün de halen depresyona ilişkin önemli bir bilişsel kuram olarak yerini korumaktadır. Bu deney ve sonuçları, ortodoks davranışçılık açısından kabul edilemez nitelikteydi.

Tollman, Kelly, Rotter, Bandura ve Seligman gibi isimlerle klinik psikoloji alanında temelleri atılmaya başlayan bilişsel kuramın psikopatoloji ve psikoterapi pratiğindeki karşılığını iki klinisyen ve biliminsanı olan Ellis ile Beck oluşturdu. Beck ve Ellis'in katkılarını ve bilişsel terapinin doğuşunu ikinci bölümde bulabilirsiniz.

**Psikodinamik Terapiye Karşı Bilişsel Davranışçı Terapi**

Psikanalitik-psikodinamik terapilerle bilişsel terapi arasındaki en temel fark, insanın doğasına bakış açısındandır. Psikanalizin en ortodoks biçimi olan dürtü kuramı, kişinin sıkıntısının onu rahatsız eden dürtülerle ilişkili olduğunu, bilinçdışı bu çatışma ve dürtülere özel birtakım yöntemler (serbest çağrışım, rüya analizi) kullanılmaksızın ulaşılamayacağını savunur. Daha sonra birçok kuramcı ve katkıyla zenginleşen psikanalitik yönelimli terapilerin değişmeyen temel özelliği, insan psikolojisini çoğunlukla bilinçdışı dürtü ve güdülenmeler ve bunların nasıl halledildiğiyle açıklamasıdır. Psikanalitik kuramda davranışlar ya da belirtiler bilinçdışı çatışmaların, eksikliklerin, savunma düzeneklerinin, ruhsal yapılanmaların (benlik, üstbenlik, altbenlik, kendilik (*self*), kendilik nesnesi (*self-object*), nesne temsilcileri (*object representations*), içselleşmiş nesneler vb.) ürünü olarak görülür. Bu nedenle psikanaliz öznel yaşantının altındaki gizli anlamları araştırır ve bunu yaparken vurgusu daha çok davranışın ve yaşantının akıldışılığı üzerinedir. Bu konuda getirdiği açıklamalar ampirik deneysel bulgulardan çok analistin yaptığı gözlemler ve bu gözlemlerin kuram çerçevesinde yorumlanmasına dayalıdır. Bilişsel terapi de insanın doğasına bakarken iç süreçlere öncelik verir. Ancak nasıl ki davranışçılık insan davranışlarının bilimsel yöntemlerle araştırılmasına dayalı ise, bilişsel terapide insanın zihinsel süreçlerinin bilimsel yöntemlerle araştırılmasına dayalıdır. Bu iç süreçlerin sadece dürtü ve isteklerden ibaret olmadığını, aynı zamanda bilinçli düşünme süreçlerinin de duygu ve davranış üzerinde etkili olduğunu ve bu süreçlerin içeriğine bilinçli çabayla ulaşılabileceğini savunur. Bilişsel terapi ile psikanalitik terapilerin en temel farkı da buradadır: Psikanaliz, davranışın gerçek nedeninin bilinçli olmayan dürtü ve istekler olduğunu savunurken bilişsel terapi buna karşı çıkar.[12] Klinik bilişsel kurama göre kişi yaşadığı iç ve dış olayları bilgi işleme sistemi yardımıyla değerlendirir, birtakım varsayımlar kurar ya da sonuçlar çıkarır. Bu betimleme, bilişsel terapinin öncülerinden olan George Kelly'nin **kişisel biliminsanı** (*personal scientist*) kavramında açıklanmıştır. Kişi, çevreden kendisiyle ilgili verileri sürekli toplar, bunları kendisi, diğer insanlar ve dünyayla ilgili kuramlar-varsayımlar geliştirmek için kullanır, bu inançlara uygun olarak davranır ve hisseder. Bilişsel terapistlere göre kişinin temel gereksinimi mantıksal düzenliliktir.[13] Birey bu süreçlerin kiminin farkında olmayabilir ama farkında olmadığı şeyler psikanalizdeki bilinçdışı gibi kategorik olarak farklı bir alanda değildir. Kişi bilinçli çabayla bunlara ulaşabilir, farkına varabilir.

Bir diğer temel fark, terapinin teknik yanıyla ilgilidir. Bir terapi ekolünde tekniğin yeri o terapi ekolünde terapistin, hastayı etkileme-dönüştürme rolüne yapılan vurguyla orantılıdır. Yani tekniğe verilen önem ilişkiye verilen önemle ters orantılıdır; biri arttıkça diğeri azalır. Davranışçı terapiler daha çok tekniği öne çıkarıp ilişkiyi çok fazla dikkate almazlar; psikanaliz ise tam tersine hasta terapist ilişkisini hem o kişinin bütün psikolojisini açıklayacak bir alan hem de değişim için temel araç olarak görür. Bilişsel terapi bu açıdan iki ekolün arasında bir noktadadır. Tekniğe özel bir önem verilir ama bu önem hiçbir zaman davranış terapileri gibi terapiyi sadece teknik bir uygulama olarak görme noktasına ulaşmaz; ilişkiye önem verilir ama hastanın bütün dünyası sadece terapistle kurduğu ilişkiye indirgenmez. Beck bilişsel terapinin ilişki boyutunun gözden kaçırılmaması uyarısını daha ilk kitaplarından biri olan *Depresyonun Bilişsel Terapisi*'nde yapar.[14] Psikanalizden farklı olarak, bilişsel terapi terapötik ilişkiyi kişinin ilişkilerinden biri gibi görür ve diğer ilişkilerinden daha farklı özelliklerde kendine özgü yanlar taşıyabileceğini, terapötik ilişkinin kişinin tüm yaşamını yansıtamayacağını kabul eder. Hasta-terapist ilişkisindeki özellikler ya da sorunların hastanın diğer ilişkilerinde de mutlaka ortaya çıkacağı gibi bir yargıdan uzaktır bilişsel terapi. Terapötik bağlamdaki özel şartlar ve beklentiler hastanın doğal ortamından farklıdır. Bilişsel terapi bu ilişkiyi daha çok usta-çırak ya da öğretmen-öğrenci ilişkisine benzetir.

Bilişsel terapiye göre değişimin sağlanabilmesi bilişlerin değişmesiyle mümkündür; bu nedenle terapide bunu sağlayacak birçok teknik kullanır. Psikodinamik yaklaşımda ise değişim için esas olan duygusal uyarılma ve ilişkiye özellikle de aktarıma dayalı öğrenmedir. Bilişsel terapi de seans esnasında ortaya çıkan duygusal uyarılmalara önem verir çünkü bunlar otomatik düşüncelere o anda ulaşmayı sağlar ve kişinin seans içinde ortaya çıkan bu tür bilişlerinin (*hot cognitions*) ele alınması ve dönüştürülmesi daha etkili sonuçlar doğurur. Duygusal uyarılma rahatsızlığa yol açan bilişleri yakalamayı dolayısıyla da onları sınamayı kolaylaştırarak daha kalıcı değişikliğe zemin oluşturur.[15]

Çağdaş bilişsel psikoterapinin iki kurucu ismi Aaron Beck ve Albert Ellis'in ruh sağlığı alanındaki geçmişleri, yani her ikisinin meslek yaşamının başında psikanalistler olması ve bugünleri göz önünde bulundurulduğunda, bilişsel terapinin kısmen psikanalize yönelik tepkiden doğduğunu belirtmek çok yanlış olmaz. Bu nedenle de bilişsel kuram psikanalize köklü bazı eleştiriler yöneltir. Hem Beck hem de Ellis meslek hayatlarının ilk dönemlerinde psikanalist olarak çalışmış, daha sonra da yaşadıkları kuramsal ve klinik açmazların sonucunda bilişsel kurama yönelmişlerdir.

Aaron Beck, *Bilişsel Terapi ve Duygusal Bozukluklar* adlı kitabının girişinde dört ana psikiyatrik paradigmayı, yani biyolojik yaklaşım, davranışçılık, psikanalitik kuram ve bilişsel kuramı eleştirel bir gözle birbiriyle karşılaştırır. Beck bilişsel kuram dışındaki diğer ekollerin birbiriyle çarpıcı farklılıklarına karşılık her üçünün de duygusal bozukluğu olan kişileri aslında, üzerinde hiçbir kontrol kuramadıkları gizli örtük güçlerin kurbanları olarak gördüklerini ve böylelikle ortak bir temel sayıltıyı paylaştıklarını söyler. Bu doğrudur, her üç ekol de gerek ruhsal patolojiyi gerekse değişimi bireyin kontrolünün olmadığı, onun dışında gelişen süreçlere yükler. Biyolojik kurama göre patoloji kişinin elinde olmayan kalıtımsal biyolojik süreçlerin sonucudur ve tedavi bu süreçlerin bedene yönelik ilaç, EKT gibi uygulamalarla değiştirilmesi ile gerçekleşir. Psikanalitik kuram, erken çocukluk yaşantılarıyla oluşan çatışmaların ve çeşitli gelişim dönemlerinde oluşan eksiklik ve yoksunlukların yarattığı bilinçdışı süreçlerin patolojiye zemin hazırladığını; düzelmenin iş bilir bir analistin bu çatışma ve eksikleri yorumlaması ve gerekirse düzeltici terapötik yaşantı yoluyla gidermesiyle gerçekleşeceğini öne sürer. Davranışçılık yanlış öğrenilmiş ve koşullanmış tepkileri temel sorun olarak görür ve bunlar davranışçı terapist tarafından düzenlenen, karşıt öğrenmeyi sağlayan davranışsal tekniklerle söndürülürler. Oysa bilişsel terapi kişinin düşünsel süreçlerinin soruna zemin hazırladığını söyler ve her bireyin gerekli çabayı gösterdiğinde patolojisini anlama ve çözme gücünü elinde bulundurduğunu savunmasıyla diğerlerinden ayrılır. Başka deyişle kişinin ruhsal sıkıntılarını anlaması ve çözümlemesine yarayacak anahtar onun farkındalık alanı içindedir.

Diğer öncü Albert Ellis, Beck'e kıyasla daha kışkırtıcı bir üsluba sahiptir ve psikanaliz eleştirisini daha ileri götürerek ve psikanalizin hastaya ya da danışana faydadan çok zarar verdiğini savunur ve "Psikanaliz zararlı mıdır?" başlıklı yazısında eleştirilerini şöyle sıralar:[16]

**Hedef ve yönteminin yanlış olması**: Ellis'e göre psikanalizin en önemli zararı hastaları sorunlarına yol açan asıl kaynağa yönelerek çözmeye çalışmak yerine, sorunları için özürler bulmaya yönlendirmesidir. Sorunu olan insanların gereksinimleri aslında oldukça basittir, katı biçimde inandıkları akıldışı, kendi kendilerine eziyet veren inançlarını anlamaları; sonra da bunlara sürekli olarak düşünce ve eylemleriyle karşı çıkmaları. İnsanların dogmatik biçimde sarıldıkları, sorun doğuran inançların en sık görülen bir örneği "başarılı ve beğenilen bir insan olmadıkça, diğer insanlardan üstün olmadıkça, değersizim" inancıdır. Bu inanca kendilerine şu soruyu yöneltirek karşı çıkabilirler: "Yaptığım birçok şeyde başarısız olmam neden benim iyi olmadığım anlamına gelsin? Diğer insanların benden hoşlanmamaları neden benim de kendimi olduğum gibi kabul edememe yol açsın? Benim kendimi kabullenebilmem neden dışarıya bağlı olsun?" Ellis özellikle nesne ilişkileri bağlamında psikanalizin bu işlevsel olmayan inancını son derece anlamlı ve yerinde bulduğunu, bunun da temel hatası olduğunu söyler.

**Bağımlılığı körükleme**: Ruhsal sorunlar yaşayan birçok kişi aşırı bağımlıdır, kendileri için bir şeyler yapmaktan ve hata yaparak eleştirilme riskinden korkarlar. Psikanaliz bu anlamda sık yapılan görüşmeler, terapi sürecinde önemli kararlar alınması ve yaşamda büyük değişiklikler yapılmasını yasaklama, olumlu aktarım gibi unsurlarla bağımlılığı da güçlendiren bir süreçtir. İçgörü arayıcı süreç hastanın hiçbir şey yapmadan düzelmeyi beklemesine yol açar.

**Duygulara gereksiz vurgu**: Duyguları olabildiğince aktarmaya teşvik hastada duygusal boşalma yoluyla bir rahatlama sağlar, kişi analistin ondan hoşlandığı ve onu anladığı düşüncesini besler. Ama "iyi hissetme", "iyileşme" potansiyelini sabote eder. Kişinin sorununun ortadan kalkmasına yardımcı olacak şey onu rahatlatmak değil, soruna yol açan akıldışı düşünce biçimini değiştirmektir. Örneğin reddedilen bir kişiyi dinlemek değersizlik düşüncesini azaltır ve rahatlatır. Ama asıl sorun reddedilen kişinin "reddedilmem yetersiz ve değersiz biri olduğumu gösterir; bundan sonra da yaşamım böyle gidecek" şeklindeki akıldışı inancıdır. Ellis öfkenin açığa vurulmasını teşvik etmesini psikanalizin bir diğer yanlışı olarak görür. Düşmanlığın ve bunun ifade edilmemesinin kötü bir şey olduğu ve ifade edilmesiyle hostilitenin azalacağı sayıltısı ile hareket eden psikanaliz, hastayı bütün hoşlanmadığı insanlara karşı öfkesini ifade etmeye teşvik eder. Böylece akıldışı biçimde diğer insanların kötü olduğu ve haksızlık yaptığına inanan hasta kendi uyumsuz tutumlarının sorundaki payını görmezden gelmiş olur.

**Akıldışılığı teşvik etme**: Ellis'e göre danışanların temel sorunu akıldışı kimi öncülleri kullanarak, bunlardan mantıkdışı sonuçlara ulaşmalarıdır. Düşünsel Duygulanımcı Terapi (DDT) insanların tercih ya da isteklerinin, onsuz olunamaz ihtiyaçlar, zorunluluklar ya da kurallar olmadıklarını anlamalarını klinik düzelme için gerekli görür. Ellis'e göre psikanaliz, bilişsel, semantik ve mantıksal analizle insanların bunu görmelerine yardım etmek yerine, geçmişlerinden dolayı şimdi de sıkıntı çekmek durumunda olduklarını, sevgiye ihtiyaçları olduğunu, engellendiklerinde öfkelenmelerinin doğal olduğunu, değişmek için yıllarca analizden geçmeleri gerektiğini söyler. Oysa soruna yol açan erken yaşantıları bilmenin, nedeni anlamanın önemi olsa da şimdiki sorunları çözmeye doğrudan bir faydası yoktur.

**Psikoterapilerin Bütünleşmesi ve Bilişsel Terapi**

Psikoterapi alanında çok etkili olmuş ve zengin birikime sahip bilişsel davranışçı kuram ve psikanalitik kuramın farklılıklarına karşılık belli ortaklıklar taşıdıkları da bir gerçektir. Bu durum iki ekolün bütünleşme şansı sorusunu akla getirmektedir. Bu soru özellikle psikoterapiler arasında bütünleşmeyi savunan çağdaş psikoterapi bütünleşme hareketleri tarafından gündeme getirilmektedir. Psikoterapi bütünleşmesini savunanlar başlıca dört farklı yaklaşıma sahiptir:

1. Teknik eklektisizm yaklaşımı: Bu, kavramsal bağlamı ne olursa olsun etkinliği gösterilmiş olan tüm teknikleri kullanmayı savunan yaklaşımdır.
2. Kuramsal bütünleşme yaklaşımı: Farklı kuramları tek bir bütüncül kavramsal çatı altında toplayarak ortak bir ruhsal patoloji modeli sunma çabasıdır.
3. Ortak etken yaklaşımı: Tüm terapilerde ortak olan özü saptayarak bunlara dayalı yeni terapiler geliştirmeyi amaçlar.
4. Disiplinlerarası bütünleşme: Psikoterapi, teori ve pratiğin psikoloji ve psikiyatriden gelen kuramsal bilgi ile bütünleştirmeyi amaçlar.[17]

Herhangi bir psikoterapi bütünleşme hareketi kuramsal temelden yoksun ise büyük olasılıkla gelişme potansiyeli de tıkalı olacaktır. Bu nedenle teknik düzeyde bütünleşmenin kuramsal bir pozisyon olmaktan çok klinisyenlerin bireysel bir seçimi olmaktan öteye gidemeyeceği düşünülebilir ancak bu da kendi içinde sorunlar barındırmaktadır. Kuramsal bütünleşme iddiasıyla ortaya çıkan ekollerin, genellikle bütünleşmeden çok, ayrı bir kuram yaratma tutkusu ağır bastığından alana yeni bir kuram olarak katıldıkları gözlenmektedir. Psikanaliz ve bilişsel terapiyi bütünleştirme çaba ve girişimlerinde de bu sakınca sözkonusudur. Örneğin ismiyle her iki kuramı bütünleştirdiği çağrışımı yapan CAT (*Cognitive Analytic Therapy*), (Bilişsel Analitik Terapi), ayrı kuram olma iddiasıyla psikanaliz ve bilişsel terapinin zengin birikimini göz ardı etmiş görünmektedir.[18]

Bu nedenlerle psikoterapi bütünleşmesinde belki de var olan bir paradigmanın genişleyerek diğerlerini de içermesi ve bünyesine katmasıyla oluşacak bir bütünleşme daha sağlıklı olabilir ve bilişsel terapi böyle bir birleşme için uygun bir kavramsal çatı sunmaktadır. Bunun en önemli nedenlerinden biri, bilişsel kuramın klasik psikanaliz gibi kapalı bir sistem olmaması nedeniyle bütünleşme çabalarına daha esnek bakabilmesidir. Bilişsel terapi gerek deneysel psikopatoloji ve temel klinik psikolojik araştırmalardan gelen verileri kullanabilmesi gerekse de bilişsel terapiyle uyumlu oldukları oranda diğer psikoterapilerden gelen teknik ve işlemleri de içine alması nedeniyle bütünleşme açısından uygun bir terapi olduğunu göstermiştir.

Bütünleşme çatısı olarak bilişsel terapinin konumunu güçlendiren bir diğer önemli nokta, içeriği ne olursa olsun terapötik ilişki ya da işbirliği olarak ifade edilen şeyin özünde hastayla terapist arasında bir bilgi değişimi olmasıdır. Bilişsel terapinin temel kuramsal pozisyonu olan bilişsel öncelik (*cognitive primacy*) görüşü aslında bütün diğer psikolojik süreçlerin hep bilişsel kavramlar yoluyla ve bilişsel biçimde açıklanması, kısacası kuramların içeriği ne olursa olsun sonuçta bilişlere seslenmek ve bilişsel olmak durumunda olması ile güçlenir. Yaklaşımı ne olursa olsun her türlü terapinin terapötik müdahaleleri de sözel bilişsel yapılar biçimindedir. Çok açık olan bu durumun etkileri çoğu kere gözden kaçırılmıştır. Diğer terapilerde aslında danışanla ilişki kurarken bilişsel yetiler kullanılmakta ve kişinin bilişlerini değiştirmeye çalışılmaktadır. Örneğin yaşantısal (*experiential*) bir terapist de terapötik girişimlerini birincil olarak sözel (bilişsel) yapılar yoluyla gerçekleştirir, yaşantısal olanlarla değil. İster terapist ister başka biri olalım, insan olarak "davranış", "yaşantı", "duygu" ya da "terapötik ilişki" denilen süreçleri bilişsel yapılar olmaksızın organize edemez ya da gerçekleştiremeyiz. Başka hiçbir psikolojik işlev bu özel düzenleyici işlevini göremez. Bir diğer deyişle, tüm psikolojik işlevleri organize eden güç, bilişsel işlevlerdir. Bu nedenlerle bilişsel terapi hem kuram hem de uygulama olarak doğrudan bilişsel süreci hedefleyerek ortaya koyduğu etkili klinik modelle psikoterapilerin bütünleşmesi için uygun bir çatı gibi görünmektedir.

# Bölüm 2
# Bilişsel Terapinin Tanımı ve Tarihçesi

İnsanı oluşturan çeşitli özellikler içinde belki de en ona özgü olan, düşünme veya düşündüğünü düşünebilme yeteneğidir. Bu önemli özelliğin insan psikolojisindeki rolünün vurgulanışı çok eskilere, eski Yunan felsefesine dek uzanmakla birlikte modern ruhbilim içinde düşünceye hak ettiği yeri veren ilk kişi New Yorklu psikolog Albert Ellis'tir. Ellis'in kurucusu olduğu Akılcı Duygusal Terapi* (*Rational Emotive Therapy*) insanın ruhsal sorunlarının büyük ölçüde bireyin akılcı ve gerçeğe uygun olmayan inançlarından kaynaklandığını savunur. Daha sonra 1960'lı yıllarda Aaron T. Beck'in geliştirdiği Bilişsel Terapi (*Cognitive Therapy*) düşüncenin ruhsal patolojilerin kavramlaştırılmasındaki yerini tartışılmaz biçimde psikoloji ve psikiyatri alanına kabul ettirmiştir. 1960'lı yıllarda ortaya çıkan ve psikanalize dönük tepkilerden de beslenen davranışçı terapinin bu yeni akımı olumlu karşılamasıyla bilişsel terapi akımı daha da ivme kazanmıştır. 1980'li yıllarda davranışçı terapistlerin büyük bir kısmı da bu yeni ortaya çıkan bilişsel kuramı benimsemiş ve kendi alanlarına Bilişsel Davranışçı Terapi adını vererek bu akımın şemsiyesi altına girmişlerdir. Ellis'in geliştirdiği akılcı duygusal terapi, Beck'in geliştirdiği bilişsel terapi ve davranışçı terapiyle bilişsel terapinin bütünleşmesiyle ortaya çıkan

---

* Daha sonra bu terapi yaklaşımının adı kurucusu Albert Ellis tarafından tekrar değiştirilmiş ve bu yaklaşım Akılcı Duygusal Davranış Terapisi (Rational Emotive Behavior Therapy) adını almıştır.

bilişsel davranışçı terapi ruhsal rahatsızlıkların kavramlaştırılmasında ve tedavisinde düşünceye merkezi bir rol verir, kuram ve uygulamada bilişsel süreçlere odaklandıkları için birbirlerine çok benzerler; bu nedenle çoğu zaman bu adlandırmalar birbirlerinin yerine kullanılabilir ve aynı başlık altında ele alınabilir. Bu kitap boyunca karışıklık olmaması açısından Ellis'in modeli kendi adıyla ayrıca anılacak, bunun dışında "bilişsel terapi" veya "bilişsel davranışçı terapi" terimlerinin ikisi de kullanılacaktır.

**Kuram**

Bilişsel psikoterapiler bilgi işleme modeline dayanır.[19] Bir psikopatoloji ve psikoterapi kuramı olarak bilişsel kuram, psikolojik sorunlarda bilişsel işlevlere vurguda bulunur. Burada bilişsel işlevle kastedilen şey, klinik anlamda kişinin kendisi, çevresi, yaşantıları ve geleceğiyle ilgili algıları, anlamlandırmaları, yorumları, düşünceleri ve değerlendirmeleridir. Bilişsel psikolojinin ele aldığı bilgi işleme süreçleri duyu, algı ve bilişten oluşur. Duyular (görme, işitme, tat, vb.) duyusal nöronlar uyarıldığı anda ortaya çıkan ilk sonuç olarak tanımlanır. Algılama ise, iç ve dış dünyaya ilişkin bilgi edinmek amacıyla bu duyuların organize edilip değerlendirilmesinin bir sonucudur. Biliş ise duyular ve algılardan gelen verilerin işlenerek bunlara ilişkin geliştirilen yöntemler ve planların ortaya çıkardığı dil, problem çözme ve düşünme gibi karmaşık süreçlere verilen addır.

Bilişsel psikolojinin verileri beynin çalışmasının bir ürünü olan zihinsel işleyişin temelde elektriksel düzeyde birbirleriyle bağlantı kuran nöronların tepkileriyle yürütüldüğünü göstermektedir. Bu enerji akışının işlevi ve amacı bilgiyi işlemektir. Bilgiyle kastedilen şey çevresel girdilerin (algılar veya duyular) zihinsel tasarımlara dönüşümüdür. Örneğin bir kişi Boğaz Köprüsü'nü ilk kez gördüğünde zihninde onun bir tasarımı oluşur. Bu, beyinde görsel sistemin belirli bölgelerinde oluşan etkinlikle başlar ve görsel bellekte bu oluşan bilginin depolanmasıyla sonuçlanır. Boğaz Köprüsü bir süre sonra yeniden hatırlandığında, görsel korteks benzer bir sinir ağ profili örüntüsünü etkinleştirir ve Boğaz Köprüsü zihinde görselleştirilebilir. Yani sinir sisteminde belli nöronların birbiriyle bağlantılı olarak etkinleşmesi belli bir örüntüyü doğurur, bu tasarımlar da o nesne ile ilgili bilgileri içerir. Tasarımlar algısal, duyusal nesneler (ev, ağaç, kuş, vb.) gibi sözel ve soyut kavram kategorilerinin (dürüstlük, korkaklık, annelik, vb.) temsilini de içerebilir. Bu temsiller bilginin işlenmesinde önemli bir yere sahiptir; bilgi işleme süreçleri arasında algıları veya duyuları birbiriyle karşılaştırma, zıtlaştırma, genelleştirme, kümeleme, toplama, ayırma ve çıkarma yer alır.

Bilişsel kuram, bilişsel psikolojinin temel ilkelerine dayalı olarak geliştirilmiş bir klinik kuramdır. Temel olarak olayların kendisinden çok algılanma ve yorumlanma tarzına önem verir; klinik bilişsel kuram bağlamında bilişsel süreçler, kişinin olayları algılaması, değerlendirmesi, ardından aralarındaki ilişkiyi saptayarak öngörmesiyle, bireyin değişen ve kişiye zaman zaman engeller çıkaran çevresine uyum sağlamasına yardımcı olur.[20] Bu anlamda bilişsel kuram bireyin yaşantılarını yorumlama biçiminin duyguları ve eylemleri –gerçekte genel olarak psikolojik işlevselliği– üzerine önemli bir etkisi olduğu varsayımına dayalıdır.[21]

Bilişsel yapıyı kişinin içsel süreçlerini ve dış dünyayı gözlemlemekte ve değerlendirmekte kullandığı öznel bir merceğe benzetebiliriz. Kişinin belli bir duygusal veya davranışsal tepkisinin ortaya çıkması için öncelikle dünyayı, yani çevresindeki kişileri, olayları, durumları algılaması, ardından anlamlandırması ve yorumlaması gerekir. Örneğin bu kitabın sizde belli bir duygusal veya davranışsal etki oluşturabilmesi için öncelikle onun farkına varmanız, yani algılamanız gerekir; daha sonra yapılan değerlendirmeye göre kitabı alır veya almazsınız. Kitabı fark ettikten sonra merak ve ilgi doğuran bir yorum oluşmuşsa alma davranışına yönelirsiniz. Yorum ve değerlendirme aşamasında olup bitenler büyük ölçüde duygusal tepkinin tipini etkiler. Örneğin bu kitabı algıladığınızda, yani gördüğünüzde kitabı, kitabın kapağı ve üzerinde yazanları öncelikle tanımlar ("Bu bir kitap, kalın bir kitap") ve/veya anlamlandırırsınız ("Bu psikolojiyle ilgili bir kitap, veya psikoterapiyle ilgili" vb.). Daha sonra tahmin kısmı gelir; algı ve anlamlandırma sonucu ortaya çıkan ürünlerle ilgili tahminler, yorumlar, yargılar gelebilir: ("İyi bir kitaba benziyor, benim işime yarayabilir" ya da "Benim ilgilendiğim bir konu değil" gibi). İşte bilişsel terapi temel olarak bu süreçlerle uğraşır. Özellikle de ruhsal olarak bir rahatsızlık yaşandığı durumlardaki bilişsel süreçlerle.

Bilişsel terapi duygusal bir sorun yaşandığı durumlarda bunun kişinin yaşadığı olay, içinde bulunduğu ortamla ilgili olabileceği gibi kişinin bilişsel sistemiyle de (algı, tanımlama, anlamlandırma, yorumlama, değerlendirme, vb.) ilgili olabileceğini öne sürer. Ruhsal rahatsızlık durumlarında ortam ve durumla duygusal tepkilerin orantısızlaştığı göz önüne alındığında bilişsel etkenlerin ne kadar güçlü etkilerinin olduğu anlaşılabilir. Örneğin herkesin rahatlıkla, hatta zevk alarak oturduğu ve film izlediği bir sinema salonunda korkuya kapılan ve bir an önce kendini dışarıya atmaya çalışan agorafobik* bir hastayı ele alalım. Bu kişiye göre yaşadığı sıkıntının nedeni sinemada olmasıdır. Fakat bu durumda şu soru cevapsız kalmaktadır: Eğer sinema salonu sıkıntı yaratma gücüne sahipse neden salondaki insanların çoğu o anda rahatken fobik hasta korku duymaktadır? Aynı ortamda bulunan diğer insanların rahat olabilmesi, araya giren başka bir etkenin duygusal tepkide asıl belirleyici olduğunu göstermektedir. Aradaki bu farkı, fobik kişinin sinema salonunda korkuyu yaşarken zihninde olup bitenleri incelediğimizde anlarız. Korku anında zihninde "Ya şu anda bir sıkıntı gelirse ve dışarıya çıkamazsam..." düşüncesinin olduğunu gördüğümüzde durum anlaşılır hale gelir. Eğer bir birey içinde bulunduğu

* Kişinin kendisine bir sıkıntı geldiğinde hemen çıkamayacağı veya yardım alamayacağı yerlerde bulunmaktan korkup kaçınmasıyla karakterize ruhsal rahatsızlık.

durumu tehlikeli olarak algılıyorsa kaygıya kapılır ve ortamdan uzaklaşmaya çalışır. Benzer biçimde eğer bir birey geriye döndürülemeyecek kişisel kayıplar yaşamışsa ve bu durumun değişmeyeceğine inanıyor, bundan kendisini sorumlu görüyorsa kendini karamsar ve kederli hisseder ve bir şey yapmamayı seçer. İnsanın dünyaya bakış tarzını ve yorumlarını belirleyen bilişsel yapıda yer alan beklentiler ve inançlar çarpık veya işlevsel değilse kişi sorunlar yaşamaya başlar.[22] Buna göre insanların yaşadıkları sorunlar geniş ölçüde yanlış sayıltılar ("çalışırsam başarırım" gibi koşullu beklentiler) ve değerlendirmeler sonucunda gerçekliğin çarpıtılmasına bağlıdır. Yani kişileri rahatsız eden duygusal sıkıntılar, doğrudan olayların ve yaşananların kendisinden değil bunların algılanma ve değerlendirilme biçiminden kaynaklanır.[23] Bilişsel terapi bunu söylerken ruhsal rahatsızlıkların tek nedeninin bilişsel yapıdaki sorunlar olduğunu öne sürmemektedir; biyolojik, çevresel ya da bilişsel nedenlerin etkileşimiyle ortaya çıkabilen sorunların sürmesinde bilişsel etkenlerin önemli bir sürdürücü etken olduğuna vurgu yapılmaktadır. Ruhsal sıkıntılara ve davranış sorunlarına yol açan düşünceler bilgi işleme sürecindeki yanlılıkların, kör noktaların veya bilişsel eksikliklerin sonucu olabilir. Bilişsel terapi öncelikle duygu, davranış ve düşünceler arasındaki bağlantıları saptamaya çalışarak bireyin yaşantılarını daha gerçeğe uygun ve uyumsal biçimde yorumlamasına çalışır. Sorun doğuran anlamlandırma ve yorumlama biçimlerinin yerine gerçeklikle daha uyumlu ve işlevsel olanları bulmaya ve göstermeye dayalıdır.

**Bilişsel Terapinin Tarihçesi**

1900'lü yılların başında psikoterapide hâkim kuram Freud'un psikanalitik kuramıydı. Psikanalitik kuram gerek klinik olarak çok başarılı sonuçlar elde edilememesi gerekse de deneysel bir temele dayanmaması nedeniyle yüzyılın ortalarından itibaren eleştirilere konu olmaya başladı. 1960'lı yıllarda insanın ruhsal yapısını açıklayan alternatif bir kuram olan davranışçılık sesini duyurmaya başladı. Davranışçılık insan davranış ve duygularını açıklamada bilimsel ilkelerin kullanılmasının ilk örneğidir. Psikanalize bir tepki olarak doğduğundan psikanalizin aksine iç yaşantıları konu etmez. Davranışçılık, bilinçdışı gibi deneysel olarak gözlenemez bir alan yerine bilimin gözlenebilir olanı temel alması ilkesinden hareketle ruhbilimin sadece insan davranışların ele alması gerektiğini öne sürüyordu. Kurama göre insan, davranışlardan ve fizyolojik tepkilerden ibaretti; zihin sadece yaşantılara dayalı koşullanmaların toplandığı bir yerdi. Davranışçılığın kökenleri 19. yüzyıla dayanır. Bu yıllarda henüz temelleri atılmaya başlayan ruhbilimin temel konularından biri öğrenmeydi. Rusya'da Pavlov, Amerika'da Thorndike ve Skinner çalışmalarıyla koşullanma, pekiştirme, ödüllendirme ve cezalandırma, uyaran kontrolü gibi değişkenlerin insanın davranışlarını nasıl etkilediğini gösterdiler. Davranışçılığın temelini atan Ivan P. Pavlov (1849-1936), klasik koşullanma deneyiyle bir köpeğe et (koşulsuz uyaran) verildiğinde, beraberinde bir zil çalınırsa (koşullu uyaran) bir süre sonra sadece zil çalındığında da hayvanın salya tepkisi verdiğini ortaya koydu. Skinner edimsel koşullanmayla bir davranışın çevresel sonuçlarının o eylemin zaman içinde güçlenmesini veya zayıflamasını belirlediğini gösterdi. Watson, Küçük Albert Deneyi adı verilen ünlü deneyiyle bir bebeğe beyaz bir fareyle birlikte onu rahatsız eden bir ses dinletildiğinde bir süre sonra küçük bebeğin beyaz ve tüylü olan her şeyden korkmaya başladığını gösterdi. Fobilerin nasıl geliştiğini gösteren bu deneye dayalı olarak Watson insanın öğrenme sürecinin de Pavlovyen ilkelere göre olabileceğini göstermiş oldu. Küçük Albert Deneyi'nin anlatıldığı 1920'de yayımlanan "Koşullu Duygusal Tepkiler" adlı makalesi psikanalize bir eleştiriyle sona eriyordu: Psikanalistler bundan yirmi yıl sonra, tabii hipotezleri değişmezse, Albert'ın tüyle kaplı şeylere yönelik korkusunu çözümlemeye kalktıkları zaman ondan –burada elbette Albert'ın o yaşta analize geldiğini varsayıyoruz–, analizleri sonucunda Albert'ın üç yaşındayken annesinin pubik kıllarıyla oynama girişiminde bulunduğunu ve bu yüzden sertçe azarlandığını ortaya koyacak bir rüya anlatımı koparacaklardır. Analist eğer Albert'ı kaçınma eğilimlerinin bir açıklaması olarak bu türden bir rüyayı kabul etmeye yeterince hazırlayabilirse, analist bunu kabul ettirecek otorite ve kişiliğe sahipse, Albert rüyanın bu korkunun gerçek nedenini açıkladığına inanacaktır."

Fakat davranışçılık da, iş insanların aynı ortamlarda, aynı uyaranlara neden farklı tepki verdikleri sorusuna dayandığında tökezliyordu. Çünkü davranışı ortaya çıkaran düşünce ve duygu boyutunu göz ardı ediyordu. Davranışçılık klinik olarak özellikle fobilerin kavramlaştırmasında ve tedavisinde parlak sonuçlar elde etmekle birlikte depresyon gibi bazı klinik durumlarda hem psikopatoloji kuramı hem de tedavi açısından yetersiz kaldı. İşte bu ortamda 1970'li yıllarda birbirinden habersiz çalışan iki kuramcının çalışmalarından bilişsel terapi doğdu: Albert Ellis ve Aaron Beck. Bu kuram insanın duygusal ve davranışsal tepkilerinin düşünce ve inançlarının etkisiyle oluştuğunu öne sürerek kendisinden önceki kuramlarla köklü bir farklılık getirdi. Çağdaş bilişsel terapi her ne kadar bu iki kuramcının adıyla anılsa da bütün büyük kuramlar gibi bilişsel kuramın da tarih içinde köklü bir geçmişi vardır.

## Psikoterapi Tarihinde Düşüncenin Yeri

Bilişsel terapinin ana kaynağı, kişinin kendisini nasıl gördüğüne ve davranışın belirlenmesinde kişisel dünyaya merkezi bir rol veren psikolojideki fenomenolojik yaklaşımdır. Bu görüş, davranışın belirlenmesinde kişinin kendisini nasıl gördüğüne ve kişisel dünyaya merkezi bir rol verir. Bu kavram ilk kez özgün olarak Yunan Stoa felsefecilerince, örneğin daha önce aktardığımız Epiktetos tarafından savunulmuştu.

Psikoterapide düşünceye ilk yer verilmesi insanın ruhsal sıkıntılarını çözmede kendi kendine yardım etmesi felsefesiyle başlar. Bazı ilkçağ filozofları kişinin inançlarının duygusal yönden rahatsız olmasına yol açtığını öne sürmüş ve insanların düşünceleriyle kendi kendilerine nasıl yardım edebileceklerine ve bu anlayışı sorunlarını aşmada nasıl kullanabileceklerine odaklanmışlardır. Taoizmde, Konfüçyus'da, Buda'da bilişsel ilkelerle bağlantılı düşüncelere rastlamak olasıdır. Benzer şekilde, Grek ve Romalı kimi filozofların öğretilerinde de bilişsel ilkelerin ilk izlerine rastlayabiliyoruz. Sokrat 5. yüzyılda kendi kendini anlamaya vurguda bulunmuş ve kendi zamanı için alışılmış olmayan bir yaşam şeklini önermiştir. Hatta öyle ki Atinalı gençlerin ahlakını bozmakla suçlanarak, hapishanede zehir içmek zorunda bırakılmıştır. Platon, Sokrat'ın yolunda kendi kendine yardım bakış açısını sürdürmüştür. 4. yüzyılda Epikür hazzın en önemli şey olduğunu ve ahlakın sonunu vurgulamış ancak kısa dönemli bir hedonizmi değil, uzun dönemi dikkate alan gerçek hazzın tedbirli ve onurlu bir yaşamdan türeyeceğini söylemiştir. Birinci bölümde adından bahsettiğimiz Stoacı filozoflardan Epiktetos "İnsanları şeyler değil, onları nasıl gördükleri rahatsız eder," demiştir. Bu cümle aslında modern bilişsel yaklaşımın da temel aldığı bir ilkeye karşılık gelmektedir. Epiktetos'la çağdaş Roma İmparatoru Marcus Aurelius'un yazdığı ünlü *Kendime Düşünceler* (*Mediations*) basılı en eski kendi kendine yardım kitabıdır. Stoa felsefesi iyi bir mantığa sahip olsa da kaderciliği temel alması zayıf noktasıdır. Stoa filozofları insanları, karşılaştıkları kötü ve olumsuz olayların bile genel anlamda bir işlevinin olabileceği düşüncesiyle avutmaya çalışır. Eski ve Yeni Ahit, Hıristiyanlık ve Yahudiliğin kutsal kitapları, kendi kendine yardım felsefesinin birçok ilkesini içerir ve sıkıntıda olan insanlara önerilerle doludur. Ellis'e göre İncil binlerce yıldır yaşayan ve okunan bir kendi kendine yardım kitabıdır. Erken dönem felsefecileri ve din adamlarıyla başlayan bu süreç, duygusal olarak bozuk ve kendine zarar verici davranışlarda bulunan insanlara pratik önerilerde bulunan düşünürlerce sürdürüldü. Spinoza, Thomas Aquinas, Immanuel Kant, Arthur Schopenhauer, Henry David Thoreou gibi isimler bunların arasında yer alırlar. Bertrand Russell'ın *Evlilik ve Ahlak* (*Marriage and Morals*) ve *Mutlu Olma Sanatı* (*Conquest to Happiness*) adlı kitapları dindar olamayan, liberal entelektüeller için İncil'in yerini tutmuştur.

19. yüzyılda varoluşçuluğu başlatan Kierkegard, onu izleyen Heidegger ve Tillich'in eserlerinde, insanın ruhsal sorunlarını aşmada kendi kendine nasıl yardımı olabileceğine dair görüşler bulmak olasıdır. Bu düşünürlerin insanın duygusal sıkıntılarıyla ilgili yazılarındaki ortak tema, sorunların geniş ölçüde mantıkdışı, gerçekdışı ve akıldışı düşünceden kaynaklandığı ve insanın özgün olarak bu türden düşünceyi gözlemleme, düşünebilme ve değiştirebilme yeteneğine sahip olduğuydu. Böylece hem gündelik sorunları çözümlemede hem de daha şiddetli rahatsızlıklarda kişinin kendi kendisine yardım edebileceğini söylüyorlardı.

Psikoloji ve psikiyatri alanlarında aynı dönemdeki gelişmelere baktığımızda, 19. yüzyılın ilk yarısında psikologların daha çok akademik çalışmalarla ilgilenirken, psikiyatristlerin çoklukla psikoterapi yaptığını görüyoruz. Bu dönemin psikiyatristleri daha çok felsefe ve bilişsel yönelimliydiler. Çoğu da hipnotizmle uğraştığı için daha çok telkin ve kendi kendine telkin üzerinde duruyorlardı. Birçok önemli rahatsızlığı açıklarken bilişsel yönelimli açıklamalar getiriyorlardı. Bilişsel yaklaşıma uzak bir isim gibi düşünülse de Sigmund Freud'un kimi bulguları da bilişsel kuramın kaynakları arasındadır; özellikle de derinlik psikolojisi ve yapısal teorisinde insanın bilişsel yanına değinmeler vardır. Sigmund Freud psikanalitik kuramın ilk döneminde bilişleri, bilinçdışı arzulara dayalı birincil süreç ve bilinçli olan nesnel gerçekliğin ilkelerine bağlı çalışan ikincil süreç şeklinde ikiye ayırmış ve ruhsal belirtilerin patojenik fikirlerden köken aldığını öne sürmüştür. Bilişsel yaklaşımın izleri Freud'u izleyen ancak sonraları ondan ayrılan Alfred Adler, Otto Rank ve Karen

Horney gibi çağdaş isimlerin yazılarında da bulunabilir. Paul Dubois adlı bir psikiyatrist bu dönemde "yanlış fikirler"in psikolojik sıkıntıları ürettiğini söylemiş ve ikna etmenin önemini savunan *Sinirsel Bozuklukların Ruhsal Tedavisi* adlı bir kitap yazmıştır. Pierre Janet histerik hastalarda sabit fikirler olduğunu ve tedavi süreci esnasında bu fikirlerin değiştirilmesi gerektiğini söylüyordu. 1970'te Boun insanların kendi kendine konuştuğunu iddia etti. Özyönergelerle eğitim, çocuk eğitiminde bir yöntem olarak kullanılmaya başlandı. Çocuklar kendi kendilerine sesli konuşur, büyümeyle birlikte bu örtülü bir hale geçer ve iç konuşma zamanla bir iç diyaloğa dönüşür. Çağdaş bilişselcilerden George Kelly'nin davranışı belirleyici olarak ortaya attığı kişisel yapılar kavramı ve Magda Arnold ile Richard Lazarus'un duygularla ilgili bilişsel kuramları bilişsel yaklaşımın gelişmesinde önemli işlevler görmüştür.

Bütün bu düşünürlerin görüşlerinde bilişsel kurama ilişkin izler bulunmakla birlikte asıl olarak psikoterapi alanında yer aldığı şekliyle modern bilişsel terapi Beck ve Ellis'in çalışmalarından türemiştir. Her ikisi de psikanaliz kökenli olan bu iki ruhbilimci, psikanalizin insan davranışlarını ve ruhsal sıkıntılarını açıklamaktaki yetersizliğini görmüş ve kendi klinik uygulama ve gözlemlerinden yola çıkarak bilişsel kuramı geliştirmişlerdir.

**Aaron T. Beck (1921-)**

Aaron Temkin Beck 1921 yılında Rhode Island, Amerika'da doğdu. Ailesi Ukrayna kökenlidir. 1942'de Yale Üniversitesi Tıp Fakültesi'ni bitiren Beck tıp kariyerine Nöroloji ihtisası ile başlamasına karşılık psikiyatri rotasyonu esnasında karar değiştirip psikiyatriye geçmiştir. Kore Savaşı'nda gönüllü olarak askeri hastanede nöropsikiyatri başasistanlığı yapan Beck, 1953'te psikiyatri uzmanı oldu. 1954'te Pennsylvania Üniversitesi Tıp Fakültesi'ne girdi ve emekli oluncaya dek burada çalıştı.

Bilişsel terapinin kökenleri bütün büyük kuramlarda olduğu gibi kurucusunun yaşam öyküsünde bulunabilir. Göçmen bir ailenin çocuğu olarak yaşadığı hüzün, anksiyete ve terk edilme yaşantılarının; çocukluk ve gençlik yıllarındaki kan, boğulma, tünel ve topluluğa karşı konuşma korkularının kuşkusuz parlak kuramsal ve klinik içgörüsünde payı vardır. Beck psikiyatri ihtisası sırasında o yıllardaki hemen her psikiyatri asistanı gibi psikanalize yöneldi. 1958 yılında Philadelphia Psikanaliz Enstitüsü'nden kişisel analizi tamamlanarak psikanalist olarak mezun oldu. Psikanalizin insana bütüncül bir açıklama getirmesi çekici geliyordu. Bununla birlikte bazı psikanalitik kavram ve kuramlar hakkında şüpheleri de vardı, arkadaşlarının bu tür durumlarda ona söyledikleri teoride bir sorun olmadığı, onun bu kavramlara kişisel direnç gösterdiği şeklindeydi. Kendi zihninin belki bunlara kapalı olduğunu düşünerek bu açıklamayı kabul etti. Kendi analizi esnasında şüpheleri azaldı ve kurama tam bir bağlılık gösterdi. 1960'lı yıllarda deneysel temelleri olmaması nedeniyle özellikle psikoloji topluluğu psikanalizi eleştirmeye başlamıştı. Beck bu eleştirilere karşılık vererek psikanalizin varsayımlarının deneysel olarak desteklendiğini göstermek amacıyla depresyonu çalışma alanı olarak seçti. Bilişsel terapiyi kurmasına yol açan gelişmelerin başlangıcını da depresif hastalar üzerinde yürüttüğü bu araştırma oluşturdu. Beck psikanalizin depresyona ilişkin "kaybedilmiş nesneye olan hostilitenin kişinin kendisine yönlenmesi" varsayımını kanıtlamak amacıyla depresif hastaların rüya içeriklerinin analizine dayalı bir seri çalışma yaptı. Rüyaları seçmesi nesnel olarak bilinçdışı materyale ulaşma şansının en yüksek olduğu alan olmasının yanı sıra, o yıllarda birlikte çalıştığı Psikanalist Leon Saul'un daha önce yaptığı rüya çalışmalarıydı. Araştırma sonucunda bu hastaların rüyalarında kendilerini yetersiz, kusurlu gördükleri ve olumsuz bir duygulanım yaşadıklarını gösterdi. İlk önce bu bulguyu hastaların acı çekme arzusuyla açıklayarak verilerin psikanalitik kuramı desteklediği yorumunu yapan Beck, daha sonra bu açıklamanın uygun olmadığını fark etti. Çünkü hastalardan elde ettiği görünür rüya içeriklerinde acı çekme isteğine ilişkin bir bulgu yoktu. Hastalardan elde edilen bilgi bu hastaların kendilerini kusurlu, hastalıklı, yalnız görerek sadece ve sadece acı çektiğini gösteriyordu. Psikodinamik açıklama klinik veriyi değil, bilinçdışını (hastanın bilmediği ve söylemediğini) esas alarak bu materyali kuramın öngördüğü şekilde yorumlamaya dayalıdır. Psikodinamik formülasyonun elemanları (ki bu örnekte acı çekme arzusu) bilinçdışı olduğundan klinik materyalde doğrudan gösterilemez olduğundan, sınanamaz. "Araştırma ilerledikçe bu yöntemsel sorunu (psikanalitik kuramın temel varsayımlarının sınanamaması) altta yatan süreçleri yorumlamak yerine hastanın yaşantıları düzeyinde kalarak aşmayı denedim (...) Hastanın 'bilinçdışı' olduğu varsayılan arzularına bakmayı bırakıp, kolaylıkla saptanabilecek, ölçülebilecek ve incelenebilecek yaşantılarına odaklanmak. Sonuç: Arzular yöntemsel olarak ulaşılamaz olmanın ötesinde hiç olmayabilir. Böylece arzu temelini çekince acı çekme ihtiyacına dayalı tüm formülasyon yıkılıyordu".[24] Araştırmanın sonuçları psikanalitik kuramın söylediğinin tersine bu hastaların cezayı arayan, ceza çekme gereksinimde olan kişiler değil, diğer insanlar tarafından reddedilmeye önem veren ve onay arayan kişiler olduğunu gösteriyordu.

Sadece bu bilimsel araştırma verileri değil, hastalarla olan etkileşimleri ve psikanaliz eğitimi sırasındaki gözlemleri de Beck'in psikanalizden kopmasında rol oynamıştır. Hastalarla olan görüşmelerde yaptıklarını sorgulamasına yol açan çeşitli durumlar yaşayan Beck bu durumu bir hastasıyla yaşadığı etkileşimle örnekler: Bir kadın hastasının, erkeklerle olan cinsel deneyimlerini anlatırken sıkıntı yaşadığını ve zorlandığını fark eden Beck hastasına sorar: "Bu konuyu anlatmak nasıl hissettiriyor?" Hasta "Kaygılıyım," diye cevaplar. Hastanın bu cevabını duyguların altında bilinçdışı motifler arayan psikanalitik kurama göre değerlendiren Beck bir yorumla cevap verir: "Kaygılısınız çünkü bazı cinsel isteklerinizle yüz yüze geldiniz ve bunların benim tarafımdan onaylanmayacağından korkuyorsunuz." Hastadan aldığı cevap ise bambaşkadır: "Aslını ararsanız sizi sıktığımı düşündüğümden kaygılıyım." Beck bu süreci, bilişsel kuramı bir psikopatoloji kuramı olarak ilk kez bütünlüklü halde aktardığı *Bilişsel Terapi ve Duygusal Bozukluklar* adlı kitabında şöyle aktarır:

*Bütün hastalarıma serbest çağrışımın temel yönergesini (hastadan zihnine gelen her şeyi seçmeden söylemesi istemek) veriyordum ve çoğu, düşüncelerini sansürleme eğilimini yenmeyi öğrenebiliyordu (...) Bununla birlikte, zamanla hastaların belli türdeki fikirlerini bildirmediklerinden şüphelenmeye başladım. Bu ihmal hastadaki herhangi bir direnç veya savunmaya bağlı değildi, hastaların belli bir türdeki düşüncelere odaklanmaya eğitilmedikleri gerçeğinden kaynaklanıyordu. Geriye dönük olarak fark edilmeyen bu düşüncelerin psikolojik sorunların doğasını anlamakta gerçekten çok önemli olduğu benim için gayet açıktı. Diğer psikanalistler bu zengin materyale daha önce maruz kalmakla birlikte, bunu literatürde bildirmemişlerdi.*

*Aşağıdaki yaşantı benim ilgimi ve sonucunda bu söze dökülmemiş materyali araştırmamı tetikledi.*

*Serbest çağrışım esnasında bir hasta beni kızgın bir şekilde eleştiriyordu. Bir duraklamadan sonra ne hissettiğini sordum. "Çok suçlu hissediyorum," diye cevapladı. O an psikolojik olayların sıralanmasını anladığım için tatmin oldum. Geleneksel psikanalitik modele göre düşmanlık ile suçluluk arasında çok basit bir neden sonuç ilişkisi vardı; buna göre, düşmanlık doğrudan suçluluk duygularına yol açmıştı. Kuramsal şemaya göre zincirde araya giren başka bir bağlantıya gereksinim yoktu.*

*Fakat ardından hasta öfkeyle dolu eleştirisini ifade ederken kendiliğinden aynı zamanda kendini eleştiren doğada başka süregiden düşünceleri olduğu bilgisini verdi. Aynı anda iki düşünce akışı ortaya çıktığını tarif ediyordu: Bir düşünce akışı serbest çağrışımla aktardığı düşmanlık ve eleştiriyle ilgiliyken diğerini aktarmamıştı. Ardından diğer düşünce akışını bildirdi: "Yanlış şey söyledim.... Bunu söylememeliydim... Onu eleştirmekle hata yaptım... Kötüyüm... Bu kadar açık olmamın bir özrü olamaz."*

*Bu olgu benim için bildirilen düşünce içeriğine paralel seyreden bir düşünce dizisinin ilk açık örneğini sunmuştu. Hastanın öfkeyle ilgili suçluluk duygularını ifade etmesiyle bağlantılı bir seri düşünce olduğunu anladım. Aradaki bu fikirler sadece saptanabilir olmanın ötesinde suçluluk duygusundan sorumluydu: Hasta kendisini suçlu hissetmişti çünkü bana öfkesini ifade etmiş olmaktan dolayı kendisini eleştiriyordu.*

*Daha sonra serbest çağrışım kuralını izleyen diğer hastaları aylar ve yıllar boyunca kontrol ettikçe, onların (da) aynı şekilde bildirmedikleri düşünce akışları olduğunu keşfettim. Bununla birlikte bu ilk hastadan farklı olarak birçoğu bunlara odaklanmaya başlamadan önce bu bildirilmeyen düşüncelerin tam farkında değillerdi. Tipik olarak bu düşünceler bildirilen düşünme süreci içinde otomatik olarak ortaya çıkmaları ve son derece hızlı olmalarıyla farklılaşırlar. İfade edilmeyen düşünceleri araştırmak için hastaları belli fikirlere özellikle dikkat etmeye ve bunları bana bildirmeye yönlendirdim. Bu odak değişikliği aşağıdaki olguda görülebileceği gibi oldukça açıklayıcı oldu. Bir kadın hasta terapi seanslarında hassas bazı cinsel çatışmalarını tanımlarken açıklanamayan sürekli bir kaygı hissediyordu. Hafif utanmasına rağmen bu çatışmaları sansürlemeksizin ve serbestçe dile getiriyordu. Her seansta neden kaygı yaşadığı benim için çok net değildi; bu nedenle, söyledikleriyle ilgili düşüncelerine dikkatini yöneltmeye karar verdim. Benim araştırmam sonucunda şu düşünce akışını gözden kaçırdığını fark etti: "Kendimi net bir şekilde ifade edemiyorum... Benden sıkıldı... Muhtemelen söylediklerimi takip edemiyordur... Muhtemelen bunlar ona aptalca görünüyordur... Muhtemelen beni başından defetmeye çalışacaktır."*

Bu ve bunun gibi birçok deneyim gündelik düşüncenin duygu ve davranış üzerine etkilerini ortaya koydukça Beck, Freud'dan uzaklaşmaya başlar. Beck hastanın yaşadığı duygusal tepkilerin ve davranışların anlaşılması için hastaların düşüncelerine yoğunlaşmanın karmaşık psikanalitik kavramlara göre çok daha fazla işe yaradığını görür. Hastaların seans içindeki ve dışındaki düşüncelerini ele aldıkça düşüncelerle duygular arasında görülebilir bir ilişki olduğunu fark eder. "Yüzeyde gözün gördüğünden çok daha fazla keşfedilmeyi bekleyen şey var. Ruhsal sorunların altında bilinçte ya da bilince çok yakın duran düşünce sorunları vardır" sonucuna ulaşır.

Diğer yandan psikanalitik eğitim sırasındaki kişisel gözlemleri de Beck'i psikanalitik kuramdan uzaklaştıran bir diğer etmendir. 1979'da yayımlanan *Depresyonun Bilişsel Terapisi* isimli kitabının önsözünde, yaptığı bilimsel çalışmaların yanı sıra kendi kişisel tecrübelerinin de psikanalizden kopuşunda rol oynadığını söyler: "Eş zamanlı olarak 1950'li yılların başında psikanalize bağladığım umutlarımın 1950'lerin ortalarına ve sonlarına yaklaştığımda bana acı veren bir biçimde boşa çıktığını gözlemlediğimin farkına vardım – benden kıdemli psikanaliz öğrencileri ve arkadaşlarım psikanalizlerinin 6. veya 7. yıllarına girmelerine rağmen davranışlarında ve duygularında hiçbir çarpıcı değişiklik yoktu!"[29] Böylece depresyon çalışmasıyla elde ettiği deneysel bulgular, kişisel gözlemler ve hastalarla olan yaşantılar Beck'in psikanalizden uzaklaşarak bilişsel modeli geliştirmesine dayanak teşkil etmiştir.

### Albert Ellis (1913-)

Albert Ellis 1913 Pitsburgh'ta doğmuş, 1934'te New York Üniversitesi'nden iş yönetimi alanından mezun olmuştur. Yazarlıkla uğraşmış, ardından kariyer değiştirerek 1942'de Columbia Üniversitesi'nde klinik psikoloji programına girmiş ve 1943'te yüksek lisans, 1947'de doktora derecesi almıştır. Doktoradan sonra o yıllarda psikologlar psikanalitik enstitülere alınmadığı için kendi imkânlarıyla Karen Horney'nin grubundan bir analiste devam ederek kişisel analizini 1949'da tamamlamıştır. 1947'den 1950'ye dek klasik psikanalizle hasta tedavi eden Ellis, önceleri hastalarını divana yatırarak serbest çağrışıma dayalı klasik psikanaliz yaparken bu yöntemin yeterince işlevsel olmadığını düşünerek yavaş yavaş psikodinamik yönelimli terapiye geçmiştir. Bu yöntemle hastaların daha kısa sürede daha fazla yarar sağladığını gören Ellis, 1950-53 arası New York'ta en aktif direktif çalışan psikanalistlerden birisi olmuştur. Ellis başarılı ve New York'ta oldukça aranan bir psikodinamik yönelimli terapist olmasına rağmen bir süre sonra kuramdan kuşku duymaya başlamıştır. Duyduğu kuşkunun temelinde "Çok iyi yorumlarla içgörü kazanmalarına rağmen hastaların sıkıntıları neden geçmemektedir?" sorusu vardır. Sonunda bu sorunun cevabının ne olduğunu kendi psikoloji bilgisinde bulur. Ellis psikanalitik kuramın temel varsayımının klasik davranışçılığa çok benzediğini fark eder. Psikanalitik kurama göre erken yaşantısında bir şeylere koşullandırılan birey (örneğin babasının onaylamadığı bir şey yaptığında kendisine kızılması) daha sonra farkında olmadan yetişkinlik yaşamında da aynı tepkiyi beklemektedir. Örneğin, bizim yukarıdaki kişi yetişkin yaşamında karşılaştığı otorite figürleri karşısında da kendisine kızılacağı korkularına kapılmaktadır. Bir anlamda, klasik koşullanmayla psikanalizin temel varsayımları örtüşüyordu. Klasik koşullanma paradigmasında köpeğe her et verildiğinde zil çalındığında bir süre sonra sadece zil çalındığında bile köpekten salya tepkisi gelmesine benzer bir tepkiydi bu. Ellis'e göre buraya dek anlaşılır şekilde giden kuramın tökezlediği yer, koşullanma tepkisinin neden yetişkin yaşamda sürmeye devam ettiğiydi. Çünkü Pavlov'un deneyinde koşullandırılan köpeğe bir süre boyunca zil çaldığı zaman et verilmezse, bu koşullanma davranışı sönüyordu. Peki neden insanın yetişkin yaşamında karşılaştığı bütün otorite figürleri babası gibi olmadığı halde bu koşullanması ortadan kalkmıyordu? Yani bireye korktuğunun ne olduğu gösterilip, artık çocuk olmadığı ve onaylanmamadan korkmasına gerek kalmadığını anlatıldığı halde koşullu tepkisi, yani nevrozu, sürüyordu? Çünkü insanlar Pavlov'un köpeklerinden farklıydı: İnsanlar deneyimleri üzerine yorum yapma, düşünme üzerine düşünme özelliğiyle yaşantıların etkisini yok edebilme-azaltma potansiyeline sahiptiler. Ellis'e göre, bu nedenle psikoterapi insana özgü olan düşünme ve yorumlama üzerine yönelmelidir.[25]

Bu türden içgörülerle temelleri atılan bilişsel terapi için 1980'li yıllar kuramın gerek psikopatoloji anlayışında yetkinleşme gerekse yaygınlık açısından hızla geliştiği yıllar olmuştur. 1970-1980 arasında önemli ölçüde Aaron T. Beck ve Albert Ellis'in adlarıyla anılan kuramın etkisi, 1980'lerde çığ gibi büyüyerek neredeyse psikoterapi alanında bilişsel devrim de denilen bir dönüşümü başlatmıştır. Teasdale, Beck ve arkadaşlarının geliştirdiği bilişsel yaklaşımın psikoterapide bu yüzyılın en önemli dönüştürücü katkılarından birisi olduğunu söyler.[26] Kuramın bu yıllardaki gelişiminde bilişsel terapinin yaşantıya yakın ve klinik odaklı bir psikoterapi kuramı olmasının yanı sıra deneysel bulguları da kullanmasının önemli bir rolü vardır. 1980'lerde başta Clark, Salkovskis, Scott, Fairburn, Freeman, Burns, Epstein, Padesky, Rush, Gelenberger, Wells, Wright, Barlow, Heimberg, Dryden, Di Giuseppe, Wolfe ve birçok klinisyen-kuramcıyla zenginleşen kuram, kurucularının bile başta düşünmediği bir etkinlik alanı oluşturmuştur. Bu yeni klinisyen ve kuramcılar, Beck ve Ellis'in kuramını zenginleştirerek başta kişilik bozuklukları ve şizofreni olmak üzere değişik patolojilere ve tedavi ortamlarına yaymışlardır.

Bu kuramsal zenginleşmenin yanı sıra 1980'lerde psikoterapi bütünleşmesi açısından da önemli bir gelişme gerçekleşti. Davranışçı ve bilişsel yaklaşımlar arasındaki bütünleşme sonucunda 1980'lerde ortaya çıkan bilişsel davranışçı terapi hareketi psikoterapi alanında en başarılı bütünleşme örneklerinden birisidir. Özellikle İngiltere kaynaklı kuramcıların köklü davranışçı geçmişlerinin etkisiyle, belki de psikoterapi tarihinde ilk kez ortaya çıkan bir başarıyla davranışçılığın bilişsel kuramla birleşmesi ve iki kuramın bilişsel davranış terapisi adı altında tek ve bütünlüklü bir kuram halini alması 1980'lerde gerçekleşmiştir. Başlangıçta depresyonun tedavisiyle sınırlı bir kuram olarak ortaya çıkan bilişsel terapi, 1980'li yıllarda öncelikle panik bozukluk, sosyal fobi, obsesif kompulsif bozukluk, yaygın anksiyete bozukluğu gibi anksiyete bozukluklarına yönelmiş, bunu kişilik bozuklukları, yeme bozuklukları, somatoform bozukluklar ve nihayet 1980'lerin sonuna doğru psikotik bozukluklarla ilgili psikopatoloji ve tedaviye yönelik kuramsal çalışmalar izlemiştir. Bu yıllarda bilişsel terapinin değişik patolojilerde etkinliğinin klinik çalışmalarla gösterilmiş olması, psikoterapilerin etkisiyle ilgili geleneksel şüphelerin aşılmasını kolaylaştırmıştır.

Bilişsel terapi ve bilişsel davranışçı terapi etkinlik açısından üzerinde en çok çalışılmış terapilerdendir. Sistematik kontrollü etkinlik çalışmaları, majör depresyon, bipolar bozukluk, yaygın anksiyete bozukluğu, panik bozukluk, sosyal fobi ve somatoform bozukluklar, madde kötüye kullanımı, öfke, kronik ağrı, ilişki sorunu, anoreksiya, bulimia ve beden dismorfik bozukluğu, çeşitli çocukluk bozuklukları ve aynı zamanda şizofreni gibi klinik sorunları olan hastalar için bilişsel terapiyi desteklemiştir. Bugüne dek yapılmış yaklaşık 400 klinik çalışmayla çeşitli ruhsal rahatsızlıklarda etkisi gösterilmiş tek psikoterapi türüdür.[27] Yakın zamanlarda 9000 hastanın katıldığı, 465 özel karşılaştırmanın yapıldığı, 325 çalışmayı ele alan 16 meta analizin incelendiği bir gözden geçirmede bilişsel terapinin etkinliği araştırılmıştır.[28] Bu gözden geçirmede etki büyüklükleri 1,0 sayısının bir standart sapmalık farkı ifade ettiği veya karşılaştırma grubuna göre %84'lük daha üstün bir sonuç anlamına geldiği biçimde incelenmiştir. Bilişsel terapinin etki büyüklüğü hiç tedavi verilmemesi, bekleme listesi ve plasebo kontrollerle, aynı zamanda davranış terapisi, destekleyici tedavi ve farmokoterapi gibi aktif tedavilerle karşılaştırılarak hesaplanmıştır. Bu meta analizleri gözden geçiren çalışma, sonunda unipolar depresyon, yaygın anksiyete bozukluğu, agorafobili veya agorafobisiz panik bozukluğu, sosyal fobi, travma sonrası stres bozukluğu, çocukluk çağı depresif bozukluğu ve anksiyete bozuklukları için yüksek etki büyüklüğü; evlilik sorunları, öfke, çocukluk dönemi somatik bozuklukları ve kronik ağrı bozukluklarında orta derecede bir etki büyüklüğü bulmuştur. Bilişsel terapi, çalışmaların çoğunda kontrol durumlarından büyük bir farkla ayrılmıştır. Bilişsel terapi aynı zamanda alternatif aktif tedavilerle kıyaslandığında üstün bir biçimde öne geçmiştir. Örneğin bilişsel terapi, yetişkin unipolar depresyon için antidepresan ilaçlardan hafif derecede daha üstündür (ortalama etki büyüklüğü 0,38). Bu çalışmada bulimia nervosa ve şizofrenik hastaların tedavisinde fazla sayıda iyi düzenlenmiş kontrollü çalışmalar olmamakla birlikte, yapılan çalışmaların sonuçları olumludur.

Etki büyüklüğüne göre yapılan meta analizlere göre yetişkin, adolesan ve çocuklarda depresyon, yaygın anksiyete bozukluğu, panik bozukluk ve sosyal fobide kontrol grubu, plasebo veya bekleme listesine göre .90; eş terapisi, çocukluk dönemi somatik bozuklukları, kronik ağrı için .62'lik bir etki büyüklüğü saptanmıştır. Bulimia için kontrol grubu olmayan bir çalışmada tedavi başlangıcına göre 1.62'lik yüksek düzeyde bir etki bulunmuştur. OKB'de etkinliği davranış terapisiyle eşdeğer olarak saptanmıştır. Depresyon ve yaygın anksiyetede diğer psikoterapilerden daha etkili olduğu (EB .27); ayrıca depresyonda tedavi sonrası yineleme açısından yapılan 8 çalışmada 1 yıl içinde yineleme oranı BDT'de %29,5 iken antidepresanlarla %60 bulunmuştur.

Özetle, bilişsel terapi başlangıçta unipolar depresyon ve anksiyete bozukluklarının tedavisi için geliştirilmiş olmakla birlikte, psikososyal tedavilere göreceli olarak cevapsız olarak kabul edilen (şizofreni, bipolar bozukluk, kişilik bozuklukları gibi) çeşitli rahatsızlıkların tedavisini de içerecek şekilde gelişmiştir. Ayrıca bilişsel terapinin ampirik temellere dayanması, yani bilimsel ilkeleri psikoterapi alanına taşıma amacını gütmesi, gelişmeye açık olmasını sağlamaktadır. Bu ampirik desteklerin yanı sıra zenginleşen ve kurgusu sağlamlaşan kuram, diğer kuramların bilime uygun ilkelerini içine alarak gerektiğinde yapısına katabilecek bir olgunluk sergileyebilmiştir. Bilişsel kuramın teknik zenginliğinde, bilimsel ilkeleri psikoloji alanına ilk uyarlayan kuram olan davranışçı geçmişin önemli bir etkisi vardır. Teknik uygulamalardaki zenginlikle psikoterapinin ilişkiye dayalı özelliğini de ihmal etmeyen bilişsel terapinin, gelişime ve yeniliğe açık bir yapısı vardır. Bilişsel terapinin kurucu ismi olan Beck'in yeni gelişmelere ve deneysel verilere verdiği önem birçok kuramda izlenen katılaşma ve donmanın bilişsel terapide yaşanmamasını sağlamıştır.[29] Temel varsayımlarını korumakla birlikte yeni gelişmeleri de içine sindirebilen yapı bu anlayışın ürünüdür.

1980'lerde bilişsel terapi Türkiye'de de özellikle psikoloji alanında yavaş yavaş tanınmaya, ilgi görmeye ve kongrelerde yer bulmaya başlamıştır. 1990'ların başında Ulusal Psikoloji Kongresi'ne Beck konuşmacı olarak katılmıştır. 1995 yılında Kognitif ve Davranış Terapileri Derneği (KDTD) kuruldu ve bilişsel davranışçı terapiyi yaygınlaştırmaya dönük bireysel çabalar bir dernek içerisinde gösterilmeye başlandı.

2010 yılında ise Türkiye'de bilişsel davranışçı terapinin bilimsel standartlara uygun şekilde öğretilmesi ve yaygınlaştırılması amacıyla ruh sağlığının her alanında ve meslek grubunda çalışan çeşitli akademisyen ve klinisyenler Bilişsel Davranışçı Psikoterapi Derneği'ni (BDPD) kurdular. Merkezi Ankara'da olan bu dernek hem ulusal hem de uluslarası alanda hızla gelişerek 300'ü aşkın üyeye kavuşmanın yanı sıra uluslararası standartlara uygun Bilişsel Davranış Terapileri Eğitimi'ni başlattı ve 2013 yılında EABCT'ye (Avrupa Bilişsel Davranışçı Terapiler Birliği) tam üye olarak kabul edildi. 2016 Mart ayında ise BDPD'nin verdiği eğitimler ve eğitim programı EABCT tarafından onaylanarak akredite edildi. Halen de Bilişsel Davranışçı Psikoterapi Derneği* çeşitli çalışma grupları, kurslar, paneller gibi etkinliklerle bilişsel davranış terapisi alanında eğitim etkinliklerini sürdürmektedir.

---

* Bilişsel Davranışçı Psikoterapi Derneği web sitesi www.bilisseldavranisci.org

# Bölüm 3
# Bilişsel Davranışçı Kuramın Psikoterapiye Uygulanması

İnsan, içinde bulunduğu çevreyi, yaşadığı içsel ya da dışsal olayları ve hatta kendi zihinsel süreçlerini bilişsel yapısıyla algılar, değerlendirir ve uygun davranış yöntemleri geliştirir. Bilişsel davranışçı terapi, uyum bozucu davranış ve duyguların psikoloji biliminin ortaya koyduğu öğrenme kuramları ve bilişsel psikoloji ilkelerinin psikoterapiye uyarlanması yoluyla değiştirilmesi etkinliğidir. Normal ve anormal davranışlar ve psikolojik gelişim büyük ölçüde öğrenme ve bilişsel ilkelere göre şekillenmiştir. Amaç, bilinen bu düzenekleri psikoterapide kullanarak daha uyumsal biliş ve davranışların geliştirilmesi, uyum bozucu olanların ortadan kaldırılması ve zayıflatılmasıdır.

## Klinik Uygulamada Önemli Davranış Bilimi ve Bilişsel Psikoloji Kavramları

Bu bölümde bilişsel davranışçı terapide klinik olarak uygulama alanı bulan önemli kavramlar ve uygulandıkları alanla ilgili bilgiler vermeye çalışacağım. Bu kavramlar ve her rahatsızlığın bilişsel davranışçı tedavi protokolleri içinde nasıl kullanıldığı, detaylı olarak ilgili bölümlerde de yer almaktadır.

## Klasik Koşullanma

Kişide doğal olarak herhangi bir etki uyandırmayan bir uyaranın, böyle bir etkisi olan başka bir uyaranla (koşulsuz uyaran) eşlendirilmesi sonucunda ortaya çıkan bağlantı kurmaya dayalı öğrenmedir. Bu tür öğrenmeyi keşfeden Pavlov'un deneyinde köpek için doğal bir uyaran olan ve salya tepkisi doğuran yiyecek, nötral bir uyaran olan, yani herhangi bir özelliği olmayan zil sesiyle eşleştiğinde bir süre sonra köpek sadece zil sesine de salya akması tepkisini verir. Nötral uyaran yeteri kadar sayıda deneme sonrasında koşulsuz uyaran tarafından ortaya çıkarılan tepkilerin benzerini doğurmaya başlar. Klinikte bunun tipik örneği panik bozukluk olan bazı hastalarda görülen bedensel duyumlara karşı verilen tepkidir. Örneğin panik bozukluğu olan bir hastada hastalığın başlangıcında nötral bir uyaran olan kalp atışlarında hızlanma, ataklar sırasında anksiyete ile bir arada ortaya çıktıkça, artık kalp atışlarında her hızlanma olduğunda anksiyete tepkisi de çıkmaya başlar (klasik koşullanma). Klinikte klasik koşullanmanın etiyolojide rol oynadığı rahatsızlıklardan bir diğeri Obsesif Kompülsif Bozukluğun (OKB) kirlenme-bulaşma türüdür. Normalde nötral olan ve herhangi bir sıkıntı yaratmayan durumlar (örneğin kir bulaşma nesneleri) olumsuz duygusal tepkilerle eşleştiğinde (kirlendiğinde çocuğa kızılması) bir süre sonra koşullu uyaran haline gelir ve bunlara temas edilmesi sıkıntı oluşturmaya başlar.

**Karşıt Koşullandırma**

Tedavi amacıyla, kişinin koşullanmış olduğu duruma duyarsızlaşmasıdır. Bu işlemin en tipik örneği sistematik duyarsızlaştırmadır. Sistematik duyarsızlaştırmada kişinin belli bir nesneye, duruma veya etkinliğe karşı olan korkusunun ortadan kaldırılması amaçlanır. Bunun ilk klasik örneğini John Watson'ın öğrencisi olan Mary Cover Jones, tavşan korkusu olan 3 yaşında bir çocuğu kafese koyduğu bir tavşana maruz bırakıp beraberinde çocuğa çok sevdiği bir yiyeceği vererek ve çocuğun bunu yemesini sağlayarak gerçekleştirmiştir. Çocuğun giderek rahatlamasıyla beraber kafes daha yaklaştırılmış ve en sonunda açılarak çocuğun tavşanla rahatça oynamasıyla korkuları son bulmuştur. Bir diğer tür karşıt koşullandırma aversif (itici) koşullandırmadır. Burada hedeflenen davranış rahatsız edici bir uyaranla eşleşerek bu davranış daha az yapılır hale getirilmeye çalışılır.

Bunun en tipik örneği, önce klasik koşullanma yöntemiyle koşullandırılarak belli bir tepki (örneğin haz) uyandıran bir uyaranın farklı bir tepki (örneğin bulantı) verecek şekilde koşullandırılmasıdır. Bu yöntem bazen parafililerde (cinsel sapkınlık) ve madde bağımlılığının tedavisinde kullanılır. Örneğin alkol bağımlısı bir kişiye alkolle beraber bulantı uyandıracak bir ilaç verilir ve böylece alkol almayla bağlantılı olumlu duyguların zayıflaması amaçlanır.

**Edimsel Koşullanma**

Bir davranışın sonuçları tarafından şekillendirilmesiyle ortaya çıkan bağlantılandırmaya dayalı bir tür öğrenme. Davranışların onlarla bağlantılı sonuçlar (pekiştirme veya cezalandırma) aracılığıyla öğrenildiğini savunan davranışçı kuram. Skinner tarafından en yetkin biçimde tanımlanan edimsel koşullanmada denek hayvanı belli bir pedala bastığında yiyecek geliyorsa (ödül veya pekiştireç) pedala basma davranışının sıklığı artar. Klasik koşullanmada önce tepki sonra uyaran gelirken, edimsel koşullanmada farklı olarak önce davranış (pedala basma) ardından tepki gelir. Klinik rahatsızlıklardan OKB ve agorafobinin sürmesinde edimsel koşullanma ve pekiştirme rol oynar. OKB'si olan bireylerde kompülsif yıkanmalar anksiyeteyi azalttığı için bu davranışlar olumsuz pekiştirmeye yol açar ve yıkanma davranışları tekrarlanır.

**Pekiştireç**

Hedef davranışın gelecekte ortaya çıkma olasılığını artıran içsel veya dışsal her türlü sonuç. Yaygın biçimde kullanılan bir kelime olan ödül kavramına benzemekle birlikte tamamıyla eş değer değildir. Olumlu pekiştireç birey için arzu edilebilir olan bir şeyin verilmesi, olumsuz pekiştireç bireyin çevresinden onun için arzu edilmeyen nitelikte olan bir şeyin ortadan kaldırılmasıdır. Hem olumlu hem de olumsuz pekiştireç, ardından ortaya çıktıkları davranışın sıklığını artırma özelliğine sahiptir.

Edimsel koşullanmanın klinikteki tipik örneği fobilerdir. Örneğin, fobik hastalar fobik uyarandan kaçındıkça rahatladıkları için kaçınma davranışları artar (olumsuz pekiştirme). Agorafobik bir hasta kapalı bir yerdeyken kaygı duymaya başlar ve ortamı terk ettiğinde rahatlar; o zaman bu kaçınma davranışı olumsuz pekiştireç işlevi görür.

### Pekiştirme Türleri

#### Sürekli pekiştirme

Belli bir eylem için her seferinde ve düzenli olarak pekiştireç verilmesi, kişinin belli bir eylemi gerçekleştirdikten hemen sonra ve daima bir pekiştireç alması. Davranışla pekiştireç arasındaki süre uzarsa koşullanmanın etkisi de o kadar azalır.

#### Süreli pekiştirme

Pekiştirecin belli zamanlarda verildiği pekiştirme türüdür. Bu süre düzenli, sabit veya değişken olabilir.

#### Oranlı pekiştirme

Pekiştirecin verilmesi için hedef davranışın belli sayıda gerçekleştirilmesi gerekir.

#### Değişken oranlı pekiştirme

Hedef davranış yapıldığında ortaya çıkan sonucun her seferinde değişik sayıda davranıştan sonra ortaya çıkmasıdır. Örneğin edimsel koşullanma paradigmasında fare pedala her basışında ödül alırken, değişken oranlı pekiştirmede bazen bir, bazen üç, bazen beş kez bastıktan sonra peynir gelir. Bu tür pekiştirme ile yerleşik hale gelen davranış sorunlarının en tipik örneği kumar oynama davranışıdır. Bu tür pekiştirme, diğerlerine oranla sönmesi en zor olan pekiştirme türüdür. Bu tür bir durumda denek sonucun ne zaman ortaya çıkacağından emin olmadığı için hedef davranışı çok sayıda tekrarlama eğiliminde olur. İnsan ilişkilerinde bazen çok iyi bazen de çok olumsuz olan kişilerin kolaylıkla bırakılamamasının altında yine bu durum yatabilir.

**Ödül**

Hedef davranışla ilgili uygun bir performans sonrasında bireye verilen ve o birey tarafından da istenildik özellikte olan bir eylem veya üründür. Örneğin edimsel koşullanma paradigmasında farenin pedala basmasıyla aldığı peynir, bir ödüldür. Bağımlı kişilerde bağımlılık nesnesi bir ödüldür (örneğin sigara, alkol, eroin, vb.).

**Cezalandırma**

Kişinin belli bir uyaran ya da davranış sonrası caydırıcı, olumsuz sonuçlara maruz kalması ya da olumlu bir durumun ortadan kaldırılmasıdır. Cezayı hedef davranışın gelecekte ortaya çıkma olasılığını azaltan içsel veya dışsal her türlü sonuç olarak tanımlayabiliriz. Örneğin, bağımlı bir kişinin bağımlılık davranışı sonrası kendisinde bulantı ortaya çıkaran bir ilaç verilmesi ya da parafilisi olan bir hastada parafilik her eylem sonrası olumsuz bir uyaranın verilmesi.

Davranışı kontrol etmek açısından cezalandırma en etkisiz yollardan biridir ve genellikle kısa süreli bir davranış değişikliğine yol açar. Kişi cezaya yol açan davranışı değiştirmekten çok cezalandırıcı uyarandan kaçmaya çalışır. Örneğin, cezalandırıcı bir uyaran olan hapis cezası davranışı değiştirmekte etkili olsa suç diye bir şeyin kalmaması gerekirdi. Bu nedenle günümüzde sınırlı durumlar dışında psikolojik tedavilerde yer verilmeyen bir yöntemdir. Psikolojik bir yöntem olarak kullanıldığı yerlerde ise daha çok olumlu durumların ortadan kaldırılması şeklinde uygulanır. Örneğin davranış sorunları olan bir çocuğun bir süreliğine odasında yalnız kalarak hoşlandığı şeyleri yapmaktan alıkonması gibi.

**Maruz Bırakma (*Exposure*)**
Kişinin anksiyete doğuran uyaranla yüzleştirilmesidir. Eğer bu gerçek yaşamda yapılıyorsa gerçek (in-vivo) maruz bırakma, imgeleterek yapılıyorsa yapay (in-vitro) maruz bırakma adı verilir. Maruz bırakma tedavisi birçok fobik bozukluk ve obsesif kompulsif bozukluğun tedavisinde önemli bir yere sahiptir. Maruz bırakma esnasında kişi, aslında zararsız fakat kişide korku doğuran uyaranlarla korku tepkisi ortadan kalkıncaya dek karşı karşıya getirilir ve anksiyetesi düşene dek bu durumda kalmaya devam etmesi istenir.

**Aşamalı maruz bırakma**
Korku ya da kaygının korku doğurucu uyaranların az sıkıntı verenden çok sıkıntı verene doğru bir sıralamaya tabi tutularak bireyin önce az sıkıntı verene maruz bırakılması, bu uyaran veya duruma alışıldıktan, yani artık korku uyandırmamaya başladıktan sonra bir sonrakine geçilerek sırayla kişinin bütün kaçındığı veya korktuğu uyaranlara alıştırılması. Bu yöntem kullanılırken maruz bırakmaya genellikle orta düzeyde sıkıntı veren bir uyarandan başlanır. Obsesif kompulsif bozukluk ve fobik bozukluklarda sık kullanılan bir yöntemdir.

**Alışma (*Habituation*)**
Korku doğuran uyarana tekrarlayan biçimde maruz kalma sonucunda verilen tepkide azalma olmasıdır (Şekil 1). Alışma, maruz bırakma sonrasında ortaya çıkan kaygının ilerleyen süre içinde azalmasını anlatır. Alışma bütün maruz kalma terapilerinin temel iyileşme düzeneğidir. Alışmayla danışan kendisinde korku yaratan ama aslında gerçek bir zarar içermeyen durumun gerçek niteliğini yaşayarak görmüş

olur. Tipik olarak bir kişi korktuğu bir durumla ilk olarak yüzleştiğinde buna sıkıntıyla tepki verir; fakat daha sonra, süre geçtikçe bu sıkıntısı kendiliğinden azalır. Bir sonraki sefer kişi durumla tekrar yüzleştiğinde daha az sıkıntı yaşar ve alışma süresi kısalır. Tekrarlayan maruz kalma uygulamalarıyla giderek bu durum çok az sıkıntı oluşturmaya başlar.

**Alışma (habituation)**

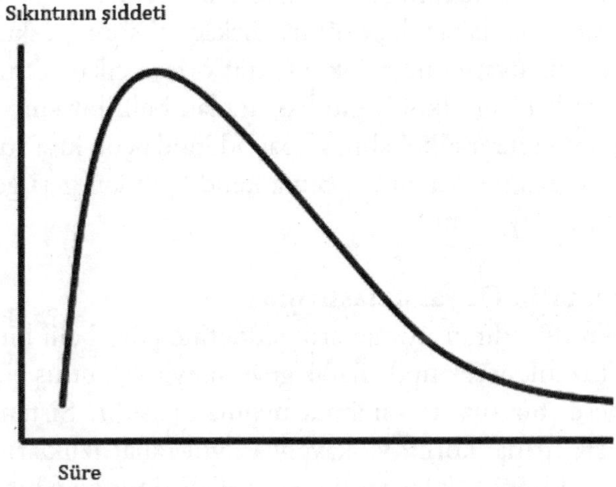


**Şekil 1.** Alışma Eğrisi

## Sönme

Tepkinin yineleyen bir biçimde, pekiştirilmemesi ve bunun sonucunda azalması. Klasik koşullanma paradigmasında kişinin koşullanmış olduğu uyaranın uygulanması sonrası koşulsuz uyaranın belli bir süreyle verilmemesiyle, öğrenilmiş veya koşullanmış tepkinin ortadan kalkmasıdır. Sönme, işlemler sonucunda koşullanmış davranışta görülen zayıflama olarak tanımlanır. Sönmenin anlamı, bir tepkinin sonsuza dek kaybolması değildir. Tepki, bastırılmış olmakla beraber, bireyin repertuarında yer almaya devam eder. Pavlov, deneylerinde söndürülmüş davranışın tekrar geri geldiğini göstererek bunu ortaya çıkardı. Sönme meydana geldikten sonra, Pavlov zile karşı salya tepkisini söndürdüğü köpeklere yeniden zil sesinden sonra yiyecek verdiğinde, salgılama hemen tüm gücüne yakın olarak yine ortaya çıktı. Tepki tamamen kaybolmadı. Söndürülmüş bir koşullu davranışta zaman içinde görülen artışa kendiliğinden geri gelme diyoruz. Bu daha çok, terkedilmiş, zararlı ve tehdit edici davranışları olan insanlarda daha sık görülür. Birkaç yıl sonra, eski alışkanlıkları bir uyarıcı ile birlikte tekrar ortaya çıkar. Örneğin alkolü bırakan bir alkol bağımlısı, aradan belli bir süre geçtikten sonra tekrar alkol almaya başladığında çok kısa sürede tekrar eski haline dönebilir. Buna kendiliğinden geri gelme (*spontan recovery*) denir.

**Sistematik Duyarsızlaştırma**

Korku uyandıran uyaranların şiddetine göre belli bir sıra içinde düzenlenerek tipik olarak gevşemeyle eşlenmiş biçimde imgesel bir maruz bırakma uygulanmasıdır. Sistematik duyarsızlaştırma, korku ve kaygıyla ilgili rahatsızlıkların tedavisi için Joseph Wolpe tarafından geliştirilmiş olan bir davranış terapisi tekniğidir. Sistematik duyarsızlaştırma üç temel işlemden oluşur. Hastaya aşamalı gevşeme eğitimi ile istemli kaslarını gevşetmesi öğretilir. Bununla eş zamanlı olarak hasta ve terapist, hastada korku ve kaygı uyandıran durum, nesne veya olayların korku yaratma gücüne göre sıralanmış bir listesini oluştururlar. Son adımda ise hasta, korku yaratan durumları az korku uyandırandan daha çok korku uyandırana doğru zihninde canlandırmaya ve bu esnada eş zamanlı olarak gevşemeye çalışır. Bu tedavinin esası, gerginlikle kaygının bir arada olamayacağından hareketle, gevşeme ile bireyin korktuğu durumları bir araya getirerek koşullanmayı kırmaktır. Sistematik duyarsızlaştırma tedavisinde korku yaratıcı durumlar zihinsel olarak sakin bir şekilde yaşandıktan sonra hedef durumlarla gerçek yaşamda da karşılaşılması amaçlanır.

### Aşamalı Sıralama

Kişinin kendisinde rahatsızlık yaratan veya kaçındığı durumları hiç korku duymadıklarından (0) en aşırı derede kaygı veya panik hissettiklerine (100) dek sıralamasıdır. Örneğin sosyal fobik bir hastanın insanların önünde şarkı söylemekten 100 derecesinde sıkıntı duyarken, sınıf arkadaşıyla birebir konuşmada 50 şiddetinde (orta şiddet) sıkıntı yaşadığını belirtmesidir. Tedavide üzerine gitme çalışması yapılırken başlangıçta orta şiddette sıkıntı oluşturan bir durumla başlanması uygundur.

### Taşırma (*Flooding*)

Bireyi kaygı uyandıran uyaranlar içerisinde en yüksek derecede korku verene maruz bırakmaktır. Genellikle taşırma tedavisi gerçek yaşamda kişinin en çok korktuğu uyaranla yüzleştirilmesidir: Örneğin, köpek fobisi olan bir bireyin iri kıyım ve havlayan bir köpekle artık korkusu kalmayıncaya dek aynı ortamda bulunmasıdır. Taşırma tedavisinin en önemli avantajı, fobileri azaltmada en etkili yöntem olmasıdır; bu yöntemle örneğin belki 2 saat içinde kişi fobisinden kurtulabilir. Olumsuz yanı ise kişinin o süre içerisinde aniden büyük bir sıkıntıya sokulmasıdır. Bu büyük sıkıntının bedensel açıdan sağlık durumu elverişli olmayan hastalarda olumsuz etkileri olabileceğinden, kaçınılması gerekir.

### İçsel Patlama (*Implosion*)

Bireyi kaygı uyandıran hayali uyaranlar listesinde en yüksek derecede korku veren uyarana maruz bırakma. Kişi korktuğu şeyin en kötüsünü zihninde canlandırmaya çalışır. İçsel patlama tedavisi travmatik anılarla bağlantılı korku ve sıkıntıyı azaltmak için travma sonrası stres bozukluğunun tedavisinde kullanılır.

**Sosyal Öğrenme**

Kişinin diğer insanlarla ilişkilerindeki davranışlarının sosyal çevredeki değişkenler ve bu davranışları yorumlamakta kullandığı bilişsel-algısal süreçler tarafından belirlenmesi. Sosyal öğrenme kuramı: Basit ve karmaşık davranışların öğrenilmesi süreci, bilişsel süreçler aracılığıyla elde edilen bilgiyle gerçekleşir.

Gözlenebilir durumlardan öğrenme, başkalarının yaptıklarını gözlemleyerek öğrenme ve dil gibi sembolik süreçlerin, davranışın gelişimi, sürdürümü ve dönüşümünde taşıdığı role vurgu yapar.

**Başkasından Öğrenme**

Sadece başkalarını gözlemleyerek olumlu ya da olumsuz pekiştirme olmaksızın öğrenme. Model alma, diğerlerinin ve diğerlerinin davranışlarının sonuçlarının gözlemlenmesi yoluyla ortaya çıkan öğrenme ve bunu izleyerek davranışta ortaya çıkan her türlü öykünmeye dayalı değişiklik. Model alma, temel olarak gözlemleme yoluyla öğrenmeyi içerir. Örneğin danışan terapistiyle birlikte bir mağazaya gidip hatalı bir ürünü onun nasıl iade ettiğini gözleyebilir. Terapist hedeflenen davranışları sergiler, danışan onu taklit ederek bunları kendi repertuarına katar.

**Özetkinlik (*Self-efficacy*)**

Kişinin çevre üzerindeki etkisine ilişkin algısıyla ilgili bilişsel yapı. Özetkinlik, kişinin çeşitli eylemleri organize etme ve yürütme açısından kendi kapasitesine ilişkin tahmini ve yargısıdır. Bandura'nın ortaya attığı bu kavram, kişinin davranışlarının büyük ölçüde o davranışları gerçekleştirebilme gücüne ilişkin algısından etkilendiği gözlemine dayanır. Birçok durumda arzulanan özgün hedefe ulaşabilmek için kişinin bunu gerçekleştirebilecek etkinliği, direnci veya gücünün olduğuna inanmaya gereksinimi vardır. Bandura terapide yöntemin başarıya ulaşacağına inanan ya da davranışçı yönergelere uyabileceğine inanan bireylerde tedavide başarı oranının daha yüksek olduğunu saptamıştır. Bunu maçı kazanacağına inanan bir takımın kazanma şansının yüksek olmasına benzetebiliriz. Terapide başarı şansını belirleyen unsurlardan birinin kişinin o terapiden yarar göreceğine ilişkin inancı olması, bu kavramla ilgilidir.

**Uyaran Kontrolü**

Davranış üzerine etkide bulunan her şey uyarandır. Uyaran kontrolü, sorun davranış üzerinde etkisi olan bu çevresel etkenleri kontrol etmeye dayanır. Koşullanmış otomatik tepkiye özgü çevresel durum ile davranışın birbiriyle olan bağlantısını koparmak için ayarlanmış, yapılandırılmış davranışsal düzenlemedir. Örneğin alkolü bırakan bir bireyin alkol alma davranışının gerçekleştiği ortam, durum ve kişilerden uzak durmaya çalışması, uyaran kontrolüdür.

**Paradoks Niyetlenme**

Bireyin özellikle sorun davranış veya etkinliği yapmasına ya da sorun düşünce veya duyguyu yaşamasına dönük bir yönerge vererek hedefe dönük davranışı bozan performans anksiyetesini azaltmayı amaçlayan bir tedavi yöntemidir. Paradoks niyetlenmeyi keşfeden Viktor Frankl'ın bir hasta öyküsü, bu kavramı çok iyi özetler. Frankl'ın hastası trenle Avusturya'ya kaçmaya karar verir. Ancak trene kaçak olarak, biletsiz biner. Hastasının kekemelik sorunu vardır. Tren sınırda kimlik ve bilet kontrolü için durdurulur. Hasta, askerlerin kontrolünden kurtulabilmek için kendince bir plan yapar: kekemeliğini olduğunca abartarak askerlerin dikkatlerini dağıtmak ve böylece bilet ve kimlik sormamalarını, ona acıyıp, onu bırakmalarını sağlamak. Nazi askerler yanına yaklaşıp kimliğini sorduğunda ise çok şaşırtıcı bir şey olur; kekemeliğini abartmak bir yana, hasta, ilk defa daha önce hayatında hiç olmadığı biçimde çok düzgün konuşur! "Bir kişinin bir şeye fazla niyetlenmesi o etkinliği bozar" ilkesinden hareketle burada sorun davranışı aşırı yapmaya niyetlenmek esastır.

### Biçimlendirme (*Shaping*)

Karmaşık bir davranışın daha küçük parçalara bölünerek her bir parçanın birbiri ardı sıra aşamalı olarak öğrenilmesi sürecidir. Ardışık yaklaştırma adı da verilen bu süreçte istenen davranış ya da performansı oluşturan adımlar saptanarak, sırayla her bir adım pekiştirilerek, sonuç davranışa ulaşılır. Örneğin, ders çalışmayan bir çocuk için hedef davranışın sırayla bileşenleri, çocuğun kitaplarını ve ders çalışma materyallerini masaya getirmesi, masada oturması, daha sonra kitaplarını açması, okuması ve ardından ödevlerin bir kısmını yapmasıdır. Çocuk için her gün bir aşama verilip o aşamayı yaparsa ödüllendirilmesi, ardından o davranış yerleştikten sonra bir sonraki adıma geçilmesi uygun olur. Örneğin, ilk gün çocuktan sadece kitap ve deflerlerini çıkarıp masaya koyması istenir ve bu ödüllendirilir; ardından sırayla daha zor adımlara geçilir. Eğer herhangi bir adımda zorlanırsa o adım daha ufak parçalara bölünebilir. Biçimlendirme danışanın zaten bildiği davranışları ortaya çıkarmaya dönüktür; var olmayan davranışlar için beceri eğitimi de gerekebilir. Biçimlendirme klinik popülasyonda hem rahatsızlığın ana belirtilerini hem de diğer istenmeyen davranış veya tutumları azaltmak için kullanılabilir. Biçimlendirmenin ilk adımı hedefin seçilmesidir. Agorafobisi olan ve bu yüzden otobüse binemeyen birinde hedef otobüsle seyahat yapmaktır. İkinci önemli konu, o kişinin hedef davranışı gerçekleştirme yolundaki davranışlarının neler olacağının ortaya konulmasıdır. Üçüncü aşama ise hedef davranışa götürecek olan ilk davranışın belirlenip seçilmesidir. Bunun için hedef davranışa ilişkin doğal gözlemler önemli rol oynarlar. Örneğin agorafobisi olan kişide ilk adım önce şehir içinde otobüse bir durak boyunca binmek olabilir. Daha sonraki adımlar durak sayısını artırmak, ardından yakın şehirlere gündüz gitmek, daha sonra da her zaman gidebilmek olur. Biçimlendirmede dördüncü adım her aşamaya ilişkin güvenilir, kişi açısından önem taşıyan pekiştireçlerin saptanmasıdır. Pekiştireçler sonuçta özneldir ve ancak danışanla beraber saptanabilir. Yemekten hoşlanan biri için bir yiyecek, televizyon seyretmekten hoşlanan biri için televizyon seyretmek pekiştireç olabilir.

### Sosyal Beceri Eğitimi

Sosyal beceriler atılganlık, girişkenlik, insanlara karşı sıcak davranma, empati, gündelik konuşma, insanlarla diyalog yürütme becerisi, iyi dinleme becerisi, kendini açık biçimde ifade edebilme, rahatsız olduğu konuları uygun biçimde ben diliyle dile getirme, olan biteni iyi algılama gibi bir dizi kişiler arası davranış ve tutumu içerir. Bazı bireylerin yaşadığı sıkıntı da bir etken olarak bu tür sosyal becerilerdeki eksiklik rol alabilir. Terapide bu becerilerin rol oynama, model olma ve didaktik biçimde anlatma gibi yöntemlerle aktarılmasına sosyal beceri eğitimi adı verilir.

### Bilişsel Psikolojinin Temel Kavramları

Yukarıda sıralanan öğrenme ilkelerinin çoğu, davranışa dayalı yaşantısal öğrenmeyi; Bandura'nın kuramının temel kavramları olan sosyal öğrenmeyi ve özetkinlik kuramları ise gözlemsel öğrenmeyi vurgular. Öğrenmenin türü ne olursa olsun insan psikolojisinin hem çevreyi değerlendirilmesinde hem de verdiği tepkilerde bilişsel etkenlerin önemli bir rolü vardır. Bu alanı bilişsel psikoloji inceler.

### Biliş

Duyum ve algılardan gelen veriler üzerinde plan ve stratejiler uygulanarak elde edilen dil, problem çözme ve düşünme gibi karmaşık süreçlerdir.

**Bilişsel Süreçler**
Algı, bellek, dil, sorun çözme ve soyut düşünce gibi yüksek düzey zihinsel süreçlerdir.

**Bilişsel Psikoloji**
Zihnin çalışma ilkelerini ve işlevlerini inceleyen, insan zihnini ele alan bilimsel çalışmaları konu edinen psikoloji alanı. Bilişsel psikoloji şemsiyesi altında bilişsel nöropsikoloji, gelişimsel bilişsel nöropsikoloji, bilişsel nöropsikiyatri ve bilişsel sinirbilim (*neuroscience*) yer alır. Duyular, algı, bellek, dil, bilgi işleme süreci gibi bilişsel özellikler bu alanın konusudur. Bilişsel psikoloji hepimizin zihninde yaşadığımız dünyanın işleyişine ilişkin modeller oluşturduğumuzu öne sürer. Nesnel dünyayı duyularımızla hissettikçe duyumlar algılara dönüşür. Bu algılar bilimsel hipotezlere benzer biçimde geçicidir. Yeni bilgiler edindikçe algılar değişebilir; yani algılar, bir anlamda bir inanç meselesidir.

**Bilgi İşleme Süreci**
Bilginin zihnimizde işlenme biçimlerini tanımlayan bilişsel psikoloji kavramı. Zihinde çalışan çeşitli bilgi işleme sistemleri vardır.

**Duyum**
Genel olarak duyumsal nöronlar uyarılır uyarılmaz ortaya çıkan ilk sonuç.

**Algı**
Duyusal bilginin elde edilmesi, yorumlanması, seçilmesi ve düzenlenmesi süreci. Algı, iç ve dış dünya hakkında bilgi edinmek amacıyla bu duyumların organize edilip değerlendirilmesinin bir sonucudur.

**Algıda Seçicilik**
Belli bir durumun bir kısım yönlerini ihmal ederek bazı yönlerine odaklanmak. Seçici dikkatli, bilinçli (örneğin ya-

nındakinin konuşmasını dinlemek yerine televizyondaki maçı izlemek) veya bilinçsiz biçimde (beyaz kuğuların arasındaki bir tek siyah kuğunun dikkatimizi çekmesi gibi) olabilir. Dikkatin dışsal bir uyaran veya içsel ruhsal olgulardan (düşünce, duygu, istek, bilişler gibi) birine odaklanmasıdır.

**Genelleme**

Farklı fakat birbirine benzer uyaranlara aynı biçimde tepki verme eğilimidir. Genelleme, bir kavramı o kavramın ilk öğrenildiği durumun dışında farklı durumlara da uygulanması kabiliyetidir. İnsanlar bunu oldukça kolay ve doğal bir biçimde yapar. Örneğin, bir insan okumanın temel ilkelerini öğrendiğinde bunu bütün yazılı metinlerde gerçekleştirebilir. Genelleme olmaksızın insanın yaşamını sürdürmesi olanaksız hale gelir. Genellemenin bir diğer biçimi, koşullanma paradigmasında organizmanın benzer her duruma koşullandığı durumun aynısıymış gibi tepki vermesidir. Örneğin, otur komutuyla oturmaya koşullandırılan bir köpeğin dur, vur gibi benzer komutlara da benzer biçimde oturarak karşılık vermesidir. Bilişsel psikolojide ise genelleme Piaget'nin bilişsel gelişim kuramının temel düzeneklerinden olan ve yeni durumların halihazırda varolan şemalara uygun biçimde değerlendirilmesi olarak açıklananan asimilasyona benzer bir anlam taşır. Bazı bilişsel kuramcılar bunun yerine doğrudan genelleme kavramını bilişsel gelişimin temel düzeneklerinden birisi olarak kullanmışlardır. Klahr ve Wallace adında iki kuramcı genelleme işlemini üç farklı aşamaya ayırarak ele almışlardır. Bunlardan birincisi **zaman çizelgesidir**. Ne zaman bir sistem bir durumla karşı karşıya gelirse, duruma olan tepkiyi ve sonuçları, yani tepkinin sonucunda ortaya çıkan yeni durumları kaydeder. Bu kayıt işlemiyle sistem olayla ilgili bilgileri biriktirir ve gelecekte bunlara göndermede bulunabilir. **Düzenliliklerin saptanması** genellemedeki ikinci işlemdir. Bu işlem, zaman çizelgesindeki içeriği kullanarak yaşantıyla ilgili genellemelere ulaşmaktadır. Sistem, benzer durumları ve değişikliklerin ne zaman durumun sonuçlarını değiştirmeyeceğini belirler. Üçüncü ve son işlem, **fazlalıkların çıkarılması**, işlemleme sırasındaki gereksiz adımları saptayarak etkinliği artırır. Bu yolla genelleme, aynı hedefe ulaşmada daha az karmaşık bir dizilime ulaşır.

**Ayırt Etme**

Genellemenin tam tersidir. Ayırt etme insanlar için değer taşır. Eğer bizim için anlamlı olmayan uyarıcılara aynı tepkiyi gösterseydik, zamanımızın çoğunu ve enerjimizi boşa harcamış olurduk. Ayırt etme, değişen çevremizle uyum sağlama esnekliğimizi sağlar.

**Hatalı Anı (*False Memory*)**

Araya giren başka bir etken nedeniyle, olmayan bir olaya ilişkin bir anı veya olan bir olaya ilişkin çarpıtılmış biçimde bir anı oluşmasıdır. Hatalı anı, kişi için gerçekten o olay olmuşçasına gerçek ve canlı nitelikte olabilir. Gerçekliğin belleğe aktarılması sürecinde insan zihninde beklentilere, kişisel izlenimlere, duygulara ve sonradan olan olaylara göre bir tür yeniden inşa süreci sonucunda hatalı anılar ortaya çıkar. Bu konuda en bilindik deneysel paradigma Elizabeth Loftus adlı araştırmacının ortaya attığı "yanlış bilgi etkisi"dir. Bu paradigmada deneklere ışıklı bir kavşaktaki dur ışığında meydana gelen bir trafik kazası izlettirilir, daha sonra deneklerin yarısına izledikleri videodaki olayları anlatan bir metin okutturulur. Bu metinde videoda olan olaylar anlatılmakla beraber videoda olmayan bir şekilde kavşaktaki lambanın sarı yandığına ilişkin bir ibare vardır. Daha sonra kavşaktaki trafik ışığının nasıl yandığı sorulduğunda metni okuyan, yani telkin verilen grup, ışığın sarı yandığını hatırlama eğilimi göstermiştir. Buna karşılık, bu türden yanlış bilgi verilmeyen grup ışığın ne şekilde yandığını daha doğru hatırlamıştır. Bu durum, şüphe obsesyonları ve kontrol kompülsiyonları olan hastaların yaptıkları eylemi zihinden tekrar tekrar canlandırdıkları anda giderek olayın detaylarını karıştırmalarına yol açan düzeneğe benzer. Bu düzenekle çocukluk çağına ilişkin de hatalı anılar oluşturulabilmektedir.

**Bilişsel Uyumsuzluk**
Bireyin var olan şemalarına uyumsuz bilgiler geldiğinde bireyde bir gerilim oluştuğunu ve bu gerilimi azaltmaya dönük güdülenme doğduğunu öne süren kuramdır.

**Bilişsel Harita**
Fiziksel bir ortamın zihinsel temsilidir.

**Bilişsel Perspektif**
İnsan psikolojisindeki düşünce ve dikkat, düşünme, hatırlama, beklentiler, sorun çözme, fantezi oluşturma ve bilinçlilik gibi bilme süreçlerine ağırlık veren bakış açısıdır.

**Bilişsel Yanlılık**
Bilişsel bilim ve sosyal psikolojide saptanmış olan tüm insanlarda bulunan temel sayımsal, sosyal atıf ve bellek hatalarına dayalı çok sayıda gözlemciye bağlı etki.

**Sonradan Anlama Yanlılığı (*Hindsight Bias*)**
"Zaten biliyordum" etkisi de denir. Kişinin olayların öyle olacağını önceden öngördüğü biçimde yorumlama eğilimidir.

**Temel Atıf Hatası (*Fundemantal Attribution Error*)**
İnsanların başkalarında gözlenen davranışları kişilik temelli açıklayarak aynı davranış üzerine olan durumsal etkileri önemsiz sayma eğilimidir.

**Doğrulama Yanlılığı**
Bireyin daha önceden bildiklerini doğrulayan bilgileri araması veya olayları bunlara uygun yorumlama eğilimidir. Bilişsel uyumsuzlukla bağlantılı bir kavramdır.

### Kendine Hizmet Eden Yanlılık

Başarısızlıklardan çok başarılarından kendisini sorumlu olduğunu iddia etme yanlılığı. Bu eğilim kendisini çelişik veya net olmayan bilgileri kendi çıkarlarına uygun biçimde değerlendirme eğilimi biçiminde de gösterir.

### Atıf Yanlılığı

Psikolojide atıf yanlılığı bir olay veya eylemden neyin veya kimin sorumlu olduğuna karar verme biçimini etkileyen bir bilişsel yanlılıktır. Atıf yanlılıkları tipik olarak aktör/gözlemci farklılıkları biçiminde kendisini gösterebilir. Olaya karışan kişiler (aktörler), olayın içinde olmayanlara (gözlemcilere) göre olayı farklı görürler. Bu farklılığın nedeni kullanılan bilgideki asimetridir. Olayın içindeki kişi için kendi öznel iç yaşantısı ve bağlamı, yaptığı değerlendirmede birincil derecede ağırlık taşırken, gözlemci için bireyin gözlenen davranışı daha önemlidir. Bunun sonucunda da her iki tarafın ulaştığı sonuç, bu verilere göre çarpıtmalar taşır. Bunun en güzel örneklerinden birisi sosyal fobik danışanların dışarıdan gözlemlenen performanslarında büyük bir sorun olmamasına rağmen kendilerinin öznel değerlendirmelerinin çok olumsuz olmasıdır.

### Şema

Bireyin bilgi işleme süreçleri üzerine önemli derecede etkide bulunan, göreceli olarak kalıcı özellikte olan zihinsel yapılardır. Zihinde duyusal bilginin yorumlanmasını etkileyen, bilginin uzun dönemli belleğe kodlanmasını biçimleyen, bellekte depolanmış bilginin yeniden işlemleme biçimini belirleyen ve davranışsal tepkiyi belirlemeye yardımı olan organizasyonel yapılar zihinsel model veya şema adını alır.

Şemalar olmaksızın algı ve bilgilerimizi organize etmemiz oldukça güç olurdu. Bunu anlamak için aşağıdaki parçayı okuyup anlatılan işlemin ne olduğunu anlamaya ve anlatılanları aklınızda tutmaya çalışın:

*Bu işlem oldukça basittir, ilk olarak çeşitli materyalleri farklı gruplara ayırırsınız. Tabii ki bunların bir parçası bile yapılacak iş için yeterli olabilir. Eğer olanak yokluğundan başka bir yere gidecekseniz, bu ikinci adımı oluşturur; eğer böyle değilse, bu konuda sizin olanaklarınız varsa, yapılacak işlem oldukça kolaydır. Gruplara ayırdığınız birkaç şeyi bir arada yapmaktansa birer birer yapmak daha iyidir. Kısa vadede bu çok önemli görünmeyebilir ama uzun dönemde sorunlara yol açabilir ve bedeli göründüğünden daha fazla olabilir. İlk başta tüm süreç çok karışık gelebilir. Ama zaman ilerledikçe yaşamın basit bir yanı haline gelir. Yakın gelecekte bu işin artık sona ereceğine ilişkin bir veri yoktur. İşlem tamamlandıktan sonra kişi materyalleri tekrar gruplara ayırır, ardından da bunlar uygun yerlerine yerleştirilir. Daha sonra bunlar tekrar kullanılır. Ardından bütün döngü tekrarlanmak zorundadır ancak bununla beraber bu, hayatın vazgeçilmez bir parçasıdır.*

Şimdi yukarıda okuduğunuz parçadan aklınızda ne kaldığını ve bu işlemin ne olduğunu düşünün...

Yukarıda anlatılan işlem çamaşır yıkamadır. İşlemin çamaşır yıkama olduğunu düşünerek parçayı tekrar okuyun ve bu kez ne anladığınızı ve aklınızda ne kaldığını kontrol edin. İkinci okuyuşunuzda aklınıza gelen çamaşır yıkama şeması sizin çok daha fazla şey anlamınızı ve öğrenmenizi sağlar. Şemalar bu anlamda insanın bilişsel yapısının ayrılmaz bir parçasıdır ve bilişsel işleyişimizde son derece önem taşır. Onlar olmaksızın dünyayı anlamamız ve anlamlandırmamız, yaşamımızı etkili ve hızlı biçimde yürütmemiz olanaksız hale gelirdi.

## Piaget'in Bilişsel Gelişim Kuramı

Piaget'in gelişim kuramı, bilişsel terapiyi yürütürken bilinmesi gereken kuramların arasında yer alır. Piaget'in aşamalı bilişsel gelişim kuramı klinik bilişsel kuramın üzerine oturduğu zemini oluşturan en önemli kuramlardandır. Piaget'in bilişsel gelişim aşamaları herkesin doğrusal bir bilişsel gelişim çizgisi içinde sırayla aşamalardan geçerek ergenlik döneminde zihinsel gelişimin son aşaması olan formel işlemler dönemine girdiğini varsayar. Ancak kişisel özelliklerine, zekâ düzeyine ve çevresel uyaranların özelliğine göre belirlenen biçimde kimi bireyler bilişsel olarak erken aşamalarda kalabilir. Örneğin birçok yetişkin soyut işlemler düzeyine geçemeyip yetişkin dönemlerinde somut işlemler aşamasında kalabilir. Ayrıca ruhsal sorunları olan bazı bireyler belli özellikler açısından soyut işlemler yapabilse bile bazı alanlarda daha erken dönem özellikleri gösterebilirler. Buna göre henüz erken yaşlardaki çocukların bir kısmı bilişsel müdahalelerden faydalanabilmek ve bunlara katılabilmek için gerekli mantıksal süreçlere sahip olmasına karşılık, henüz somut işlemler dönemine ulaşmamış bir yetişkinin bilişsel terapinin mantık ve tartışma biçimiyle ilgili güçlükleri olacaktır. Örneğin borderline kişilik bozukluğu olan bireyler insan ilişkilerinde gelişimin ilk aşaması olan duyusal motor dönem çocuklarının gösterdiği bir özellik olan görülmeyen bir nesnenin varolmadığı şeklindeki bilişsel özelliği sergileyebilirler. Bu nedenlerle Piaget'in aşamalı bilişsel gelişim kuramının bilinmesi bazı klinik durumları anlamada bize oldukça yardımcı olur.

Davranışçı gelişim kuramı, gelişimi giderek sayısı artan biçimde çevresel uyaranlarla bunların yol açtığı ödül ve cezalar arasında kurulan bağlantıların birikimiyle doğrusal ve niceliksel bir artış biçiminde görür. Piaget ise gelişimin sadece bu biçimde niceliksel bir artış olmayıp belli noktalarda bu birikimin bilişsel gelişimde niteliksel değişikliklerle gerçekleştiğine dayanır. Piaget'in kuramının bir diğer önemli kavramı şemadır. Şema içinde çeşitli bileşenler yer almakla birlikte özünde kavramsal olan bir bilgi birimidir. Her şeyi bildiklerimize göre algılarız, o an sahip olduğumuz çerçeveden (şemadan) geçmeyen bir şeyi bilemeyiz, bu sadece gelişimin başlangıcında değil, bütün yaşam boyu sürer ve bizim doğamızın bir parçasıdır. Şemalarınız da daha sonraki bilginin üzerine konulacağı bir yapıtaşıdır, bir çerçevedir. Şemalar doğuştan gelen özelliklerle bebeğin yaşantılarının etkileşimi sonucunda oluşur. Örneğin bebek doğduğunda ilk varolan emme şemasıdır. Bebek emerek beslenir. Önce annenin memesini, sonra biberonu, daha sonra eline geçen her şeyi emmeye çalışır. Böylece hoşa giden bir sonucu beraberinde getiren bir davranışı içeren şeması oluşur. Şema biçimindeki bilişsel gelişimde iki temel düzenek söz konusudur; özümleme (*asimilation*) ve uyum (*acomodation*). Özümleme nesne ve durumların var olan şemaya uygun biçime getirilmesi, uyum var olan şemaya uygun olmayan durumlarda yeni şemalar geliştirilmesi veya var olan şemanın yeni durumu da kapsayacak biçimde yeniden düzenlenmesidir.

Emme şeması olan bebek için her şey potansiyel olarak arzu edilen sonuçlar doğuran bu davranışın bir nesnesidir. Yani çocuk her şeyi var olan bu şemaya uydurmaya çalışır (özümleme). Çeşitli durum ve nesnelerin halihazırda var olan bilişsel yapıya şemaya uygun biçime getirilmesine özümleme denir. Bir tür genellemedir var olan şemaya uygun olan her nesne özümlenir. Giderek doğal olarak çeşitli nesnelere bunu uyguladıkça bebek bazı cisimlerin bu şemaya uymadığını görür. Örneğin bir bardağın kenarını emdiğinde herhangi bir şey gelmemektedir. Bu bebeğe bir engellenme yaşatır ve bu bebekte bilginin genişlemesi için gereken ikinci bir mekanizmaya (uyum) yol açar. Şemadan beklenen yaşantıya izin vermeyen bir nesne -örneğin bir bardak gibi kenarı emildiğinde bebeğin aradığını bulamadığı bir nesnede olduğu gibi- olduğunda bu Piaget'in uyum adını verdiği ikinci sürece yol açar. Uyum bebeğin var olan bilişsel kapasitesiyle halihazırdaki şemasına uymayan durumlarda yeni şemalar oluşturmasıdır. Örneğin bebek bardağı attığında ses çıktığını keşfeder, attığı bardağı birisi ona getirebilir ya da bardağın içinde onun hoşuna giden bir şey verildiğinde ve içtiğinde bardak özel şeyler içeren bir şey olur. Bardak ve bardak türü şeyler ses çıkaran, içinde bir şeyler olabilen şeyler haline gelir ve yeni bir şema oluşur. Birçok kişilik bozukluğunda bilişsel olarak temel sorun bu düzeneklerden sadece özümlemeyi kullanmaları, buna karşılık hemen hiç uyum yapamamalarıdır. Örneğin paranoid kişilik bozukluğu olan bir birey "insanlar istismarcıdır" şeklindeki diğer insanlarla ilgili şemasını hemen herkese ve her duruma uygular (özümleme).

Piaget'in psikoterapi uygulamaları açısından önem taşıyan aşamalı bilişsel gelişim kuramına göre çocuğun bilişsel gelişimindeki ilk dönem olan **duyusal motor dönem**, doğumla başlar ve yaklaşık 2 yaşına dek sürer. Bu dönemde çocuk hedefe dönük motor hareketler gerçekleştirebilir, hareket edebildiğini ve nesneleri hareketlendirebildiğini anlar (ipleri, giysileri çekiştirme gibi). Kendisini çevresindeki nesnelerden ayırmayı başarır. Aynı hedefe ulaşmak için farklı yollar denemeye başlar (oyuncağı alabilmek için yastığı çekmek). Başlarda nesnenin sürekliliği kavramı gelişmemiştir; yani görülmeyen bir şey, yoktur. Örneğin bir oyuncağın üzerine bir örtü örtülürse artık onun için o yoktur. Başlangıç dönemlerinde nesnelerin büyüklük ve hacimlerinin farkında değildir. Dönemin sonlarına doğru içsel bir temsil dünyası oluşmaya başladığının kanıtları ortaya çıkar. Dönemin sonlarına doğru giderek nesne sürekliliği kavrayışı ortaya çıkar; yani nesneleri algılamadığı, örneğin görmediği zaman bile onların var olmaya devam ettiklerini bilir. Sorun çözmeye dönük zihinsel işlev, tepki vermeden önce işaretleri gözler, taklit eder. Piaget'nin bilişsel gelişim kuramının ikinci aşaması **işlem öncesi dönem**dir ve yaklaşık olarak 2 ila 7 yaş arasını kapsar. Bu yaşlar arasında çocuk nesneleri sözcük ve resimlerle simgeleyebilmeyi öğrenir ve "dil" kullanmaya başlar. Buna sembolik düşünce adı verilir. Sözcükleri daha çok kullanmaya başlamakla beraber, konuşma daha çok benmerkezcildir; bu yaşlar arasında çocuk kendisinden başkalarının bakış açılarını algılamakta zorlanır. Bu dönemdeki çocuk basit motor oyundan sembolik ve kuralları olan oyunları oynamaya geçer, sadece otorite tarafından empoze edilen yalın "yapma ve yap"ları anlar. Bir cisim ortada olmasa da, yani onu görmese de, dilsel olarak onunla ilgili düşünebilir. Bu dönem ilerledikçe, çocuğun konuşması sosyalleşmeye başlar. Bazı alanlarda mantıksal kavramları kullanmaya başlar. Bir nesnenin belli bir yönüne odaklanıp diğer yanlarını ihmal eder. Kavramlar kaba ve geriye dönüşümsüzdür. Büyüsel artış, azalma ve yok olmaya inanır. Gerçeklik duygusu sağlam değildir. Yargılama algılara dayalıdır. Ahlak alanında en iyi davranışın altında yatan ilkeyi çıkaramaz.

İlk iki dönem özelliklerine ilişkin bu bilgiler, bu dönem özellikleri gösteren bireylerle psikoterapi yürütülürken dikkate alınmalıdır. 6 yaşın altında, yani mantık öncesi dönem çocuklarıyla ya da bu dönemde kalmış yetişkinlerle (örneğin borderline ya da histriyonik kişilik bozukluğu olan bireyler gibi) çalışırken bu bireylerin kendileri dışındaki insanların bakış açısını anlamakta ve çok boyutlu düşünmedeki zorluklarının bilincinde olmak gerekir. Bu dönemdeki kişi veya çocuklarla kavramsal değerlendirmelerden çok, algısal analizle iletişim kurulabilir. Öyküler, şekiller, resimlerle daha fazla şey öğrenirler.

7 yaşında başlayan ve 11 yaşına dek süren Piaget'in üçüncü dönemi olan **somut işlemler dönemi**nde birey, olaylar ve nesneler hakkında mantık yürütebilir. Organize mantıksal düşünce oluşmaya başlar. Sınıflamaya, mantıksal bir dizge içinde sıralamaya ve konuşmanın mantığını kavramaya başlar. Bu dönemdeki çocuklarda korunum ilkesi başlar (sayıların korunması 6 yaşında, kütlenin korunması 7 ve ağırlığın korunması 9 yaşında kavranır). Nesneleri birkaç özelliklerine göre gruplayabilir ve organize edebilir (büyükten küçüğe, hafiften ağıra doğru gibi), somut işlemler yapılır, kategorik adlandırmaları ("sayılar" "hayvanlar" vb.) anlayıp kullanabilir. Benmerkezci düşünce tarzından kurtulur, göreli düşünmeye başlar, somut sorun çözme becerisi başlar. Geriye dönebilirliği basit matematik ilkeleri (3+4=7 ve 7-4=3 gibi.) anlamaya başlar. 6-11 yaş arasındaki somut işlemler döneminde çocuklar veya bu dönemde kalan yetişkinler dünyayı

ve olayları ampirik ve tümevarımsal şekilde yapılandırırlar. Piaget'in bakış açısına göre somut düşünce dönemindeki çocuklara temel içgörüler, kavramlar ve inançlar belirli somut durumların yoğun bir şekilde analizi ile öğretilebilir ve soyut, bütüncül kavramlar çocuğun günlük yaşamıyla bağlantılı somut örnekler verilerek anlatılabilir. Somut örnekler, öğretici benzetmeler ve tanımlamalar bu dönemdeki çocukla veya yetişkinle iyi bir iletişim kurmak için şarttır.

Gelişimin son aşaması olan **soyut işlemler (formel düşünme) dönemi** 11-15 yaş arasında oluşmaya başlar. Bu dönemde düşünce daha soyutlaşmaya başlar, mantığın temel ilkeleri kavranır. Soyut çoğul varsayımlar ve bunların olası sonuçlarını çıkarma yeteneği gelişir: örneğin a>b ve b>c ise a>c gibi. Düşünce somut gerçekliğin ötesine geçme yeteneği kazanır. Soyut hipotezler üzerine mantık yürütebilir, varsayıma dayanan, geleceğe yönelik, ideolojik problemlerle ilgilenmeye başlar. Oranlar, cebir işlemleri gibi tamamıyla soyut süreçler kavranır, saf soyut süreçleri anlar. Örneğin a+b=x ise b=x-a ya da a/b=1 ise a=b gibi. Piaget sadece bu dönemdeki çocukların veya yetişkinlerin varsayım kurma ve tümdengelim kapasitesine sahip olduklarını söylemiştir. Bu tarz düşünce özelliği akılcı olamayan (irrasyonel) inançların tartışılabilmesi için gereklidir.

### Kohlberg'in Ahlaki Gelişim Kuramı

Gelişim kuramları içinde bilinmesi gereken bir diğer önemli kuram Lawrence Kohlberg'in (1927-1987) geliştirdiği ahlaki gelişim kuramıdır. Amerikalı bir psikolog olan Lawrence Kohlberg, Chicago Üniversitesi'nde ve Harvard Üniversitesi'nde çalışmıştır. Ahlaki gelişimi ele alan çalışmalar yapan Kohlberg, Piaget'in aşamalı bilişsel gelişim kuramını ahlaki gelişimle bağlantılı biçimde genişletmiştir. Kohlberg'in ahlaki gelişimin altı aşamada gerçekleştiğini öne sürdüğü kuramı çocuğun neredeyse bir ahlak felsefecisi gibi her dönemde kendine özgü bir ahlak anlayışı olduğunu savunur. Bu kuram, içine doğduğu bilimsel ortam için oldukça yenilikçiydi. O günlerin gelişim açısından en önemli psikolojik kuramlarından psikanaliz, ahlakın çocuklara yetişkinler tarafından empoze edilen bir şey olduğunu, davranışçılık ise ahlakın anksiyete ve suçluluk gibi kötü duygulardan kaçınmaya dayalı olduğunu savunurken, Kohlberg bilişsel olarak çocuğun kendi ahlaki yargılarını oluşturduğunu ortaya attı. Kohlberg'in ahlaki gelişim dizgesi 3 temel aşamadan ve 6 alt evreden oluşur. İlk aşama **uzlaşı öncesi (*pre-conventional*) dönem**dir. Genellikle 10 yaşa kadar olan çocuklar ve yetişkinlerden de bir bölümü, ahlak gelişiminin bu ilk döneminin özelliklerini gösterirler. Uzlaşı öncesi dönemin birinci evresinde ahlak anlayışı doğrudan davranışın somut sonuçlarına göre şekillenir. Bu dönemdeki çocuklar cezadan kaçınmaya yönelik biçimde yetişkinlerin talep ve kurallarına uyarlar. Ahlaki olan ve olmayanı ceza ya da başka deyişle davranışın sonucu belirler; ceza olmadığı müddetçe, her davranış sergilenebilir. Diğer insanların farklı bakış açıları olabileceğine ilişkin bir anlayış gelişmemiştir. Davranışın sonucunda gelen ceza ne kadar kötüyse, davranış da bununla orantılı biçimde kötüdür. İkinci evre, genellikle 7-10 yaş arasında ortaya çıkar. Bu evrede sevilmeye, takdir görmeye ve ödüllendirilmeye yönelik olarak kurallara uyma başlar. Kişinin en çok yararına olan davranış ahlakidir. Bu evredeki birey için ahlak kısasa kısas biçimindedir, her şey karşılıklıdır. Bu evredeki çocuk "O bana vurdu, ben de ona vurdum," der. Bu evredeki kişi "Ne kadar verirsem o kadar almalıyım" anlayışına sahiptir.

Ahlak gelişiminin ikinci aşaması ergenlik döneminde ortaya çıkan ve yetişkinlik döneminde de sürebilen **uzlaşı (*conventional*) dönemi**dir. Davranışın ahlaki olup olmamasını toplumsal bakış açısı ve beklentiler belirler. Bu dönemde yer alan ahlaki gelişimin üçüncü evresinde çocuk "iyi çocuk" olmak, yani çatışma yaşamamak, onaylanmak, otoriteyle uyumlu olmak, yani suçlu duruma düşmemek, toplumdan dışlanmamak için kurallara uyar. İyi davranış, başkalarını hoşnut kılan, onlara yardım eden ve onlar tarafından beğenilen davranıştır. Çoğunluğun davranışıyla ya da doğal davranışla kalıp biçiminde bir uzlaşım vardır. Kibar olarak takdir edilmek önem kazanmıştır. Bu evrede iyi birey toplumun koyduğu kurallara; iyi çocuk da anne ve babanın koyduğu kurallara uymalı ve ona göre hareket etmelidir. Dördüncü evrede toplumdaki düzenin sürmesi amacına hizmet etmesi nedeniyle yasaya, kurallara ve sosyal uzlaşımlara uyma öne çıkar. Otoriteye ve kurallara uyma ve toplumun isteklerini yerine getirme yönelimi başlamıştır. Bu dönemdeki birey, öğrencinin kopya çekmemesi gerektiğini çünkü kopya çekmenin kurallara aykırı olduğunu savunur; hiç kimse ışıklara dikkat etmese bile kurallar emrettiği için ışıklara uyulması yanlısıdır. Toplumsal yararlar bireysel yararın önüne geçmiştir.

Üçüncü dönem olan **uzlaşı sonrası** (***post-conventional***) ilkesel ahlak dönemidir ve ahlak gelişiminin beşinci ve altıncı evrelerini içerir. Toplumdan bağımsız olarak bireyin varlığı kabul edilir. Bir kişinin bakış açısı gerektiğinde toplumun bakış açısı kadar önemlidir. Bu düzey, evrensel geçerliliği olan ahlak kurallarını, değerleri ve evrensel hukuki uzlaşmaları gözetir. Hatta bu kurallar mensup olduğu grubun kurallarıyla çelişse bile onlara sahip çıkar. Beşinci evrede insanların farklı kanıları ve değerleri olabileceği, bunlara saygı gösterilmesi gerektiği anlayışı vardır. Yaşam ve seçim hakkı göreceli değildir ve engellenemez. Tek bir doğru ya da mutlak seçenek yoktur. Bu anlarda kanunlar mutlak gerçeklikler değil, sosyal kontratlar olarak görülür. Gerekirse daha çok insanın yararına olmak üzere değiştirilebilirler; bu, çoğunluğun kararıyla gerçekleştirilebilir. Toplumun genelinin yararına olmayan kurallar gerektiğinde daha çok insanın yararına olacak biçimde değiştirilmelidir. Bu değişiklik çoğunluğun kararı yoluyla yapılır ve amaç çoğunluğun çıkarına olanla bir uzlaşım sağlamaktır. Demokratik anlayış beşinci evredeki ahlak anlayışını temsil eder. İyi eylem, tüm toplum tarafından kabul edilmiş kurallara göre tanımlanır. Yapılan anlaşmalar hayat ve özgürlük gibi temel insan hakları ile çelişmedikçe "iyi" veya "kötü" olarak nitelendirilmezler. Temel hakları çiğneyen anlaşmalar, taraflar isteyerek girmiş olsalar bile, ahlak açısından geçersizdir. Örneğin insanın sömürülmesi ve kölelik sistemi taraflar arasında anlaşma olsa bile kabul edilemez. Yaşama, özgürlük gibi temel insan hak ve özgürlüklerini, çoğunluğun görüşüne ters düşse bile korumak önem taşır. Yasa bir insanın ölümüne neden olabilecek uygulamayı meşru gösteremez. Ancak aynı zamanda kimse de çalma hakkına sahip değildir.[30]

Ahlaki gelişimin son evresi olan altıncı evrede ahlaki akıl yürütme, evrensel ahlaki ilkelere dayalı soyut çıkarsamaları temel alır. **Evrensel ilkeler evresi** adı verilen bu son evrede, kişisel ahlaki değerler, toplum kurallarından daha farklı soyut ilkelere dayanır. Yasalar ancak adalet ilkesine dayandığı sürece geçerlidir ve yasalara bağlılık adaletsiz yasalara uymamayı da içerir. Kişinin yasalarla tanınmış haklarından çok, ahlaki olan eylemin ne olduğu önemlidir. Altıncı evrede hayatın değeri, her türlü kişilerarası ilişkiden ötede, kategorik zorunluluk olarak kabul edilir. Söz konusu hayatın değeri olduğunda bunun kime ait olduğu, ne tür bir ilişki, yakınlık veya sözleşme çerçevesinde olduğu önemli değildir. Karar verirken kendisini diğer kişinin yerine koyarak o durumda kendisi olsaydı ne yapabileceğini dikkate alır.

Kohlberg'e göre insanların büyük bölümü ikinci ahlak düzeyinde yaşar ve çok azı üçüncü döneme geçer. Kohlberg altıncı evreye çok az sayıda insanın ulaşabildiğini belirtmiştir.

# Bölüm 4
# Bilişsel Kurama Göre Ruhsal Yapı ve Psikopatoloji

Bilişsel kuramın ruhsal bozukluk veya sorunlarla ilgili anlayışı, psikoloji biliminin verilerini ve güncel psikopatoloji bilgisini* esas alır. Bu anlamda da bilişsel davranışçı terapinin temel kaynaklarını öğrenme kuramı, davranış psikolojisi, bilişsel psikoloji ve bu alanlarda hasta gruplarıyla yapılmış çalışmalarda elde edilen bilimsel veriler oluşturur. Bilişsel davranışçı terapi bu bilimsel bilgiyi klinik psikoterapi alanına uyarlar veya tercüme eder.

Bilişsel davranışçı terapinin davranışçı kısmı, genel olarak öğrenme kuramlarına ve daha çok akademik araştırmaya dayalıdır. Buna karşılık kuramın görece olarak daha sonra eklenen bilişsel kısmı, ağırlıklı olarak klinik ve uygulama kaynaklıdır. Beck'in ilk ortaya attığı şekilde klinik bilişsel kuram, bireyin bilişsel yapısını kavramlaştırırken ele aldığı bilişleri iki ana başlıkta inceler: otomatik düşünceler ve şemalar. Şemaları da ara inançlar (altta yatan sayıltılar ve kurallar) ve temel inançlar olarak ikiye ayırır. Bazı kuramcılar anlama kolaylığı olması açısından şemaların bu iki türünü ayrı ele alarak, otomatik düşünce, ara inançlar, kurallar ve temel inançlar olarak üçlü bir ayrım yaparlar.** Bu üç grup bilişi iç içe geçmiş üç daire şeklinde düşünürsek, en yüzeyde otomatik düşünceler, daha sonra ara inançlar ve en iç çekirdekte de temel inançlar yer alır.(Şekil 1.)

* Ruhsal rahatsızlıkların belirtileri, nedenleri ve tedavisiyle uğraşan bilim dalı

** Bilişsel psikolojiye göre hem temel inançlar hem de ara inançlar şemadır. Kimi yazarlar ise şema kavramıyla sadece temel inançları kastederek, temel inanç yerine şema adlandırmasını kullanmaktadır. Bu, bilişsel psikolojide kullanılan şema kavramından farklı olarak şemaların belli bir alt kümesi için, yani sadece bir grup inanç için şema adlandırmasını kullanmak demektir.

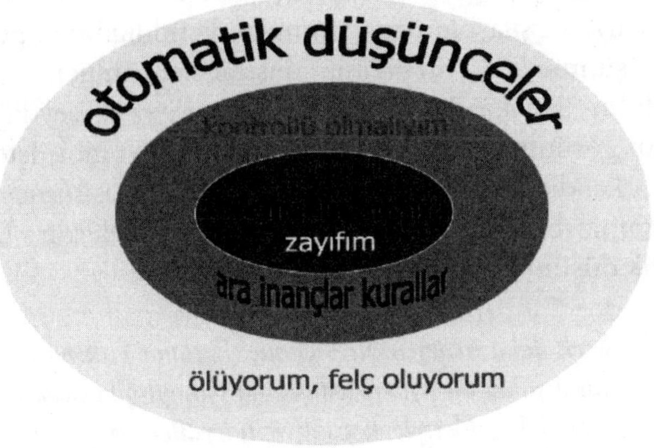


**Şekil 1:** Bilişsel Yapı: En dışta, zihinden anbean geçen anlık (otomatik) düşünceler, merkezde şemalar, yani temel inanç ve ona bağlı gelişen ara inançlar.

### Otomatik (Anlık) Düşünceler

Biliş (*cognition*) bilinç akışını oluşturan sözel veya imgesel parçalara verilen addır. Yapılan bir araştırmada, sıradan bir kişinin uyanık olduğu günde 16 saatlik süre içinde zihninde ortalama 40000 farklı düşüncenin olduğu saptanmıştır.[31] Bu düşüncelerin bir kısmını düşünmeyi istediğimiz ya da zihnimizi bir kısım soru veya durumlarla yönlendirmemiz sonucunda ortaya çıkan yönlendirilmiş düşünceler oluşturur. Diğer yandan yine bu araştırmaya göre bu zihinsel etkinliğin yaklaşık %13'ü herhangi bir şekilde niyetlenilmeksizin kendiliğinden ortaya çıkan düşüncelerden oluşur:

*Bu kitabı okumayı bitirdikten sonra ne yapacaksınız?*
*Bu gece neler yapmayı planlıyorsunuz?*
*Şu anda nerede olmayı isterdiniz?*

Bu sorulara vereceğiniz cevapları düşünürken zihninizde işleyen süreç yönlendirilmiş düşüncelere örnektir. Bir de bu sorularla karşılaştığınızda zihninize kendiliğinden gelen, sizin düşünmeyi seçmediğiniz düşünceler, imgeler ortaya çıkabilir: "Bu sorular da nereden çıktı?" ya da sevdiğiniz bir yerin görüntüsünün zihninizde canlanması gibi. İşte bu aklımıza kendiliğinden gelen, bizim özellikle düşünmeyi istemediğimiz bu düşünceler otomatik düşüncelerdir. Beck otomatik düşüncelerin keşfini şöyle aktarır:

> *"Giderek daha netleşen bir biçimde, hastalar farkına varmadan, terapi dışında da aynen seanslarda olduğu gibi devamlı bir biçimde kendi kendileriyle iletişim içindeydiler. Bu 'intercom'a ayarlandıklarında hastanın ana sorunlarıyla ilgili daha kesin bir tanımlama elde edebiliyorduk. Örneğin beni sıktığını düşünen kadın pratik olarak bütün kişilerarası ilişkilerinde aynı düşüncelerin farkına vardı.*
>
> *Bu zengin bilgi kaynağını ortaya çıkarmak için hastayı bildirilmeyen düşünce akışını gözlemlemeye eğitmek gereklidir. Benim ilk bulgum bildirilmemiş bu düşüncelerin duygusal bir durumun öncülü olduğu idi. Ben hastalarımı 'Ne zaman olumsuz bir duygunuz ya da duyumunuz olursa bu duygudan önce ne tür düşünceleriniz olduğunu hatırlamaya çalışın,' şeklinde yönlendirdim. Bu yönerge onların düşüncelerine ilişkin farkındalıklarını keskinleştirmelerine yardımcı oldu ve sonuçta duyguyu yaşamadan önceki düşüncelerini saptayabildiler. Bu düşünceler otomatik bir biçimde ve son derecede hızlı ortaya çıktığı için bunları 'otomatik düşünceler' olarak adlandırdım. (Aaron T. Beck, Cognitive Therapy of Emotional Disorders, 1976)"*

Bilişsel terapide ilgilendiğimiz otomatik düşünceler, zihin akışı içinde yer alan ve daha çok duygusal sıkıntı anlarına eşlik eden ortama, duruma özgü bilişlerdir. Otomatik düşünceler kişinin zihninde bizzat olup biten şeylerdir, örneğin şu anda sizin zihninize, zihninizi gösteren bir cihaz bağlanabilse bunun bize göstereceği şeyler arasında yer alır otomatik düşünceler. Bunlar kendiliğinden ortaya çıkar, yönlendirilmiş veya güdülenmiş düşünce ürünleri değildir. Sıklıkla fark edilmezler, sadece eşlik eden duygu fark edilir, içerik ve anlamlarına göre belli duygularla birleşiktirler. Konuşma dili gibi değildirler, zihinde yer aldıkları için kısa ve uçuşan doğaları vardır; telegrafik formdadırlar, yazı ya da konuşma cümlelerimiz gibi uzun ve gramer kurallarına uygun değildirler, zihin içinde çok hızlı akan anlam kümeleridir. Yani kapalı bir yere girdiğinde agorafobik bir hastanın zihninden sadece "Eyvah!" şeklinde sözel bir otomatik düşünce geçebilir. Bunlar kişi belirli bir durum içine girdiğinde hızla ortaya çıkan ve incelenmeksizin doğru kabul edilen bilişlerdir, zaten bu nedenle de yoğun duygusal tepkilere yol açarlar.[32] Otomatik düşünce denilmesi bunların sadece sözel düşünce oldukları anlamına gelmez; sözel veya imgesel biçimde olabilirler. Beck bilişsel terapiyi ilk olarak depresif hastalara uyguladığından ve depresif hastalarda ağırlıklı olarak otomatik düşünceler sözel olduğundan, bilişsel terapide otomatik düşünce ile sadece sözel düşüncelerin kastedildiği sanılmıştır. Örneğin bu yazıyı okuyan birinin zihninden "Anlayamıyorum," diye bir otomatik düşünce geçebileceği gibi kendisiyle ilgili olumsuz bir imge aklına gelip sıkıntıya da kapılabilir. Bir başka kişinin kitabı okuyup anlayamadığında ya da hayatında bazı işler uygun gitmediğinde "Her şey benim hatam," diye düşünüp üzülmesi, bir diğer kişinin bazı aksilikler sonrası "Bundan sonra başıma ne gelecek acaba?" diye düşünüp kaygıya kapılması bazı otomatik düşünce örnekleridir.

**Ara İnançlar ve Kurallar**

En yüzeyde yer alan, yaşanan ana ve duruma özgü olan otomatik düşüncelerin altında kişinin dile getirmemekle birlikte inanmakta olduğu ara inançları, kuralları ve sayıltıları yer alır. Kurallar ve sayıltılar söze dökülmeseler bile davranışın soyut düzenleyicileridir. Bunları bir anlamda bireyin kendisinin ve diğer insanların davranışları, başlarına gelen şeyler ve yaşantıyla ilgili kalıcı hale gelmiş kuralları ve beklentileri olarak görebiliriz. Doğal olarak normal koşullarda bireylerin zaten onlara göre yaşadıkları ve inandıkları bu beklenti ve kurallarını sözcüğe dökmelerine gerek yoktur. Örneğin şu soruların cevaplarını kendi açınızdan düşünmenizi istesem: "İnsanın doğruyu söylediğinde çıkarları zedelenecekse sizce ne yapması gerekir? Yani yine doğruyu mu söylemesi gerekir yoksa yalan da söyleyebilir mi?" Eğer bu soruya kişi "Hangi durumda olursam olayım ben yine de doğruyu söylerim," diye cevap veriyorsa bu onun "insanın her koşulda doğruyu söylemesi gerekir" şeklinde bir kuralı olduğunu gösterir. Böyle bir kişiye bu kitapla ilgili görüşü sorulduğunda durum ne olursa olsun gerçek görüşünü söyleyecektir. Yalan söylemek çıkarlarına uygun olsa da, örneğin bu kitaptan hoşlanmadığı halde bir para karşılığında bu kitaptan hoşlandığını söylemesi istense de, bunu reddedecektir. Bu kişiden böyle bir şey istendiğinde aklına "insanın her koşulda doğruyu söylemesi gerekir" kuralının bizzat gelmesine gerek yoktur. Kişi böyle durumlarla karşılaştığında dile getirmeden otomatik olarak bu kuralına uygun davranır.

Bireyin kural ve sayıltılardan oluşan ara inançlarının neler olduğunu, terapide saptanan otomatik düşüncelerdeki ortak ve tekrarlayan temalardan, kişinin otomatik düşüncelerinin anlamının sorulmasından, eğer otomatik düşüncesi doğruysa bunun ne tür sonuçları olacağının sorgulanmasından (derine inme tekniği) veya belli bir kuralın ilk kısmı verilip devamının tamamlanması istenerek (Bu cümlenin kalan kısmını tamamlayın: "Eğer başarısız olursam________") ya da bazı ölçeklerle (örneğin, İşlevsel Olmayan Tutumlar Ölçeği[33]) bulabiliriz.

İnançlar ve sayıltılar, doğrudan yaşantılardan (örneğin, fikrini söylediğinde kızılması), gözlemlerden (fikrini açıklayan birine kızıldığını görme) veya diğerlerinden alınan bilgilerle öğrenilenlerden ("İnsanlara fikrini söylersen kızarlar" denilmesi) kaynaklanırlar. Yukarıdaki örnekteki gibi bilgilere maruz kalan bir kişide "İnsanlara fikrimi söylersem kızarlar" şeklinde bir inancın gelişmesi gibi. Bu örnekte olduğu gibi inançlar veya sayıltılar duruma göre kişinin uyumunu bozucu veya işlevsiz olabilirler.[34] İşlevsiz inançlara; *"Ancak insanları memnun edersem bana katlanırlar"*, *"Eğer başarısız olursam sevilmem"*, *"Eğer hayır dersem cezalandırılırım"*, *"Gerçek yüzümü göstermezsem sevilirim"* gibi sayıltıları ve *"Duygularımı göstermemeliyim"*, *"İyi bir insan sinirlenmemelidir"*, *"Hiç hata yapmamalıyım"*, *"Yardım istemek zayıflıktır"*, *"Duygularımı göstermemeliyim"*, *"Duygular kontrolden çıkabilir"* gibi kural ve tutumları örnek verebiliriz.[35]

### Temel İnançlar (*Core Beliefs*)

İşlevsiz bu tür sayıltılar ve kurallar bizi en derinde yer alan bilişsel yapılar olan temel inançlara götürür. Bazı kaynaklarda "şema" ile sadece temel inançlar kastedilmektedir. Ancak temel inançları şemaların bir alt grubu olarak düşünebiliriz. Temel inançlar bireyin kişisel ve çevresel bilgiyi nasıl düzenleyeceğini belirleyen, bireyin kendisi, diğerleri ve dünyayla ilgili temel varsayımlarını içeren, geçmiş yaşantı ve deneyimler sonucunda oluşmuş bilişsel yapılardır. Yaşamın erken dönemlerindeki kişisel deneyimler ve çevredeki önemli insanlarla yapılan özdeşimlerle oluşan temel inançlar, yaşamın daha ileri yıllarındaki benzer deneyimler ve öğrenmelerle pekişir. Kişilik denilen duygusal ve davranışsal örüntüler yaşamla ve kendilikle ilgili bu tür inançlardan oluşur.[36] Temel inançlar; "Yetersizim", "Sevilmiyorum" gibi koşulsuz mutlak önermeler biçimindedir. Beck temel inançları çaresizlik (güç, başarı performans yetersizliğiyle ilgili olanlar), sevilmeme (duygusal eksikliklerle ilgili olanlar) ve değersizlik (ahlaki eksiklik, suçluluk) temel inançları olarak üç ana grupta toparlamıştır.

Çaresizlik temel inançları başlıca üç alana ilişkin yetersizlikle ilgili olabilir: bir şeyleri yapabilme, başarabilme (etkinlik, etkililik); kendini koruma (zarar görmeye açık olma anlamında zayıflık); diğer insanlarla kıyaslama (diğerlerine kıyasla yetersizim).

Çaresizlik, güçsüzlük başlığı altında yer alan temel inançlara örnekler:

*"Yetersizim, etkisizim, yeteneksizim, beceriksizim, baş edemem."*
*"Güçsüzüm, kontrolsüzüm, değişemem, sıkışmış, kıstırılmış, kurbanım."*
*"Dayanıksızım, zayıfım, muhtacım, kolayca incinebilirim."*
*"Aşağıyım, başarısızım, kaybedenim, yeterince iyi değilim, diğerleriyle boy ölçüşemem."*

Sevilmeme temel inançlarına örnekler:
*"Hoşlanılmayacak, istenmeyen, çirkin, sıkıcıyım."*
*"Diğer insanlara verebilecek hiçbir şeyim yok."*
*"Sevilmiyorum, istenmiyorum, önemsizim."*
*"Her zaman reddedileceğim, terk edileceğim, hep yalnız kalacağım."*
*"Farklıyım, kusurluyum, sevilecek kadar iyi değilim."*

Değersizlik (kötü biri olma anlamında) temel inançlarına örnekler:
*"Değersiz, kabul edilemez, kötü, hasta, bozuk, hiç, pisliğim."*
*"Tehlikeli, zarar verici, zehirli, kötü ruhluyum."*
*"Yaşamayı haketmiyorum."*

Bütün insanlarda temel inançlar çiftler halindedir; örneğin hem sevilme hem de sevilmeme temel inançları bir arada bulunur. Yaşanan duruma göre zaman zaman bunlar aktif hale geçer ve duygudurumu etkilerler. Ancak belirgin bir kişilik bozukluğu ya da psikiyatrik bir rahatsızlığı olmayan sağlıklı bir insanda, genellikle etkin olan olumlu temel inançtır (örneğin, "seviliyorum"). Sağlıklı bireylerde olumsuz bir durum veya olayla birlikte geçici olumsuz duygular yaşandığında olumsuz temel inanç etkinleşir: Örneğin, bir arkadaşı tarafından terk edildiğinde birkaç gün kendini kötü hisseder. O sırada olumsuz temel inanç ("sevilmiyorum") etkinleşmiştir. Bu kişi bu olayı kısa sürede atlatamayıp bir depresyona girebilir; bu depresyon süresince de olumsuz temel inanç ("sevilmiyorum") etkindir, kişi depresyondan çıktığında ise tekrar olumlu temel inanç ("seviliyorum") hâkim olur. Kronik ruhsal rahatsızlığı ya da kişilik bozukluğu olan bireylerde ise olumlu temel inanç çok zayıftır, hatta yok denecek düzeydedir. Olumsuz temel inanç genellikle etkindir. Örneğin çekingen kişilik bozukluğu olan bir bireyde "sevilmiyorum" temel inancı sürekli etkin durumdadır.

### Bilişsel İşlemleme Tipleri (Eski Adıyla, Bilişsel Çarpıtmalar)

Bilişsel yapıda yer alan işlevsiz inançlar bireyin düşüncesini biçimlerler ve psikopatolojiye özgü bilişsel sonuçlara yol açar. Literatürde bunlara bilişsel hata veya çarpıtma adı verilir. Ben, psikoterapi sürecinde, hata veya çarpıtma tabirinin kullanılmasının danışanları olumsuz etkileyebileceğinden, danışanlarla daha yansız-yüksüz bir terim olan "bilişsel işlemleme" veya "bilişsel tuzak" terimini kullanmayı tercih ediyorum. Bilişsel hata veya çarpıtma terimlerini hastalarla kendileri özellikle isteyip kullanmadıkça kullanmayı tercih etmememin bir başka nedeni de, bu zihinsel işlemler her ne kadar klinik literatürde yerleşik olarak bilişsel hata/çarpıtma olarak adlandırılsalar da, aslında hata olarak tanımlanan düşünce işleme biçimlerinin bir düzeyde her insanda görülen normal bilişsel süreçler olmasıdır. Bilişsel hata diye tanımlanan bilişsel işlemlerin çoğu aynı zamanda normal zihinsel işleyişin önemli bir parçasıdır. Bu düşünce işleme özellikleri bilişsel psikolojide incelenen temel bilişsel özelliklerle örtüşür ve bunların hepsi değişen ölçülerde bütün insanlarda görülür. Örneğin zihin okuma insanda görülen ve bir anlamda insanı insan yapan zihinsel bir kapasitedir; bir düzeyde her insanda olması gereken bir bilişsel özelliktir. Bu özelliğin hiç olmaması otizmde veya şizofrenik bozukluklarda görülür. Bu sorunu yaşayan bireyler diğerlerinin ne düşündüğünü uygun biçimde değerlendiremez, yani zihin okuyamazlar. Ancak bunun hiç yapılmaması gibi, abartılı biçimde yapılması da soruna yol açar. Örneğin, sosyal anksiyete bozukluğu olan bireyler sürekli başkalarının ne düşündüğünü düşünür, zihin okur ve ulaştıkları sonuçları da çok ciddiye alırlar. Özetle, bu bilişsel işlemler bir düzeyde her insanda görülmekle birlikte, ruhsal rahatsızlıklarda veya kişilik bozukluğu olan bireylerde daha sık, sistematik ve uygunsuz biçimde ortaya çıkar. Bilişsel işlemlerin bazılarını da bilgiyi işleme sürecindeki özgün yanlılıklar veya kısa kestirme yollar olarak görebiliriz (örneğin, etiketleme). Bunlar bazen olayları değerlendirme açısından kişiye hız ve pratiklik kazandırır.

Sorun yaşanan durumlarda ise normalde herkeste olan bu bilişsel işlemler daha katı ve uygunsuz biçimde çalışmaya başlar. Bu durumlarda kullanılan bilişsel işlemler, çevreden alınan algı veya bilgiyi uygunsuz biçimde işlemleyerek duruma uygun olmayan ve duygusal sıkıntıya yol açan anlık düşüncelere yol açar. Bu tür durumlarda yaşamı kolaylaştırmak yerine zorlaştırırlar. Bir diğer deyişle, duruma uygun olmayan olumsuz otomatik düşünceleri de bu tür uygunsuz bilişsel işlemler meydana getirir. Bu düşünceleri oluşturan temel işlemin özelliklerinin sınıflandırılıp adlandırılmasıyla çeşitli bilişsel işlem kategorileri (bilişsel hata tipleri) ve bunlara verilen adlar ortaya çıkar.

Bu kavramı terapi sırasında danışanlara şöyle bir benzetmeyle daha iyi açıklayabiliriz:

> *"İnsan zihnini bir fabrikaya benzetirsek, bu fabrika hammadde olarak çevreden gelen bilgiler, veriler ve algılardan bazılarını*

*alarak işler. Diyelim bir bisküvi fabrikası birçok farklı kaynaktan un, şeker, yağ gibi hammaddeleri alır, sonra da bunları işleyerek bisküviye dönüştürür. Eğer bu fabrika bir kek fabrikasıysa, bu kez aynı hammaddelerden ortaya çıkan ürün kek olur. Yaşadığımız olaylar ve algılarımızı da aynı şekilde zihnimiz işler ve bir ürün ortaya koyar. Örneğin, bazı kişilerin zihni yaşanan olayları ve algıları genellikle gerçeğe pek uymayan biçimde felakete dönük olarak yorumlar; başka bir kişi ise olan biten çoğu şeyin kendisiyle ilgili olduğunu düşünür. İşte bu tür düşünce işleme eğilimleri, kişinin durumuna uygun olmayan sonuçlar doğurabilir. Bazen uygunsuz sonuçlar doğuran düşünce işleme biçimlerine birlikte bakalım isterseniz."*

## Bilişsel İşlemleme Tipleri

**1. Keyfi Çıkarsama**: *Sonuca atlama* olarak da bilinen keyfi çıkarsama, destekleyici kanıtlar olmaksızın ya da gerçekte tersine kanıtlar olduğu durumda bile belli bir sonuca ulaşmayı anlatmaktadır. Amiri tarafından çağrılarak işi konusunda bilgi verilen bir memurun "Yaptığım işler kötü olduğu için benimle görüşüyor," diye düşünmesi, olumlu ve destekleyici sözlerin ilgilenme yerine acıma belirtisi olarak yorumlanması ("Bana acıdığı için beğendiğini söyledi"); işinde gecikme olan birinin ortada bir kanıt olmaksızın "Bunu özellikle beni geciktirmek için yapıyorlar," diye düşünmesi bu tür düşünce hatasına örnektir.

**2. Seçici Soyutlama**: Olayları bağlamından koparak bir detaya odaklanma, durumun daha belirgin diğer özelliklerini ihmal etme ve bu sınırlı özellik temelinde bütün yaşantıyı kavramlaştırmadır. Yaptığı bir konuşma birçok kişi tarafından beğenilen kişinin, konuşmayı dinleyen ancak eleştiren bir arkadaşını sürekli düşünerek kendini kötü hissetmesi, bütün notları pekiyi olan bir öğrencinin orta olan bir tek notuna takılarak sınıfta kalabileceğine inanması buna örnek verilebilir. Bu düşünce hatasına **zihinsel filtreleme** de denir.

**3. Aşırı Genelleme**: Aşırı genelleme sınırlı sayıda örneği temel alarak oluşturulmuş bir genel kurala inanmak ve bunu izlemektir. Örneğin, eşi tarafından terk edilen birisinin "Benimle hiç kimse ilgilenmeyecek ve sevmeyecek" sonucuna varması; bir genç kızın, erkek arkadaşı onu aldattığı için "Bütün erkekler güvenilmezdir"; üzerine aldığı bir işi yapamayan kişinin "Hiçbir işi beceremedim"; yaptığı olumlu bir davranışla ilgili eşinden herhangi bir geribildirim almayan bir kişinin "Beni hiçbir zaman takdir etmiyor," diye düşünmesi buna örnek verilebilir.

**4. Büyütme ve Küçültme:** Bireyler bazen durumları yorumlamalarına öznel birtakım ağırlıklar atfederler. Örneğin olumsuz olayların daha büyük ağırlık taşıdığı ve buna kıyasla olumlu olayların daha az önemli olduğu şeklinde bir düşünme eğiliminde olabilir. Düşünce biçimindeki bu sistematik yanlılığı olan bir öğrenci, ders notları içinde düşük olan tek notu aldığı dersi önemserken (büyütme) diğer derslerden aldığı yüksek notları önemsiz görerek bu derslerin zaten kolay olduğunu düşünebilir (küçültme). Bu düşünce hatasını yapan kişiler sistematik olarak kendi yaptıklarını küçük, yapamadıklarını ise büyük görürler. Bazı kaynaklarda tanımlanan **olumluyu yok sayma** adı verilen düşünce hatası da buna benzer. Bu düşünce hatasında, örneğin, kişi yaptığı olumlu şeyleri önemsiz görür. Çok iyi bir okuldan mezun olan depresif bir hasta, "bunu herkesin yapabileceğini, sıradan ve önemsiz bir durum olduğunu" düşünmektedir.

**5. İkili (Hep ya da Hiç Biçiminde) Düşünme**: Bireyler bazen durumları hep ya da hiç algoritmasına veya siyah beyaz biçimine indirgerler. Her türlü deneyim ve yaşantının iki uç bağlamında değerlendirilmesi söz konusudur. Bir şey ya tam olmuştur ya da yoktur; bu iki uç arasında yer alan noktalar görülmez. "Eğer mükemmel değilsem başarısızım", "Beni eleştiriyorsa hiç sevmiyor demektir" şeklindeki düşünceler buna örnektir. Bu durumu aşırı basitleştirir, yaratıcı sorun çözümünü tıkar; felaketleştirmeye, lüzumsuz sıkıntı ve çatışmaya yol açar. Bu düşünce hatasını yapan kişi bir arkadaşının yapıcı biçimde getirdiği bir eleştiriden dolayı "Beni hiç sevmiyor" sonucuna ulaşabilir.

**6. Kişiselleştirme:** Sıkıntıda olan bireyler sıklıkla kendi kendilerine ve kendi ruhsal acılarına aşırı odaklanırlar. Bu nedenle olumsuz bir olay veya durum ortaya çıktığında bunun reddedildikleri veya suçlandıkları şeklinde kendileriyle ilgili olduğunu düşünme eğilimindedirler. Yakından gözden geçirildiğinde olumsuz olayın şahsi olarak kişiyle çok az ya da hiç ilgili olmadığı fakat onların sanki kendilerine yönelikmiş gibi tepki verdikleri görülür. Kişiselleştirme düşünce hatası, kişinin kendisiyle ilgili olmayan veya çok az ilgili olan bir olayı kendisiyle bağlantılı görmesi ve olayın olumsuz sonuçlarından kendisini sorumlu tutmasıdır. Örneğin, çocuğu kötü not alan bir annenin "Ben kötü bir anneyim" sonucuna ulaşması; bulunduğu bir toplantıya birisi gelmediğinde kişinin "Ben varım diye gelmedi" demesi; sosyal kaygısı olan birinin "Benim yaptığım harekete gülüyorlar"; konuşmayan bir arkadaşı olduğunda "Bana kızdığı için susuyor" şeklinde düşünmesi bu duruma örnek verilebilir.

**7. Felaketleştirme**: Olması muhtemel diğer sonuçları hesaba katmaksızın geleceği hep olumsuz olarak öngörmeye denir. Küçük bir kanıttan yola çıkarak o kanıtı da yeterince değerlendirmeden ve olması muhtemel diğer sonuçları hesaba katmaksızın durumu hep olumsuz olarak öngörmedir. "Pireyi deve yapmak" deyimi tam da bu durumu anlatır. Öngörme yeteneği her nedense sadece gelecekteki olumsuz olayları gösteren bir niteliktedir: "Çok kötüyüm. Hiç düzelmeyeceğim", "İşi yetiştiremedim, beni kovacak", "Heyecandan tek bir kelime bile edemeyeceğim" gibi.

**8. Olmalı İfadeleri:** ***-meli, malı düşünce tarzı*** adı da verilen bu düşünce biçiminde kişinin kendisinin, diğerlerinin nasıl davranması ve dünyanın nasıl olması gerektiği konusunda katı kuralları vardır. Kişi bu kuralların gerçekleşmemesi halinde olacak kötü sonuçları abartır. Bu bir şeyi doğru yapmanın sadece bir tek doğru yolu olduğuna inanmaktır. "İnsanlar haksızlık yapmamalıdır", "Herkesi memnun etmeliyim", "İnsan önce başkalarını düşünmelidir", "Çocuklarımı eşit sevmeliyim", "Asla öfke ve kıskançlık duymamalıyım" biçimindeki düşünceler buna örnektir. Kendimizle ilgili bu tarz düşüncenin getirdiği kurallara uymadığımızda suçluluk; başkaları uymayınca da öfke ve kızgınlık hissederiz.

**9. Zihin Okuma:** Diğer insanların ne düşündüğünü bildiğimize ve onların da bizim ne düşündüğümüzü bildiklerine-bilmeleri gerektiğine inanmaktır. Örnek olarak "Sormaya gerek yok, ne söyleyeceğini biliyorum" verilebilir. Örneğin, o konuşurken esneyen birisini görünce "Sıkıldı, ben onu sıktım," diye düşünmek; selam verdiği bir arkadaşı onu görmeyince "Benden hoşlanmıyor, beni adam yerine koymuyor," diye düşünmek ya da insanların onu küçük gördüğüne inanmak, bunu kontrol etme ihtiyacı dahi duymamak, bu düşünce hatasına örnektir.

**10. Duygudan Sonuca Ulaşma:** Tersine kanıtlar olmasına rağmen bunları yok sayarak ya da ihmal ederek sadece öyle hissedildiği için (aslında inanıldığı için) bir şeyin doğru olduğuna inanma durumudur. "Belki bazı şeyleri yapabildim, ama öyle hissediyorum ki ben başarısız biriyim", "Korktuğuma göre tehlikeli bir durum var", "Utanılacak bir korkak olduğumu hissediyorum" ifadeleri örnek olarak verilebilir.

**11. Etiketleme:** Daha uygun ve gerçeği kapsayabilecek değerlendirmeler yapmak yerine kişinin kendisine veya diğerlerine genel etiketler yapıştırması ve bütün durumu bu nitelemenin ışığında değerlendirmesidir. Bir işte başarısız olan birinin ben bu işi beceremedim demsi yerine "Beceriksiz biriyim"; oğlu ders çalışmayan bir annenin "Oğlum ders çalışmıyor," diye değerlendirmesi yerine "Oğlum tembel"; bir konuda gerçeği tam söylemeyen biriyle ilgili "O yalancı biri," diye düşünülmesi bu düşünce hatasına örnek olarak verilebilir.

Bireyin bir otomatik düşüncesinde birden fazla düşünce hatası olabilir. Örneğin yapamadığı bir işten sonra "Ben beceriksizin tekiyim," diye düşünen bir kişi hem etiketleme ("Beceriksizim") hem de hep ya da hiç biçiminde düşünme hatalarını yapmaktadır. Bir arkadaşımızın sıkıldığını gördüğümüz zaman "Benden sıkıldı," diye düşündüğümüzde kişiselleştirme, zihin okuma ve keyfi çıkarsama yapmış oluruz. Bilişsel psikoterapinin temel hedefi terapi süreci içinde danışanla birlikte çalışarak uygunsuz davranışların ve olumsuz duyguların sürmesine yol açan uygunsuz bilgi işleme sürecini düzeltmek, işlevi bozuk sayıltıları ve inançları gerçeğe daha uygun ve işlevsel olanlarla değiştirmektir.

## Bilişsel Kuramın Temel Varsayımları

Beck'in sistemleştirdiği bilişsel terapinin temel varsayımlarını aşağıdaki şekilde sıralayabiliriz.

1. Ruhsal işlevselliği ya da uyumu sağlayan merkezi mekanizma, bilme ve anlam inşa etme ile ilgili temel yapı olan şemalardır.[37] Şemalar kişinin çevreye uyumunu kolaylaştırmak için evrilmiş olan anlamsal yapılardır. Bağlama göre uyumsal ya da uyum bozucu olabilirler.
2. Anlam, kişinin verili olan bağlamı ve bu bağlamın kendisiyle olan ilişkisini yorumlamasıdır. Anlam atfetme işlevi (farkında ya da otomatik olarak) davranış, duygu,

dikkat, bellek gibi çeşitli psikolojik sistemlerin kontrolü altındadır. Anlamlandırma, kişinin uyarana, koşullara uyumu için bir yol/yöntem ortaya çıkarır. Her bir anlam kategorisi ona özel bir duygu, dikkat, anı ve davranışa dönüşür. Bu duruma "bilişsel içerik özgünlüğü" adı verilir.

3. Anlamın iki katmanı vardır: a) olayın nesnel ya da genelde kabul gören toplumsal anlamı, b) özel ya da kişisel anlam. Kişisel anlam, genel anlamdan farklı olmak üzere yorumlamaları, durumun önemlilik düzeyi veya olayın oluşumundan çıkarılan genellemeleri içerir. Anlam, gerçekliğin önceden var olan bir bileşeni olmayıp, birey tarafından kurulan/inşa edilen bir şeydir. Ancak, belli bir bağlam ya da amaç özelinde düşünüldüğünde, verilen anlam doğru ya da yanlış olabilir. Bilişsel çarpıtma veya yanlılık olduğunda, verilen anlamlar işlevsiz veya uyum bozucu olabilirler. Bilişsel çarpıtmalar, bilişsel içerikteki (anlam vermedeki) hatalar ve/veya bilişsel süreçteki (anlamı yorumlamadaki) hatalar şeklindedir.

4. İnsanlar özgün hatalı bilişsel yapılanmalara (bilişsel çarpıtmalar) meyillidirler. Bu özgün çarpıtmalara olan eğilime bilişsel duyarlılık adı verilir. Özgün bilişsel duyarlılıklar kişiyi, bu bilişsel özgünlük ve duyarlılıklarının ilişkili olduğu belli sendromlara yatkın hale getirir. Psikopatoloji, bilişsel üçlü de denilen, kişinin benliği, çevresel şartları (yaşantı) ve geleceğiyle ilgili oluşturduğu uyum bozucu (maladaptif) anlamların sonucudur. Her bir klinik sendroma bu üç sistemle ilgili karakteristik uyum bozucu anlamlar eşlik eder. Örneğin depresyonda, üç bileşen de geriye dönüşsüz kayıplarla dolu ve olumsuz yorumlanır. Anksiyetede kişi yetersiz, ortam tehlike dolu, gelecek belirsizdir. Öfkede ya da paranoid durumlarda kişi kendisini başkaları tarafından istismar edilmiş, kötü muameleye uğramış; dünyayı ise adaletsiz görür.

### Akılcı Duygusal Davranış Terapisinin (ADDT) Temel Aksiyomları

Adı Albert Ellis'le birlikte anılan Akılcı Duygusal Davranış Terapisi (ADDT) ruhsal bozuklukları bilişsel terapiye oldukça benzer şekilde açıklar. ADDT'ye göre ruhsal bozukluklar ya gerçekliğin doğrudan çarpıtılmasına bağlı olarak yanlış sonuçlara ulaşılmasından veya çıkarılan sonuçların yanlış değerlendirilmesi ya da yorumlanmasından doğar. Kısaca ABC olarak bilinen modelle açıklarsak: a) Aktive edici olumsuz bir olay; b) Bilişsel yani sistem; kişinin inanç sistemi tarafından olayın yorumlanması ve çözümlenmesi; c) Olayın duygusal ve davranışsal sonuçlara yol açmasıdır. Ellis'e göre insanın yaptığı yorumlama ve değerlendirmelerin altında akılcı ve akıldışı inançların karışımından oluşan bireyin "inanç sistemi" yatar. Nesnel gerçeklikle uyumlu olmaya eğilimli olan akılcı inançlar (ve değerlendirmeler), koşullara bağlı ve göreceli bir şekilde ifade edilir, kişinin değerlilik duygularını ve amaca yönelik eylemlerini artırır. Akıldışı inançlar ise genellikle gerçekliğin çarpıtılmasıdır; koşulsuz ve mutlak bir şekilde ifade edilirler ve uygunsuz duygulara yol açarlar, çoğu kere de hedefe ulaşmayı engellerler. Bu kuramın temel varsayımları:

1. Bilişler insan duygularının en önemli belirleyicisidir. Düşündüğümüzü hissederiz. Bizi olaylar, kişiler ya da durumlar "iyi" ya da "kötü" hissettirmez; bunu biz kendi kendimize bilişsel olarak yaparız. Farkına varmasak da duygusal tepkilerimize yol açan senaryoları biz yazarız. Geçmişteki ya da şu andaki bir olay doğrudan bizim içimizdeki bir duyguyu uyandıramaz, sadece buna aracılık eder. Bizim iç değerlendirmelerimiz duygusal tepkilerimizin daha doğrudan kaynağıdır.
2. İşlevi bozuk düşünceler duygusal sıkıntının ana belirleyicisidir. Bu nedenle duygusal sorunların çözümü düşüncelerin analiziyle başlar.

3. Akıldışı düşünmeye güçlü eğilim genetik, biyoloji, çevre gibi çok etkenlidir.
4. Sorunların sürme nedeni, şimdiki bireyin kendi kendine yapmayı sürdürdüğü propagandadır.
5. İnançlar, onları saptama, onlara karşı çıkma, onları dönüştürmeye dönük aktif ve sürekli çabayla değiştirilebilir ve bu da duygusal sıkıntının azalmasına yol açar.[38]

**Bilişsel Davranışçı Terapinin Temel Aksiyomları**

Özellikle davranışçı geçmişi olan klinisyenlerin başını çektiği Bilişsel Davranışçı Terapi, davranışçı ve bilişsel yaklaşımlar arasındaki bütünleşme sonucunda doğmuştur. Kuramsal olarak bu ekolü de bilişsel terapi başlığı altında ele almak uygundur.

Bu kuramın dayandığı ilkeleri şöyle sıralayabiliriz:

1. Kişi, çevrenin kendisinden çok onun kendi zihnindeki bilişsel tasarımına cevap verir.
2. İnsanda öğrenme süreçlerinin çoğu bilişsel işlevler aracılığıyla gerçekleşir.
3. Düşünceler, duygular ve davranışlar nedensel olarak karşılıklı ilişki içindedir. Bunlardan biri diğerinden daha başat değildir.
4. Danışanın tutumları, beklentileri ve diğer bilişsel etkinlikler terapötik girişimlerin planlanmasında ve uygulanmasında esas teşkil eder.
5. Bilişsel süreçler davranışsal kuramla bütünleştirilebilir ve bilişsel tedavi yöntemlerini davranışçı tekniklerle birleştirerek daha iyi sonuçlar almak olasıdır.
6. Bilişsel davranışçı terapist, uyumu bozan bilişsel süreçleri değerlendiren bir tanı koyucu, danışanla bu işlevselliği bozuk bilişler ve onlara eşlik eden duygu ve davranış örüntülerini değiştirmek için çeşitli yeni öğrenme deneyleri düzenleyen bir eğitici ve danışman olarak çalışır.[39]

## Psikodinamik Terapiler ve Bilişsel Terapiler Arasındaki Başlıca Farklar

Psikanalitik-psikodinamik terapilerle bilişsel terapi arasındaki belki de en temel fark, insanın doğasına bakış açısındandır. Psikanalitik terapiler iç çatışma kavramına ve bireyin iç süreçlerine vurgu yapar. Psikanalitik yaklaşım, kişinin sıkıntısının onu rahatsız eden dürtülerle ilişkili olduğunu, bu çatışma ve dürtülerin bilinçdışı olduğunu, özel birtakım yöntemler kullanılmaksızın (serbest çağrışım, rüya analizi) bilinçli çabayla bunlara ulaşılamayacağını savunur. Davranışlar ya da belirti, bilinçdışı çatışmaların, eksikliklerin, savunma düzeneklerinin, ruhsal yapıların (ego, süperego, id) ürünüdür. Psikanaliz öznel yaşantının altındaki gizli anlamları araştırır ve bunu yaparken vurgusu davranışın ve yaşantının akıldışılığı üzerinedir. Bilişsel terapi de insanın doğasına bakarken iç süreçlere öncelik verir. Ama bu süreçlerin öngörülebilir, bilinçli çabayla ulaşılabilir olduğunu savunur. Kişi iç ve dış birçok olay yaşar ve bunları bilgi işleme sistemi yardımıyla değerlendirir, birtakım varsayımlar kurar ya da sonuçlar çıkarır. Bu betimleme bilişsel terapinin öncülerinden olan George Kelly'nin "kişisel biliminsanı" kavramına benzer. Kişi çevreden kendisiyle ilgili bilgileri ve verileri sürekli toplar; bunları kendisi, diğer insanlar ve dünyayla ilgili kuramlar-varsayımlar geliştirmek için kullanır, bu inançlara uygun olarak davranır ve hisseder. Psikopatoloji, uygunsuz ve çarpık kuram ve varsayımların gelişmesiyle ilgilidir. Bunlar gelen bilgiyi ve sonuçta kişinin kendisine ve dünyaya bakışını çarpıtır. Bilişsel terapistlere göre kişinin temel gereksinimi mantıksal düzenliliktir. Kişi bu süreçlerin bazılarının farkında olmayabilir ama farkında olmadığı şeyler psikanalizdeki bilinçdışına benzer şekilde kategorik olarak farklı bir alanda değildir.

Bir diğer önemli fark, terapinin teknik yanıyla ilgilidir. Bir terapi ekolünde tekniğin yeri o terapi ekolünde terapistin değiştirme-hastayı etkileme dönüştürme rolüne yapılan vurguyla orantılıdır. Tekniğe verilen önem ilişkiye verilen önemle ters orantılıdır. Biri arttıkça diğeri azalır. Bu anlamda, davranışçı terapiler tekniğe en fazla önem veren, ilişkiyi en az önemde gören ekoldür. Bilişsel davranışçı terapide, davranışçı terapi gibi tekniğe özel bir önem verilir ama bu önem hiçbir zaman davranış terapileri gibi terapiyi sadece teknik bir uygulama olarak görme noktasına ulaşmaz. Bilişsel terapi, terapötik ilişkiyi kişinin ilişkilerinden biri gibi görür ve diğer ilişkilerinden daha farklı özellikler, kendine özgü yanlar taşıyabileceğini, terapötik ilişkinin kişinin tüm yaşamını yansıtmayabileceğini kabul eder. Bilişsel terapi, hasta-terapist ilişkisindeki özellikler ya da sorunlar mutlaka hastanın diğer ilişkilerinde görülür gibi bir yargıdan uzaktır. Terapötik bağlamdaki özel şartlar ve beklentiler hastanın doğal ortamından farklıdır. Bu ilişki daha çok usta-çırak ya da öğretmen-öğrenci ilişkisine benzetilebilir.

# Bölüm 5
# Bilişsel Davranışçı Terapide Klinik Değerlendirme

Bilişsel davranışçı terapide terapi sürecinin ilk aşaması klinik değerlendirmedir. Klinik değerlendirmede amaç hastanın tanısal açıdan değerlendirilmesi, ruhsal muayenesinin yapılması ve yaşamöyküsünün elde edilmesidir. Klinik değerlendirme iki temel alan ve bu iki alanla ilişkili iki öyküye odaklanır: 1) Sorun ve sorunun öyküsü; 2) Kişi ve kişinin öyküsü.

Sorun derken, kişinin o an başvurmasına yol açan sorun veya sorunlar; sorunun öyküsü derken de bu sorunların nasıl başlayıp bugüne nasıl gelindiği kastedilmektedir. Sorun ve sorunun öyküsü, değerlendirmenin asıl ana odağıdır. Kişi ve kişinin öyküsü ise karşımızdaki insanın kim ve nasıl biri olduğu ve bugüne dek yaşam öyküsünün ne olduğuyla ilişkilidir. Yaşam öyküsünü çok detaylı olarak elde etmek her olguda veya sorunda şart değildir. Ancak kişilik bozukluğu veya süreğen (kronik) ruhsal sorunları olan bireylerde kişi ve kişinin yaşamöyküsü en az sorun ve sorunun öyküsü kadar önemlidir.

Bu iki öykü elde edilirken bir yandan da bireyin ruhsal değerlendirmesi yapılır. Ruhsal değerlendirmede amaç, kişide bir ruhsal rahatsızlık veya kişilik bozukluğu olup olmadığını saptamaktır. Ruhsal rahatsızlık tanısı ruhsal (düşünce, davranış ve duygu alanlarındaki) belirti ve bulgularla konur. Belirtiler, hastanın veya danışanın getirdiği yakınmalar *("çok üzgünüm", "yalnız kalmaktan korkuyorum"* vb.); bulgular, muayeneyi yapan kişinin gözlemleridir (*duygusal uygunsuzluk, hareketlerde yavaşlama, somut düşünce gibi*). Ruhsal sorunlarda veya bozukluklarda görülen belirti ve bulguların çoğu zaman zaman sağlıklı veya normal diyebileceğimiz kişilerin de duygu, düşünce ve davranış içeriğinde bulunabildiğinden, ruhsal muayeneyi ve değerlendirmeyi ancak bu konuda eğitimi olan bir klinisyen yapabilir. Klinisyen, muayene esnasında klinik deneyimi ışığında bu belirti ve bulguları sıklık, süre ve yoğunluk açısından değerlendirerek bunların bozukluk düzeyde olup olmadığına karar verir. Bu karar verme sürecini daha nesnel hale getirmek için psikiyatride (DSM, ICD gibi) tanı çizelgeleri kullanılmaktadır.

**Tablo 1**. Bilişsel Davranışçı Terapi Sürecinin Aşamaları.

1. Değerlendirme
2. Sorunun kavramlaştırılması
3. Terapi motivasyonunun değerlendirilmesi/oluşturulması
4. Bilişsel formülasyon
5. Terapi amaçlarının belirlenmesi
6. Danışana bilişsel modelin tanıtılması
7. Bilişsel davranışçı müdahaleler ve terapi
8. Yinelemeyi önleme

Bilişsel davranışçı terapiye başvuran hastalar ilk başvurularında doğrudan bilişsel davranışçı terapistle görüşebilirler, bu durumda ilk başvuruda değerlendiren ve terapiye başlayan aynı kişi olur. Bu, terapistin hasta veya danışanın durumuna hâkim olması açısından en avantajlı durumdur. Değerlendirme sonrasında yapılan bilişsel davranışçı terapinin ilk seansının daha rahat geçmesine ve sorunla ilgili kısa bir özetle yetinilmesine olanak sağlar. İkinci olasılık, hastanın ilk başvuru esnasında başka klinisyenlerce değerlendirilerek tedavi için bilişsel davranışçı terapiste gönderilmesidir. Bu durumda ilk değerlendirmeyi yapan kişiyle bilişsel davranışçı terapiyi yürüten kişi farklıdır. Terapistin değerlendirme sonrası devreye girdiği bu durumlarda terapistin danışanın durumuna hâkim olabilmesi için bilişsel davranışçı terapinin ilk seansında sorunla ilgili kısmen kapsamlı bir gözden geçirme yapması gerekebilir. Üçüncü olasılık da hastanın daha önce belli bir tanıyla tedavi görürken kendi isteği ve/veya yarar görmediği için bilişsel davranışçı terapiste başvurmasıdır. Bu durumda kısa da olsa bir değerlendirme görüşmesi yapılarak konan tanının doğrulanması, ardından tedaviye devam edilmesi uygun olur.

Danışanla ilk temasta (telefonla veya kısa bir görüşme şeklinde de olabilir) olası tereddüt, şüphe, kendisinden beklenene uygun olmayan davranışlara hazırlıklı olmak gerekir. Hastayla görüşme öncesi randevu düzenlemek için konuştuğumuzda amacımız temel ve önemli bilgileri toplayarak ne tür bir görüşme gerektiğine karar vermektir.

İlk görüşmede tanışma sonrası sorulacak ilk sorular; *"Benimle görüşmek istemenize yol açan nedir?"*, *"Size nasıl yardımcı olabilirim?"* olabilir. Hasta sorunlarını aktardıktan sonra kişisel ve sıkıntı verici bir bilgiyi paylaşmanın zorluğuna empati yapmak ve muayene gerektiren bir durumun işaretleri varsa ve hasta buna karşılık hemen ayaküstü bir öneri istiyorsa *"Yardım etmeyi istemekle birlikte bu noktada uygun bir öneride bulunabilmek için yeterli bilgiye sahip değilim, bu kadar bir bilgiye dayanarak bir öneride bulunmak uygun olmaz, bunun için muayene olmanız ya da psikiyatrik görüşmeye gelmeniz iyi olur,"* şeklinde bir öneride bulunulabilir. Hasta veya danışan kendi sorunuyla ilgili olarak sonucun ne olacağını ya da yarar görüp görmeyeceğini sorarsa uygun olduğu durumlarda sıkıntıyı normalleştirmek için *"Bu tür sorunu olan ve bu nedenle bizlerden yardım alan birçok kişi var,"* denebilir. Bu noktada yapılabilecekler, daha detaylı bir görüşme için öneride bulunmak veya hastayı başka bir doktora veya kliniğe yönlendirmektir.

**İlk Görüşme Öncesi Dikkat Edilmesi Gerekenler**

Hasta/danışan ilk görüşmeye ya bir aracı yoluyla ya da doğrudan gelir. Randevuyu hastanın alması en idealidir. Mümkünse aynı gün veya en yakın bir zamana randevu vermek en iyi sonucu doğurur. Ruhsal rahatsızlıklarda motivasyon günden güne değişebildiğinden yakın zamana randevu verilemediğinde değişimle ilgili motivasyonu dalgalanan ve düşen hastalar o anki motivasyonlarını yitirip çok ileri tarihe verilen bir randevuya gelmeyebilirler. Yakın bir güne randevu verilemiyorsa terapistin en azından hastayla telefonla konuşarak durumu açıklaması yerinde olur. "*Size sıkıntınızla ilgili yardımcı olmak istiyorum. Aslında sizin istediğiniz gün görüşmeyi isterdim. Ancak maalesef o gün için size ayırabileceğim bir zaman bulamıyorum, fakat herhangi bir değişiklik olursa sizi en yakın zamanda görmek için değişiklik yapmayı istiyorum,*" gibi bir cümleyle durum açıklanabilir.

İlk görüşmeden önce, eğer kullanılıyorsa hastanın dolduracağı formlar önceden verilebilir. İlk görüşmenin tam zamanında başlaması çok önemlidir. Zamanlamayla ilgili bir sorun çıkma olasılığı varsa bu konuda bilgilendirme yapılması da en azından çıkacak sorunları bir ölçüde azaltabilir.

Psikoterapinin gerçekleştirildiği ortam, yani fiziksel çevre, başlangıç aşamasında oldukça önem taşır. Dışarıya ses iletmeyen, telefonsuz, mobilyası basit ve hastada çok fazla çağrışım uyandıracak abartılı aksesuarlar içermeyen bir oda uygundur. Hastayla yan yana ya da karşı karşıya, birbirine benzer koltuklarda oturulması ve rahatsız edici (çok farklı) olmayan bir oda dekorasyonu önerilir. Genelde koltukların 45 derece açıyla konumlanmasının en ideal pozisyon olduğu kabul edilir. Görüşme esnasında kullanacağımız materyalin önceden hazır olması, ortalıkta veya görünür yerlerde diğer hastalar veya danışanlarla ilgili üzerinde isim yazan notların olmaması önemlidir.

## İlk Değerlendirme Görüşmesinin Amaçları

**Tablo 2.** İlk Değerlendirme Görüşmesinin Amaçları.

| |
|---|
| Danışanın sorunun anlaşılması, sorunun öyküsünün elde edilmesi |
| Terapideki amaçların belirlenmesi |
| Danışanın genel olarak tanınması, yaşam öyküsünün öğrenilmesi |
| Ruhsal değerlendirmenin yapılarak tanısal bilginin elde edilmesi |
| Nasıl yardımcı olunabileceğinin saptanması |
| İşbirliği kurulması |
| Pratik detayların (zaman, süre, ücret) ele alınması |

**Psikiyatrik Tanılar**

Değerlendirmede terapistin amaçlarından en önde geleni, danışanın bir ruhsal rahatsızlığının olup olmadığının saptanması, varsa da bunun ne olduğunun bulunmasıdır. Bu tanı koyma işlemi bir anlamda bireyin yakınma ve bulgularının hangi sınıfa girdiğini saptamaktır.

Dünyadaki nesneleri doğal sınıflara ayırmak insanın temel bilişsel eğilimlerindendir. Doğal sınıflar en iyi örnekler veya prototipler etrafında organize olur. Bir prototipe tam uymayan örnekler arada yer alır. Sınıflama üzerine çalışmalar göstermiştir ki insan en iyi sınıflamayı önce o sınıfın prototipik örneğini öğrenerek yapar. Tıpta sınıflama, tanı anlamına gelir. Psikiyatrik tanılar da doğal sınıflamalardır ve doğal sınıflamaların avantaj ve dezavantajlarına sahiptirler. İyi bir sınıf içindeki tüm üyeler homojen olmalı ve sınıflar birbirinden açık sınırlarla ayrılabilmelidir. Psikiyatrik tanılar için, doğal olarak, bu böyle değildir. Birçok tanı kategorisinde o tanı için geçerli olan özelliklerin çoğunu taşıyan prototipik örneklerin yanı sıra, tam olarak ölçütleri karşılamayan hastalar da yer alır ve tanılar karışık sınırlara sahiptir. Bunu somut dünyadan bir örnekle açıklarsak bardak olduğu net şekilde belli cisimler vardır, fincan olduğu net olan cisimler olduğu gibi. Ama bir de arada kalan, yani hem fincan hem de bardağa benzeyen cisimler de vardır. Bir şizofreni hastasını ele alalım. Hastanın sadece varsanı (halüsinasyon) ve psikotik düşünce bozukluğu olup manisi veya depresyonu olmadığında bu hasta prototipiktir. Ama ikisinin yanı sıra manik belirtiler de duruma eşlik ettiğinde iş karmaşıklaşır. Karmaşık sınırlar, hem tanılar arasında hem de normal ve patolojik olan arasında yer alır (özellikle de kişilik bozukluklarını düşünürsek).

Ruhsal bozuklukları sınıflamada kullanılan adlar olan tanının iki temel işlevi vardır: Birinci işlev, hastanın rahatsızlığıyla ilgili bilgi iletişimini sağlamaktır. Tanı bu işlevi birbiriyle bir arada ortaya çıkan belli bir bulgu ve belirti kümesini kısa bir adlandırmayla (depresyon, panik bozukluk, sosyal anksiyete gibi) işaret ederek yapar. Hastaya tanı konduğu anda sadece izole belirtiler düzeyinde değil, bütüncül değerlendirmeyi sağlayan yolda da bir adım atılmış demektir. Tanının ikinci önemli işlevi bize kestirim, öngörü şansı vermesidir. Bu açıdan, hem tedavinin belirlenmesi hem de sonucun tahmini için tanı önemlidir.

Bilişsel davranışçı terapiye alınacak olan hastanın tanısal değerlendirmesinin iyi yapılması, daha sonraki tedavi açısından ayrıca bir öneme sahiptir. Çünkü bilişsel davranışçı terapi, ortak özellikler içermekle beraber, her ruhsal sorun veya tanıya özgül olarak geliştirilmiş tedavi paketlerinden oluşur. Bu nedenle tanısı veya sorunu değerlendirilmeden bir hastanın bilişsel davranışçı terapiye alınması uygun değildir.

Birçok ruhsal bozukluk tanısı, sendrom tanımıyla uyumludur. Sendrom, belli bir bozukluğa spesifik olan ve bir arada ortaya çıkan bulgu ve belirti kümesidir. Her psikiyatrik bozukluk, o sendrom için prototip veya model teşkil eden çekirdek bir belirti kümesini içerir. Bugün psikiyatride en yaygın biçimde kullanılan tanı kılavuzlarından olan DSM ve

ICD sistemleri ölçüte dayalı tanısal sistemlerdir. Ölçüt, belli bir klinik bozukluğu tarif eden veya tanımlayan kuraldır. Bunlar tanı için gerekli olan çeşitli davranışları veya belirtileri tip, yoğunluk, süre ve etki açısından tanımlarlar.

DSM veya ICD'de yer alan tanılar hazır elbise gibidir; çeşitli boy ve modellerde belirtilerden oluşur. Bazı hastaların üzerine tam otururlar, bazılarına oldukça, bazılarına da çok zor. Klinisyenin görevi bir terzi gibi belli özellikleri belirtileri olan hastayı önceden belirlenmiş standart sınıflara uydurmaktır. Hastanın özgün özellikleri, psikiyatrik bulgu ve belirtiler; standart önceden belirlenmiş sınıflar da tanılardır. Özellikler ve tanılar çok yakınsa, tanı koyma işlevi hızlıdır. Belli bir farklılık olduğunda ise iş zorlaşır, uzar. Tanı sisteminin zorlandığı nokta rahatsızlık belirtilerinin çeşitliliği, değişkenliği ve kategorilerin bunları kapsamaktaki yetersizliğidir.

Psikoterapi öncesi yapılan tanısal değerlendirmeler sadece ruhsal tanı koymaya dönük tanısal değerlendirmelere benzemekle birlikte farklılıklar da gösterir. Tanısal değerlendirmede bireyin ICD veya DSM tanısının ne olduğunun saptanması temel hedefken, psikoterapi öncesi değerlendirmede asıl odak, sorunları ve o sorunlarla ilgili bireyin hedeflediği değişimleri, yani terapi amaçlarını da saptamaktır.

**Tanısal Görüşmeler**

Ruhsal bozukluk veya sorunları saptmaya dönük tanı görüşmeleri iki şekilde yapılabilir: yapılandırılmamış (informel) veya yapılandırılmış tanı görüşmeleri. Özellikle araştırma amaçlı tanısal görüşmelerin yapılandırılmış olması istenir. Bilişsel davranışçı terapi açısından baktığımızda ise önerilen değerlendirme şekli, mümkünse bilinen standart bir yapılandırılmış görüşme yapılması, bu mümkün değilse de klinik algoritmaya uygun bütün belirtileri tarayan kapsamlı bir değerlendirme ve muayenenin yapılmasıdır. Bilgiler eğer bu şekilde sistematik ve kapsayıcı bir şekilde toplanmaz ise, önemli bilgiler gözden kaçabilir, araştırılan konulara göre ve terapistin eğilimine göre yanlı bir sonuç elde edilebilir, toplanan bilgi terapistin sözel ya da söz dışı mesajlarından etkilenebilir, danışanın kaygıları ve ketlenmeleri toplanan bilgiyi azaltabilir, tam bir değerlendirmeyi tamamlayabilmek için çok fazla sayıda görüşme gerekebilir. Bu nedenlerle zaman kaybı olur; kavramlaştırma ve formülasyon gecikebilir.

1980'li yıllarda geliştirilmiş yaygın kullanım olanağı bulan başlıca standart tanısal görüşmeler olarak SADS (Schedule for Affective Disorders and Schizophrenia), PSE (Present State Examination), DIS (Diagnostic Interview Schedule), CIDI (Composite International Diagnostic Interview), SCAN (Schedules for Clinical Assessment in Neuropsychiatry) ve SCID'i (Structured Clinical Interview for DSM) sayabiliriz. Bu görüşmelerin amacı, psikiyatrideki öznelliğe bağlı farklı tanısal değerlendirmelerin yapılması riskini azaltmak için geliştirilmiş olan tanı çizelgelerine (DSM, ICD) uygun standart bir görüşme yapılmasını sağlamaktır. Böylece amaç, görüşen kişiye bağlı olmaksızın aynı görüşme çizelgesi kullanıldığında hastanın aynı tanıyı almasıdır.

Standart tanısal görüşmelere ilk örneklerden birisi RDC (Research Diagnostic Criteria) tanılarını koymak için geliştirilmiş SADS'dir. Özellikle uluslararası araştırmalarda kullanmak üzere geliştirilen PSE, ICD-9'a uygun tanı koymak için geliştirilmiştir ve CATEGO adlı bir bilgisayar programı desteklidir.

DSM-III'le eşzamanlı olarak, Amerika'da yürütülen Epidemiyolojik Alan Çalışması'nda (ECA) kullanılmak üzere hazırlanan DIS (Diagnostic Interview Schedule) profesyonel olmayanların bir haftalık eğitim sonrası kullanımı için hazırlanmıştır. Tam yapılandırılmış klinik görüşmeler bütün hastalık belirtilerinin hepsinin tarandığı, daha çok epidemiyolojik araştırmalarda kullanılan ve amacın tanının yanı sıra belirti taraması olduğu ölçeklerdir. Görüşmeciye inisiyatif tanımaz, klinisyen dışında konuyla ilgili eğitim almış kişiler de uygulayabilir, tanısal güvenilirliği daha düşüktür. DIS epidemiyolojik çalışmaların yanı sıra klinik çalışmalarda da kullanılmıştır. Ancak DIS, klinik araştırmaya uygun olmaması açısından eleştirilmiştir.

En iyi değerlendirmenin DIS gibi uygulayıcıya inİsiyatif tanımayan tam yapılandırılmış görüşmeyle değil, tecrübeli bir klinisyenin bilgi ve tecrübesini değerlendirmeye katmasıyla olacağı savunularak 1983'te NIMH'nin de katkısıyla SCID geliştirilmiş, 1985'te iki yıllık alan çalışması başlanmış ve 1987'de DSM-III-R'nin çıkışıyla ona göre güncellenmiştir.

SCID klinik görüşmeyi model alır. Görüşmenin ana çatısı tanısal algoritma üzerine kurulmuştur ve sırasıyla tüm tanısal hipotezler test edilir. Sorular tanısal kriterlere göre düzenlenmiştir. Her tanı için eğer şart olan ana ölçütler karşılanmıyorsa gerisi atlanır, tanısal önemi olmayan belirtilerin bir kısmı sorgulanmamış olur. Bu yaklaşımla görüşme ilerledikçe tanı da, tanılar da belirginleşir. Bilişsel davranışçı terapiye alınacak olan hastalarda klinik değerlendirme açısından en ideal olan değerlendirme de SCID gibi yapılandırılmış bir görüşmenin uygulanmasıdır. Bu tür tanısal görüşmeleri yapabilmek için iyi bir klinik bilgi ve tecrübenin yanı sıra bu görüşmelere dönük eğitimleri de almak gerekir.

### İlk Görüşmenin Yapısı ve Dikkat Edilmesi Gerekenler

Değerlendirme görüşmeleri, ister yapılandırılmış, isterse yapılandırılmamış olsun, danışanla yapılan ilk görüşmeleri oluşturur. Terapistle danışan veya hasta arasındaki ilk ilişki ve iletişim, tedavinin daha sonraki kısımları üzerinde belirleyici bir etkiye sahip olduğundan son derece önemlidir. İlk görüşmenin amacı, bir yandan danışanın sorununu değerlendirmek, diğer yandan danışanla ilişkiyi başlatmak ve bunun sürmesine zemin hazırlamak, yani bir anlamda danışana ikinci görüşmeye gelme isteği oluşturmaktır. Danışan, görüşmeciyle kendini rahat hissetmişse, ona güvenmişse ve klinisyenin kendisine yardım edeceğine inanmışsa tekrar gelmeyi isteyecektir. Değerlendirme sonrası ilk terapi görüşmelerine başlandığında ya da hastanın aşırı duygusal tepkileri nedeniyle değerlendirme beklenmeksizin ilk görüşmede terapötik müdahaleler yapıldığında danışanda sorunlarının anlaşıldığına ve ona yardım edilebileceğine ilişkin bir kanı oluşturmak ana hedeftir.

Terapinin ilk görüşmesinde veya değerlendirme görüşmesinin sonunda terapi önerilen hastalarda terapiyle ilgili kısa bilgiler vererek psikoterapi ve terapistle ilgili yanlış inançları ortadan kaldırmak bir diğer amaçtır. Ayrıca değerlendirme görüşmelerinde hastanın sorun/sorunları ele alındığından terapötik hedeflerin bir kısmı kendiliğinden ortaya çıkar. Bu sorun ve hedeflere dikkat etmek ve bunları saptayarak terapiye başlanacak olan ilk görüşmede netleştirmek gerekir.

İlk görüşmede kendinizi ve hastayı rahatlatmak en önemli konudur. Genel olarak ilk kez muayeneye gelen bir psikiyatrik hasta şüpheci, gerilimli ve kaygılıdır. Bir ruh sağlığı çalışanı ile görüşme damgası yemenin korkusunu aşarak gelmiştir ama psikiyatrik veya psikolojik sorunları olması onun için hoş bir şey değildir. Kendisini, suç veya eksiklik gibi gördüğü yönlerini açmanın zorluğunu yaşayabilir; kendisiyle ilgili korkutucu sırların yabancı biri tarafından keşfedilmesi, kişisel zayıflıkları keşfedebilecek bir tür zihin okuyucuyla karşı karşıya kalma gibi duygular yaşayabilir. Bir yandan da umut bağladığı bir iyileştiricinin karşısına çıktığını düşünüyor olabilir. Belki de bu tür konularla uğraşan profesyonelleri hiç tanımamaktadır, kendisini neyin beklediğini bilmemektedir. Hastalar görüşme öncesi kendisini meşgul eden kimi sorunları nadiren sözelleştirir: "Beni dinleyecek mi?", "Gerçekten ona ne söylediğimi anlayabilecek mi?", "Benimle ilgilenecek mi?", "Bana saygı mı gösterecek, alay mı edecek?", "Bana yardım edebilecek mi?", "Ona güvenebilecek miyim?"

Bu şüphelerin farkında olduğunuzu, onun yanında olduğunuzu, kişi olarak ona ve sorunlarına saygı gösterdiğinizi ve yardım etmeye çalışacağınızı hissettirmelisiniz. Bunları yaptığınızda hastayla işbirliği yolunda önemli bir başarı sağlarsınız, bunlar olmazsa ilişki zedelenir. Hastayla henüz tam bir ilişki kurmadan gösterilen erken kışkırtıcı tutumlar, yüklü soru ve yorumlar hatalı olur.

Görüşmede hem kendimizin hem de hastanın rahat olabilmesi çok önemlidir. Hasta terapistteki kaygı veya kontrol yokluğunu hemen hisseder. Bu noktada unutulmaması gereken, hastanın da bizim gibi bir insan olduğu, üstelik sorunlar yaşayan ve genellikle anlaşılmayı çok isteyen, yardım bekleyen biri olduğudur. Nazik ve sempatik bir tutum takınmak, sinirlenmemek, iğrenmemek, ilgisizlik göstermemek, kısacası insan ilişkilerindeki asgari kuralları uygulamak aslında bunun yeterli şartıdır. Görüşmede iyi ilişki için önemli olan empati, sahicilik, samimiyet, bir insan olarak hastaya iyi gözle bakmaktır. Bu asgari kurallara uyulduğunda bazı (antisosyal, narsisistik, borderline) kişilik bozukluklarına ve (paranoid psikoz, manik atak vb.) ağır patolojilere sahip hastalar dışındaki hemen bütün danışanlarla olumlu ilişki kurmak mümkündür.

Hastayı gülümseyerek karşılamak ve kendinizi tanıtmak, sonra da oturacak bir yer göstermek ilk uygun tutumumuz olmalıdır. İlk amacınız, hastayı genel olarak hissetmek, ilişkiyi başlatmaktır, hemen tanılamak değil. Hasta geldiğinde ilk işiniz ona basit temel bilgiler sunarak onu rahatlatmak olmalı; adını, iki adı varsa hangisinin kullanılmasını tercih ettiğini sorabilirsiniz. Çok bağımlı, aşırı gerilimli veya psikotik hastalarda bu soruyu atlayarak doğrudan sorunlarına girebilirsiniz.

Çoğu danışanda önce bir küçük konuşma (sizi nasıl bulduğu, muayenehaneyi veya ofisinizi kolay bulup bulmadığı, kimin önerisiyle size geldiği, nereden geldiği, nerede büyüdüğü ile ilgili konularda küçük bir konuşma) yapılabilir. Anksiyeteli, obsesif hastalar bazen bunu gereksiz bulabilir ve hemen sorununa veya başvurmasına yol açan konuya girmeyi isteyebilir. Bu özellikleri fark ederseniz bu kısmı uzatmayıp sorununa yönelebilirsiniz. Görüşmede çok aşırı not almak pek iyi değildir, danışanın dikkatini dağıtabilir ve görüşmenin doğal akışını bozabilir. *"Eğer mahsuru yoksa, bazı şeyleri daha sonra kolay hatırlayabilmek için kısa notlar alacağım,"* şeklinde açıklama yapılarak not alınması iyi olur.

Kendisini ilgili biçimde dinleyen biriyle konuşup derdini anlatmak başlangıçta her tür hastayı rahatlatır. Ama bu geçici bir etkidir. Ruhsal belirtilerle gelen hastaların bilişsel açıdan temel ve ortak sorunları, duygusal ve davranışsal olarak kendini açığa vuran belirtileri ve yakınmalarıyla düşüncelerin bağlantısını bilememektir. Psikoterapinin de aslında en temel amacı, kaynağı bilinmeyen bu duygusal-davranışsal belirtilerle ilgili kontrolü yeniden sağlamaktır.

### Ruhsal Durum Muayenesi

Tanısal görüşme ve öykü alma esnasında bir yandan da hastanın muayenesi gerçekleştirilmiş olur. Ruhsal muayenede değerlendirilen başlıca alanlar görünüm, bilinç düzeyi, psikomotor davranış, dikkat, konsantrasyon, konuşma, düşünce, yönelim, bellek, duygulanım, duygudurum, enerji, algı, düşünce içeriği, içgörü, yargılama, sosyal işlevsellik, telkine açıklık, soyut düşünce ve zekâdır. Bu alanları değerlendirirken kullanılan yöntemler gözlem, konuşma, araştırma ve test uygulamalarıdır.

#### a) Gözlemleme

Gözlemleme, ilk karşılaşmada daha danışan veya hastayla konuşmadan önce başlar. Gözlemlemeyi yapabilmek için hastanın işbirliğine gereksinim yoktur. Hastanın dışarıdan gözlemlenen durumunu ve davranışlarını izleyerek anlamlandırırız. Gözlenen tüm bulgular bir işaret olarak dikkate alınmalı ama genel bağlam içinde doğrulandıktan sonra tanısal yönden kullanılmalıdır. Genel görünüm, hastanın uyanıklık düzeyi, psikomotor davranış ve duygulanımı gözlemle saptarız. Duygulanımı kestirebilmek için hastanın gözlenen yüz ifadesine ek olarak hastanın düşünce içeriğinin soruşturulmasına da gereksinim vardır.

**b) Konuşma**

Olağan sohbet tarzında konuşmada hasta daha az savunucu ve dikkatli olduğundan doğal akış içinde dikkat ve yoğunlaşma (konsantrasyon), düşünce ve duygulanımla ilgili önemli noktalar yakalanabilir.

**c) Araştırma**

Hastanın muayenesi esnasında kendiliğinden ortaya çıkamayan çeşitli ruhsal rahatsızlık belirtilerini araştırmak gerekir. Tanısal görüşmelerin içeriklerinde bunlarla ilintili sorular bulmak olanaklıdır.

**d) Testler**

Bilişsel davranışçı terapiye alınan hastalarda gelişimi gözlemleyebilmek için psikolojik testlere başvurulması standart bir yöntemdir. Bu testler rahatsızlığa göre değişmekle birlikte hemen her hastada Beck Depresyon ve Beck Anksiyete ölçekleri kullanılır. Ayrıca sosyal anksiyete bozukluğunda Liebowitz Sosyal Anksiyete Ölçeği, obsesif kompülsif bozuklukta Yale-Brown Ölçeği gibi ölçeklerden ayrıca yararlanılmaktadır.

**Tablo 3.** Klinik Değerlendirmede Ele Alınan Başlıca Alanlar

**Klinik Değerlendirmenin Genel Planı**

**Başvuruya yol açan sorun veya sorunlar:** Sorunun özellikleri, tanımlanması, tetikleyicileri, danışanın sorunla ilgili fikri, soruna ilişkin daha önceki çözüm çabaları

Şu anki yaşam koşulları

Şu an nerede yaşıyor, ne iş yapıyor, ne tür ilgileri ve aktiviteleri var, boş zamanlarında ne yapıyor, aile ilişkileri, yaşamından memnuniyet düzeyi

**Gelişim öyküsü:** Bebeklik, erken çocukluk

**Aile öyküsü:** Anne babayı tanımlaması, ilişkileri, kardeşleri ve ilişkileri, çocukluktaki ana olaylar

**Okul/İş öyküsü:** Başarı düzeyi, okuldan memnuniyeti, ilgileri, sorunları, kariyer seçimi

**Sosyal öykü:** Çocuklukta, ergenlikte ve yetişkinlikte akran ilişkileri, cinsel tercihler, cinsel yaşam, karşı cinsle arkadaşlıklar,

ilişkiler, evlilik, eşlerin genel özellikleri ve sorunlar

**Travmatik yaşantılar:** Ailede sorun, hastalık, şiddet, istismar, madde kullanımı, ölüm öyküsü

**Tıbbi öykü:** Genel sağlık durumu, kullandığı ilaçlar, bedensel hastalıkları, daha önce geçirdiği önemli hastalıklar

**Ruhsal rahatsızlık öyküsü:** Daha önceki danışma veya tedavi öyküsü ve sonucu, geçmişte benzer sorunlar

**Ruhsal durum:** Görünüm, tutum, davranış, duygulanım ve duygudurum, konuşma ve düşünce, algı, entelektüel ve bilişsel işlevsellik

**Danışanın terapiden amaçladıkları:** Terapi hedefleri

---

Bu bölümün sonunda, değerlendirme esnasında hastanın tedaviye gelmesine yol açan sorununa ve yaşam öyküsüne ilişkin almak istediğimiz temel bilgileri içeren iki form (Sorun Değerlendirme Formu ve Yaşam Öyküsü Formu)

yer almaktadır. Bu formları gerek bizim tercihimize gerekse danışanın özelliklerine ve tercihine göre iki türlü kullanmak mümkündür. İlk kullanım şekli hastayla ilk değerlendirme görüşmesini yaptıktan sonra bu formları vererek doldurup getirmesini istemek, diğer yöntem de bu soruları görüşmede yüz yüze bizim sormamızdır. Bilişsel davranışçı terapide bu değerlendirme aşaması tanı görüşmesi ve 1-3 seans süren değerlendirme görüşmeleriyle tamamlanır. Terapiyi yapacak olan kişinin bizzat bu değerlendirme görüşmelerini de yapması her zaman için bir avantajdır.

**Tablo 4.** İlk Değerlendirme Raporu ve Tedavi Planı

Hastanın Adı: Demografik Bilgiler:
Ölçekler: BDI, BAI: Diğer ölçekler:
I. Ana Yakınma(lar)
II. Şimdiki hastalığın öyküsü/presipite edici olaylar (başlangıç tarihleri)
III. İlgili daha önceki öykü (psikiyatrik öykü, hastaneye yatışlar ve intihar girişimleri)
IV. Aile öyküsü ve sosyal öykü
V. Şu anda kullanılan ilaçlar
V. 1. Daha önceki psikiyatrik ilaçlar
VI. Şu andaki ve geçmişteki medikal hastalıklar ve ameliyatlar:
VII. Madde kullanımı
VIII. Ruhsal durum muayenesi

Görünüm, tutum, motor aktivite, duygulanım, duygudurum, konuşma, düşünce süreci, düşünce içeriği, algı, kendilik algısı, bellek, bilişsel işlev, soyutlama, yargılama, içgörü, suisidal plan, niyet, başkasına zarar vermeye dönük düşünce, niyet

IX. Tedavi planı
X. Klinik tanıları
XI. Kişilik özellikleri ve kişilik tanısı

Bu değerlendirmeler sonucunda elde edilen bilgilerin Tablo 3'te görülen başlıklar halinde yazılarak bir özetleme yapılması elde edilen bilginin organize edilmesi açısından yararlı olur.

Bu bölüm sonrasında ek olarak yarı yapılandırılmış bir değerlendirmede size rehberlik edebilecek formlar sunulmuştur.

## Değerlendirme Sırasında Yapılabilecek Hatalar

Değerlendirme görüşmesinde bir yandan terapi yapmaya çalışmak, yapılabilecek hatalardan ilkidir. Hasta henüz yeterince tanınmadığı ve sorunu anlaşılmadığı için bu eksik bilgiyle yapılacak müdahalelerin etkili olması da güçtür. Üstelik, hastada anlaşılmadığı düşüncesi doğabilir. Bazen de eksik ve etkisiz yapılmış bir müdahale, daha sonra konunun yeniden ele alınmasına engel olabilir veya hastada bizim kullandığımız tekniğe karşı olumsuz bir önyargı doğmasına zemin hazırlayabilir. Hasta, ilerleyen seanslarda terapist aynı konuyu ele almak istediğinde "Biz bu konuyu zaten konuşmamış mıydık?" diyebilir ya da "Daha önce de bunu denemiştiniz, sonuç vermemişti" itirazıyla karşılaşabiliriz.

Bu durumun istisnası, yani müdahale edilmesi gereken durumlar ise, danışanın yoğun duygusal tepkilerinin olması (örneğin ev hayatını anlatırken birden ağlamaya başlaması), bireyi intihar girişimine yönlendiren aktif intihar düşüncelerinin olması, görüşmeye katılmasına rağmen bilgi vermeyerek susması veya görüşmenin seyrine engel olan tutumlar içine girmesidir. Bu durumlarda bilgi almaya ve değerlendirmeye dönük genel görüşme biçiminin dışına çıkmak ve müdahale etmek zorunluluk haline gelir. Ortaya çıkan bu durumlarda durumun özelliğine uygun müdahalelerde bulunulur. Örneğin, yoğun bir duygusal tepki gösteren hastalarda, hastayı duygularını açıklamaya teşvik etmek, açığa çıkan duyguları fark etmek, sözelleştirmek, kabul etmek ve gerekçelerini, nedenlerini konuşmak gereklidir. Bu en azından o an için yeterli olur. Ancak duyguların ifadesi ve paylaşılması tek başına yeterli ve kalıcı bir etki doğurmaz. Oysa bazı psikoterapötik ekoller buna özel bir önem atfeder. Hasta, olumsuz duygularının, adeta kirli bir rezervuarın boşalmasıyla temizlenmesi gibi boşalması ile sorunun hallolacağı şeklinde somut bir kavrama inanır. Hatta bunu sağlamak için olmayan duyguları indükler. Bu tür müdahaleler, bazen, uzun vadede hastanın kendini daha kötü hissetmesine bile yol açabilir. Bazen de belli bir duygunun (örneğin öfke) teşvik edilmesi onun daha da yoğunlaşarak yıkıci hale gelmesine yol açabilir. Bu tür duygusal tepkilerde hastanın bir süre duygusunu ifade etmesine izin verdikten sonra, örneğin ağlıyorsa, bir mendil uzatarak "*Çok üzgünsünüz, isterseniz kendinizi toparlamaya çalışın ve bununla ilgili biraz konuşalım,*" denerek incelemeye girişilebilir.

Etkin bir tutum almayı gerektiren bir diğer durum, hastanın sorunundan çok terapi ve terapistle ilgili konuşmasıdır. Bu tür bir durumda, öncelikle bunun amacının araştırılması, nedenler anlaşıldıktan sonra da empatik bir tutumla kabul edildiğinin belirtilmesidir. Çoğu kere bu duygular olumsuz ise doğrudan sözelleştirilmez, bunları özellikle sorarak açığa çıkarmak terapötik ilişkiyi güçlendirir.

**Örnek:**

***Danışan:*** *Daha yaşlı birini görmeyi bekliyordum?*

***Terapist:*** *Genç olmam sizde hayal kırıklığı yarattı. Neden?*

***Danışan:*** *Daha yaşlı birinin beni tedavi etmesini beklerdim.*

***Terapist:*** *Anlıyorum, tedavinizde yaşlı birine daha çok güvenirdiniz.*

***Danışan:*** *Bu size özel kişisel bir şey değil, daha tecrübeli birinin olmasını tercih ederdim.*

***Terapist:*** *Sorununuza en çok yardımı dokunacağını düşündüğünüz birini aramanız gayet doğal, yaşlı birinin daha tecrübeli olacağını düşünmeniz de... Ama şu anda bana geldiğinize göre* *isterseniz zorlandığınız şeyleri, sorunlarınızı anlatın. Eğer benim yeterince yardımcı olamayacağımı düşünürseniz, sizin aradığınız şekilde birini bulmakta yardımcı olmaya çalışırım.*

## Susan Hasta, Susmaların Kontrolü

Eğer hasta konuşmaya başlayacak gibi görünmüyor veya ne söyleyeceğini bilemiyorsa ya da uzun sürelerle susuyorsa, bu durumda da müdahale etmek gerekir. Konuşmanın akışının sürmesini sağlama ve sözelleştirmeyi kolaylaştırma, görüşme sırasında terapistin ana ödevlerindendir. Susan hastada sözelleştirmenin sürmesini sağlamada kullanılacak başlıca teknikler, hastanın son sözcüklerini tekrarlama, hastanın söylediğini yeniden ifade etme, anlatılan konunun uyandırdığı çağrışımları sormadır.

Terapide susulmasının olası anlamlarının başında direnç (kendini açmaktan korkma, utanma, sıkıntılı konulardan kaçma) gelir. İkinci anlamı, terapiste karşı atak olabilir (susarak pasif agresyon, terapiste karşı düşmanca eylem). Son olarak, susmanın bazen olumlu bir anlamı da olabilir; hasta konu üzerinde düşünüyor olabilir (yaratıcı düşünme; genellikle etkili yorumlardan sonra hasta susar).

## Susan Hastada Yapılabilecek Manevralar

Bu manevralar şunları içerir: Beklemek; hastanın en son söylediği sözcükleri tekrarlamak ve bunları soru haline getirmek; hastanın son düşüncelerini tekrarlamak ve bunu soru haline getirmek; evet veya fakat gibi bir bağlaçla konuşmanın devamını bekliyor gibi soru sormak.

*"Konuşmak zor olmalı."*
*"Merak ediyorum neden sessiz kaldınız?"*
*"Sessiz kalmanızın bir nedeni olmalı."*
*"Belki de ne söyleyeceğinizi bilmiyorsunuz."*
*"Şu anda aklınızdan geçen şeyleri söylemekten korkuyor musunuz?"*

*"Düşündüklerinizi söylerseniz benim göstereceğim tepkiden mi korkuyorsunuz?"*

*"Şu anda benimle ilgili mi düşünüyorsunuz?"*

*"Utanılacak şeyler mi düşünüyorsunuz?"*

**Görüşmeyi Yapılandıramama**

Bir diğer önemli sorun alanı, görüşmeyi yapılandıramayarak bizim için gerekli bilgileri elde edememektir. Konudan konuya sapan başıboş konuşma, hem terapistin hem de hastanın tutumundan kaynaklanır. Bazı terapistlerin görüşmede sürekli açık uçlu sorular sorması buna zemin hazırlar. Gereksiz konuşmalar sırasında çok ilgilenmek ve not tutmak da bir ödüldür.

Terapistin, görüşmenin başında, o görüşmenin amacını ve içeriğini açıklaması bu tür amaçsız ve içeriği boş bir görüşmeyi önlemek açısından yerinde olur:

*"Bugün sizinle, sorunlarınızla ilgili bir görüşme yapacağız. Öncelikle bugün bana gelmenize yol açan sorunlar neler, onları dinlemek istiyorum. Daha sonra bu sorunlar ne zaman nasıl başladı, bugüne nasıl gelindi ve eğer bunlar için tedaviye başvurduysanız hangi tanı kondu, ne tür tedaviler yapıldı, bunu öğrenmek istiyorum. Daha sonra da sizi biraz tanımak; yaşadığınız ortamı, özelliklerinizi ve nerede doğup nerede büyüdüğünüzü öğrenmek istiyorum. Son olarak da sorununuz için neler yapabileceğimizi konuşarak görüşmeyi tamamlayacağız, bunlarla ilgili sormak istediğiniz bir şey var mı?"*

Hasta konuşmayı hep ilgisiz konulara götürüyorsa, bu tür bir görüşmeyi normale döndürmek için yapılacaklar: Kapalı uçlu soruları artırmak, "Devam edin," anlamındaki mimiklerden kaçınmak. Hastanın konudan sapmasına yol açan soruyu tekrarlamak bir diğer yoldur. Eğer buna rağmen ilgisiz konuşmayı sürdürüyorsa soruyu tekrarlayıp *"Bu bana göre önemli bir alan, isterseniz şimdilik sadece bunu konuşalım,"* denebilir. Bu da olmazsa,*"Önümüzde sınırlı bir zaman var, bu süre içinde sizi değerlendirmede önem taşıyan alanları konuşmamız gerekli,"* diyerek belirleme yapılabilir. Başka bir yaklaşım: *"Size sorduğumda hep konudan saptığınızı görüyorum, neler oluyor acaba?"* Bazen doğrudan ama empatik bir girişle kesilebilir: *"Gerçekten sizi etkileyen pek çok olay olmuş, peki tüm bunlar sizde ne gibi durumlara ve sorunlara yol açtı?"* İlk 5-6 dakikayı hastaya bırakıp onun kendisini nasıl ifade ettiğini görmek ve bu yapılandırmayı daha sonra yapmak uygun olur. Erken müdahale yapılması, danışanı terapistle rekabete sokar. Eğer görüşmenin başında hastanın akışı zaten görüşmenin amacına uygunsa, ufak tefek sorularla bunu kolaylaştırmak; ancak görüşmenin genel planına aykırı bir gidiş varsa görüşmeyi doğal seyrinde götürerek tanısal bilgileri alabilmek terapötik işbirliği açısından daha iyi bir yöntemdir.

Değerlendirme görüşmesi de dahil olmak üzere yapılabilecek bir diğer hata danışanın formülasyonu veya terapisi açısından bize bir katkı sağlamayacak, sadece merak gidermek için ya da kişisel ilgimiz olan konularla ilgili gereksiz sorular sormaktır. Bir diğer sık görülen hata ise bireyin geçmiş yaşamöyküsünün detaylarına girmek ve bugün başvuruya neden olan sorun ve güncel duruma daha az zaman ayırmaktır. Oysa bilişsel davranışçı terapide temel odak noktası bireyin güncel sorunlarıdır; geçmiş öykü, bunu anlamada yardımcı bir araçtır. Yakınmaları belli bir zaman noktasından sonra başlayan, kronik sorunları olmayan danışanlarda değerlendirme görüşmesinde öncelikle kişinin güncel sorunları derinlemesine ele alınmalı, başlangıçta yaşam öyküsüne daha az ağırlık verilmeli, yaşam öyküsüyle ilgili kapsamlı değerlendirme gerekirse devam eden görüşmelerde, bazen de yaşam öyküsüne ilişkin form ile elde edilmelidir (bkz. Bölüm sonunda yer alan yaşam öyküsü formu).

Özetle, tanının konması, sorunların belirlenmesi, hastanın formülasyonunun yapılması ve tedavi protokolünün seçilmesi açısından bilişsel davranışçı terapide değerlendirme çok önemlidir. Değerlendirme, hastanın terapiye uygunluğu açısından verilen kararı da belirleyebilmesi nedeniyle terapi için ön şarttır.

### Tanı ve Değerlendirmeyle İlgili Bilgilendirme

Değerlendirme sonrasında, eğer hastada belirgin bir kişilik bozukluğu yoksa, genel olarak düşünülen tanıyla ilgili bilgiler verilebilir. Hastanın psikiyatrik açıdan net olarak tanımlanabilen bir klinik bozukluğu var, eşlik eden bir kişilik bozukluğu yok ise tanısı söylenerek o tanının genel özellikleri hakkında konuşulması iyi olur.

Kişilik bozukluğu saptanan hastalarda belirgin bir klinik bozukluk (depresyon, anksiyete) duruma eşlik ediyorsa, o durumda düşünülen Eksen 1 bozukluğunun adı paylaşılabilir, eşlik eden kişilik bozukluğunun ise tanı adı olarak daha sonra terapinin ilerleyen dönemlerinde gerekiyorsa paylaşılması daha uygun olacaktır. Hastaya tanısının söylenmesi özellikle depresif ve obsesif hastalarda duruma dışarıdan bakabilmeyi kolaylaştırdığı için yarar sağlayabilir. Örneğin, depresif hasta kendisini suçladığı belirtilerin bir rahatsızlığın belirtileri olduğunu anlayarak suçlamasını azaltabilir, kendisine çok saçma ve garip gelen düşüncelerin başka insanlarda da olduğunu duymak obsesif bir hastayı rahatlatabilir. Psikiyatrik veya psikolojik yardım arayan hastaların bir kısmının en azından çok merak ettiği, hangi hastalığının veya tanısının olduğu sorusu da cevaplanmış olur. Ancak kişilik bozukluğu olan hastalarda hasta çok ısrar etse de, başta tanı vermeyerek *"İlişkilerinizde uzun süreli sorunlar yaşamış gibisiniz"* veya *"İnsan ilişkilerinizde beklentilerinizle olanlar arasında hep olumsuz yönde bir fark olmuş ve bu da duygusal olarak hassas ve duyarlı bir insan olduğunuz için sizi çok etkilemiş"* gibi genel ifadeler yeğlenmesi her açıdan daha iyi olur. Kişilik sorunu olan hastalar söylenen kişilik tanısını da terapistin kendilerine dönük olumsuz bir tutumu gibi algılayabilirler; bu da, ilişkiyi baştan olumsuz etkileyebilir.

Hastalar, tanıyla ilgili bilgi verilmesi sonrası *"Kötüye gider miyim?" (Delirir miyim?), "Benim gibi biri var mı?", "Daha önce böyle birini tedavi ettiniz mi?", "Beni nasıl gördünüz?" (Tuhaf mı?)* gibi sorular da sorabilirler. Bunlara cevap olarak öncelikle soruyu sorma nedeni iyice anlaşıldıktan sonra (*"Bu soruyu neden sordunuz?", "Siz böyle olacağını mı düşünüyorsunuz?"* gibi) her rahatsızlığın kendine özel olduğu, arada geçişler olmayacağı, her rahatsızlığın belli oranlarda toplumda görüldüğü belirtilebilir; daha önce bu tür tanıları alan hastaların tedaviden yararlanma oranları verilebilir; kendisinin diğer tüm insanlar gibi sorunları olduğu, sorunu olmanın insanlığın bir parçası olduğu, sadece sorunların alanının-konusunun, yoğunluğunun ve sıklığının kişiden kişiye değiştiği söylenebilir.

## Ekler

### Şimdiki Durum Değerlendirme Formu

Adı, soyadı: Tarih:

**I. Şu andaki sorunlar ve Günlük Yaşantı:**

A) Şu anda tedaviye gelmenize yol açan ana sorunlar (sorun olan duygular, davranışlar, düşünceler, olaylar) nelerdir:

Bu sorunu nasıl yaşadığınıza ilişkin üç örnek durumu aşağıdaki biçimde yazınız? ( Nerede-Ne zaman- Ne oldu? Ne hissettiniz? Ne düşündünüz? Bunun sonucu/zararı ne olur? Ne yaptınız?)

1.
2.
3.

Tedaviden beklentileriniz neler? Nelerin değişmesini ya da ortadan kalkmasını istiyorsunuz?

B) Sorunlarınızın şu anki şiddetini aşağıdaki çizgi üzerinde işaretleyin.

| 0 | 1 | 2 | 3 | 4 | 5 | 6 | 7 | 8 | 9 | 10 |
|---|---|---|---|---|---|---|---|---|---|---|
| Çok hafif derecede rahatsız ediyor | | | | Orta derecede rahatsız ediyor | | Şiddetli | | Çok şiddetli | | Olabilecek en kötü durum |

C) Sorunlarınız ne zaman ve nasıl başladı? Başladıktan sonra nasıl bir seyir izledi?

D) O sırada hayatınızda ne gibi olaylar oluyordu?

E) Sorunu neler ağırlaştırıyor gibi görünüyor?

F) Sorunuzu azaltmada nelerin yardımı oluyor?

G) Sorunun çözümü için şimdiye dek neler yaptınız? Eğer tedaviye başvurduysanız nereye gittiniz ve ne gibi tedaviler uygulandı?

H) Size göre yaşadığınız sorunların nedeni nedir? Bunlara ne yol açmaktadır?

I) Tipik bir hafta içi gününüzü, sabah yataktan kalkmanızdan gece yatağa girinceye kadar olanları sıralayarak kısaca tanımlayın.

J) Kısaca hafta sonunu veya bir tatil gününüzü nasıl geçirdiğinizi anlatın.

K) Gündelik yaşantınız şu an yaşadığınız güçlükler başladıktan sonra değişti mi? Evet__Hayır__

Eğer cevabınız "Evet" ise, ne şekilde?

**II. Şu anki sosyal hayat**

A )Nerede ve kimlerle birlikte yaşıyorsunuz?

B) Birlikte yaşadığınız insanlarla yaşadığınız sorunlar nelerdir?

C) Aileniz veya birlikte yaşadığınız kimselerin dışındaki insanlarla (örneğin arkadaşlarınız, tanıdıklar, komşular, iş arkadaşlarınız) nasıl geçiniyorsunuz, aranız nasıl? Ve bu insanlar genel olarak size karşı ne hissediyor? Diğer insanlarla ilişkilerinizde bir sorun varsa, lütfen bu sorunları tanımlayın.

D) Şu andaki sorunlarınız yüzünden arkadaşlarınız, tanıdıklar, komşular, iş arkadaşlarınızla olan ilişkilerinizde değişiklik oldu mu? Evet__Hayır__

1- Eğer cevabınız "Evet" ise, ne şekilde değiştiğini kısaca anlatın

E) Bugünlerde arkadaşlık kurmak sizin için ne kadar güç? Aşağıdaki çizelgede işaretleyin.

| 1 | 2 | 3 | 4 | 5 | 6 | 7 | 8 | 9 | 10 |
|---|---|---|---|---|---|---|---|---|---|
| Çok güç | | Biraz güç | | | Orta Güçlükte | | Biraz daha kolay | | Çok kolay |

F) Bu günlerde arkadaşlıklarınızı sürdürmek sizin için ne kadar güç? Aşağıdaki çizelgede işaretleyin

| 1 | 2 | 3 | 4 | 5 | 6 | 7 | 8 | 9 | 10 |
|---|---|---|---|---|---|---|---|---|---|

| Çok güç | Biraz güç | Orta Güçlükte | Biraz daha kolay | Çok kolay |
|---|---|---|---|---|

G) Yaklaşık kaç tane (güvenebileceğiniz) yakın arkadaşınız vardır?

1. Onlarla ne sıklıkla konuşursunuz?
2. Onlarla ne sıklıkta buluşur, bir araya gelirsiniz?

H) Sosyal ortamlarda kendinizi ne kadar rahat ve sakin hissediyorsunuz, dereceleyin.

| 1 | 2 | 3 | 4 | 5 | 6 | 7 | 8 | 9 | 10 |
|---|---|---|---|---|---|---|---|---|---|

| Çok gergin ve rahatsız | Biraz gergin ve rahatsız | Etkilemiyor | Biraz sakinleşme ve rahatlama | Çok sakin ve rahat |
|---|---|---|---|---|

### III. Şu andaki iş hayatı

A) İşte veya okuldaki şu anki tutum ve davranışlarınızı kısaca tanımlayın. Sorumluluklarınızı yerine getirirken veya hallederken karşılaştığınız sorunları tanımlayınız.

1. Şu anki rahatsızlığınız başladıktan sonra tutum veya davranışlarınız değişti mi? Evet___Hayır___
Eğer cevabınız "Evet" ise, ne şekilde değişti?

2. Şu anki rahatsızlığınız başladıktan sonra çevrenizin size karşı tutum veya davranışları değişti mi?Evet___Hayır___
Eğer cevabınız "Evet" ise, ne şekilde değişti?

B. İşinizin hangi yönleri hoşunuza gidiyor?
C. İşinizin hangi yönlerinden hoşlanmıyorsunuz?

## IV. Yakın İlişkiler

A) Bir duygusal ilişkide karşıdakine güvenme, açık olma ve yakınlık fikri size ne kadar uygun geliyor? İşaretleyin.

| 1 | 2 | 3 | 4 | 5 | 6 | 7 | 8 | 9 | 10 |
|---|---|---|---|---|---|---|---|---|---|

| Yakınlıktan son-derece rahatsız aşırı ihtiyatlı | Yakınlık Orta derecede ra-hatsız ediyor, kendini epeyce koruyor | Ortada; Kendini oldukça koruyor ama zaman zaman bağlanma-yı istediği oluyor | Yakınken orta derecede rahat, bağlanmaya oldukça istekli | Yakın ilişkide son derece rahat, bağ-lanmaya son derece istekli |
|---|---|---|---|---|

B.) Evli değilseniz veya biriyle yaşamıyorsanız:
Çıktığınız herhangi biri var mı? Evet_Hayır__
1. Eğer "Evet" ise, bu arkadaşlık ilişki(leri)nizde herhangi bir güçlük yaşıyor musunuz?
   a. Eğer cevabınız "Evet" ise, lütfen bu sorunları anlatın.
   b. Eğer şu anda biriyle çıkıyorsanız, bu durumdan ne kadar hoşnutsunuz?

Tamamıyla hoşnut değilim_Çoğunlukla hoşnut değilim_Biraz hoşnut değilim_Ortada_Karışık duygular_Biraz hoşnutum_Çoğunlukla hoşnutum_Tamamıyla memnunum_

C) Evliyseniz ya da biriyle yaşıyorsanız:
Evliliğinizden veya ilişkinizden memnuniyet derecenizi işaretleyin.

| 1 | 2 | 3 | 4 | 5 | 6 | 7 | 8 | 9 | 10 |
|---|---|---|---|---|---|---|---|---|---|

| | | | | |
|---|---|---|---|---|
| Çok hoşnutsuz | Orta derecede hoşnut-suzum | Dengede | Orta dere-cede mem-nunum | Çok mem-nunum |

1. Eğer varsa, ilişkinizin sizin için olumsuz olan yönlerini yazın.
2. Eğer varsa, ilişkinizin sizin için olumlu olan yönlerini yazın.

D) 1'den 10'a kadar aşağıdaki çizgi üzerinde eşinizin size karşı ne kadar eleştirel olduğunu işaretleyin.

| 1 | 2 | 3 | 4 | 5 | 6 | 7 | 8 | 9 | 10 |
|---|---|---|---|---|---|---|---|---|---|

| | | | | |
|---|---|---|---|---|
| Hiç eleştirel değil | Hafif eleştirel | Orta dere-cede eleş-tirel | Oldukça eleştirel | Çok eleştirel |

E) 1'den 10'a kadar aşağıdaki çizgi üzerinde eşinizle cinsel yaşamınızdan ne kadar hoşnut olduğunuzu işaretleyin.

| 1 | 2 | 3 | 4 | 5 | 6 | 7 | 8 | 9 | 10 |
|---|---|---|---|---|---|---|---|---|---|

| | | | | |
|---|---|---|---|---|
| Çok hoşnutsuzum | Orta derecede hoşnut-suzum | Dengede | Orta dere-cede mem-nunum | Çok |

F) Tedaviye gelmenize yol açan sorununuzla ilgili ola bilecek cinsel sorunlarınızı sıralayın.

G) Eğer Birlikte Yaşıyorsanız:
Siz ve partneriniz neden evlenmek istemediniz?

## V. Çocuk ve Aile İlişkileri

A) Aşağıya öz veya üvey çocuklarınızın adını yazarak bilgi veriniz.

| Çocuğun adı | Yaşı | İlişkiniz (ör. Kızım, oğlum, üvey oğlum vb.) | Şu anda nerede yaşıyor ve ne yapıyor? |
|---|---|---|---|
| 1. | | | |
| 2. | | | |
| 3. | | | |
| 4. | | | |
| 5. | | | |
| 6. | | | |

B) Çocuklarınızdan herhangi biri siz veya eşiniz için özel bir sorun oluşturuyor mu? Evet_Hayır_

1. Eğer cevabınız "Evet" ise, lütfen anlatın.

C) Yetiştiğiniz ailenizle (ana, baba, kardeşler) şu anki ilişkilerinizi nasıl tanımlarsınız?

1. Eğer şu an için size özel bir destek veya gerginlik kaynağı olan bir ilişki varsa belirtin. Eğer sorunlu bir ilişkiniz varsa kısaca sorunun ne olduğunu tanımlayın.

## VI. Kendini ve diğer insanları değerlendirme

A) Kendinizi nasıl görüyorsunuz? 1-2 cümleyle kendinizi anlatır mısınız?

B) Diğer insanları nasıl görüyorsunuz? Kısaca anlatır mısınız?

## C. Sosyal Karşılaştırma Ölçeği

Sizin de bildiğiniz gibi, hepimiz zaman zaman kendimizi diğer insanlarla karşılaştırır ve bazı değerlendirmeler yaparız. Bu değerlendirmeler sonucunda kendimizle ilgili bazı fikirler ediniriz. Sizin de kendinizle ilişkili bazı görüşleriniz mutlaka vardır. Lütfen, aşağıdaki sıfatların herbirinde, sizi en iyi yansıtan rakamın üstüne (X) işareti koyunuz.

□ Sol tarafdaki boyuta en yakın olmayı ifade eder.

□ Sağ tarafdaki boyuta en yakın olmayı ifade eder.

| Sol | 1 | 2 | 3 | 4 | 5 | 6 | Sağ |
|---|---|---|---|---|---|---|---|
| 1-Yetersiz | □ | □ | □ | □ | □ | □ | Yeterli/Üstün |
| 2-Beceriksiz | □ | □ | □ | □ | □ | □ | Becerikli |
| 3- Başarısız | □ | □ | □ | □ | □ | □ | Başarılı |
| 4-Sevilmeyen Biri | □ | □ | □ | □ | □ | □ | Sevilen Biri |
| 5- İçedönük | □ | □ | □ | □ | □ | □ | Dışadönük |
| 6- Yalnız | □ | □ | □ | □ | □ | □ | Yalnız değil |
| 7- Dışta Bırakılmış | □ | □ | □ | □ | □ | □ | Kabul Edilmiş |
| 8- Sabırsız | □ | □ | □ | □ | □ | □ | Sabırlı |
| 9- Hoşgörüsüz | □ | □ | □ | □ | □ | □ | Hoşgörülü |
| 10- Söyleneni Yapan | □ | □ | □ | □ | □ | □ | İnsiyatif Sahibi |
| 11- Korkak | □ | □ | □ | □ | □ | □ | Cesur |
| 12- Kendine Güvensiz | □ | □ | □ | □ | □ | □ | Kendine Güvenli |
| 13- Çekingen | □ | □ | □ | □ | □ | □ | Atılgan |
| 14- Dağınık | □ | □ | □ | □ | □ | □ | Düzenli |
| 15- Pasif | □ | □ | □ | □ | □ | □ | Aktif |
| 16- Kararsız | □ | □ | □ | □ | □ | □ | Kararlı |
| 17- Antipatik | □ | □ | □ | □ | □ | □ | Sempatik |
| 18- Boyuneğici | □ | □ | □ | □ | □ | □ | Hakkını arayan |

## Yaşam Öykusü Formu

ADI: TARİH:
Doğum yeri:__________ Doğum tarihi:__________

**1. Aile Bilgileri**
A. Baba Adı:______Yaşı:___Mesleği:_____Sağlığı:___
Eğer vefat etmişse ölüm yaşı:___
O zaman siz kaç yaşındaydınız?:___
Ölüm nedeni:_____

B. Anne Adı:______Yaşı:___Mesleği:_____Sağlığı:___
Eğer vefat etmişse ölüm yaşı:___
O zaman siz kaç yaşındaydınız?:___
Ölüm nedeni:___
Anne-baba ayrılığı ya da boşanması var mı? Evet_Hayır_
Evet ise, o zaman siz kaç yaşındaydınız?___
Şu anda anne-babayla ilişkileriniz ne durumda:_____

C. Kardeşler:
Erkek kardeşlerin adları, yaşları, eğitim durumları, medeni durumları ve meslekleri:__________________________
Kız kardeşlerin adları, yaşları eğitim durumları, medeni durumları ve meslekleri:__________________________
Siz doğum sırasına göre kaçıncı çocuksunuz:_____
Kardeşlerinizin önemli özellikleri nelerdi?_____

D. Çocukluk dönemi (0-12 yaş) sorunları:
1. Çocukken önemli bir ayrılık/göç/yer değiştirme yaşadınız mı? Evet__Hayır__
a. Eğer evet ise, kaç yaşındaydınız?__
b. Bununla bağlantılı önemli bir duygusal ya da davranışsal zorluğunuz oldu mu?
Evet__Hayır__
i. Eğer evet ise, güçlüğü anlatın._______

2. Çocukluk döneminde anne ya da babanızdan belli bir dönem ayrı kaldığınız oldu mu?

Evet__Hayır__

a. Eğer evet ise, kaç yaşındaydınız?

b. Bu ayrılıkla bağlantılı önemli bir duygusal ya da davranışsal zorluğunuz oldu mu?

Evet__Hayır__

Eğer evet ise, güçlükler nelerdi ve bu ayrılığa yola açan şartlar ve nedenler neydi?_____

3. Eğer anne-babanız tarafından büyütülmediyseniz, sizi kim ve hangi yaşlar arasında büyüttü?

4. Kreş ya da yuvaya gönderildiniz mi ? Evet___Hayır___
Evet ise, bu dönemde bir sorun yaşadınız mı?___

E. Çocukkenki babanızın (veya baba yerine geçen kişinin) özelliklerini nasıl tanımlarsınız?

1. Bir çocuk olarak size karşı tutumu nasıldı?
2. Bir çocuk olarak babanıza ne kadar güvenirdiniz?
3. Yanlış davranışlarınız olduğunda babanız ne yapardı? Eğer cezalandırırsa ne şekilde?

F. Çocukluğunuzdaki annenizin (veya anne yerine geçen kişiyi) özelliklerini nasıl tanımlarsınız?

1. Bir çocuk olarak size karşı tutumu nasıldı?
2. Bir çocuk olarak annenize ne kadar güvenirdiniz?
3. Yanlış davranışlarınız olduğunda anneniz ne yapardı? Eğer cezalandırırsa ne şekilde ?

G. Yetiştiğiniz evdeki atmosferi tanımlayın.

1. Anne-babanızın birbiriyle anlaşması nasıldı? İyi geçinirler miydi?
2. Çocuklar birbiriyle nasıl geçinirdi?

4. Konuşulan veya konuşulmayan bazı önemli aile kuralları nelerdi?
5. Sorunlar nasıl halledilirdi?
6. Cinsellikle (seksle) ilgili olarak anne babanızın tutumu neydi? Bu konular evde ne kadar konuşulurdu-tartışılırdı?
7. Anne-babanız çocukların sosyal olarak ilgilerine ne kadar katılırlardı? Eve arkadaşlarınız geldiğinde kendinizi ne kadar rahat hissederdiniz?

H: Eğer bir üvey kardeşiniz varsa, babanız yeniden evlendiğinde kaç yaşındaydınız?: __

I. Yetiştirilmenizde dinin önemli bir yeri var mıydı?
Evet__Hayır__
1. Eğer evet ise, ne bakımdan önemliydi?

J. Çocukluğunuzda özel bir korkunuz var mıydı?
Evet__Hayır__
1. Eğer evet ise, nelerdi bu korkular?
2. Eğer bunlardan hala sürenler varsa hangileridir?

## II. Okul/İş öyküsü

A. Yetişme çağınızda okulla ilgili neler hissediyordunuz?
1. İlkokul
2.Ortaokul
3.Lise
4.Üniversite

B. Ders başarınız, notlarınız nasıldı?
1. İlkokul
2.Ortaokul
3.Lise
4.Üniversite

C. Büyüme çağınızda polisle veya okul idarecileriyle hiç başınız derde girdi mi? Evet__Hayır__

1. Eğer evet ise, o zaman kaç yaşındaydınız ?
2. Olay(lar) neydi? Anlatın.

D. 1. Üniversite bitirdiniz mi? Evet__Hayır__
Bitirme yılınız__
2. Lise bitirdiniz mi ? Evet__Hayır__Bitirme yılınız__
3. Meslek Lisesi bitirdiniz mi? Evet__Hayır__
Bitirme yılınız__
4. Ortaokul bitirdiniz mi? Evet__Hayır__
Bitirme yılınız__
5. İlkokul bitirdiniz mi? Evet__Hayır__
Bitirme yılınız__
6. Eğitiminiz süresince okuldan ayrıldığınız, ara verdiğiniz bir dönem oldu mu?
Evet__ Hayır__
a. Olduysa niçin?

E. Şu ana dek çalıştığınız iş ve işyerlerini ve işi değiştirme bırakma nedenlerinizi yazın

| Tarihler | İşin Adı | İşyeri | Ayrılma Nedeni |
|---|---|---|---|
| | | | |

F. Meslek değişikliği yaptınız mı? Evet__Hayır__
1.Evet ise, bu değişikliğe neler yol açtı?

## III: Sosyal Öykü, Arkadaşlık

A. Çocukluğunuzda arkadaşlık kurmak sizin için ne kadar zordu? İşaretleyin.

0 1 2 3 4 5 6 7 8 9 10

Çok güç Biraz güç Orta güçlükte Oldukça kolay Çok kolay

B. Çocukluğunuzda var olan arkadaşlıklarınızı sürdürmek sizin için ne kadar zordu? İşaretleyin.

0 1 2 3 4 5 6 7 8 9 10

Çok güç Biraz güç Orta güçlükte Oldukça kolay Çok kolay

C. Çocukluğunuzda kaç tane yakın arkadaşınız vardı?

D. Gençlik döneminizde, arkadaşlık kurmak sizin için ne kadar zordu? İşaretleyin.

0 1 2 3 4 5 6 7 8 9 10

Çok güç Biraz güç Orta güçlükte Oldukça kolay Çok kolay

E. Gençliğinizde var olan arkadaşlıklarınızı sürdürmek sizin için ne kadar zordu? İşaretleyin.

0 1 2 3 4 5 6 7 8 9 10

Çok güç Biraz güç Orta güçlükte Oldukça kolay Çok kolay

F. Gençliğinizde kaç tane yakın arkadaşınız vardı?

## IV. Sosyal Öykü: Yakın İlişkiler

A. Karşı cinsle arkadaşlığa-çıkmaya kaç yaşında başladınız?

B.Sizin üzerinizde etkili olduğunu düşündüğünüz, karşı cinsle olan uzun süreli ciddi ilişkilerinizi listeleyin. Şu anda sürmekte olan ilişkilerinizi yazmayın.

| Adı | Şimdiki yaşı | Beraberliğinizin başladığı yıl | Birlikte yaşamaya başladığınız yıl | Evlendiğiniz yıl | Ayrıldığınız yıl | Boşandığınız yıl |
|---|---|---|---|---|---|---|
| | | | | | | |

C. Duygusal ilişkilerinizin çoğunda ortaya çıkan ortak özellikler var mı?

D. Eğer evli veya birlikte yaşıyorsanız

1. Eşinizle hangi yıl tanıştınız?
2. Eşinizin hoşunuza giden yanı/yanları nelerdi?
3. Evlenmeden veya birlikte yaşamaya başlamadan önce ne kadar süreyle tanışıyordunuz?

E. Psikiyatrik- Psikolojik Rahatsızlıklar ve tedavi öyküsü

1. İlk kez hangi yaşta ruhsal sorun yaşadınız?
2. Bu sorunlar nelerdi?
3. Soruna yol açan bir etken/olay var mıydı?
4. Tedaviye başvurdunuz mu? Tedavi aldıysanız neydi, sonucu ne oldu?
5. Daha sonraki rahatsızlıklarınız ve tedavileri
6. İntihar girişiminiz oldu mu? Evet__Hayır___
   Eğer olduysa kaç kez ve ne zaman?

# Bölüm 6
# Psikoterapide Temel İlkeler ve Bilişsel Terapi

## Terapötik İlişki ve Tedavi Motivasyonu

Psikoterapiyi, ruhsal alanda, yani kişinin kendisi, diğer insanlar ve dünyayla ilgili düşünce, duygu ve davranış tepkileri alanında, yeni bir dil öğrenmeye benzetebiliriz. Bu yeni bir şeyler öğrenme vurgusu diğer psikoterapilere kıyasla özellikle bilişsel davranışçı terapide daha ön plandadır. İnsanlar yeni bir dili nasıl öğrenirler? Öncelikle kişinin şu ya da bu şekilde yeni bir dil öğrenme ihtiyacı hissetmesi gerekir: Ya işi açısından atılım yapmak için, ya o dili kullanarak yeni insanlarla tanışmak veya iletişim kurmak için ya da belki de sadece kendisini geliştirip daha bilgili hale gelmek için. Bunun ardından öğrenme süreci gelir: O süreçte de kişi sürecin gereklerini yerine getirirse giderek zaman içinde o yeni dili öğrenmeye ve kullanmaya başlar.

Bireyi yeni bir dil öğrenmeye iten bir etken yoksa veya nedeni var ama buna rağmen bu konuda çaba göstermeye, emek harcamaya isteği yoksa veya bu öğrenim sürecinin yönteminin nasıl olacağı konusunda kendi istek ve beklentileriyle, öğretme yöntemi veya öğretici arasında bir uyumsuzluk söz konusuysa, o zaman o kişinin bu yeni dili öğrenmesini beklemek hayal olur. Örneğin, bir özel öğretmenden İngilizce dersi alan, ancak bu derse ailesinin zorlamasıyla giden, kendisi bu konuda herhangi bir gereksinim hissetmeyen ve isteği olmayan bir kişiyi düşünelim. Sizce ne kadardır bu olasılık? İşte böyle bir kişinin İngilizce öğrenme şansı ne ise, terapiyi ve değişimi istemeyen birinin de psikoterapiden yararlanma şansı o kadardır. Özetle, psikoterapi kişiye uygulanan bir süreç değil, kişiyle birlikte yürütülen bir süreç olduğundan psikoterapinin başarılı olabilmesi için birtakım ön koşulların sağlanmış olması gerekir. Bilişsel davranışçı terapi için gerekli ön şartlar, bireyin düşünsel, duygusal, davranışsal veya sosyal alanda farkında olduğu ve değişmesini istediği bir sorunu veya özelliğinin olması ve bu amacına bilişsel davranışçı terapinin önerdiği yöntemle, terapistin de yardımıyla ulaşacağını kabul etmesidir. Psikoterapide çoğu kere gözden kaçırılan ve bu nedenle de terapiyi başarısızlığa iten durum, kişinin sadece sorunun farkında olmasının ve değişmeyi istemesinin terapi için yeterli olduğunun zannedilmesidir. Öğrenim örneğinden gidersek, bir öğrenci sınıfını geçmeyi isteyebilir ama bu öğrenci sınıfını kopya çekerek, öğretmenin kendisine anlayış göstermesiyle veya hakkı olmadığı halde (örneğin öğretmene kendisine daha yüksek not vermesi için rüşvet vererek) sınıfı yan yollarla geçmeyi uygun yöntem olarak görüyorsa, bu öğrenciden ders almasını, daha sonra bu derslere çalışarak ve öğrenerek sınıfını geçmek gibi bir tutum göstermesini beklemek boşuna olur. Terapiye, sorunun farkında olarak ve değişmesini isteyerek gelen bireylerin birçoğunun da durumu buna benzer. Değişimin mucizevi şekilde çevrenin, olayların değişmesi veya hipnoz, telkin, terapistin gücü vb. yöntemlerle, kendisi uğraşmadan gerçekleşmesini bekleyen bir bireyin bilişsel davranışçı terapiye uyum sağlaması ya da bu terapiden yarar sağlaması olanaksızdır. İşte bu nedenle hem değerlendirme aşamasında hem de ilk psikoterapi seansında bu konuların araştırılıp netleştirilmesinin ardından tedaviye başlanması gerekir.

### Değişim Aşamaları

İnsanın davranış ve tutum değişikliklerinin nasıl gerçekleştiği konusu, özellikle bağımlılık alanındaki çalışmalardan doğan **motivasyonel kuram** tarafından çok araştırılmıştır. Bu kuram, madde bağımlılığı olan kişilerden kendi başına maddeyi bırakanların herhangi bir tedaviyle maddeyi bırakanlara göre daha başarılı oldukları gözleminden hareketle, psikoterapide değişim için bireyin içsel özelliklerinin, değişimi istemesinin ve değişime hazır olmasının çok büyük önem taşıdığını vurgulamıştır.

Psikoterapiyle değişimin sağlanabilmesi için bireyin sorun veya sıkıntısı olduğunun farkında olması, bu sorun veya sıkıntının azalabileceğine veya ortadan kaldırılabileceğine inanması, bu konuda önerilen yardım şeklinin bu değişikliği sağlayabileceğine inanması ve klinisyenin, bireyin bu değişiklikleri yapabilmesi için gerekli becerileri ona öğretebilme yetisinin olması gerekir. Psikoterapiye aday bir bireyin bu değişime hazır olma açısından içinde bulunduğu dönem çok önemlidir.

Motivasyonel kuram, bireylerin değişim açısından içinde bulundukları dönemleri dört aşamada sınıflandırır (Şekil 1). İlk dönem, tasarlama öncesi dönemdir. Bu dönemdeki hasta sorunu olduğunu görmez veya kabul etmez. Bu dönemde kişi eğer psikoterapiye başvurmuşsa yakınlarının zorlaması veya başka zorunluluklardan ötürü kendisi istemeden gelmiştir. Böyle bir bireyle standart bilişsel davranışçı terapiye başlanamaz. Bu bireylerde yapılabilecek şey, bireyin olmak istediği durumla bugün içinde bulunduğu durum arasındaki farkı konuşmak, sorunun farkına varmasını sağlamak ve kendi hedeflerinden uzakta olduğunu, durumun kendi zararına olduğunu ona göstermeye çalışmaktır. Örneğin aşırı el yıkamaları olan, sık sık ev temizliği yapan ve bu durumu normal olarak gören, tedaviye yakınlarının zorlama ve tehditleriyle gelen bir obsesif kompülsif hastayla, yaşadığı ortam, temizlik davranışları, bu durum öncesi hayatının nasıl olduğu, şimdi nasıl olduğu, kendisinin yaşam amaçları, nelerden hoşlandığı, neleri yapmayı istediği, bu durumun ona kaybettirdiği zaman ve verdiği yorgunluk, diğer insanların benzer bir durumda ne yaptıkları, kendisi gibi yapmamalarına rağmen nasıl rahat edebildikleri, böyle yapmalarının yaşamlarına olan katkısı konuşulabilir.

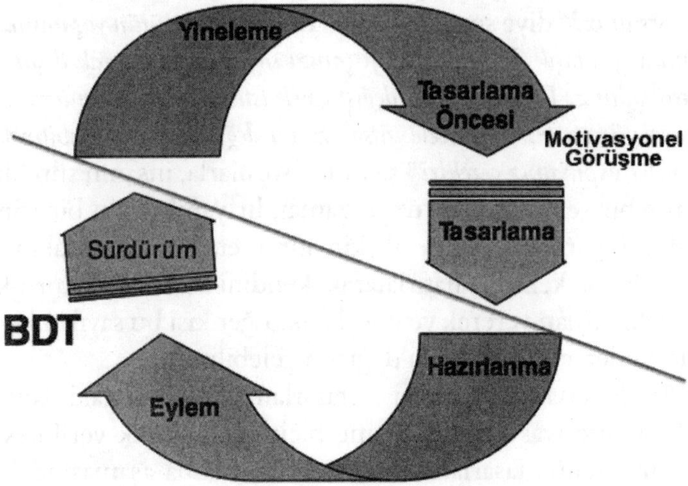


**Şekil 1.** Değişim Aşamaları (DiClemente-Procahska)

İkinci aşama, tasarlama dönemidir. Bu dönemdeki hasta sorun olduğunun farkındadır ve değişimi istiyordur ancak bu değişimin olabileceğinden emin değildir. Bu durumda hastanın neden buna inandığı, değişimin artıları ve eksileri, bu değişimle ilgili yaşadığı ikideğerliliği ve değişime ilişkin olası engelleri ele almak yerinde olur. Yukarıdaki obsesif kompülsif hasta bu durumu sorun olarak görüyor ancak bunun değişmeyeceğini, çok alıştığını, yapmadığında çok büyük sıkıntı duyacağını söylüyorsa, değişim ve sonuçlarıyla ilgili bütün varsayımları dinlendikten sonra bazı davranışsal deneylerle değişimin olanaklı olduğu gösterilebilir. Bu dönemdeki bir hastaya değişimin zor ama mümkün olduğunu gösterebilmek için danışanla birtakım basit davranışsal deneyler yapabiliriz:

*"Bütün yaşamınız boyunca sürekli yaptığınız bir şeyi bir hafta içinde değiştirebilirseniz, bunu görürseniz bu konuda da değişim olabileceğine inanır mısınız?"* gibi merak uyandırıcı bir soru sorduktan sonra hastaya *"Dişlerinizi fırçalarken fırçayı hangi elinizle tutuyorsunuz?"* diye sorulabilir. Bu durumda, *"Bütün yaşamınız boyunca, yaklaşık 25 yıldır, diş fırçanızı sağ elinizle tutarak dişinizi fırçaladınız. Diyelim bunu değiştirmek istesek, yani önümüzdeki hafta diş fırçanızı sol elinizle tutsanız, bu değişikliği sağlayabilmek için neler yapmamız gerekir?"* şeklinde sorularla, insanın sürekli yaptığı bir şeyin, bu tür uzun zamandır yapılagelen bir işin nasıl değiştirilebileceğine ilişkin bir metafor kullanılabilir. Israr ederek, kendine hatırlatarak, kendini zorlayarak, zorluk çekerek, zaman vererek ve yorularak. Eğer kişi bu sayılan bedelleri öderse, karşılığında değişim gelebilir.

Özetle, tasarlama öncesi ve tasarlama aşamasındaki danışanlarda motivasyonel görüşme biçimine öncelik verilmesi gerekir. Henüz tasarlama öncesi ve tasarlama aşamasındaki danışanlarda BDT uygulamaya çalışmak, boşa kürek çekmek olacaktır. Motivasyonel görüşmenin temel ilkesi, değişme motivasyonunun kişinin kendisinden gelmesi gerektiği, bunun dışarıdan hastaya empoze edilemeyeceğidir. Bu ilk iki aşamadaki hastayı değiştirmek için dış tehditler işe yaramaz, aksine ilişkiyi baltalar. Terapist böyle bir tutum içine girerse terapötik ilişki bozulur. Motivasyonel kuram bireyde değişime ilişkin ikideğerliliğin (ambivalans) var olduğunu kabul eder ve bunu doğal görür: Bireyin değişikliğe hazır olma durumu zaman içinde dalgalanma gösterir. Değişimin gündeme gelebilmesi için bu ikideğerlilik konuşulmalı ve çözülmelidir. Bu yapılmadıkça süreç tamamlanamaz. Değişmenin ve değişmemenin artıları ve eksileri konuşulur. Bu süreçte doğrudan iknaya yönelik çalışma etkisizdir ve direnci artırır. Bu bağlamda direnç sorundan veya danışandan değil, klinisyenin tutumundan kaynaklanır. Motivasyonel görüşme BDT gibi eşit ilişki modelini esas aldığı için bilişsel terapistlerin bu modele uyum sağlaması ve bu teknikleri kullanması çok zor olmaz.

Üçüncü aşama, hazırlanma dönemidir. Bu dönemdeki kişi değişikliği istiyordur ve gerçekleştirmeye hazır durumdadır. Kendisine hedefler koymuştur ve bu hedeflere dönük adımları denemeye hazırdır. Tedaviye kendi isteğiyle başlayan hastaların çoğu bu dönemdedir. İyi bir değerlendirme ve psikoterapiye hazırlama sonrasında bu hastalarda bilişsel davranışçı terapi yürütülebilir. Bu hastalarda yapılması gereken, öncelikle küçük ve başarılabilir hedefler koymaktır. Dördüncü aşama, eylem dönemidir. Bu dönem bilişsel terapinin yürütülmesine uygun olan, bütün bilişsel tekniklerin değişimi sağlamak üzere kullanıldığı tedavi dönemidir. Standart bilişsel terapi, danışanın sorunun farkında olduğunu ve değişmesini istediğini, bu konuda çalışmaya da hazır olduğunu varsaydığından, bilişsel terapiye geçmeden önce hastanın durumunun değişime hazır olma açısından yukarıdaki esaslar çerçevesinde incelenmesi gerekir.

### Terapiye Dönük Motivasyon

Değerlendirme esnasında terapiye uygunluk açısından dikkat edilmesi gereken en önemli nokta, hastanın terapiye olan motivasyonudur. Kendisinde bir sorun görmeyen ve/veya bu durumu değiştirmeyi istemeyen birine terapide yardımcı olunması mümkün değildir. Böyle bir hastayla başlanacak terapi başarısız olmaya mahkûmdur. Psikoterapist, o kişiye rağmen kişiyi değiştiremez. Yani değişimi istemeyen birinin değişmesi imkânsızdır.

Tedavinin başlangıç aşamasında, özel hasta gruplarında tedavi motivasyonunu netleştirmek ve değişimin yükünü hastayla paylaşmak, hasta adına ve ona rağmen onu değiştirmeye çalışan birisi konumundan çıkmamızı sağlar. Bu sağlanmazsa, hastayla ilişkimiz bir çekişmeye dönüşür; o istemeden onu değiştirmeye çalışan birisi olmamıza yol açar. Böylesi bir mücadeleye girildiğinde terapistin bu mücadeleyi kaybedeceği çok açıktır. Gündem belirleme burada da işe yarar. Örneğin burnunun çirkin olduğuna inanan beden dismorfik bozukluğu olan bir hastanın sıkıntısıyla ilgili otomatik düşüncesinin "Boyum çok kısa" şeklinde olduğunu bulmuş olalım. Bu hastaya şunu diyebiliriz: *"Diyelim ki birlikte çalışarak, çeşitli psikolojik yöntemler kullanarak sizin bu düşünceden şüphe duymanızı, giderek artık buna inanmamanızı sağlasak, başka bir deyişle artık 'boyum çok kısa' diye inanmasanız ve artık boyunuzla ilgili kaygı duymamaya başlasanız... Bu sonucu istiyor musunuz, böyle olmasını ister misiniz?"* Eğer hasta *"Evet"* derse motivasyonu daha da netleştirmek için *"Bu sonucu ne kadar çok istiyorsunuz? Sizin için bunun kıymeti ne? Ne kadar değerli? Bu düşünce üzerinde 5 seans ya da daha fazla çalışmaya istekli misiniz? Ayrıca seanslar dışında birtakım ev ödevleri vereceğim, bunları yapabilir misiniz? Bunların bir kısmı sizin için çok rahatsız edici olabilir. Ne düşünüyorsunuz bu konuda?"* diye sorulabilir. Bu, aynı zamanda gündem belirlemektir ve seans yapısı içinde en önemli adımı oluşturur. Eğer hasta bu noktada tereddüt ederse ya da *"Yapamam,"* derse o zaman terapiyi ertelemek gerekebilir: *"Şu anda terapiyle ilgili bazı tereddütleriniz olduğunu görüyorum. Benim tecrübeme göre kişi çok istekli ve kararlı olmadıkça, kendisine sıkıntı verecek bazı şeyleri yapmayı göze almadıkça terapi çok işe yaramaz. Elbette iyi sonuç alabilmek için terapistin de gayret etmesi gerekir. Eğer bu konuda tereddütünüz varsa, o zaman bizim bu sorunu değil, sizin üzerinde çalışmaya hazır olduğunuz başka bir sorunu ele almamız daha doğru olur."*

Yani birey çok net ve güçlü bir taahhütte bulunmadıkça kişiye terapinin teklif edilmesi veya empoze edilmeye çalışılması uygun değildir. Birçok terapötik başarısızlığın ardında bu yatar, yani hastaya rağmen hastayı "iyi" etme çabası...

Kendi isteğiyle değil de başkasının önerisiyle psikolojik yardım almaya gelen hastalarda bu motivasyon eksikliğinin ve sorumluluk almama eğiliminin görülme ihtimali oldukça fazladır. Bu hastaların düşünceleri "Burada olmayı istediğime emin değilim. Bana yardım edebileceğini sen göstermelisin" şeklindedir. Böyle hastalar seans sırasında çok fazla konuşmaz ve sorun tanımlamazlar. Terapiyi önerdiğinizde bunların sorusu "Psikoterapinin bana yararı olacağına emin misiniz?"dir. Bizim bu noktada terapiyi satmaya çalışmamız büyük bir hata olur. Uygun cevap *"Terapinin size yararı olup olmayacağını bilemem. Ama eğer sizinle birlikte çalışıp sorunların ne olduğunu anlayabilirsek, bunlara yardımı olabilecek birtakım yollar arayabiliriz"* olabilir.

**Yardımlaşmacı Deneycilik**

Varsayalım ki çok ciddi bir enfeksiyon hastalığı olan bir birey var. Bu bireyin tedavisinin gerçekleşebilmesi için öncelikle bu rahatsızlığın birtakım belirtilerini yaşaması, bundan rahatsız olması ve sonra da bunlar için doktora başvurması gerekir. Bu kişi bu aşamaları geçti ve bize başvurdu. Bu aşamada yaptığımız değerlendirmeler sonucunda bu enfeksiyona etken olan mikrobu saptadık ve yaptığımız kültür sonucunda da bu mikroba karşı etkili antibiyotik ilacın ne olduğunu bulduk. Bu noktada her şey bitmiş sayılabilir mi? Hayır. Bizim bu rahatsızlığı tedavi edebilmemiz için hastanın verdiğimiz ilacı almayı kabul etmesi ve kullanması gerekir. Yani, eğer damardan uygulanacak bir ilaçsa, hastanın kolunu uzatması ve damarına girerek bu ilacı vermemize izin vermesi gerekir.

Terapötik ilişkiyi, bu etkileşimdeki hastanın doktoruna güvenmesine ve önerilen tedavi için işbirliği yapmasına (ilacı kullanmasına) benzetebiliriz. Terapötik ilişkinin iyi olması, her tür psikoterapinin başarılı olabilmesi için ön veya gerekli şarttır, ancak yeterli şart değildir. Yukarıdaki örnekten devam edersek, hastanın damarına etkisiz bir ilaç ya da serum fizyolojik verirsek hasta düzelmez. Psikoterapide de ilişkimiz iyi olmakla birlikte sadece ilişkiyle ciddi bir ruhsal rahatsızlık düzelmez. Üstelik kişinin rahatsızlığı devam ederse, terapötik ilişki de bundan olumsuz etkilenmeye ve bozulmaya başlar. Bu benzetmedeki ilacın karşılığı bilişsel terapide uyguladığımız bilişsel ve davranışçı tekniklerdir. Bu teknikleri sırayla yapılandırma ve Sokratik sorgulamadan başlayarak kitabın diğer bölümlerinde ele alacağız.

Bilişsel terapideki terapötik ilişki biçimi **yardımlaşmacı deneycilik** olarak adlandırılır. Bilişsel terapi, terapiyi iki uzmanın bir araya gelerek ortak bir hedef (hastanın sorunlarının azalması ve değişimin sağlanması) için eşit bir ilişki içinde çalışması olarak görür. Hasta, sorunları konusunda, terapist de bu sorunların nasıl azalacağı ve değişimi sağlayabilecek teknikler konusunda uzmandır. İki uzman, sorunlarla ilgili olarak birlikte varsayımlar oluşturur, daha sonra bunların uygunluğu araştırılır.

Terapide ilişkinin iyi olması için dikkat edilmesi gerekenler öncelikle kendimizi danışanın yerine koyabilmek (eşduyum), hastanın tepkilerinin bizim anlayışımıza uygun olamayabileceğini kabullenmek, hastanın bizi yanlış ve önyargılı anlayacağını bilmek, bizim bazı tepkilerimizin kendi özelliklerimizle ilgili olabileceğini unutmamak, ilişkide toleranslı bir liderlik rolü oynamak ve en son olarak da her insanın temelde iyi olduğuna ve kişisel gelişim ve olgunlaşma potansiyeli taşıdığına inanmaktır.

### Psikoterapide Eşduyum (Empati) ve Nesnellik

Eşduyum ve nesnellik, psikoterapistin danışanla ilişkisinin nasıl olması gerektiğini betimleyen kuramsal çalışmalarda üzerinde en fazla durulan kavramlardandır. Bu iki kavramdan eşduyum, genellikle kendisini danışanın yerine koyarak onun duygu ve tutumlarını anlama çabası; nesnellik ise danışana ve sorununa karşı nesnel olma anlamında kullanılmaktadır. Psikoterapide eşduyum kavramı oldukça yoğun biçimde gündeme gelen bir kavram olmanın yanı sıra çağdaş psikanalitik ekollerden kendilik psikolojisi kuramının üzerine kurulduğu temel kavramdır.

**Eşduyum Nedir?**

Eşduyum, kökeni Almanca bir kelime olan "Einfühlung" kelimesinden gelmektedir. "Ein" iç kelimesinin; "fühlung" ise duygu (*feeling*) kelimesinin karşılığıdır. 19. yüzyılda Almanya'da estetik teorisiyle ilgili bir kavram olarak kullanılmıştır. Empati, estetik bir nesnenin gözlemleyen kişide uyandırdığı duygu karşılığında kullanılan ve içinde hissetme şeklinde Almanca'dan Türkçe'ye çevirebileceğimiz bir kavramdır. Bu kavramı insanbilimciler gözleyenin nesneyle ve duygusuyla ilgili bilgisi karşılığında insan ilişkilerini tanımlarken kullanmaya başlamışlardır. İnsanbilimciler diğer kişiyle sempatik bir biçimde özdeşim yapmanın onun bakış açısını ve motivasyonunu anlamayı kolaylaştıracağını savunmuşlardır. Daha sonraları günlük dilde sevgi, ilgi, sempati duyma gibi çeşitli farklı anlamlarda kullanılmaya başlanmıştır.

Eşduyum kavramı daha sonra, özellikle psikanalitik kuram içinde çok fazla işlenmiştir, ancak kuşkusuz bu kavramı en çok önemseyen ve kuram içinde merkezi bir yere oturtan kendilik psikolojisi ve Heinz Kohut'tur. Kendilik psikolojisinin kurucusu Kohut eşduyumu "Karmaşık psikolojik yapıların algılayışlarına-hissettiklerine özel olarak uyum sağlamış olan kavrayış biçimi" olarak tanımlar. Kendilik psikolojisine göre eşduyum karşıdaki kişiyle duygulanım uyumluluğu ile eşanlamlıdır. Yani kişinin bir diğer kişinin duygulanımını kendini onun yerine koyarak anlamasıdır. Eşduyum, terapistin hastanın öznel yaşantılarını tüm karmaşıklığı içinde anlamasını sağlayan bir kavrayış biçimidir.

Kohut'un eşduyum kavramına verdiği bu önem, psikanalizin veya genelde psikolojinin yönteminin ne olduğunun ortaya konması gerekliliğine olan inancından kaynaklanır. Kohut'a göre bu yöntemin alanın özelliğine uygun ve geçerli bir yöntem olması gerekiyordu. Yöntemi belirleyecek olan o alana özgü gözlem imkânları ve araçlarıdır. Örneğin fiziksel alanda çalışan biliminsanları fiziksel dünya üzerinde duyu organları ve onun uzantısı sayılabilecek araçlarla çalışırlar. Peki bireylerin iç dünyasını nasıl araştırabiliriz? Ruhbilimcilerin konu aldığı veriler hastanın-bireyin düşünceleri, arzuları, duyguları, fantezileridir; oysa bunlar ne bir fiziksel varlığa sahiptir ne de duyu organlarıyla gözlemlenebilirler. Ama kişilerin iç dünyaları olduğu bir gerçektir ve bu gerçeklik ancak içebakışla (*introspection*; kişinin içine, kendi duygularına bakmasıyla) bilinebilir. Tekrardan kendi içine bakma, Kohut'un tanımlamasıyla eşduyum, bir diğer insanın iç yaşantılarını öğrenmenin yegâne yoludur.

Bu anlamda bir yaşantı veya eylem ancak içebakış ve eşduyum yoluyla gözlenebiliyorsa psikolojik addedilebilir. Diğer tüm gözlemleme biçimleri fiziksel alana aittir. Psikolojinin, diğer alanların (fizik, biyoloji gibi) yöntemleriyle çalışmasının ya da onlara öykünmesinin uygun olmadığını belirten Kohut'a göre eşduyum ve içebakış ruhsal alanı gözlemlemenin temel yöntemidir. Eşduyum, ruhsal alanla ilgili temel bilgi toplama aracıdır ve ruhsal alanı, yani psikoloji biliminin nesnesini belirler. Deneysel bilimlerde gözlem araçları çalışılacak şeyin içeriğini ve sınırlarını belirler. Nasıl ki bir astronomun teleskobu ya da bir biyoloğun mikroskobu ile yaptığı gözlemler onun temel çalışma alanını belirlerse, ruhbilimcinin alanını da eşduyum ve içe bakış belirlemektedir. Eşduyum ile gözlemci-analist kendini zihinsel olarak gözlemlediği kişinin yerine koyar. Daha sonraki adım olan içebakışla da artık kendi düşünce ve duygularına bakarak hastanınkileri anlayabilir.[25] İnsanların eşduyum kapasitesi sayesinde duygulanım birlikteliği ve uyumu gerçekleşir. Duygulanım birlikteliği ve uyumu olmasaydı, insanlar arasındaki ilişki sadece görünür davranışlar ve sözel mesajlarla sınırlı kalırdı. Bu anlamda eşduyum bize bir diğer insanın iç dünyasını açan anahtardır.[26] Terapist, hastayı anlamak ve kavramlaştırabilmek için seans esnasındaki kendi öznel tepkileri de dahil olmak üzere her türlü bilgiyi kullanmalıdır. Bu tepkiler ilişkinin kalitesi ve doğasıyla ilgili söze dökülmemiş bilgiler sunar. Örneğin, terapist belli bir hastada kendini engellenmiş hissederse, büyük bir olasılıkla hasta da o terapi seansında terapistin tutumuyla ilgili bir olumsuzluk algılayacaktır. Bu örüntü aynı zamanda, hastanın geçmişte yakın ilişkilerde benzer sorunlar yaşamış olabileceği konusunda da ipucu verir. Bununla birlikte bilişsel terapinin eşduyuma bakışında psikanalitik terapiden ayrıldığı nokta, bireyin sorun olan duygusal tepkilerini o anki gerçek dış olaylardan çok kendi iç, kendine özgü algılama biçimiyle bağlantılı görmesidir. Yani terapistin hastaya olan duygusal tepkileri sıklıkla, hastayla ilgili bir şeyler söylemekten çok terapistin algılarını, fantezilerini ve hastayla ilgili inançlarını yansıtır. Çünkü herhangi bir hasta davranışı farklı terapistlerde muhtemelen farklı türlerde algı ve duygular yaratır. Bu savla ilgili ampirik bir destek Free ve arkadaşlarının eşduyum düzeyi ve hastanın klinik iyileşmesi arasındaki bağlantıyı araştırdıkları çalışmalarından gelir. Bu araştırmacılar, terapistlerin hasta tarafından nasıl algılandıklarını düzgün biçimde öngöremediklerini ortaya koymuştur. Aynı ölçek üzerinden terapistin, süpervizörün ve hastanın yaptıkları değerlendirmeye göre eşduyum düzeyleri farklı bulunmuş ve düzelmeyle en bağıntılı olan hastaların yaptıkları değerlendirmeler olmuştur. Psikoterapi çalışmalarında eşduyumun önemli bir iyileştirici etken olduğu söylenmekle birlikte bu eşduyumun hasta tarafından algılanması ve hissedilmesi gerekir. Terapistin, süpervizörün ya da diğer terapistlerin algıladığı ve empatik olarak değerlendirdiği tutumlar sıklıkla hasta tarafından yaşantılananla uyumlu değildir. Terapötik eşduyum ve terapi neticesinin ilişkisini inceleyen çalışmaları gözden geçiren Orlinsky ve arkadaşları, 47 çalışmadan 34'ünde hasta tarafından yapılan değerlendirmeye dayalı eşduyum düzeyi ile iyileşme arasında pozitif bir korelasyon bulmuşlardır. Tam tersine terapist tarafından yapılan değerlendirmeye dayalı 15 çalışmadan sadece 4'ünde böyle bir ilişki saptanmıştır. Olumlu bildirilen bu 4 çalışmadan 3'ünde iyileşme olup olmadığını terapist belirlediğinden sonuçlar totolojiktir. İyileşip iyileşmemeyi hastanın veya bağımsız bir değerlendiricinin değerlendirdiği ya da bunun psikometrik ölçümlerle saptandığı 19 çalışmadan sadece birinde terapistin eşduyum değerlendirmesiyle sonuç arasında olumlu bir bağıntı bulunmuştur Tüm bu araştırmalar sonucunda terapistin eşduyum düzeyinin en iyi hasta tarafından değerlendirilebileceği anlaşılmaktadır.

**Bilişsel Davranışçı Terapide Eşduyumun Rolü**

Bilişsel terapilerde eşduyumun yeri bir miktar tartışmalıdır. Çünkü terapi, hastanın uygun olmayan inançlarının değiştirilerek duygusal sıkıntısının giderilmesini amaçlar; bu da özünde hastanın durumuyla ilgili empatiden çok terapistin alternatif ve farklı bakış açısının hasta tarafından keşfedilmesine dayalıdır. Hastanın bakış açısı zaten sorunu doğurduğundan terapistin aynı noktada fazla kalması istenen bir tutum olmaz. Rogers ve arkadaşlarının sıcak ve empatik ilişkiyi kişilik değişimi için yeterli ve gerekli koşul olarak öne sürmelerine karşılık, Beck iyi terapötik ilişkinin gerekli ama yeterli olmadığını söylemiştir. İyi ilişki, tekniklerin üzerine oturacağı zemini oluşturur. Genel tıptan bir benzetmeyle, eşduyum ve iyi ilişki hastanın anlaşılması ve tedaviyi alır hale gelmesidir; ama tedaviyi almayı kabul eden, kolunu ya da elini uzatan hastaya hangi ilacın verileceği de son derece önemlidir.

Nesnellik kavramı bu denli yoğun biçimde ele alınmasa da özellikle bilişsel terapilerde, terapistin temel özelliklerinden birisi olarak öne çıkar. Bu iki tutum, tanımlarının da gösterdiği gibi, hem danışana kendisi kadar yakın olma, hem de ona uzak durma gibi özünde birbiriyle çelişir iki durumu içermektedir.

**Empatinin Bir Teknik Olarak Bilişsel Terapide Kullanımı**

Empati, bilişsel terapide en önemli tekniklerden biridir. Herkes değişimden önce anlaşılmayı, dinlenmeyi ve yargılanmamayı bekler. Terapist öncelikle hastanın duygularını dinlemek ve anlamaya çalışmak için belli bir zaman ayırmalıdır. Kişi eğer terapistinin kendi yanında olduğuna inanırsa değişim de daha kolay olur. Empatide başarısızlık iki nedenle olabilir: 1) Hasta sizin onu dinlemediğinizi, ne kadar sıkıntı çektiğini anlamadığınızı düşünmüştür; 2) yaptığınız bir harekete veya söylediğiniz bir şeye kızmıştır. Hastalar genel olarak terapiste dönük olumsuz duygularını çok fazla açmazlar, bunların yaşanması ama konuşulmaması terapiyi sabote edebilir. Bazen de, henüz hasta duygusal destek ve dinlenme isteği içindeyken erken biçimde sorun çözmeye dönük girişim ilişkiyi sabote edebilir. Hastanın belki de aradığı şey dinlenme ve ilgi gösterilmesidir. Empati konusunda yaşanan sorunları anlayabilmek için her seansın başında ve sonunda hastaya *"Bugüne kadar olan görüşmelerimizle ilgili olumsuz ve olumlu izlenimlerinizi konuşarak başlamak istiyorum. Önce olumsuz olanlardan başlayalım. Geçen seanslarımızda sizi rahatsız eden bir şey oldu mu?"* diye sorulabilir. Bunların cevapları dinlendikten sonra *"Size yararlı olan bir şey oldu mu?"* diye sorulabilir. Hasta herhangi bir olumsuzluk belirtmemesine karşılık gergin ve sıkıntılı görünüyorsa *"Herhangi bir sorun yok demenize rağmen ben sizin biraz rahatsız olduğunuzu hissediyorum. Size bir şey sormak istiyorum, diyelim ki bu görüşmenizle ya da benimle ilgili olumsuz bir duygunuz olsaydı bunu bana söylemekte zorlanır mıydınız?"* diye sorulabilir. Hasta, *"Evet, güç olabilirdi,"* derse terapist, *"Acaba şu anda da bu tür bir zorluk yüzünden mi 'Bir şey yok' diyorsunuz? Birinin yüzüne karşı hatalarını ya da onun rahatsız eden yönlerini söylemenin zor olduğunu biliyorum ama bunu söyleyebilirseniz terapiniz açısından çok daha verimli sonuçlar ortaya çıkabilir,"* diyebilir.

İyi bir terapist, empati, hastayı olduğu gibi kabullenme ve anlayış ile değişimi getiren teknikler arasında dengeli biçimde gidip gelebilen kişidir. Terapide bazı zamanlar vardır ki hasta sadece duygu ve düşüncelerini aktarmak istemektedir ve o an için yeterli olan da budur, bunun işaretlerini görüp hastaya bu izni vermek, sonra da onu dinleyerek desteklemek gerekir. Bazı hastalar dünyaya kızgındır. Bu yakınmalarının son derece akıldışı olması bir şeyi değiştirmez, erken müdahale onları terapiden uzaklaştırabilir. Empati burada devreye girer ve duygularını sizinle paylaşmalarına izin verdiğinizde ilişkinin temelleri atılmış olur. Yargılanmadan veya duygularının gereksiz, düşüncelerinin mantıkdışı ya da çarpık olduklarıı söylenmeden dünyayı onların lensinden görmenizi isterler. Bunu yapabilirseniz bağlanma ve güven duyguları oluşur ve bu da terapötik başarının ön şartıdır. Onların gözünden dünyanın nasıl görüldüğünü ve yakalandıkları tuzakları anladığınız zaman teknik müdahalelerinizde daha duyarlı, yerinde ve etkili olur. Bunların uygunsuz bilişlerine bir anlamda dışarıdan saldırarak değil, sadece onların içinden müdahale edebilirsiniz.

## Eleştirel ve Kızgın Hastayla Nasıl Empati Sağlayabilirsiniz?

Standart bilişsel terapi teknikleri birçok hastada yeterli olabilirken birçok hastada kişilik özellikleri nedeniyle değişimi sağlamada yetmeyebilir. Bizim iyi niyetli bir biçimde yardım etmeye çalıştığımız ama bu yardım girişimlerine katılmamak bir yana, aktif biçimde direnen ve odağı kendi sorunları yerine terapist olan kişilik bozukluğu hastaları bu tür sorunların sıklıkla yaşandığı hasta gruplarıdır. Terapistlerin en çok zorlanabilecekleri grup belki normal insan ilişkisinde de en çok zorlanılan tutumlar olan eleştirel veya kızgın davranışlardır. Bunlar doğal ve refleksif bir tepkiyle kişiyi savunmaya veya karşı saldırıya yönlendirebilir.

***Danışan:*** *Doktor Bey, sizin gerçekten benimle ilgilendiğinizi hiç zannetmiyorum. Sizin işiniz gücünüz para! Para dışında bir şey önemli değil!*

***Terapist:*** *Sizinle ilgilenmediğimi ve sadece parayı düşündü-*

*ğümü hissediyorsunuz. Bu da sizi rahatsız ediyor. Acaba benden rahatsız mısınız? Eğer birisinin sadece paramı almak için bana zaman ayırdığını düşünseydim bu beni de oldukça rahatsız ederdi. Bunu biraz daha açıklar mısınız?*

**Danışan:** *Dr. Hakan, sizin tek yaptığınız şey başınızı sallayıp "Bunu biraz daha açar mısınız?" demek, bana hiç yardımcı olamadınız.*

**Terapist:** *Benim hiç yardımcı olamadığımı düşünüyorsunuz ve kızgınsınız. Bu konuda haklısınız, işler yolunda gitmiyor. Ben de fayda görmediğim bir terapide sizin gibi düşünürdüm.*

**Danışan:** *Bunu fark ettiğiniz için bravo. Ben sizden yardım istiyorum, tespit değil.*

**Terapist:** *Haklısınız, birlikte çalışmak yerine tartışıyoruz gibi geliyor. Ben her ne kadar size bugüne dek bir yararım olmasa da bundan sonra yararlı olmak istiyorum.*

*Şu anda çözemediğimiz sorunlardan birini tekrar ele alabiliriz veya sizi olumsuz etkileyen veya rahatsız eden davranışlarımı konuşabiliriz. Siz hangisini tercih edersiniz?*

**Danışan:** *Beni rahatsız eden şeyler.*

**Terapist:** *Sizi olumsuz etkileyen tutumlarımı da biraz daha anlatabilir misiniz?*

**Danışan:** *Bana olan ilgisizliğiniz ve bana yardımcı olmamanız.*

**Terapist:** *Hangi tutum veya davranışım benim ilgisiz olduğumu düşündürdü acaba?*

Görüldüğü gibi hastanın saldırgan sorularına terapist önce onunla empatik bir bağlantı kurarak, daha sonra da anlamaya çalışarak cevap vermektedir. **Disarming tekniği** denen, David Burns'ün tanımladığı bu teknik saldırıya karşı savunmaya geçmek yerine saldırının nesnel olarak geçerli yanıyla kurulan empatiyi içermektedir. Oysa böylesi bir çıkışa savunmayla cevap vermek yangına benzin dökmek gibi bir etki yaratırdı.

**Psikoterapide Yapılmaması Gerekenler**

Kişilik bozukluğu olan bir grup hastayı dışta tutarsak terapist normal sosyal ilişkilerdeki kurallara uyduğunda çoğu hastada bu, iyi bir terapötik ilişkinin kurulması için yeterli olur. Bu sosyal kurallara uymanın yanı sıra uygulanan psikoterapi türüne göre değişmeyen ve her tür psikoterapide kaçınılması gereken bazı tutumlar vardır.

Yapılmaması gerekenlerin başında hastaya terapiyi satmaya çalışmak gelir; yani, psikoterapiyi her derdin çaresi olacak bir yöntem ve kendimizi de bir sihirbaz gibi hastada istenecek bütün değişiklikleri gerçekleştirme gücüne sahip biri olarak tanıtmamalıyız. Hastanın eş, ebeveyn ve akrabalara olan saldırılarını körüklememek, bunlara katılmamak gerekir. Bu ileride ilişkiyi bozucu bir unsur olarak karşımıza çıkar. Bir diğer yapılmaması gereken şey, hastanın eski doktorları veya başka doktorlarla ilgili eleştirilerine katılmamaktadır. Bu bize olan güvenini de sarsabilir. Kişilik bozukluğu düşündüğümüz hastalarda kişi ısrar etse bile hemen tanı vermemekte de yarar vardır.

Psikoterapide dikkat etmemiz gereken bir nokta da ilişkiyi olumsuz etkileyebilecek duygusal tepkilerimizdir. Uygunsuz duygusal tepkilerin başında hasta karşısında şaşkınlığa düşmek gelir. Örneğin hasta "İnsanlara zarar verme isteği geliyor" dediğinde "Nasıl olur? Olamaz!" gibi şaşkınlık ifadeleri yerine "Merak ettim, neden acaba?, "Zarar verme isteğiyle neyi kastediyorsunuz?", "Bunun bir nedeni olmalı," gibi ifadelerle bu durum araştırılabilir. Bir diğer olumsuz tepki aşırı kaygı ifadesidir. "Her an intihar edebilirim," diyen bir hastaya hemen "Çok kötü bir durum, bu konuda hemen bir şeyler yapmalıyız" demek yerine "Neden bu isteğe kapılıyorsunuz?", "Bu istek nasıl ortaya çıkıyor?"* diye sorulabilir.

* "Psikoterapide 'neden?' sorusu sorulmaz" gibi mutlak bir kural olduğu biçiminde bazı söylemlerle karşılaştığım oluyor. Bu vesileyle bunu açmak isterim: Neden sorusu tonlamaya göre emir veya yargı da ifade edebilir. "Yapmamalısınız" yerine "Neden böyle yaptınız?" deme örneğindeki gibi. Bu, terapi için uygun bir ifade değildir. Öte yandan, başka bir tonlamayla, "Böyle yapmanızın gerekçeleri, sebebleri nelerdir öğrenmek istiyorum" anlamında da olabilir, ki böyle bir soru terapi sürecine uygundur.

Bir diğer uygunsuz duygusal tepki, hastaya sabırsızlık ve tahammülsüzlük göstermektir. Hasta verilen alıştırmayı veya ev ödevini yapmadığında hemen "Sizinle bu şekilde devam edemem," demek yerine "Bunu yapamamanızın nedenleri nelerdir?" diye sorulabilir.

Terapötik ilişkiyi bozucu yönde etki edecek sözel ifadelerin başında hastayı tehdit etmek gelir. Örneğin "Psikoterapinin bana yararı olmaz," diyen bir hastaya "Bu şansı kullanmamakla siz zarar edersiniz," demek yerine "Nasıl bu sonuca ulaştınız, bana anlatabilir misiniz?" denmesi daha uygundur. Terapiyi olumsuz etkileyen bir diğer tutum ise yargılayıcı ve cezalandırıcı olmak, hastayı eleştirmektir. Örneğin randevusuna geciken hastaya, "Terapinizi ciddiye almayarak nereye ulaşabilirsiniz?" demek yerine gecikmenin nedenini araştırmak iyi olur. Bazen terapistler hastada rahatlama sağlamak adına ona tutamayacağı sözler verebilirler. Örneğin "Düzelecek miyim?" diye soran bir hastaya "Kesinlikle", "Tabii ki, şüpheniz olmasın," gibi yanıtlar verilebilir. Oysa uygun olan öncelikle hastanın bu konudaki düşüncelerini araştırmaktır. "Size göre düzelebilir misiniz?", "Bu konuda şüpheniz var mı?" denebilir. Hastanın görüşleri anlaşıldıktan sonra eğer hastaya bir parça umut aşılanmak isteniyorsa "Sizin durumunuzda olan ve bu terapilerden yararlanan hastalarımız oldu, sizin de yararlanmamanız için bir neden yok," "Sizin bu durumunuzun düzelmesi için elimden geleni yapabileceğimin sözünü verebilirim" veya "Rahatsızlığınız tedavisi olan bir durum. Sizin de bu tedaviden yarar görmemeniz için bir neden yok. Ancak sizin özelinizde sonucun ne olacağı bana, sizin tedaviye katılımınıza ve uyumunuza ve buradaki birlikte yürüteceğimiz çalışmaya bağlı. Benim size verebileceğim söz; kendi payıma düşen kısmını yapmak için elimden geleni yapacağımdır," denebilir. Eğer danışan terapide daha etkin bir tutum alsın isteniyorsa "Bu büyük ölçüde sizinle nasıl çalışacağımıza bağlı" ifadesi kullanılabilir.

Bazı terapistlerin terapötik ilişkiyi güçlendirmek adına

yaptıkları bir hata, yersiz biçimde kişisel örnekler vermek veya kişisel güçlüklerini hastaya yansıtmaktır. Hastanın sorununu dinledikten sonra hemen kendi kişisel yaşantısında benzer bir durum yaşadığını söylemek buna örnektir. "Oğlum sınıfta kaldı," diyen hastaya "Benim de kalmıştı, ne kadar zor olduğunu bilirim," demek yerine önce bu olaydan nasıl etkilendiğini, ne yaptığını sormak gerekir. Daha sonra geçmişte biz de benzer bir durum yaşayıp atlatabildiysek, nasıl baş edebildiğimizi örneklemek adına kendi başımızdan geçenleri anlatabiliriz. Gerçekten yorgun olduğumuz bir günde hasta bunu fark edip "Yorgun görünüyorsunuz," dediğinde ona "Çocuğum hastaydı geç yattım," veya "Az uyudum," gibi kişisel güçlüklerimizi aktaran bir yanıt vermek yerine önce neden böyle düşündüğünü sormak, sonra da durumu uygun biçimde aktaran "Bugün az uyudum ama görüşmemizi etkileyecek bir yorgunluğum yok, eğer öyle olsaydı görüşmemizi iptal ederdim," şeklinde bir yanıt vermek uygun olur.

Hastayla tartışmak, politik, dini ve ahlaki tartışmalara girmek uygun değildir. Hastanın bu konularda bizim eğilimlerimizle ilgili merakı olduğunda bu merakın nedenini, kendisi için neyi değiştireceğini araştırmak ("Hangi siyasi görüşü desteklediğimi neden merak ediyorsunuz? Bu sizin açınızdan neyi fark ettirir?"), daha sonra da herkesin kendi özel hayatında politik, dini, ahlaki doğruları olduğunu ancak sizin psikoterapist olarak insanlara yardımcı olurken bu inançlara göre bir ayrım gözetmediğinizi, kendi düşüncelerinizin de sizin özeliniz olduğu için açıklamayacağınızı, zaten bunun da yararı olacağını sanmadığınızı söyleyebilirsiniz. Bu konuda açıklama yapmak terapisti eninde sonunda sıkıntıya sokacağından herkes gibi terapistlerin de inançlarını açıklama veya açıklamama özgürlüğü olduğunu unutmayın. Bunun benzeri bir diğer durum hastanın bizim tercihlerimiz veya beğenilerimizle ilgili görüş belirtmesidir. Örneğin duvarda asılı resmi, odanın rengini, şeklini, dekorasyonunu ya da giyim biçimimizi hasta değerlendirip eleştirebilir. Örneğin "Bu resmi beğenmedim," ya da "Odanız çok boğucu," diyebilir. Bu durumda yapılacak şey "Siz resim uzmanı mısınız?" gibi savunmacı veya saldırgan bir tutum almak yerine "Siz ne tür resimleri seversiniz?", "Odamı boğucu hale getiren nedir?" gibi sorularla hastayı anlamaya ve tanımaya çalışmaktır.

Terapisti zorlayacak bir diğer durum hastanın kendi zevkleri, kişisel kanıları ve tercihleri konusundaki sorularıdır. Hasta giydiği elbise veya saç şekliyle ilgili veya erkek arkadaşının uygun olup olmadığı gibi konularda bir soru sorduğunda bunları beğensek, onaylasak bile "Evet çok zevkli giyiniyorsunuz," ya da "Çok iyi birisi," diyerek hastayı yersiz biçimde övmek veya onaylamak yerine "Sizin hoşunuza gidiyor mu?", "Siz beğeniyor musunuz?" veya "Sizinle ilgili ne düşündüğümü mü merak ediyorsunuz?" gibi incelemeye dönük sorular sorulması yerindedir.

Hastanın bizim doğrularımıza uymayan tutumlarını yargılamamak ve eleştirmemek uygun olur. Örneğin çocuğun okul taksitini ödemek yerine kendisine ceket alan bir hastaya "Bencilce hareket ettiğinizi düşünmüyor musunuz?" demek yerine yaşanan bu duruma dikkat çekilebilir. Hasta ondan istediğimiz bir şeyi yapmadığında "Bunun önemli olduğunu söylemiştim", "Bana hiç yardımcı olmuyorsunuz," demek yerine, bu tutumunun nedenlerini sormak uygun olur.

Hastayla tartışmaktan daha kötüsü onunla alay etmek, aşağılamaktır. Örneğin "Her şey bende bitiyor," diyen bir hastaya "Peki o zaman bugüne kadar neden bitiremediniz?" demek yerine "Bununla neyi kastediyorsunuz?", "Bunu nasıl gerçekleştirebilirsiniz?" diye sorulabilir. Terapinin başlangıç aşamasında bazı hastalar aşırı beklenti ve talepkârlık içinde olabilir ve bunu dile getirebilirler: Örneğin "Benimle özel olarak ilgilenmenizi istiyorum," diyen bir hastaya "Özel ilgi istiyorsanız yanlış yere geldiniz," diyerek anlamadan reddetmek yerine "Özel ilgiyle neyi kastediyorsunuz?" veya "Özel ilgi istiyorsunuz?" şeklinde araştırmacı bir soru sormak daha uygun olur.

Terapinin başlangıç aşamasında yapılacak hatalardan biri de hastanın davranışlarıyla ilgili saptamalarımızda çok katı olmak, erken ve derin yorumlar yapmaktır. Örneğin danışanın şu anda sosyal hayatında duygusal ilişkilere girmeyişinin nedeninin bunun geçmiş yaşantısında ebeveynleriyle olan olumsuz ilişkilerine bağlı yaşadığı korkular olduğuna inanıyorsak bile danışan "Kadınlardan uzak duruyorum," dediğinde hemen kendi yorumumuzu ("Kadınlardan korkuyorsunuz" veya "Herkes sizin anneniz gibi değildir") söylemek yerine danışanı anlamaya dönük olarak "Kadınlardan neden uzak duruyorsunuz?", "Ne zamandır böyle?" diye sorulabilir.

Terapinin erken aşamalarında dikkat edilmesi gereken bir diğer önemli nokta, direncin fazla olduğu çok travmatik materyali erken deşmemektir. Örneğin hasta cinsel hayatıyla ilgili sorulardan rahatsız olursa onu anlatmaya zorlamak, örneğin "Bundan kaçarak bir yere varamazsınız, eğer bana açık olmazsanız size yardımcı olamam," demek yerine "Sizin için konuşulması zor bir konu olmalı," diyerek bu duruma işaret etmek ve bu konuları daha sonra, güven ilişkisi sağlamlaştığında tekrar ele almak yeterli olur. Eğer yeterince güven ilişkisi oluşmadan veya sağlamlaşmadan hasta böyle bir materyali açarsa, bunu açmaktan dolayı olumsuz duygular yaşayarak terapiyi erken bırakabilir.

Hastanın bize çok farklı gelen akıldışı veya işlevsiz inançlarını bile sabırlı biçimde anlamaya çalışmamız gerekir: Eğer hasta belli bir düşünce örüntüsünü destekliyorsa, bunun kendi geçmişinde ve yaşadıklarından gelen çok haklı birtakım gerekçelerinin olabileceğini unutmamalıyız. Yani hastanın/danışanın her inancının onun geçmişinden veya bugününden kaynaklanan önemli gerekçeleri vardır, öncelikle bunları anlamamız ve öğrenmemiz gerekir. Örneğin bütün erkeklerin ikiyüzlü olduğunu söyleyen bir hastaya "Çok önyargılısınız," ya da "Bütün erkekleri nereden tanıyorsunuz?" diyerek etkileşimi kesmek veya müdahale etmek yerine "Bu fikre ulaşmanıza yol açan neler oldu, ne tür tecrübeler sizi bu sonuca ulaştırdı?" şeklinde bir soruyla yaklaşmak bizim terapide işimize yarayacak materyale ulaşmamızı sağlar.

Özetle, terapistin tutumu öncelikle hastayı tanımaya ve anlamaya dönük olmalı,; terapist yargılayıcı, yorumlayıcı ve hemen öneri veren bir tutum içine girmemelidir. Yorum ve öneri her zaman için özellikle hasta talep ettiğinde sınırlı şekilde verilebilir ama bunu hastayı anlamadan erken yapmak ilişkiyi bozar.

Psikoterapide iletişimi bozma potansiyeli olan davranışlar hemen hemen genel iletişimde iletişimi tıkayan davranışlarla aynıdır. Bunları özetlersek:

**1. Emir vermek, yönlendirmek**

İletişimi tıkayan bu davranış, iletişim kurarken bir tarafın, sanki kendisi daha üst konumdaki bir otoriteymiş, karşı taraf ise daha aşağı konumda biriymiş gibi ona emir vermesi veya yönlendirici biçimde konuşmasıdır. Alttaki mesaj "Senin fikir veya tercihlerinin bir önemi yok, sen ben ne istiyorsam ona uymak durumundasın"dır.

"Bu sorunu böyle çözemezsiniz, bu durumun size verdiği zararı görmelisiniz."

"Kaygıdan kaçarak bir yere varamazsınız, korkularınızla yüzleşmelisiniz."

Bu tarzın bir diğer örtük mesajı "Ben senin ayrı biri olarak varlığını veya gerçekliğini kabul etmiyorum"dur.

Bu tarzla muhatap olan kişi, karşıdaki kişiye karşı kızgınlık ve kırgınlık hisseder ve ilişkisi bozulur.

**2. Uyarmak, tehdit etmek**

Bu tür mesajlar emir verme yönlendirmeye benzerler fakat aynı zamanda eğer tavsiyeye uyulmazsa bunun açık veya örtük kötü sonuçları olacağı mesajıdır: "Dediğimi yap, yoksa görürsün..." Bu mesajın hedefi karşıdaki kişiyi korkutmak ve boyun eğdirmektir:

"Eğer bunu yapmazsanız ileride bugünleri ararsınız", "Eğer bunu yapmazsanız bu terapiyi sürdüremeyiz", "Eğer vücudunuzu dinlemeye devam ederseniz bu durum daha da ağırlaşır", "Tıbbi kontrollere sık sık gitmeye devam ederseniz bir tetkik yapılırken gerçekten başınıza bir şeyler gelebilir." Bunlarda aynen emir gibi karşıdaki kişide düşmanlık ve küskünlük oluşturabilir.

**3. Tavsiye vermek, çözüm önermek**

Burada kişi kendi tecrübe ve bilgi dağarcığına göre karşıdaki kişiye bir davranış önerisinde bulunur. Bununla ulaşan örtük mesaj karşıdaki kişinin sorununu çözme açısından bilgi ve yargısının yetersiz olduğu, diğer kişinin ise üstün ve bilgili olduğudur. Ancak çoğu kere tavsiye, tavsiyeyi alan kişiye yeterince anlaşılmadığını hissettirir. Psikoterapide tavsiye danışan istiyorsa ondan izin alarak ve alternatif sunma şeklinde ve yapılacak işin sonuçlarını da konuşarak sınırlı şekilde verilebilir.

Bu tarz cümleler genellikle, "Niye ... yapmıyorsun?" "Hiç ... yapmayı denedin mi?", "İstersen bir de ... yap" biçiminde başlarlar.

"Şu sıralarda çok depresifsiniz, karar vermeden önce biraz beklemelisiniz."

**4. Mantık yoluyla, tartışmayla ikna etmeye veya alt etmeye çalışmak**

Bunun altındaki sayıltı, karşıdaki kişinin yeteri kadar iyi düşünemediği ve bunun için yardıma ihtiyacı olduğu biçimindedir. Terapistlerin bu hataya düşme olasılığı yüksektir. Bununla muhatap olan danışana sanki kendisi öğrenci, diğer kişi de öğretmenmiş gibi hissettirir. Mantıklı kanıtlar öne sürme veya tartışma, danışanı savunmaya veya küskünlüğe itebilir. Hiçbir insan hata yaptığını kabul etmekten hoşlanmaz. Tipik olarak bu tür iletişim şu ifadelerle başlar: "Depresyonla ilgili gerçekler bize şunu gösteriyor", "Böyle davrandığınızda başka türlü bir sonuç çıkabilir mi?", "Evet ama bu konudaki araştırmalara göre..."

**5. Ne yapması gerektiğini söylemek**

İletişimi tıkayan bu tutum, iletişimde -meli, -malı veya gereklilik dili kullanılmasıdır. Örtük mesaj "Senin doğru davranman gerekir" biçimindedir. Bu tür bir iletişim "... yapmalısınız", "Eşinizle ilişkinizin iyiye gitmesi için sizin ... davranışınızı değiştirmeniz gerekir" biçiminde cümlelerden oluşur.

**6. Karşı çıkmak, yargılamak, eleştirmek, suçlamak**

İletişimi tıkayan önemli bir unsur terapistin, danışanın yaptıklarına veya söylediklerine karşı çıkarak onu eleştirmesi, yargılaması ve bu şekilde yanlış bir şey olduğu mesajı vermesidir.

"Bu ilişkide senin davranışların sorunu sürdürüyor, bunlar senin hatan", "Sizin kaçınma ve kontrolleriniz yüzünden bütün bunlar oldu" gibi mesajlar buna örnek olarak verilebilir. Bu tür mesajlar yargı ve suçlama içerdiği için karşıdaki kişiye kendini yetersiz, aşağı, aptal, değersiz, suçlu veya kötü biri gibi hissettirir. Bu tür yargılayıcı ve eleştirel tutum, tepki olarak savunma veya karşı eleştiriyi getirir. Ayrıca danışan da artık bize kendisini açmak istemez.

**7. Anlamadan dinlemeden uzlaşmak, onaylamak, övmek**

Terapistin danışanı yeterince dinlemeden ve gerekçelendirmeden uzlaşması, onaylaması ve övmesi de psikoterapötik iletişimde o iletişimi bozan bir engel olabilir. Bu tutum iletişimi durdurabilir ve terapistle danışan arasında değerlendirilen, değerlendiren gibi eşitsiz bir ilişki olduğunu ima edebilir: "Aferin çok iyi yapmışsınız", "İyi böyle devam edin", "Bu işte çok iyisiniz."

Özellikle de, herhangi bir temeli olmayan övgüler veya kişinin kendisinde var olmadığına kesinlikle inandığı olumlu bir özelliğin sanki onda varmış gibi söylenmesi, kişiyi kızdırır. Şöyle düşünün: Boyu kısa olan birine boyunun çok uzun olduğu söylendiğinde bunun bu söylemi kendisiyle alay edildiği biçiminde algılaması ve kızması gibi. Ayrıca bu tür iletişimin bir diğer riski de danışanın bunu terapistin kendisini manipüle etme girişimi gibi algılayabilmesidir.

**8. Alay etme, aşağılama, utandırma**

İletişimi en fazla tıkayabilecek tutumlardan birisi, açık bir şekilde danışana dönük aşağılama içeren ifadelerdir: "Bu yaptığın çok aptalca bir şey", "Kendinden utan", "Nasıl böyle bir şey yapabilirsin?"

Amaç belki de o kişiyi utandırarak değişime yöneltmek bile olsa bizimle bu şekilde konuşan kişiye karşı olumsuz duygular çıkacağından ve olumsuz duygular hissettiğimiz bir insanın da isteklerini yerine getirmeyi istemeyeceğimizden, bu yöntem çoğunlukla ters teper ve insanları değişime yöneltmez.

**9. Yorum ve analiz yapma**

Psikoterapinin yapısı gereği terapistlerin sıkça düşebileceği bir iletişim hatası, yorum ve analiz yapmaktır. Karşıdaki kişinin söylediklerinin dışında anlamlar aramak, bazı terapi ekollerinin yapısında vardır. Danışanın davranışlarından ve konuşmalarından gizli anlamlar çıkarıp ardından aslında kendi yorumu olan bu düşünceyi danışanla ilgili gerçekmiş gibi görmek... Yorumlar doğruysa danışanı utandırabilir, öte yandan yanlışsa da kızdırabilir.

*Sen aslında bunu demek istemedin.*

*Senin gerçek sorunun ne biliyor musun?*

*Sen aslında beni sinirlendirmeye çalışıyorsun, biliyorum.*

**10. Güvence vermek, sempati göstermek, teselli etmek**

Burada terapistin çoğunlukla niyeti danışanın kendini iyi hissetmesidir, ancak bunun sakıncalı tarafı ise böylesi bir durumda çoğunlukla danışanın kendini anlaşılmamış hissetmesidir.

*O kadar da kötü birşey yok.*
*Bir şey olmaz, merak etme.*

**Örnek**:

A: Bu durumu nasıl halledebilirim, bilınıyorum.
B: Önemli bir şey yok, sen kolayca halledersin bunları.

**11. Sorgulama veya irdeleme**

İyi dinlemek ve anlamak için soru soru sormak bazen iyi bir yöntemdir. Terapist soru sorarak daha fazla bilgi edinmeyi amaçlar. Ancak fazla soru sorma bazen, danışana kendisine dönük güven yokluğu, kuşku, şüphe mesajı iletebilir.

*Eşinize bunu açtınız değil mi?*

Terapistin art arda soru sorarak karşıya iletebileceği bir diğer olumsuz mesaj ise yeterince soru sorarsa çözümü açığa çıkarılabileceği mesajıdır. Bu sorular, konuşmanın akışının anlatıcının isteğine göre değil de dinleyicinin isteğine göre gitmesine yol açarak, konuşmanın kendiliğinden doğal biçimde akmasına engel olabilir.

*Siz neden arkadaşınızdan böylesine mutlak bir ilgi bekliyorsunuz?*

Burada önemli olan nokta sorulan soruların danışanın anlatımını ve kendini ifade etmesini kolaylaştırmak ve açmak yerine engelleyici olmasıdır.

*Niye böyle hissettiniz ki?*
*Ne var bunda?*

**12. Geri çekilme, dikkat dağıtma, espri yapma, konuyu değiştirme**

Danışanın dikkatini başka yere çekmeye dönük iletişim

biçimidir. Bunun altında yatan mesaj, kişinin bahsettiği konunun gereksiz veya önemsiz olduğudur.

*Bunu başka zaman konuşalım.*

*Bu dediğiniz bana başka bir şeyi hatırlattı.*

Bu tutum danışanda onunla ilgilenilmediği, duygu ve düşüncelerinin önemsenmediği, saygı duyulmadığı veya doğrudan doğruya reddedildiği mesajını verir. Bu şekilde verilen cevaplar aynı zamanda danışanı incitebilir. İfadesi ertelenen duygu ve düşünceler bir yere gitmezler, sadece ertelenmiş olurlar ve belli bir süre sonra tekrar ortaya çıkarlar. Ertelenen sorunların kendi kendine çözülmesi gibi bir durum neredeyse hiçbir zaman gerçekleşmez. Danışan bu durumda bizden uzaklaşacak ve kendisini ciddiye alan bir terapisti bulmaya yönelecektir.

**Bilişsel Psikoterapiye Uygunluğun Değerlendirilmesi**

Bütün psikoterapiler için gerekli olan koşullar, sorunun farkında olmak, bunun değişmesini veya düzelmesini istemek, psikolojik-duygusal etkenlerin sorunda payı olduğunu kabullenmek, bunlar için bir çözüm yöntemi olarak psikoterapiyi kabullenmek, bu amaçla terapistten yardım almayı kabul etmek, psikoterapinin koşullarını kabul etmek ve bu işe zaman ve para ayırabilmektir.

Psikoterapiden her bireyin yararlanma şansı vardır. Ancak iyi motive, geçmişte işlev düzeyi iyi olan, en azından bir uzun süreli ve iyi ilişki kurabilmiş olan, yaşadığı sorunlardan-belirtilerden rahatsız olma düzeyi yüksek olan, psikolojiye meraklı, makul bir zekâ düzeyine sahip, yaşı genç olan (ileri yaşta olmayan), sınırlı sürelerle ortaya çıkan Eksen 1 bozukluğu olan, ara dönemlerde sorunu olmayan, yaşadığı durumdan ötürü ikincil kazancı olmayan veya olsa da az olan bireylerin yararlanma şansı daha yüksektir. Psikoterapiden yararlanma olasılığını düşüren özellikler ise çok olumsuz erken yaşam koşulları (boşanma, dayak, şiddet, alkolizm, aşırı koruma, aşırı ihmal, psikoz, vb.), istenmeyen çocuk, prematürite, beslenme sorunu, kolik ağrı, 1.5 yaş sonrası biberonla beslenme, annenin hastalanması, sık bakıcı değişikliği, büyüme geriliği, fiziksel deformite, iş kuramama, iş sahibi olamama, arkadaşsızlık, evli olmama, birlikte yaşamama, insan ilişkilerinde aşırı bağımlılık, boyun eğicilik, belli grup (ırk, cinsiyet, yaş grubu, dini inanç) ya da kişilere karşı aşırı tepkili olmak, yaşam boyu süren kronik duygusal ve davranışsal sorunlar, sorundan rahatsız olma düzeyini birtakım sağlıksız stratejilerle azaltabilme (alkol kullanımı, bir kişiyle bağımlı bir ilişki kurma, vb.) ve tedaviden yarar görebileceğine ilişkin inançsızlıktır.

Bu genel ilkeler bilişsel terapi için de geçerlidir. Bilişsel terapi hemen bütün hastalık gruplarında, değişik tanılarda, yaş ve cinsiyette hastaya ve danışana uygulanarak olumlu sonuçlar alınmıştır. Ancak bazı sorunlarda ve danışanlarda sonuç daha kolay alınırken bazılarında sonuç almak uzun sürebilir veya alınan sonuç yetersiz olabilir. Bazı rahatsızlıklarda bilişsel yöntemlere, bazılarında davranışsal yöntemlere, bazılarında da sorun çözme yöntemlerine daha ağırlıklı olarak başvurulabilir. Bu açıdan alınacak sonucu önceden tahmin edebilmede yararlı olabilecek bazı ölçütler vardır.

*Bireyin bilişsel içeriğini fark edebilme ve aktarma yetisi:* Hasta değerlendirme görüşmesi sırasında bile kendiliğinden düşüncelerini getiriyorsa veya duygusal olarak sıkıntı yaşadığı ya da sorun davranış gerçekleştiği sırada zihninden geçenler sorulduğunda otomatik düşüncelerini otantik biçimiyle aktarabiliyorsa, bu bilişsel terapiye uygunluk açısından olumlu bir işarettir. Diğer yandan danışan bu sorulara cevap veremiyorsa, örneğin "Sadece sıkılıyordum, zihnimde bir şey yoktu," diyorsa bu olumsuz bir işarettir.

*Duygularını fark edebilme ve adlandırma yetisi:* Kişi kendiliğinden veya sorulduğunda insanın duygusal repertuarında yer alan ve kendisinin yaşadığı korku, kaygı, hüzün, utanç, vb. gibi duyguları fark edebiliyor ve yaşadığına uygun biçimde adını koyabiliyorsa, bu duygunun yoğunluk derecesini belirtebiliyorsa, bu iyiye işarettir. Diğer yandan, duygusal nitelik veya yoğunluktaki dalgalanmaları hiçbir şekilde fark edemiyor ve görüşme anında da duygularındaki bu değişiklikleri söze dökemiyorsa, duygusal yaşantılardan uzaksa, hem görüşmede, hem de dışında duygularını adlandıramıyor ve ayırt edemiyorsa bu bilişsel terapi açısından zorluk getirebilecek bir durumdur.

*Yardımlaşmacı işbirliğine uyum sağlama düzeyi:* Bilişsel terapi, danışanın etkin bir rol almasını gereksinir. Kişi sorunun saptanması ve değişimin sağlanması sürecinde etkin bir rol alması gerektiğini kabul ediyor ve buna uygun davranıyorsa, bu bilişsel terapinin karşılıklı işbirliğine ve iki tarafın etkin çabasına dayalı yapısına uyum açısından bir avantajdır. Diğer yandan, danışan değişimde sorumluluğu kabul etmiyorsa, "Sen terapistsin, sen daha iyi bilirsin, sen ne diyorsan odur" şeklinde bir yaklaşımı varsa, değişimin dışarıdan (ilaç, doğrudan tavsiye, diğer insanların değişmesi, vb.) bir müdahaleyle sağlanacağı veya sağlanması gerektiğine inanıyorsa bu, olumsuz bir durumdur. Hastanın bu tür beklentisi olduğu, hipnoz gibi, kendisinin edilgin bir rol alacağı yöntemler aramasından da kendini belli edebilir.

*Bilişsel modeli benimseme ve kabul etme:* Bilişsel terapinin ilk seansında hastaya bilişsel modelin aktarılmasının altında yatan nedenlerden en önemlisi, hastanın bu açıklama biçimi ve yönteme vereceği tepkiyi görmektir. Hasta, sorunlarının neden olduğuna ilişkin bilişsel modelin getirdiği açıklamayı makul buluyorsa, düşünce ile duygu arasındaki ilişkileri bizzat yaşadıklarıyla onaylıyorsa, değişimi sağlamak için bilişsel terapinin sunduğu yöntemleri en azından olası görüyorsa, bilişsel terapiye uygundur. Bilişsel modeli uygun bulmayan ve değişim için önerilen yöntemleri kabul etmeyen hastaların bilişsel terapiye alınmaması gerekir.

*Belli bir amaca dönük olarak çalışabilme ve odaklanma yetisi:* Bilişsel terapi, hem terapi genelinde somut amaçlara dönüktür, hem de her seansta gündem belirlenerek saptanan amaçlara odaklanılarak çalışılır. Bazı bireyler doğal olarak bu tür odaklanma kapasitesine sahiptir; terapistin desteği olmaksızın soruna oldukça iyi odaklanabilirler ve konuyu dağıtmadan, konudan konuya geçmeden çalışma gerçekleştirebilirler. Bu tür danışanlar bilişsel terapiye daha uygundur. Diğer yandan her şeyi toptan halletmeye çalışmak, acelecilik, bir konu üzerinde çalışırken başka bir konuyu getirmek, ilgisiz başka konulara atlamak, bilişsel terapiyi yürütmeyi zorlaştırır.

# Bölüm 7
# Bilişsel Davranışçı Formülasyon

Bilişsel davranışçı terapiyi diğer terapilerden ayıran en önemli özelliklerden biri, terapi sürecinin hem hasta hem de terapisti açısından açık ve yalın biçimde yürütülmesidir. Bu açıklığın terapinin işleyişinde en güzel örneği, hastanın ilk değerlendirmesinden başlayarak sorunlarıyla ilgili bir bilişsel davranışçı modelin hastayla birlikte oluşturulması ve paylaşılmasıdır. Bilişsel kavramlaştırma, terapistin ve hastanın sorunu anlamasına yarayan çerçeveyi sağlar. Kavramlaştırma yalın ve anlaşılır bir yol haritası sunar, elde edilen yeni bilgilerle ve değişen amaçlara göre de yenilenebilecek bir esnekliktedir. Hastanın sorununun bilişsel kavramlaştırması, değerlendirme seanslarından sonra oluşturularak hastayla paylaşılır. Ayrıca terapist hastayla başlangıçta tamamını paylaşmasa bile kendi açısından yön gösterici bir yol haritası olan olgu formülasyonunu oluşturur.

Bilişsel davranışçı formülasyon olgu, sendrom/sorun ve durum düzeyinde olmak üzere üç biçimde yapılabilir. *Olgu düzeyinde formülasyon* hastanın sorunlarıyla altta yatan bilişsel mekanizmaların (temel inanç ve ara inançlar) arasındaki ilişkiyi odak alan biçimde olguyu bir bütün olarak anlama girişimidir. Yani, hastanın içinde bulunduğu durumun hem uzunlamasına (çocukluktan itibaren) hem de kesitsel olarak (güncel olaylar ve çevresel koşullar açısından) nedenlerini içerir. *Sendrom veya sorun düzeyinde bilişsel formülasyon* ise depresyon veya sosyal anksiyete gibi genel bir sorunun veya psikiyatrik tanının genel bilişsel modelidir. Örneğin panik bozukluğunun formülasyonu, bireyin masum bedensel ve zihinsel belirtileri katastrofik bir biçimde yorumlaması sonucunda kaygı ve kaçınma tepkileri yaşamasıdır. Sorun düzeyinde formülasyon genellikle bilişsel terapinin ilk seansında yapılan ve hastanın/danışanın sorununu kesitsel olarak içinde bulunulan çevre ve yaşanan olaylar, duygu, düşünce, davranış, bedensel tepkileri üzerinden açıklayan 5 alanlı kesitsel formülasyondur. *Durum düzeyinde formülasyon* ise hemen her seansta yapılan, hastanın belli durumda verdiği duygusal ve davranışsal tepkinin A-B-C modeline uygun biçimde olumsuz düşünce kaydında olduğu şekilde bilişsel açıklamasıdır. Örneğin, sosyal kaygısı olan bir hastanın çarşamba sabahı 9:00'da sınıfa girerken kaygı yaşadığı anda "Herkes beni görecek, rezil olacağım," diye düşünmesi ve bunun sonucunda kaygı duyması.

Bilişsel davranışçı terapist değerlendirme görüşmesinde hastanın kendisiyle ilgili ifadeleri, atıfları, beklentileri, tahminleri, öngörüleri, akıldışı inançları, temel varsayımlarını sayıltıları, zihinsel imgeleri, hayalleri, endişe konuları, şemaları (ara inanç, kural ve temel inançlar) fark edip bunları not etmeli ve gerekirse formülasyon için kullanabileceği şekilde sorularla netleştirmelidir. Formülasyonu oluşturmamamıza yarayacak bilgiler (ne oldu, nerede oldu, ne hissettiniz, ne düşündünüz, nasıl tepki verdiniz, bedensel olarak ne yaşadınız, vb.) sorularla değerlendirme sırasında elde edilirken aynı zamanda danışanlar kendiliğinden de bilişsel alanla ilgili bilgiler verebilirler.

Örnek:

*Hastanın ifadesi:* "Aptal olduğum için bana kızacaklar diye düşündüm."

*Beklenti*: Bana kızacak.

*Atıf:* Aptal olduğum için kızacak.

*Kendisiyle ilgili kanı:* Aptalım, o halde zekâ gerektiren şeyleri yapamam.

*Endişe konusu:* Bana kızmasını istemiyorum.

Bilişsel kavramlaştırmada odak noktası danışanın sorun durumdaki bilişsel tepkisidir: Belirtilerin ortaya çıktığı ya da yoğunlaştığı andaki bilişsel tablo neydi? Elde edilen bilgiler yukarıda belirtilen üç düzeydeki formülasyon için de veri oluşturur. Formülasyon, gözlenen sorunlarının altında yatan bilişsel mekanizmaların ifade edilmesidir. Bilişsel davranışçı terapide kanıta dayalı olgu kavramlaştırması esastır. Yani ortaya konan formülasyonlar hastadan elde edilen bilgilere ve yapılan gözlemlere dayalıdır.

## Formülasyon Neden Gereklidir?

Formülasyon, danışanın sorunun bilişsel modele göre nasıl anlaşılabileceğine ilişkin klinisyenin ortaya koyduğu varsayımdır. Bilişsel davranışçı terapi, rahatsızlıklara özgü tedavi protokollerine dayalı yürütülür. Formülasyon, protokolün hastaya özel uyarlanmasına rehberlik eder. Yaptığımız ilk formülasyon, hastanın rahatsızlığının genel formülasyonuna dayalıdır. Tedavi, o rahatsızlıkta etkili olduğu RKÇ (Randomize Kontrollü Çalışmalar) ile kanıtlanmış protokole göre yürütülür.

Formülasyon, genel tedavi protokolünü bireyselleştirmek için sistematik bir yöntem sağlar. Olgunun tedavisinde ampirik (deneyci) bir yaklaşım sağlar. Her olgunun tedavisine bilimsel bir deney olarak bakmaya benzer ve tedavi sürecinde yardımcı olur. Bilişsel terapide ilk formülasyon hasta değerlendirildikten sonra yapılır. Sorun düzeyinde oluşturulan ilk formülasyon anahatlarıyla, ilk terapi seansında hastayla paylaşılabilir. Kişilik düzeyinde, yani şemalar (ara inanç, kural ve temel inançlar) düzeyinde çalışıldığında yapılan formülasyonun ileri seanslarda daha detaylı bir şekilde paylaşılması yararlı olur. Bu, işbirliğini artırır.

## Olgu Düzeyinde Formülasyon

Olgu düzeyinde formülasyon oluşturmak terapinin yol haritasını çıkarmaya benzetilebilir. Olgu formülasyonuna hemen bütün bilişsel terapi kaynaklarında değinilmekle birlikte bilişsel olgu formülasyonu üzerinde en çok yoğunlaşan ve formülasyonu bir çalışma modeli olarak sistemleştiren bilişsel terapist Jacqueline B. Persons'tır. Bir diğer yaygın kullanılan model ise Judith S. Beck'in önerdiği modeldir. Klinisyenler kavramlaştırma yaparken kendilerine uygun olan bir modeli seçebilecekleri gibi kendi gereksinimlerine göre bu modellerde uyarlama da yapabilirler. Burada çeşitli modellerden yararlanan, ancak çalışma açısından daha kolay olacağına inandığım bazı değişikliklerle kendi geliştirdiğim bir modeli sunacağım.

Olgu formülasyonu, danışanın sorununu ortaya çıkaran ya da sürmesine neden olan psikolojik mekanizmalarla ilgili varsayımlardan oluşur. Bir anlamda birey ve sorunlarını açıklamak üzere bilişsel kurama dayanılarak üretilmiş olguya özel kuramdır. Hastanın sorunlarıyla altta yatan bilişsel mekanizmaların (şema ve ara inançlar) arasındaki ilişkiyi odak alan biçimde olguyu bir bütün olarak anlama girişimidir. Danışanın sorununu ortaya çıkaran ya da sürmesine neden olan psikolojik mekanizmalarla ilgili varsayımlardan oluşur.

## Formülasyon Nasıl Yapılır?

Formülasyon duygu, davranış ve düşünceyle ilgili gözlemlerle başlar, yani hastayla yapılan görüşmede elde edilen bilgiler ve yapılan gözlemler bilimsel bir varsayım oluştururken ilk adım olan veri toplama aşamasına benzetebiliriz. Bu toplanan veriler ile gözlemler bilişsel kurama göre değerlendirilir. Kişinin bütün sorunları listelenir ve bu sorunların altında yatan temel inançlara dayalı olası mekanizmalar ne olabilir diye düşünülür. Elde edilen verilerdeki birçok durumda ortaya çıkan tema genel şemaları verir. Kişinin sorunların ortak yanı nedir? Bu şekilde davranan birisinin nasıl bir inancı olabilir? Davranışların öncülleri ve sonuçları nelerdir? Altta yatan hangi mekanizmalar sorunları nasıl ortaya çıkarıyor olabilir? Şu andaki güncel sorunların hazırlayıcı etkenleri nelerdir? Düşünülen altta yatan mekanizma şu andaki sorunun hazırlayıcı etkenleriyle uyumlu mudur? Mekanizmanın (inancın) oluşumu nasıl gerçekleşmiştir? Danışanın hangi erken yaşantıları bunları ona öğretmiştir? Bütün bu soruların cevapları formülasyonu oluşturmamıza yarar.

### Bilişsel Olgu Formülasyonun İçeriği

Bilişsel formülasyonun içeriğinde, danışanın sorun ya da sorunlarının listesi, temel inançlar ve bunlarla bağlantılı, bunların oluşumuna zemin hazırlayan erken gelişim öyküsü, temel inançların yol açtığı ara inançlar ve başa çıkma stratejileri, sorunun şu anda yaşanmasına yol açan presipite edici veya aktive edici olaylar, bütün bu sayılan etkenleri sorunla bağlantılı olarak özetleyen terapi varsayımları ve tedavi planından oluşur. Özetle bir olgu formülasyonu, hastanın tanısı, sorunları, bu sorunların nasıl geliştiği ve sürdüğü, sorunlara eşlik eden ve hazırlayan düşünce ve inançlar ve bunların nasıl geliştiği, eşlik eden tepkileri (duygusal, fizyolojik ve davranışsal) ve bu bilgilere dayanarak hastanın bu psikolojik bozukluğunun nasıl ortaya çıktığına ilişkin bilgilerin özetidir.

Terapist, hastasıyla ilk karşılaşmada bilişsel kavramlaştırmayı çatmaya başlar ve son seansa dek bu kavramlaştırmayı rafine etmeyi sürdürür. Bilişsel formülasyon bu anlamda esnek ve organiktir. Bu organik, gelişmeye açık formülasyon etkin ve etkili bir terapi planlamada yardımcı olur.

### Formülasyonun Bileşenleri

Formülasyon, toplanan bilginin sunumuyla başlar; yani ilk iki bölüm olan demografik bilgiler ve sorun listesi bir anlamda formülasyon, açıklayıcı düzeneklerle ilgili öne süreceklerimize zemin teşkil eder. İlk bölümde hastayla ilgili kimlik bilgileri ve demografik özellikler yer alır (yaş, cinsiyet, meslek, medeni durum, vb.).

***Sorun Listesi***

Formülasyon, hastanın sorunlarının detaylı bir listesiyle devam eder. Sorun listesi hastanın yaşadığı sorun ve güçlüklerin somut bir biçimde duygusal (kaygı, üzüntü, öfke, vb.), davranışsal (aşırı el yıkama, yalnız kalamama, vb.) veya fizyolojik (uyku bozukluğu, kilo alma, vb.) terimlerle ifade edilmiş bir listesinden oluşur. Bu listede hastanın psikiyatrik/psikolojik belirtileri veya yaşam sorunları (insan ilişkileri, meslek ve iş, bedensel, finansal, barınma, yasal ve boş zamanlar açısından sorunları) yer alabilir. Sorunlar arasında öncelik kişinin yaşamına dönük (intihar-intihara dönük davranışlar, yaşamı engelleyecek dereceye ulaşan yememe tutumu, vb.) tehditlerdedir ve terapiyi yürütmeye engel olabilecek tutumlara (insanlarla ilişki kuramama, terapiye motivasyonun olmaması), yaşam kalitesini çok etkileyen sorunlara (aşırı kumar oynama, alkol bağımlılığı, vb.) öncelik verilir. Sorun listesindeki her bir madde, sorunun birkaç kelimeyle ifadesinden oluşur. Her sorunun niteliğine göre ön planda gelen genellikle bir davranış (davranış tekrarlamaları) veya duygusal bir belirtidir (karamsarlık). Bazen de bir düşünce (uygun bulmadığı cinsel bir yönelimi olup olmadığına ilişkin takıntılar) veya fizyolojik bir tepki de (aşırı yemek yeme ve ardından kusma) sorun olabilir. Sorun veya önde gelen belirti hangisiyse onu tanımlandıktan sonra, soruna diğer alanlarda eşlik edenlerin (davranışsal, bilişsel, fizyolojik ve duygusal unsurların) kısa bir tanımı eklenir. Örneğin, alkolik bir bireyin sorunu alkol alma davranışıyken buna eşlik eden duygusal belirti, gerilim ve düşünceler (*"Alkol almazsam sıkıntım geçmez"*) olabilir.

***Tanı***

Hastanın sorunlarıyla bağlantılı olarak yapılan değerlendirme sonucunda ulaşılan psikiyatrik tanı veya psikolojik bozukluğun adı formülasyonun ikinci kısmıdır. Burada eğer danışanın tanı alacak düzeyde bir tablosu yoksa sadece psikolojik tepkileri (depresif belirtiler) veya eğer tanı düzeyinde bir sorunu varsa da (majör depresyon gibi) o tanı veya tanılar yazılır.

***Bilişsel Varsayımlar***

Formülasyonun en önemli kısmıdır. Hastanın sorunlarının altında yatan olası bilişsel düzenekler formülasyonun bu kısmında ortaya konur. Bilişsel anlamda formülasyonu kurmayı sağlayacak varsayımların oluşturulabilmesi için hastanın olası şemaları (temel inançları, ara inançları) ve davranışsal stratejileri; yatkınlaştırıcı, başlatıcı ve sürdürücü etkenler özetlenir.

Formülasyonun bu kısmını yapabilmek için sorun/durum düzeyinde formülasyonlarla başlamak uygun olur; bu, hastanın belli durumda verdiği duygusal ve davranışsal tepkinin A-B-C modeline uygun biçimde bilişsel açıklamasıdır. Hastanın zaten konuşulmuş olan sorunları üzerinden çeşitli sorun durumlarında yaşadığı duygusal ve davranışsal tepkiler ve bu tepkilere eşlik eden düşünceleri özetlenir. Bu durumlardaki otomatik düşüncelerin anlamına, otomatik düşüncelerdeki ortak temalara dikkat edilir. Bu veriler kişinin temel inançlarıyla ilgili ipuçları verir. Temel inançları bulmada bir diğer kaynak, hastanın sorunları ve psikiyatrik tanısıdır. İlk değerlendirmede temel inançlara ilişkin bir diğer kaynak da bireyin erken yaşamöyküsüdür. "Böyle bir yaşamöyküsüne sahip olan bir birey nelere inanıyor olabilir?" sorusu, bize bu konuda ipucu sağlar. Temel inançları saptamada son kaynak, terapist olarak bireyin bizimle ilişkisinde gözlemlediğimiz özelliklerdir. İnsanlar çocukluktan itibaren kendilerine, başkalarına ve dünyaya ilişkin belirli inançlar geliştirirler. Temel inançlar o kadar temelde ve derindeki anlayışlardır ki çoğu zaman kişinin kendisi de bunları ifade edemez. Bu düşünceler birey tarafından mutlak doğrular, "var olan" şeyler olarak kabul edilir. Uyum bozucu temel inançlar kişinin kendisi, diğerleri, dünya ve gelecekle ilgili olan ruhsal sorun durumunda genellikle ortaya çıkan olumsuz içerikte olan inançlarıdır. Olumsuz temel inanç yalnızca belli bir süre için, yani rahatsızlık esnasındayken canlı olabilir (örneğin, depresyon dönemlerinde "Yetersizim" şemasının canlanması) ya da kişilik bozuklukları veya kronik rahatsızlıklarda olduğu gibi çoğunlukla canlı durumda olabilir (çekingen kişilik bozukluğunda "Yetersizim" şemasının sürekli olması gibi). Aktif bir temel inancı olan kişi, yorumları realiteyle uyuşmasa bile, olayları bu inancın merceğinden yorumlar. Aynı biçimde sorunlu birey seçici olarak temel inancını destekleyen bilgiler üzerinde odaklanmaya eğilimlidir; bilgiyi dikkate almaz ya da görmezden gelir. Bu yolla gerçeğe uymayan ya da işlevsiz inanca inanmaya devam eder.

Temel inançlar (sıklıkla dile getirilmemiş) tutum, kural ve varsayımlardan oluşan ara inançların oluşumuna yol açar. "Hasta temel inancıyla nasıl baş ediyor?" sorusunun cevabı ara inançlara ulaştırır. Örneğin yetersizlik temel inancı olan bir bireyde "Yetersiz olmak felâkettir", "Yetersizliğim asla açığa çıkmamalıdır, buna dayanamam" biçiminde tutumlar; "Her zaman sonuna kadar çalışmalıyım", "Yeterli olduğumu kanıtlamalıyım" gibi kurallar ve beklentiler; "Eğer çok aşırı çalışırsam, ancak belki o zaman diğer insanların kolayca yaptığı bazı şeyleri başarabilirim", "Eğer çok çalışır ve başarılı olursam yetersiliğimi diğer insanlar fark etmezler" biçiminde sayıltılar halinde bir grup ara inanç gelişebilir. Bu inançların bir kısmı temel inançla baş etmek için geliştirilmiş stratejilerdir. Bireyin duruma bakışını, bunun sonucunda da düşüncelerini, duygularını ve davranışlarını etkilerler.

Erken çocukluk yaşantılarının öğrenilmesi; "Kişi bu temel inancı nasıl geliştirdi? Buna neden ve nasıl inandı?", "Hangi yaşam olayları (travmalar, yaşantılar, etkileşimler) buna inanmada etkili oldu?" gibi soruların yanıtları temel inancın kökenleri konusunda fikir verir. Erken çocukluk yaşantılarını ele alırken, yaşantı kadar çocuğun içinde bulunduğu yaş dönemi ve o yaş dönemi içinde o yaşantıdan çıkarabileceği sonuçlar dikkate alınmalıdır. Örneğin pre-operasyonel dönemde (2-7 yaş) olan bir çocuk anne veya babanın aralarındaki sorun ve tartışmaları kendisiyle ilgili alarak "kötü" biri olduğuna inanırken, 10-11 yaşında bir çocuk bu durumun etkisiyle "güçsüzlükle" ilgili bir temel inanç geliştirebilir. Yani ne yaşandığı kadar bundan ne öğrenildiğini de sorgulamamız gerekir.

Ortaya çıkarıcı etkenler, rahatsızlığın o dönemde neden ortaya çıktığı konusundadır. Yani "Kişide var olan ve örtük durumda veya edilgen durumda olan olumsuz inançlar ne oldu da tekrar etkinleşti? Ne oldu da duygudurum için belirleyici konuma geldi?" sorularının cevabı, ortaya çıkarıcı etkenlerle ilgilidir. "Hasta bugün bu noktaya nasıl geldi?", "Olumsuz temel inancı nasıl etkinleşti?" sorularının cevapları, ortaya çıkarıcı etkenleri verir. Ortaya çıkarıcı etkenler, geniş ölçekte rahatsızlığı hazırlayan durumlardır. Örneğin temel inancı "yetersizlik" olan bir birey, "Başarılı olursam yeterli biri olurum" şeklindeki bir ara inanca sahip olup, bu inanca uygun şekilde de yaşarsa, yani "başarılı" olursa, çok sıkıntı yaşamadan hayatını sürdürebilir. Öte yandan bu katı ve her zaman karşılanması mümkün olmayan sayıltıya aykırı bir durum olduğunda, örneğin girdiği zor bir sınavda başarılı olamadığında, o zamana dek uyur durumda olan "başarısızım" temel inancı aktive olur. Bu durumda bu kişinin başarısız olduğu bir sınavın ardından başlayan bir depresyon dönemi olduysa o kişide "sınavda başarısızlık" ortaya çıkarıcı etkendir. Neyin ortaya çıkarıcı etken olduğu kişinin durumuna göre değişir. Temel inancı *"sevilmeme"* olan birinde örneğin, bir sınav başarısızlığı çok etkili olmazken, yaşanan bir ayrılık ortaya çıkarıcı etken olabilir.

Sorunu artıran durumlar ise, rahatsızlık başladıktan sonra sıkıntının arttığı daha küçük ölçekli olaylardır, yani açığa çıkan olumsuz şemaların etkinleştiği ve olumsuz duygu ve davranışların şiddetlendiği durumlardır. Sorunun azaldığı ortamlar, sorunun daha az ortaya çıkmasına yol açan her tür durumu içermektedir. Örneğin, sosyal kaygısı olan bir birey eleştirel ve alaycı olduğunu düşündüğü kişilerle veya karşı cinsle birlikteyken sorunu daha yoğun yaşayıp, destekleyici arkadaşlarıyla beraberken daha az yaşayabilir. Panik bozukluğu ve agorofobisi olan bir kişi hastaneye yakın olduğu durumlarda daha az atak yaşarken hastaneye uzak olduğu yerlerde daha fazla sıkıntı yaşayabilmektedir.

Sürdürücü etkenler ise sorunun devam etmesine katkıda bulunan, çevresel, biyolojik, bilişsel ve davranışsal etkenlerin bir özetidir ve hem sorunu artıran hem de azaltan durumlarla bağlantılıdır. Genellikle sürdürücü etkenler davranışçı açıdan bakıldığında olumlu ve olumsuz pekiştireçlerdir. Örneğin, anksiyete bozukluklarında kaçınma davranışları ve güvenlik sağlayıcı davranışlar, kişinin sıkıntısını anlık olarak azaltmakla beraber uzun vadede olumsuz pekiştireç olarak kişinin kaçınma ve güvenlik davranışlarının sıklığını artırır. Örneğin, sosyal kaygı bozukluğu olan bir birey işyerinde toplu yenilen yemeklere katılmayarak (kaçınma) veya eğer katılırsa öncesinde ve yemek sırasında alkol alarak (güvenlik davranışı) sıkıntısıyla baş ediyorsa, bu yöntem onun sorunu için sürdürücü bir etken işlevi görecektir. Diğer yandan, patolojik kumar oynama rahatsızlığı olan bir bireyin kumar oynadığında aldığı haz ve yaşadığı heyecan, olumlu pekiştireç olarak bir sürdürücü etken rolü alır.

Bu bileşenler ortaya konduktan sonra çalışma varsayımlarının özeti çıkarılır. Bu kısım aslında gerçek anlamda formülasyonun dile getirildiği yerdir. Burada terapist, varsayımlarının bileşenleri (sorunlar, şemalar, kökenleri, ara inançlar ve stratejiler, ortaya çıkarıcı etkenler, sorunu artıran ve azaltan durumlar ve sürdürücü etkenler) arasındaki ilişkiyi tanımlayan ve bunları sorunla bağlantılandıran bir kuram ortaya koyar.

**Olgu Formülasyonu Planı**

---

1. Tanımlayıcı bilgi
2. Sorun listesi
3. Tanı
4. Bilişsel varsayımlar
   a. Sorun yaşanan durumlar ve formülasyonu
   b. Durum: Duygu, davranış, düşünce, sonucu
   c. Erken yaşantılar
   d. Temel inançlar
   e. Koşullu inançlar ve kurallar
   f. Ortaya çıkarıcı etken
   g. Sorun yaşanan durumlar
   h. Sorun artıran durumlar
   i. Sorunu azaltan durumlar
   j. Sürdürücü etkenler
5. Bilişsel varsayımlarının özeti
6. Tedaviyi olumlu etkileyebilecek durumlar
7. Tedaviyi olumsuz etkileyebilecek durumlar

---

Terapi, birlikte çıkılan bir yolculuk, formülasyon da bu yolculukta kullanılan yol haritasıdır. Terapist hastayı ve sorununu tanıdıkça harita daha netleşir. İyi bir bilişsel kavramlaştırmanın amacı ana yolları saptamak ve en iyi yolculuk biçimini bulmaktır. Formülasyon hastanın sunduğu verilerle, sorunla ilgili kurulan varsayımlardan oluşur. Yeni veriler elde edildikçe varsayımlar doğrulanabilir, yanlışlanabilir ya da değiştirilebilir. Bu nedenle kavramlaştırma akışkandır. Eğer yol haritası yoksa, terapi süreci ve hedefi karmaşık hale gelir ve terapi bu belirsizlik içinde bir noktaya ulaşamaz, yani yolcular kaybolur.

## Örnek Olgu Formülasyonu

---

**Tanımlayıcı bilgi:** K, 23 yaşında, kadın, öğrenci
**Sorun listesi:**

**Sosyal ortamlarda kaygı:** İlkokul yıllarından itibaren başlayan, lisede yoğunlaşan, yeni insanlarla tanışma, konuşma, sınıfa hitap etme, öğretmenlerle konuşma, arkadaş toplantılarına katılma, vb. sosyal ortamlarda ortaya çıkan kaygı ve heyecan.

*Düşünceler*: "Rezil oldum", "Konuşamayacağım", "Sesim titriyor", "Ellerimin titrediği fark edilecek"

*Davranışlar*: Sosyal topluluklardan kaçınma, insanlarla birlikteyken geri planda kalmaya çalışma, az konuşma.

**Depresif duygudurum:** Uzun yıllardır yaşadığı sosyal kaygıya ikincil umutsuzluk ve karamsarlık.

*Düşünceler*: "Bu değişmeyecek", "Arkadaşım olmayacak."

*Davranışlar*: Durgunluk, az hareket etme.

**İntihar düşünceleri:** Sosyal kaygının devam etmesi ve okuldaki sosyal yaşamına etkisinin sürmesiyle yaşadığı umutsuzlukla gündeme gelen intihar düşünceleri

**Panik atakları:** 3-4 kez olan gece sıkıntı nöbeti ve birlikte ölüm korkusu.

*Düşünceler*: *"Ölüyorum", "Çıldıracağım", "Kendimi kaybedeceğim."*

*Davranışlar*: Doktora başvurma, tıbbi kontrol.

**Tanı**: Sosyal anksiyete bozukluğu

**Bilişsel varsayımlar:**
**Sorun yaşanan durumlar ve formülasyonu**

**Durum 1:** Arkadaşlarının yanında tavla oynama
*Duygu*: Kaygı, heyecan.
*Davranış*: Ellerini saklama, hızlı oynama.
*Düşünce*: "Ellerimin titrediğini farkedecekler."
*Sonucu*: "Küçük düşerim, alay ederler."

**Durum 2:** Gitar çalma.
*Duygu*: Heyecan.
*Davranış*: Rahat görünmeye çalışma.
*Düşünce:* "Heyecanlandığımı anlayacaklar."
*Sonucu*: "Eksik (hasta biri) görülürüm."

**Erken yaşantılar:**

İlkokul öncesi diş tedavisi için; eleştirel, uzak ve soğuk baba; ilkokul döneminde gecirdiği cilt rahatsızlığı sırasında sınıf arkadaşlarınca alay konusu olma.

**Temel inançlar:**

*Kendilik*: "Farklıyım (olumsuz özellikler nedeniyle)", "Yetersizim", "Kusurluyum", "İstenmiyorum."
*Diğerleri*: Alaycı, eleştirel, dışlayan.

**Koşullu inançlar ve kurallar:**

"Hata yapmamalıyım."
"Eğer hata yapmazsam normal görülürüm."
"Eğer başarılı olursam ve sakin görünürsem farklılığım, yetersizliğim açığa çıkmaz."

**Ortaya çıkarıcı etken:**

Lisede sınıf değişikliğinin ardından sorun yoğunlaşmış.

**Sorun yaşanan durumlar:**

Diğer insanlarla bir arada bulunma; insanlarla konuşma, yemek yeme, birebir konuşma gerektiren durumlar; fotoğraf çektirme.

**Sorunu artıran durumlar:**

Topluluk olan bir yere sonradan girme, hazırlıksız yakalanma, karşı cinsle konuşma, alaycı olduğunu düşündüğü kişiler.

**Sorunu azaltan durumlar:**
İyi hazırlanmak, destekleyici kişiler.

**Sürdürücü etkenler:**
Sosyal ortamlardan, toplantılardan kaçınma, sosyal ortamlarda az konuşma, elinde bir şey tutma, kaçınamadığı sosyal etkinlikler sonrası bunların üzerine düşünerek kendini değerlendirme ve bunun sonucunda performansını düşük bulması ve bunun kendisini olumsuz etkilemesi.

**Bilişsel varsayımlarının özeti:**
K. diğer insanlarla birlikteyken ya da onların bulunduğu ortamlarda herhangi bir etkinlik gerçekleştirirken yetersizlik, defektif olma ve istenmeme inançları etkin hale geçmektedir. Babasının eleştirel ve soğuk tutumu, yürümeye başladığı dönemdeki ortopedik sorun, ilkokul arkadaşlarının kendisiyle alay etmeleri ona kusurlu, yetersiz ve farklı olduğunu, diğer insanların eleştirel ve alaycı olduğunu öğretmiştir. Bu şemaları lisede sınıf değişikliğiyle etkin hale geçmiştir. Sosyal ortamlara girdiğinde şemalarıyla bağlantılı "Heyecanladım, insanlar fark etti, küçük düştüm" gibi olumsuz otomatik düşünceleri etkinleşmekte ve korku ve heyecan duymakta, buna bağlı olarak sosyal etkileşimlerden kaçınmaktadır. Zorunlu olan ve kaçamadığı sosyal etkileşimler sonrası anksiyete belirtileri yaşadıkça inancı pekişmekte ve umutsuzluğa kapılmaktadır. Bu umutsuzluk nedeniyle zaman zaman intihar düşünceleri ortaya çıkmaktadır.

**Tedaviyi olumlu etkileyebilecek durumlar:**
Yüksek motivasyon, ailenin destekleyici tutumu, ortalamanın üzerinde zekâ düzeyi.

**Tedaviyi olumsuz etkileyebilecek durumlar:**
Sorunun yıllardır sürmesi, kaçınmalarla sorunu hafifletebilmesi.

---

Özetle bir olgu formülasyonu, terapiste hastanın tanısı, sorunları, bu sorunların nasıl geliştiği ve sürdüğü, sorunlara eşlik eden ve hazırlayan düşünce ve inançlar ve bunların nasıl geliştiği, eşlik eden (duygusal, bedensel ve davranışsal) tepkileri ve bu bilgilere dayanarak hastanın bu psikolojik bozukluğunun nasıl ortaya çıktığına ilişkin bilgilerin özetidir. Bu özet ışığında hastanın rahatsızlığını hazırlayan, ortaya çıkaran, sürdüren, artıran ve azaltan etkenlerle ilgili varsayımlar oluşturulmuş olunur ve tedavi bu varsayımlara göre yürütülür.

# Bölüm 8
# Bilişsel Terapi ve İlk Seans

Değerlendirme süreci bittiğinde, bilişsel terapiye uygun görülen ve bilişsel davranışçı psikoterapiyi isteyen hastalara bilişsel terapi sürecinin ilk görüşmesi yapılır. Bilişsel terapi, değerlendirme sürecinde yapılandırılmış bir yöntemi önerdiği gibi terapi seanslarında da yapılandırmayı esas alır; yani, her bilişsel terapi seansında bulunması zorunlu olan bazı öğeler vardır. Bu öğeler hem bilişsel psikoloji ve öğrenme ilkelerine hem de klinik deneyimlere uygun olarak geliştirilmiştir. Yapılandırılmış görüşme biçimi ilk terapi seansında başlamakla birlikte ilk seans, başlangıç olmasından dolayı diğer seanslardan ayrılan bazı yapısal özellikler gösterir. Bilişsel terapinin ilk seansında; 1) işbirliği-güven ilişkisi kurmak; 2) belirtilerde bir miktar rahatlama sağlamak (danışanın güçlüklerini normalleştirme-umut aşılama yoluyla); 3) bilişsel davranışçı modeli tanıtmak, yaşanan durum veya rahatsızlıkla ilgili bilgi vermek; 4) hastanın terapiyle ilgili beklentilerini öğrenmek ve gerekirse düzeltmek ve 5) danışanın güçlükleriyle ilgili eğer anlatmadığı ama eklemek istediği konular varsa bunlarla ilgili ek bilgi toplamak amaçlanır. Bütün bu amaçlara ulaşmada bazen tek görüşme yetmeyebilir, bu nedenle bazı hastalarda bu ilk seans iki görüşmede, yani iki seansta tamamlanabilir. Özellikle hastanın değerlendirme sırasında anlatmaktan çekindiği ama ardından güven hissederek açmaya karar verdiği önemli bir konu varsa, gerekirse görüşme bu konuyu değerlendirmeye ayrılarak terapinin ilk seansı bir sonraki seansa aktarılabilir.

İlk terapi seansı terapinin daha sonra üzerinde yükseleceği temele benzetilebilir, dolayısıyla da çok önem taşır. Eğer temelde bir eksiklik olursa bu, ilerideki süreci olumsuz etkiler. Bu nedenle terapi süreci içinde en önemli seanslar ilk seanslardır diyebiliriz. Değişim açısından belki ilerleyen seanslar daha etkili olsa da bu seansların gerçekleşebilmesi için başarılı ilk seanslar gereklidir ve ön şarttır.

BDT protokollerinde genellikle psikoterapi sürecinin başında (psikoterapinin birinci ve ikinci seansı) daha ağırlıklı olarak psikoeğitim içerikli seanslar yapılır. Bu hem bilimsel veriler hem de klinik tecrübeyle uyumlu bir sıralamadır. Bu seanslarda özellikle bilişsel davranışçı modelin, rahatsızlığın bilişsel davranışçı modelinin ve rahatsızlıkla ilgili genel bilgilerin aktarılması danışan açısından belirsizliği azaltarak rahatlatıcı bir etki yapabilir. Danışan henüz terapisti yeni tanıdığı için bu tür genel konular daha rahat bir başlangıç oluşturur, belirtileri normalize eder ve motivasyonu artırır. Bilişsel davranışçı terapide psikoeğitim, terapinin en önemli parçalarından biridir ve bütün bilişsel davranışçı terapi uygulamalarında olduğu gibi Sokratik yöntemle yapılması esastır.

Bilişsel davranışçı terapi sürecinin temellerinin atıldığı ilk seans şunlardan oluşur:

1. Duygu durum kontrolü
2. Gündem oluşturma-rasyonelinin anlatılması
3. Ölçeklerin konuşulması
4. Başvuruya neden olan sorunun/sorunların kısaca tekrar gözden geçirilmesi
5. Sorunların tanımlanması ve amaçların konması, terapi beklentilerinin öğrenilmesi
6. Danışanın bilişsel davranışçı modelle ilgili eğitilmesi
7. Danışanın rahatsızlığıyla ilgili bilgilendirilmesi (ikinci seansta da yapılabilir)
8. Hafta arası yapılacak uygulama veya ödevin verilmesi
9. Seansın özetlenmesi
10. Geribildirim

Bilişsel terapinin ilk seansının ana gündemi, bilişsel davranışçı modelin ve/veya rahatsızlığın bilişsel davranışçı modelinin sunulmasıdır. Terapi bu modele dayalı olarak ilerleyeceğinden, kişinin bu modeli kendi sorunu için uygun, anlaşılır ve işe yarar görmesi çok önemlidir. Bu süreç esnasında terapiye devam edilip edilmeyeceğini belirleyen nokta, hastaya bilişsel model ve terapi anlatıldıktan sonra hasta tarafından bunun ne kadar uygun bulunduğu konusudur. Çünkü bu noktada model anlaşılmaz veya mantıksız geliyorsa ya da hasta tarafından uygun bulunmadıysa, bilişsel terapiye başlanması olanaksızdır. Bu durumda seçenekler ya başka bir tür terapi önermek ya da hastanın beklentilerini netleştirmesi için bir süre destekleyici, araştırıcı veya motivasyonel görüşmeler yürütmektir.

## Bilişsel Terapinin İlk Seansının Yapısı

### 1. Gündem oluşturma-rasyonelinin anlatılması

Bilişsel terapinin ilk seansı, hastanın son duygudurumu kısaca öğrenildikten sonra, hem ilk görüşmede hem de diğer görüşmelerde kullanılan ana yöntem olan yapılandırılmış görüşme biçimi ve bunun ana bileşeni olan gündem belirlemenin ne olduğu ve buna neden gereksinim duyulduğu konuşularak başlar. Aşağıda bu konuda bir giriş olması açısından üç farklı örnek yer almaktadır. Hastanın bilgi, eğitim ve sözcük dağarcığı düşünülerek, aşağıda sunulan ana fikre sadık kalarak bu giriş farklı şekillerde de ifade edilebilir:

- "Terapi görüşmelerimizde belli bir sırayı izleyeceğiz. Görüşmelerimizde en başta o gün neleri ele alacağımızı birlikte belirleyeceğiz. Böylece elimizdeki süreyi en iyi şekilde kullanabilir ve sizin için en önemli ve öncelikli konuları ele alabiliriz."
- "Her seans başlamadan önce birlikte o günkü seansta nelerin ele alınmasını istiyorsanız birlikte bunların bir liste-

sini oluşturacağız. Eğer bunu yaparsak sizin için önemli olan her konuyu ele almayı ve gözden kaçırmamayı garantiye almış oluruz."

- "Her hafta 45 dakikamız var, sizin bu 45 dakika içinde olabildiğince fazla şey almanızı istiyorum. Bu nedenle her görüşmenin başında birkaç dakikamızı o gün hangi konuların sizin için önemli olduğunu ve hangi konuları ele alacağımızı belirlemeye ayıracağız."

Bu ilk girişten sonra o günkü seanstaki gündem/plan açıklanır:

- "Bugün ilk görüşmemiz olduğundan benim konuşmayı düşündüğüm bazı konular var onları aktaracağım, sizin bugün için konuşmayı istediğiniz konular neler?"

*"Bugünkü görüşmede öncelikle sizi terapiye getiren nedenleri, sorunlarınızı özetleyip ardından bu terapideki hedeflerimizi belirleyerek başlamak istiyorum. Daha sonra size terapi yöntemimiz konusunda bilgi vereceğim. Bu arada bir sonraki seansa kadar hafta arasında neler yapabileceğinizi de konuşacağız. Seans sonunda konuştuklarımızı özetleyeceğim ve sizin seansla ilgili düşüncelerinizi belirtmenizi isteyeceğim. Sizin bugün için konuşmak istediğiniz başka bir şey var mı?"*

**2. Ölçeklerin konuşulması**

Eğer hastaya değerlendirme esnasında herhangi bir ölçek verildiyse, görüşmenin başında bundan bahsedilmesi yerinde olur. BDT'nin diğer terapilerden uygulamadaki en önemli farkı danışanın/hastanın sürecinin psikolojik ölçüm ve ölçeklerle izlenmesidir. BDT süreçlerinde hemen her hastada tanısı ne olursa olsun genellikle bir genel depresyon (örneğin Beck Depresyon ölçeği, Hamilton Depresyon Ölçeği, MADRS, vb.) bir de anksiyete ölçeği (örneğin Hamilton Anksiyete Ölçeği, Beck Anksiyete ölçekleri, vb.) verilir. Bunun dışında her rahatsızlıkta o rahatsızlığa özgü ölçekler de ayrıca kullanılır. BDT'de kullanılan ölçeklere www.bilisseldavranisci.org dernek sitemizden toplu olarak erişebilirsiniz. Okuma yazma bilmeyen hastalarda şekiller kullanılabilir veya çok iyi, iyi, orta, kötü, çok kötü gibi daha genel değerlendirmeler istenebilir. Bu tür nesnel, hastanın doldurduğu soru formları hasta ve terapistin durum hakkında yansız bilgi edinmesine yardımcı olur. Eğer hasta formları doldurmaya direnç gösterirse, bu konu ele alınmalıdır.

### 3. Başvuruya neden olan sorunun kısaca tekrar gözden geçirilmesi

Burada hastanın daha önceki değerlendirme aşamasında sorunuyla ilgili verdiği bilgiler ana başlıklar halinde özetlenir. Bu noktada kişinin terapiye gelmesine yol açan sorunları detaylandırmadan, kısaca, başlıklar halinde tekrarlanır. Detaya girmek ya da bilinenleri özetlemeden yeniden değerlendirmeye dönük sorular sormak uygun değildir. Örneğin:

*"Bize isteksizlik, zevk almama, mutsuzluk, unutkanlık ve sıkıntı nöbetleriniz nedeniyle başvurdunuz ve bu şikâyetler 9 aydır devam ediyor."*

Kişinin sorununu kısaca özetlemekle, hem önceki değerlendirme görüşmeleriyle terapi seansı arasında bağlantı kurulmuş olunur, hem de sorunun/sorunların ne kadar ve nasıl anlaşıldığının bir sağlaması yapılarak, varsa eksikliklerin ve yanlış anlamaların düzeltilmesi olanağı sağlanır. Burada sorun çok kapsamlı olarak konuşulmaz; özetlenir ve bir anlamda terapi amaçlarını belirleme maddesine de giriş yapılmış olunur. Bu noktada her olasılığı düşünerek kişiye eklemek istediği, daha önce dile getirmediği başka bir sorun olup olmadığı da sorulmalıdır. Örneğin:

*"Bize kilo alma korkunuz ve tekrarlayan kusmalarınız nedeniyle başvurdunuz. Bu sorununuz 3 yıldır devam ediyor."*

Eğer o ana kadar değerlendirmede öğrenilmediyse danışandan bu noktada öğrenilmesi gereken bir bilgi de, şu anda terapiye gelmesinin nedenidir (neden şimdi başvurdu?). Bu soru, amaçları belirleme açısından da yarar sağlar.

*"Anladığım kadarıyla bu sorununuz 3 yıldır devam ediyor ve sizin tedavi için bir başvurunuz olmamış. Bugün tedaviye başvurmanıza ne yol açtı?"*

Sorunun yeniden özetlendiği ve tekrar belirtildiği bu aşamada sorunlarla ilgili detaylara girilmemekle birlikte, eğer hasta değerlendirme sırasında intihar düşüncelerinden bahsettiyse bunun önemi nedeniyle bunu ayrıca sormak yerinde olur. Özellikle depresif belirtileri olan hastalarda intihar düşünceleri yeniden araştırılır.

*"Değerlendirme görüşmenizde konuşulmuştu ancak ben son günlerde nasılsınız, bundan emin olmak istiyorum. Şu sıralarda yaşamı anlamsız bulduğunuz oluyor mu?"*

*"Bu sorun nedeniyle ölmeyi istediğiniz oldu mu?"*

Bir sonraki sayfada göreceğiniz Tablo 1'de ilk/erken seans terapi notları yer almaktadır. İlk görüşme sırasında yerine getirilmesi gereken asgari görevleri içeren bu form yardımıyla terapist görüşmeyi daha rahat yürütebilir.

**İLK/ERKEN SEANS TERAPİ NOTLARI**

**Adı-Soyadı:__________ Tarih:_______ Seans # :______**

**Seansta başka biri: Yok Var:**

**Test skorları: BDÖ______BAÖ_____Diğer**

**<u>Değerlendirme Görüşmeleri Sonucuna Göre Ön Tanı:</u>**

**Kullandığı İlaçlar ve Dozları:**

**GÜNDEM:**

İlaç Değişiklikleri/ Yan Etkiler: ____________________

Moralin Kontrolü/ Ölçeklerin Açıklanması vb.______________

Değerlendirmenin Özetlenmesi: ____________________

Amaçların Belirlenmesi:________________________

Psikoterapinin açıklanması:______________________

Terapiyle İlgili Beklentiler:______________________

Bilişsel Terapi ile İlgili Sorular:____________________

Bilişsel Modelin Açıklanması:______________________

Tanıyla İlgili Genel Bilgiler:______________________

Değerlendirmede Verilen Ödev Varsa Gözden Geçirilmesi:_____

Yeni Uygulama Verilmesi:________________________

**<u>Seansın Özeti</u>**

**<u>Üzerinde Çalışılan/Müdahale edilen OD/İnançlar</u>**

**<u>Yeni Uygulama:</u>**

**<u>Özet Ruhsal Muayene Bulguları:</u>**

Baskın Duygudurum:______________

Konuşma/Davranış/Giyimde Gariplikler: Y/V (tanımla): _______

Kendine zarar: Y/V Varsa: Niyet: Y/V Plan: Y/V Erişebilirlik: Y/V

Başkasına zarar: Y/V Varsa: Niyet: Y/V Plan: Y/V Erişebilirlik: Y/V

Ruhsal Muayeneye İlişkin Diğer Notlar:_________________

**Terapiye uygunluk açısından değerlendirme:**

**Seans süresi:**

**Terapist:________________ Danışman Terapist:_______**

**<u>Tarih:</u>**

**<u>Sonraki Randevu Tarihi</u>**

**Tablo 1.** İlk/erken seans terapi notları. İlk görüşme sırasında yerine getirilmesi gereken asgari görevleri içeren bu form yardımıyla terapist görüşmeyi daha rahat yürütebilir.

### 4. Sorunların tanımlanması ve genel terapi amaçlarının belirlenmesi, terapi beklentilerinin öğrenilmesi

İlk değerlendirmede elde edilen bilgilerin özetlenmesiyle bu maddeye de doğal bir geçiş sağlanmış olur. Danışan veya hastada saptanan ruhsal bir rahatsızlık varsa genellikle bu rahatsızlığın bireyin yaşamını kısıtlayan belirtileri ve bunların azaltılması terapide doğal olarak hastanın sorunlarını ve amaçlarını oluşturur. Bu tür belli, tanımlanabilir bir klinik bozukluğu olan hastalarda/danışanlarda amaçları saptamak zor olmaz. Örneğin bulaşma-yıkanma türü obsesyon ve kompülsiyonları olan bir obsesif kompülsif hastada tedavide geçmesi amaçlanan ilk belirti kirlilik korkusu ve buna bağlı kaçınmalarla saatler süren yıkanmaları olacaktır. Rahatsızlık belirtilerinin yanı sıra amaç listesinde yaşam sorunları da yer alabilir (eşiyle olan sorunlar, vb.). Bu ilk sorun/amaç listesi oldukça geneldir. İlk seansta bazen ödev olarak bu amaç listesinin detaylandırılması ve alt amaçlara bölünmesi ödev olarak verilebilir.

### 5. Psikoterapi ile ilgili bilgi verilmesi ve terapi beklentilerinin öğrenilmesi

Hastaların psikoterapiden ne anladıkları ve bekledikleri sorulduktan sonra kısaca psikoterapinin nasıl bir yöntem olduğu konusunda bilgi verilir. Bir tedavi olarak psikoterapinin anlamı çok kısa ve yalın biçimde aktarılır: *"Karşılıklı konuşma veya iletişim yoluyla ruhsal rahatsızlıkların tedavi yöntemine psikoterapi adını veriyoruz."*

Bu arada psikoterapiye ilişkin olarak daha önce bilinenler sorularak varsa yanlış bilinen şeyler düzeltilmelidir. Bu noktada bilişsel davranışçı terapinin temel özelliğinin psikoterapide psikoloji biliminin verilerini kullanmak olduğu belirtilip, bu tür psikoterapide terapinin açık ve anlaşılır bir düzeninin ve mantığının olduğu, danışanların kendilerini daha iyi anladıklarında sorunlarını çözdükleri, kendilerine uygulayabilecekleri yöntemleri öğrendiklerinde daha iyi olacakları vurgulanır. Yine psikoterapinin kişiye uygulanan bir şey değil, onunla birlikte yürütülen bir süreç olduğu ve psikoterapide ilerleme olabilmesi için danışanın sorumluluğu paylaşması gerektiği mesajı verilir.

### 6. Hastanın bilişsel modelle ilgili eğitilmesi

Bilişsel terapinin ana amacı hastayı kendi bilişsel terapisti olacak biçimde eğitmektir. Böylece hasta bir beceri öğrenerek ileride de kendi başına bu beceriyi kullanıp sorunlarını çözebilir. Bu noktada hastalara bilişsel terapi hakkında ne bildikleri sorulur, var olan bilgileri öğrenilir ve eğer varsa terapiyle ilgili yanlış bilgileri düzeltilir.

Bilişsel terapi modelini, hastanın örneklerini ve rahatsızlığını kullanarak açıklanmak her zaman daha iyi sonuç verir.

İlk terapi seansının en önemli gündemi hastaya bilişsel modeli aktarmaktır. Burada birçok yöntem izlenebilir. Ama ideal olan, hastayı ve yaşantılarını da bir biçimde işin içine katarak modeli örneklemektir. Bu konuda kullanılabilecek ilk yöntem hastanın kendisini kurgusal bir olay içinde düşünerek duygusal ve davranışsal tepkisinin ne olacağını sormaktır.

**Örnek 1:**

***Terapist:****Son dönemlerde arkadaşlarınızla hiç bir araya geldiğiniz oldu mu?*

***Danışan:****Evet geçen hafta içinde.*

***Terapist:****Adları neydi arkadaşlarınızın?*

***Danışan:*** *Ali, Berk ve Mehmet.*

***Terapist:****Diyelim ki arkadaşlarınızla biraradayken sizin söylediğiniz bir cümleden sonra Mehmet, Ali'ye dönerek "Saçmalıyor," dese ne hissederdiniz, ne yapardınız?*

***Danışan:****Şaşırırdım. Niye öyle söylediğini sorardım.*

***Terapist:*** *Bu durumda şöyle diyebilir miyiz? Mehmet, Ali'ye sizin saçmaladığınızı söyledi ve siz de ona şaşırıp, "Niye böyle* *konuşuyorsun?" dediniz. Yani Mehmet'in saçmalıyor demesi sizin şaşırmanıza neden oldu.*

**Danışan:** *Evet başka ne nedeni olabilir ki?*

**Terapist:** *Peki bu senaryoda biraz değişiklik yapsak. Mehmet, Ali'ye dönerek "Saçmalıyor" diyor yine, yalnız bu defa sizin duyamayacağınız bir ses tonuyla söylüyor. Bu durumda ne hissederdiniz ya da yapardınız?*

**Danışan:** *Herhangi bir şey hissetmezdim.*

**Terapist:** *Neden?*

**Danışan:** *Söylediğini fark etmediğim için, duymadığımdan.*

**Terapist:** *Az önce şaşkınlığınızın nedeninin Mehmet'in Ali'ye dönerek "Saçmalıyor," demesi olduğunu söylemiştiniz. Şimdi yine Mehmet, Ali'ye "Saçmalıyor," diyor ama şaşkınlık hissetmiyorsunuz. Bunu nasıl açıklayacağız?*

**Danışan:** *Şaşırmam için duymam gerek.*

**Terapist:** *O zaman şaşkınlığınıza Mehmet'in söylediklerinin tek başına yol açtığını söyleyemeyiz. Mehmet yine saçmaladığınızı söylüyor ama herhangi bir duygunuz oluşmuyor. O halde şöyle: Olayın olması dışında sizin bundan etkilenebilmeniz için ne gerekiyor?*

**Danışan:** *Duymak, işitmek ya da algılamak, fark etmek gerekiyor.*

**Terapist:** *Evet çok doğru, bir şeyin bizi etkileyebilmesi için öncelikle onun farkında olmamız, onu algılamamız gerekiyor. Pekâlâ, şimdi senaryoyu biraz daha değiştireyim. Japonca biliyor musunuz?*

**Danışan:** *Hayır.*

**Terapist:** *Diyelim ki Mehmet, Ali'ye dönerek "Saçmalıyor," diyor ama varsayalım ki Japonca söylüyor bunu. Ne hissederseniz, şaşırır mısınız?*

**Danışan:** *Hayır, o zaman şaşırmam, anlamadığım için belki merak ederim.*

**Terapist:** *O zaman tekrar başa dönersek bir duygunun oluşması için tek başına olayın olması ya da algılamak, duymak da yeterli değil. Sizin de belirttiğiniz gibi bir de onun ne anlama geldiğini bilmemiz gerekiyor.*

***Danışan:*** *Evet.*

***Terapist:*** *Pekâlâ, diyelim sizin tanıdığınız 10 kişi aynı olayı yaşasa, yani konuşurken "Saçmalıyor," dense, hepsi şaşırır mı?*

***Danışan:*** *Çoğu kızar ama üzülenler ya da şaşıranlar da olabilir. Ben de aslında herhalde şaşırdım, sonra da gelen cevaba göre duygum değişebilir.*

***Terapist:*** *Şaşıranların hepsi aynı şiddette mi şaşkınlık yaşar?*

***Danışan:*** *Sanmıyorum, bazıları şaşırıp sessiz kalabilir ama ben öyle değilim. Duygularıma hâkim olamıyorum.*

***Terapist:*** *O zaman şöyle diyebilir miyiz? Herkes aynı olayı yaşamasına ve aynı şeyi anlamasına rağmen aynı duygusal tepki ve davranış oluşmuyor ya da oluşsa bile aynı şiddette olmuyor.*

***Danışan:*** *Evet, çok doğru söylediniz.*

***Terapist:*** *Peki eğer size "Saçmalıyor," denmesi tek başına şaşkınlığa yol açma gücüne sahip olsaydı, bunun diğer insanlarda da aynı şiddette olmasını veya herkesin şaşırmasını beklerdik, değil mi?*

***Danışan:*** *Evet ama insanların tepkileri farklı!*

***Terapist:*** *Çok doğru, nedir acaba farklılık? Yaş, cinsiyet, meslek...?*

***Danışan:*** *Bunlar farklı olabilir, ama bunların sebep olacağını sanmıyorum.*

***Terapist:*** *Bence de bunların belki hepsi etkiliyor olabilir ama herhalde en fazla bizim genel olarak insanlarla, ilişkilerle, o kişi ve durumla ilgili yorumlarımız rol oynuyor. Şaşkınlık hissettiğiniz anda, yani Mehmet "Saçmalıyor," dediğinde aklınızdan neler geçer? Bunları söyleyebilir misiniz?*

***Danışan:*** *"Neden böyle bir şey söyledi?" diye düşünürüm. Genel olarak nazik biri olduğu için ondan beklediğim bir söz olmadığından şaşırırım.*

***Terapist:*** *Acaba, bu durumda eşiniz ne düşünür? Tahmin edebilir misiniz?*

***Danışan:*** *O hemen kızar herhalde. "Nasıl böyle konuşur?" gibi düşünceleri olur.*

***Terapist:*** *Evet, sanırım az önceki sorunun cevabını bulduk:*

*Duygularımızı etkileyen üçüncü bir etken de değerlendirmelerimiz ve yorumlarımız. Acaba şaşkınlık duyar dediğiniz diğer insanların düşüncelerine baksak, sizinkine benzer şeyler yakalayabilir miyiz?*

**Danışan:** *Sanırım benzer şeyler olurdu. Kızanlarda da eşiminkine benzer düşünceler.*

**Terapist:** *O zaman, bu bilgiler ışığında, olayların insanların duygusal tepkilerini nasıl etkilediğini söyleyebilirsiniz?*

**Danışan:** *Olayların bizi etkilemesi için öncelikle onu algılamamız ve anlamlandırmamız gerekiyor. Sonra da son sözü yorum ve değerlendirmelerimiz söylüyor diyebiliriz.*

**Terapist:** *Harika, işte bilişsel terapi adını verdiğimiz terapi bu söylediğiniz ilkeye dayanıyor. Yani insanların duygusal tepkilerini algılama, anlama ve yorumların etkilediği ilkesine.*

**Danışan:** *Anlıyorum.*

**Örnek 2:**

İkinci örnekte de yine varsayımsal bir olay üzerinden bilişsel model açıklanıyor.

**Terapist:** *Bugün buraya nasıl geldiniz?*

**Danışan:** *Arabayla geldim, park ettim, sonra da yürüyerek.*

**Terapist:** *Diyelim ki bugün buraya doğru yürürken kaldırımda duran birisi size küfretseydi, ne hissederdiniz? Ne yapardınız?*

**Danışan:** *Kızardım. Adamın üstüne yürürdüm.*

**Terapist:** *Bu durumda şöyle diyebilir miyiz? Adam size küfretti, siz de kızdınız. Yani adamın küfretmesi sizin kızmanıza neden oldu.*

**Danışan:** *Evet başka ne nedeni olabilir ki?*

**Terapist:** *Peki bu senaryoda biraz değişiklik yapsak... Adam size küfrediyor yine, yalnız bu defa sizin duyamayacağınız bir ses tonuyla ya da içinden küfrediyor. Bu durumda ne hissederdiniz ya da ne yapardınız?*

**Danışan:** *Herhangi bir şey hissetmezdim.*

**Terapist:** *Neden?*

**Danışan:** *Küfrettiğini fark etmediğim için, duymadığımdan.*

**Terapist:** *Az önce kızmanızın nedeninin adamın küfretmesi olduğunu söylemiştiniz. Şimdi yine adam küfrediyor ama kızmıyorsunuz? Bunu nasıl açıklayacağız?*

**Danışan:** *Kızmam için duymam gerek.*

**Terapist:** *O zaman kızgınlığınıza adamın küfretmesinin yol açtığını söylemek, çok doğru değil. Adam yine küfrediyor ama herhangi bir duygunuz oluşmuyor. O halde şöyle: Olayın olması dışında sizin bundan etkilenebilmeniz için ne gerekiyor?*

**Danışan:** *Duymak gerekiyor.*

**Terapist:** *Evet, çok doğru, bir şeyin bizi etkileyebilmesi için öncelikle onun farkında olmamız, algılamamız gerekiyor. Pekâlâ şimdi senaryoyu biraz daha değiştireyim. Japonca biliyor musunuz?*

**Danışan:** *Hayır.*

**Terapist:** *Diyelim ki öykümüzdeki adam yine küfrediyor ama varsayalım ki Japonca küfrediyor. Ne hissederseniz, kızar mısınız?*

**Danışan:** *Hayır, o zaman kızmam, anlamadığım için belki şaşırırım ya da merak ederim.*

**Terapist:** *O zaman, tekrar başa dönersek, bir duygunun oluşması için tek başına olayın olması ya da algılamak, duymak da yeterli değil. Sizin de belirttiğiniz gibi bir de onun ne anlama geldiğini bilmemiz gerekiyor.*

**Danışan:** *Evet.*

**Terapist:** *Pekâlâ, diyelim sizin tanıdığınız 10 kişi aynı olayı yaşasa, yani yolda birisi onlara küfretse, hepsi kızar mı?*

**Danışan:** *Çoğu kızar ama korkanlar ya da şaşıranlar da olabilir. Eşimin başına gelse herhalde çok korkup kaçardı.*

**Terapist:** *Kızanların hepsi aynı şiddette mi kızar?*

**Danışan:** *Sanmıyorum, bazıları kızıp sessiz kalabilir ama ben öyle değilim. Çok kızarsam kendime hâkim olamıyorum.*

**Terapist:** *O zaman şöyle diyebilir miyiz? Herkes aynı olayı yaşamasına ve aynı şeyi anlamasına rağmen aynı duygusal tepki ve davranış oluşmuyor ya da oluşsa bile aynı şiddette olmuyor.*

**Danışan:** *Evet, çok doğru söylediniz.*

**Terapist:** *Peki, eğer size küfredilmesi tek başına kızgınlığa yol açma gücüne sahip olsaydı, bunun diğer insanlarda da olmasını beklerdik, değil mi?*

**Danışan:** *Evet ama onlar farklı!*

**Terapist:** *Çok doğru, nedir acaba farklılık? Yaş, cinsiyet, meslek...?*

**Danışan:** *Bunlar farklı olabilir, ama bunların sebep olacağını sanmıyorum.*

**Terapist:** *Ben de bunların hiçbirinin tek başına belirleyici olamayacağı görüşünüze katılıyorum ama aynı duyguyu yaşayan insanları diğerlerinden ayıran, hepsinin ortak bir yanını bulabiliriz gibi geliyor. Kızgınlık hissettiğiniz anda, yani adam size küfrettiğinde aklınızdan neler geçer? Bunları söyleyebilir misiniz?*

**Danışan:** *"Buna hakkı yok, bana bunu yapamaz, ona gününü göstermeliyim," diye düşünürüm. "Kim oluyor da bana durduk yerde küfrediyor?" diye düşünürüm.*

**Terapist:** *Acaba, bu durumda eşiniz ne düşünür? Tahmin edebilir misiniz?*

**Danışan:** *O, korkar herhalde. "Adam bana saldıracak, sapık olabilir" gibi düşünceleri olur.*

**Terapist:** *Evet, sanırım az önceki sorunun cevabını bulduk: Duygularımızı etkileyen üçüncü bir etken de değerlendirmelerimiz ve yorumlarımız. Acaba kızgınlık duyar dediğiniz diğer insanların düşüncelerine baksak, sizinkine benzer şeyler yakalayabilir miyiz?*

**Danışan:** *Sanırım benzer şeyler olurdu. Korkanlarda da eşiminkine benzer düşünceler.*

**Terapist:** *O zaman bu bilgiler ışığında olayların insanların duygusal tepkilerini nasıl etkilediğini söyleyebilirsiniz?*

**Danışan:** *Olayların bizi etkilemesi için öncelikle onu algılamamız ve anlamlandırmamız gerekiyor. Sonra da son sözü yorum ve değerlendirmelerimiz söylüyor diyebiliriz.*

**Terapist:** *Harika, işte bilişsel terapi adını verdiğimiz terapi bu söylediğiniz ilkeye dayanıyor. Yani insanların duygusal tepkilerinin algılama, anlama ve yorumların etkilediği ilkesine.*

**Danışan:** *Anlıyorum.*

Bunun dışında danışana ulaşması daha kolay olabilecek başka varsayımsal örnekler de kullanılabilir. Yolda bir arkadaşımızı görüp selam verdiğimizde onun bizi selamlamaması, akşam evde bir ses duymak, yolda yürürken ayakkabımıza bir şeyin bulaşması gibi örnekler de kullanabiliriz. Bazı durumlarda örneklerin hastanın kendi sorun alanından olması, bazı sorunlarda da kendi sorun alanının dışında olması anlamasını kolaylaştırabilir. Bazı danışanlar (özellikle sorunuyla ilgili içgörüsü az olan ve düşüncelerine çok inanan hastalar) kendi sorunları ve düşünceleri üzerinden gidildiğinde daha öznel düşündükleri için modeli kabullenmekte zorlanabilirler ve duygularına düşüncelerinin değil, yaşadıkları olayların ve kişilerin yol açtığını söyleyebilirler. Bunlarda modeli dışarıdan örneklerle anlatmak daha iyi olabilir.

Bir diğer yöntem, hastanın onu getiren ana sorunuyla ilgili anahtar bir anlık düşüncesini yakaladıktan sonra bilişsel modeli bu örnek üzerinden açıklamaktır. Hastanın sorunu ne ise, bunun düşüncelerle ilgisini göstermek, bilişsel modeli genel örneklerle açıklamaktan çok daha iyi işler. Bu yöntemde hastanın sorunu ne ise öncelikle bunu anlayıp sonra hastaya özetleriz. Bunu yaparken genellikle hasta bize çoğu kere karmaşık biçimde anlattığı A'yı (rahatsız eden olay, kişi, durum) ve C'yi (rahatsız eden duygusal ve davranışsal sonuçlar) anlatılanlar içinden seçerek belirlememiz gerekir. Daha sonra da bunu, yani bu mini formülasyonu hastayla paylaşırız. Örneğin sosyal anksiyetesi olan bir danışan sorunlarını anlattıktan sonra "Yani sizin sorununuz, konuşmak ve bir şeyler yapmakla ilgili. Bazen konuşurken ya da bir şeyler yaparken heyecan duyuyorsunuz, sesiniz veya elleriniz titriyor" diye bir ifade kullanılabilir. Sorunu çevresel belirleyenler, yer, ortam gibi değişkenlerden çıkarıp böyle yalın haline indirgememiz (konuşma ya da bir faaliyet esnasında heyecan duyma) özellikle bilişsel modeli aktarabilmek için işe yarar. Daha sonra; "Peki, sizin konuşurken ya da bir şeyler yaparken heyecanlanma ve ellerinizin titremesi sorununuz, her yerde, her zaman ortaya çıkmıyor; insanların önündeyken oluyor. İnsanlarla birlikteyken ne değişiyor acaba? Siz yalnızken de, başkalarıyla birlikteyken de, aynı bedene ya da yapıya sahipsiniz, sizce nedir değişen şey?" denebilir. Veya "Bu tür şeyleri rahat yapan insanlarla sizin aranızdaki fark nedir?" diye sorulabilir ya da seansın içinden bir örnekle model açıklanabilir, seans içinde önce hastanın sorununu dinlediğimizi, modeli yaklaşık 15. dakikasında sunduğumuzu düşünürsek; "Seansın başında nasıldınız? Heyecanlı mıydınız?" diye sorup, ardından "Peki şimdi nasıl heyecanınız?" diye sorduğumuzda "Daha rahatım," diye cevap verirse, "Ne değişti bu 15 dakika içinde?" sorusu yöneltilebilir. Hasta "Sizi tanıdım," derse, "Tanımanızla değişen ne oldu?" sorusunu sorabiliriz ya da "Değişen şeyi bilmek ister misiniz?" şeklindeki sorumuza "Evet," derse, "Buraya ilk girdiğinizde neler düşünüyordunuz? Aklınızda ne vardı?", "Peki şu anda neler düşünüyorsunuz?" biçiminde bir diyalogla 15 dakikada değişen durum açığa çıkarıldıktan sonra "Değişen, bu galiba," denerek "Peki bu değişim sizi nasıl etkiledi, duygularınızı?" diye sorulabilir. Bütün bu sorularda amaç, değişenin kendi bilişsel değerlendirmesi olduğunu hastaya aktarmak ve göstermektir. Yani bu durumu, bu eylemi sorun yaşamadan yapabilen diğer insanlardan farkının düşünceleri, yorumları ve beklentileri olduğunu göstermektir. Bu noktada hastaya A-B-C modeli sunulabilir.

Bir sonraki aşama, bu bilişsel değişkenin tedavinin odak noktası olacağını hastaya aktarmaktır. Burada doğrudan yerine koyma tekniğini kullanabiliriz: "Diyelim ki o anda ..... diye düşünmeseniz, aklınıza bu gelmese, heyecan/sıkıntı duyar mıydınız?" ya da "Diyelim ki 'Ne güzel insanlarla konuşup onlara bir şeyler aktaracağım, onlar da beğenecekler,' diye inansanız sıkıntınız olur muydu?"

Bilişsel modeli sunmanın bir diğer yolu, 5 eksenli model üzerinden sorun düzeyinde bir formülasyon kullanmaktır (Şekil 1). Örneğin depresif hastalarda bilişsel modeli sunmanın en iyi yolu budur. Sorun düzeyinde bir formülasyon yaparken, yaşanan ortam çevre ve yaşanan olaylar (iş kaybı, arkadaşlarınızla ilişkilerde sorunlar, akrabalarınızın sizi aramamaları), bununla ilişkili algı ve düşüncelerimiz (iş bulamayacağım, ileride umut yok, kimse benimle ilgilenmiyor), o düşüncelerle bağlantılı olarak ortaya çıkan duygularımız (üzüntü, umutsuzluk, karamsarlık), buna bağlı bedensel tepkilerimiz (yorgunluk, baş ağrısı, halsizlik, uykusuzluk, iştahsızlık), konuşma ve davranışlarımız (dışarı çıkmama, insanlarla görüşmeme, zamanını yatakta geçirme) göz önünde bulundurulur. Bu modelin ana fikri, insanın içinde bulunduğu çevrenin ve o çevre içinde yaşadığı olayların; düşünce, duygu ve davranış tepkilerinin karşılıklı bir etkileşim içinde olduğu ve sorunun oluşumuna katkıda bulunduğu, birbirlerini ekilediğidir. Bilişsel davranışçı psikoterapide kişinin düşünce, duygu ve davranışlarının ele alınarak sorunun azaltılmaya çalışılacağı vurgusu yapılır.

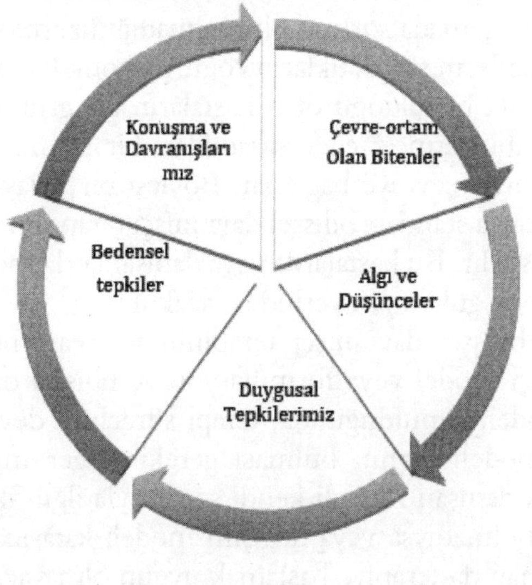


**Şekil 1.** Sorun Düzeyinde Formülasyon - 5 Eksenli Model

### 7. Hastanın Rahatsızlığıyla İlgili Eğitilmesi

Bu noktada kişiye tanısıyla ilgili genel bilgiler verilmesinin yanı sıra o rahatsızlıkla ilgili bilişsel model, tedavide kullanılan yöntemler, alınan sonuçlar, rahatsızlığın seyriyle ilgili bilgiler ve olası psikolojik ve biyolojik etkenlere ilişkin bilgiler verilebilir. Özellikle genel bilişsel modelin danışanın sorununa nasıl uygulanabileceğinin ona gösterilmesi çok önemlidir. Burada bütün rahatsızlıkla ilişkili model dışında rahatsızlıkta yaşanan veya danışanın sorun olarak getirdiği konulardan birine ait bilişsel davranışçı modelde açıklanabilir. Rahatsızlığa ilişkin modeli açıklama işi bazen ilk seans içerisinde süre yeterli gelmediğinde ikinci seansta da yapılabilir.

### 8. Terapiye Uygunluk: Bilişsel Modele Karşı Danışanın Tepkisi

Değerlendirme süreci ve izleyen bilişsel terapinin ilk seansıyla birlikte hastanın terapiye uygunluğunun da değerlendirilmiş olması gerekir. Terapiye uygunluğun ilk şartı kişinin sorunun farkında olmasıdır. Birey sorunu olduğunun farkında değilse ilk aşamada sorunu olup olmadığı üzerinde durulmalıdır. Ergenlerin ve çocukların çoğu, psikotik hastaların bir kısmı ve kişilik bozukluğu olan hastaların bir grubu sorunu olduğunu kabul etmez, eğer yaşadıkları bir sıkıntı varsa da bunu tamamıyla çevreye bağlarlar. Böylesi bir anlayışa sahip olan bir hastayla standart bilişsel davranışçı terapinin yürütülmesi olanaksızdır. Bu hastalarda veya danışanlarda motivasyonel görüşme uygulanması yerinde olacaktır.

Hastaya bilişsel davranışçı terapinin ilk seansında bilişsel davranışçı model veya formülasyon ve bilişsel davranışçı değişim modeli sunulduğunda, terapi sürecinin devamı için danışanın modeli uygun bulması gerekir. Eğer model sunulduğunda danışan modeli kendi sorunuyla ilgili ikna edici yeterlilikte bulmadıysa veya değişim modeli kafasına yatmadıysa o zaman da terapiye başlamak uygun olmayacaktır. Bu durumda ya hasta modelle ilgili kuşkuları azalana dek bu konuyla ilgili bilgilendirici görüşmelere alınabilir veya hasta tamamıyla modele kapalıysa başka bir yöntemin daha uygun olacağı söylenerek yönlendirilebilir.

## Örnek Görüşme*

### Panik Bozukluğu (Agorafobili)/İlk Seans

21 yaşında üniversite öğrencisi erkek hastanın, görüşme metni üzerinde ilk terapi seansının temel öğeleri sırayla belirtilmiştir. Daha önce terapist hastayla tanısal amaçlı bir görüşme ve değerlendirme görüşmesi yapmıştır.

#### DUYGUDURUM KONTROLÜ

***Terapist:*** *Nasılsınız bugün?*
***Danışan:*** *İdare eder.*
***Terapist:*** *İdare eder?*
***Danışan:*** *Fena değilim, geçen görüşmemizdeki gibi.*

#### GÜNCELLEME (YAŞAM OLAYLARI)

***Terapist:*** *Görüştüğümüzden bu yana önemli bir şey oldu mu? Farklı bir şey yaşadınız mı?*
***Danışan:*** *Hayır olmadı.*
***Terapist:*** *Sıradan, eskisi gibi.*
***Danışan:*** *Aynı şeyler.*

#### ÖNCEKİ SEANSLA BAĞLANTI KURMA

***Terapist:*** *Geçen görüşmemizde daha çok tanıya, teşhise yönelik bir görüşme yapmıştık. O görüşmeyle ilgili söylemek istediğiniz bir şey var mı?*
***Danışan:*** *Yok.*
***Terapist:*** *Görüşme sonrasında aklınıza gelen, söylemek istediğiniz farklı bir şey oldu mu?*
***Danışan:*** *Hayır. Her şeyi söyledim zaten.*

---

* Görüşmeler terapi konusunda tam bir fikir verebilmek amacıyla yapılan gerçek görüşmeler esas alınarak hazırlanmış, ancak danışanın kişisel özellikleri ve bilgileri gizlilik açısından değiştirilmiştir.

## GÜNDEM BELİRLEME

**Terapist:** *Bugün buraya gelirken konuşmayı istediğiniz belli bir konu var mıydı ya da kafanızda planladığınız bir şey?*

**Danışan:** *Açıkçası ne konuşacağımızı da pek bilmediğim için... Yani, çok fazla da düşünmedim.*

**Terapist:** *Nasıl olsa bizim planladığımız bir şey vardır diye düşündünüz.*

**Danışan:** *(Kafasını sallar.)*

**Terapist:** *Geçen hafta "Sıkıntı gelirse not edin," diye bir şey söylemiştim size?*

**Danışan:** *Evet.*

**Terapist:** *Geldi mi peki, panik?*

**Danışan:** *İki kere oldu.*

**Terapist:** *İki kere daha oldu.*

## GÜNDEM BELİRLEMENİN RASYONELİ

**Terapist:** *Her görüşmenin başında, bu terapi süresince bu görüşmede neleri ele alacağımızı birlikte kararlaştıracağız. Şimdi, bunun hedefi, sizin için önemli olan her konuyu konuşmayı garantilemek. Çünkü eğer vaktimizi planlamazsak sizin için önemli olan bazı konulara süre yetişmeyebilir. O nedenle başlangıçta "Sizin özellikle görüşmek istediğiniz, ele almak istediğiniz konu var mı?" diye her seansta soracağım. Bizim yine baştan belirlediğimiz sorunlar vardı. O sorunları öncelik sırasına göre ele alacağız. O sorunlardan sırası geldiğini düşündüğümüzü ele alabiliriz. Yani, bizim başta saptadığımız gibi ilk iki görüşmede konuştuğumuz sorunları sırayla, artı arada başka sorun varsa sizin zihninizi meşgul eden bu sorunları ele alacağız. Bugün için benim planım şöyle: Bugün için de planlama yapmamız gerekiyor. Sizin herhangi bir sorunuz olmadığına göre, bu sorunlarla ilgili, onun bir özeti, daha sonra "Bu terapi süresince değişmesini istediğiniz neler var, hedeflediğiniz şeyler neler?" Onları bir kez daha netleştiririz. Onların bir kısmı aslında belli, zaten o sorunlar için buraya geldiniz. Ama onun dışında belki başka amaçladığınız şeyler de olabilir. Onları da söylersiniz. Daha sonra da* *bu sorunlarla ilgili nasıl bir terapi uygulayacağımızı anlatmaya çalışacağım ben size. Bu terapinin temel esasları, onları nasıl uygulamaya koyacağımız, sizden beklenenler, benim yapacaklarım, onları konuşacağız. Daha sonra da seansımızın nasıl geçtiğini ve özetini konuşup bitireceğiz. Bunlarla ilgili sormak istediğiniz bir şey var mı?*

**Danışan:** *Yok.*

**Terapist:** *O zaman ben, geçen seanstan, değerlendirme görüşmesinden çıkardığım şeyleri, bir özet yapayım. Sizin temel sorununuz yaklaşık bir yıldır ortaya çıkan ve sizin de panik atağı adını verdiğiniz sıkıntı nöbetleri ki o esnada hem bedensel belirtiler oluyor, hem de psikolojik belirtiler. İkinci sorun bununla da bağlantılı, bu sıkıntının geldiğini ya da gelebileceğini düşündüğünüz belli yerlerden kaçınmalarınız oluyor ya da belli durumlardan kaçınmalarınız oluyor. Üçüncü olarak da belki bununla bir ölçüde bağlantılı ama bir ölçüde de bağımsız olan sosyal ortamlarda, insanlarla konuşurken sıkıntınız oluyor. Temelde bu üçü. Bunun dışında yaşadığınız mutsuzluk, karamsarlık gibi belirtiler de var ama daha çok bu yaşadığınız sorunlara bağlı.*

**Danışan:** *(Kafasını sallar.)*

**Terapist:** *Başka eksik kalan bir şey var mı?*

**Danışan:** *Nedensizce yaşadığım korkular var. Yani hayattan zevk alamama durumu.*

**Terapist:** *Bu dördüncü bir konu olarak günlük hayatla ilgili, annenizin-babanızın sağlığıyla ilgili korkularınızdan bahsediyorsunuz.*

**Danışan:** *Hem onlar, hem de kötü bir şey beklentisi. Mesela burada oturuyoruz. Yangın çıkacakmış gibi geliyor.*

**Terapist:** *Anladım. O zaman bir dördüncü şey de onu ekleyebiliriz. (Deftere yazar.) Panik atakları, atak korkusu nedeniyle kaçınma, sosyal sıkıntı ve dördüncüsü de gündelik olaylar. Dört tane. Şimdi bu dördü de terapide bizim uğraşacağımız konular, amaçladığımız şeyler oluyor. O zaman hedeflerimizden birincisi panik ataklarının azalması, ikincisi kaçınmaların azalması, giremediğiniz belli ortamlara girebilmeniz, üçüncüsü sosyal kaygınızın azalması, dördüncüsü de gündelik olaylarla ilgili kaygıla-*

*rınızın azalması. Dört hedef belirleyebiliriz. Bunun dışında sizin düşündüğünüz bir şey var mı? Bu terapi sonucunda, eğer iyi bir şekilde geçerse, hayatınızda neler değişsin istersiniz başka?*

**Danışan:** *Aslında her insanın yaptığı gibi kendi kendime yetebilmek istiyorum. Yalnız kaldığım zaman umutsuzluğa düşmek, karamsar olmak istemiyorum. Her zaman etrafımda insanlar olacak diye bir şey yok, bunu zaten biliyorum ama elimde olsa bunu değiştiririm. En azından yalnız kaldığım zamanki duygularımı değiştiririm.*

**Terapist:** *Başka var mı?*

**Danışan:** *Her şeyden korkmak istemiyorum. Bir şey olacaksa zaten olacaktır. Bununla ilgili kaygı duymamın nedenini anlayamıyorum. Bunu değiştirmek istiyorum. Hatırlayabildiğim kadarıyla bunlar var.*

## AMAÇLARIN BELİRLENMESİ

**Terapist:** *O zaman, bir; panik ataklarınızın, sıkıntı nöbetlerinizin azalması. İkincisi atak korkusu nedeniyle kaçınma demiştik. Ona ek olarak mesela yalnız kaldığınızda sıkıntı duymamak. Üçüncüsü sosyal kaygılar, dördüncüsü de gündelik olaylarla ilgili kaygılar demiştik. Her şeyden korkmamak, bunu da onunla bağlantılı yazabiliriz... Görüşmeler esnasında ben not tutuyorum gördüğünüz gibi, benim için önemli olan şeyleri hatırlamak için. Siz de aynı şekilde bir not defteri edinebilirsiniz. Görüşmelerde hatırlamak istediğiniz, sizin için önemli olan konuları not edebilirsiniz. Onun dışında birlikte yapacağımız bazı şeyler olacak. Onun notlarını ben size vereceğim zaten. Şu kalemi ve şu kâğıdı alın şimdilik. Seanslar arasında yapacağınız şeyleri de not alabilirsiniz... Şimdi, biz, amaçlarımızı da aşağı yukarı belirledik, ama şöyle bir şey de ekleyebilirsiniz: Dört şey vardı ya; panik atak, kaçınmalar, sosyal kaygı, gündelik olaylarla ilgili kaygılar. Bunlarla ilgili alt amaçlar belirlemeye çalışın. Mesela önceki söylediğiniz şey çok uygundu. Yalnız kaldığınızda sıkıntı duymamak, mesela; yalnız kalabilmek. Örneğin, sınıfta soru sorabilmek, sosyal kaygı ile ilgili. Böyle küçük alt amaçlar da belirleyebilirseniz iyi olur. İsterseniz onu not edin. Dört şeyle ilgi-*

*li daha küçük alt amaçlar belirlemek uygun olabilir. Görüşmeye gelmeden önce, önümüzdeki hafta içinde onun üzerinde düşünün lütfen. Bunları daha küçük alt amaçlara bölelim...Daha önce, hiç psikoterapi görüşmesi yaptınız mı?*

## GENEL OLARAK PSİKOTERAPİNİN AÇIKLANMASI

**Danışan:** *Hayır, yapmadım.*

**Terapist:** *İlk defa yapıyorsunuz.*

**Danışan:** *Hı hı.*

**Terapist:** *Peki psikoterapi ile ilgili ne biliyorsunuz?*

**Danışan:** *Çok fazla bir şey bilmiyorum. Yani daha önce psikoterapi adı altında yapılan görüşmeler vardı ama o tarz bir şey olduğunu zannetmiyorum. Daha derin bir şey olması gerektiğini düşünüyorum çünkü yüzeysel konuşmaları her zaman yapıyoruz.*

**Terapist:** *Daha yüzeysel şeyler konuşuldu.*

**Danışan:** *Evet, gündelik sorunlar.*

**Terapist:** *Peki o zaman ben çok kısa söyleyeyim. Psikoterapi bir tedavi tekniğidir. Daha çok da sözel yolla ve etkileşim yoluyla ruhsal sıkıntılarla ilgili yardımcı olma tekniği diyelim. Ayrıca ilaç tedavileri var. Sizin rahatsızlığınızda olduğu gibi bir de konuşarak sözel etkileşimlerle tedavi var. Ona da kısaca psikoterapi diyoruz. Psikoterapinin de türleri var. Bugün sizinle birlikte yavaş yavaş başlayacağımız terapi türü bilişsel davranışçı terapi. Adı çok önemli değil. Önemli olan, daha çok ne olduğunu konuşmak. Biraz onu konuşalım. Bu konuda bir şey duydunuz mu? Bilişsel davranışçı terapi?*

**Danışan:** *İsim olarak duydum ama içeriğini fazla bilmiyorum.*

## BİLİŞSEL MODELİN SUNULMASI

**Terapist:** *Şöyle düşünelim. Örneğin, evde yalnız kaldığınız bir durum olduğunu düşünün. Şu anki evinizde yalnızsınız. Ona A diyelim. Ben tahtaya yazayım. Siz de kâğıda yazar mısınız? A dediğim şey şu: Sabahtan akşama kadar biz çeşitli* *durumlar yaşıyoruz, çeşitli ortamlara giriyoruz, çeşitli kişilerle karşılaşıyoruz... Yani, gün boyunca bizim dışımızda olup biten şeyler. Mesela evde yalnız kalmak böyle bir durum, gün içinde yaşayabileceğiniz. Evde yalnız kaldığınızda ne hissediyorsunuz? (Terapist tahtaya A, B, C modelini çiziyor.)*

**Danışan:** *Bir kere çok fazla canım sıkılıyor.*

**Terapist:** *Sıkıntı. (C'nin altına sıkıntı yazıyor.)*

**Danışan:** *Yapacak pek fazla bir şey bulamamak.*

**Terapist:** *Sıkıntı dışında korku, kaygı?*

**Danışan:** *Huzursuzluk, kaygı.*

**Terapist:** *Huzursuzluk ve kaygı. (İkisini C'ye, sıkıntıya ek olarak yazıyor.) Bununla, bu sıkıntı, huzursuzluk, kaygı ile ne yapıyorsunuz? Mesela arkadaşınızı çağırma, birinin yanına gitme?*

**Danışan:** *Genellikle içki alıyorum.*

**Terapist:** *(C'nin altına alkol kullanmak yazıyor.) Başka yaptığınız bir şey var mı?*

**Danışan:** *Genellikle uyumaya çalışıyorum.*

**Terapist:** *(C'nin altına uyumaya çalışmak yazıyor.) Başka?*

**Danışan:** *Yakınlarıma telefon ediyorum. Telefonla konuşuyorum.*

**Terapist:** *(C'nin altına yazıyor.) C dediğim şey de duygu ve davranışlarımız. Şimdi şöyle diyebilir miyiz? Sizin sıkıntınızın nedeni evde yalnız kalmak. Yani evde yalnız kalmak sizde sıkıntı, huzursuzluk, kaygı yaratıyor. Bunun sonucunda da o sıkıntıyı gidermek için alkol kullandığınız olabiliyor. Ondan sonra da herhalde uyumaya çalışıyorsunuz.*

**Danışan:** *Hı hı.*

**Terapist:** *Veya telefonla konuşarak belli ki sıkıntınızı azaltmaya çalışıyorsunuz. Böyle diyebilir miyiz?*

**Danışan:** *Evet.*

**Terapist:** *Peki, şimdi, evde yalnız kalan ve sıkıntı duymayan insanlar da var, değil mi?*

**Danışan:** *Var.*

**Terapist:** *Evde yalnız kalmak eğer sıkıntı doğurucu bir şeyse neden onlarda bu olmuyor ama sizde oluyor?*

**Danışan:** *İşte onu bilmiyorum.*

**Terapist:** *Yani şunu demek istiyorum. Mesela gökdelenin tepesine çıksa bir insan, (tahtaya gökdelen ve tepesinde bir insan çiziyor) ve kenarında dursa, korkuluk da yok önünde, sıkıntı duyar mı?*

**Danışan:** *Evet.*

**Terapist:** *Herkes sıkıntı duyar mı bundan?*

**Danışan:** *Duyar.*

**Terapist:** *O zaman şöyle diyebiliriz. Bu kişinin sıkıntı duymasının sebebi budur. Şimdi evde yalnız kalma durumundaysa farklı bir şey var, yani o durumda kalan herkes sıkıntı duymuyor. Hatta bazıları memnun da oluyor. Şimdi, belki şöyle anlayabiliriz: Evde yalnız kalan ve sıkıntı duymayanlarla sizin aranızda ne fark var acaba? Onu bulabilirsek, o zaman sanırım sizin sıkıntınızı da anlayabiliriz.*

**Danışan:** *Aslında ben çocukluğumdan beri evde yalnız kalmak zorundayım, annem çalışan birisi olduğu için. Yapmam gereken şeyleri yapıyorum, zevk aldığım şeyler var. Ne bileyim, bilgisayarda oyun oynuyorum, gitar çalıyorum ama yalnızken zevk almamaya başlıyorum artık.*

**Terapist:** *Hı hı...*

**Danışan:** *Ya da yanımda birisi olsun istiyorum, konuşmaya ihtiyaç duyuyorum, korkuyorum, tıkırtı duyuyorum. O kaygı yapıyor bende. Bunun gibi şeyler.*

**Terapist:** *Yani evde yalnız kalan, sıkıntı, kaygı duymayan bir insan ve evde yalnız kalan siz ve sıkıntı, kaygı duyan siz. Nedir aradaki fark?*

**Danışan:** *Aradaki fark belki benim kaygı seviyemin fazla olması olabilir.*

**Terapist:** *İşte, kaygı seviyesi niçin fazla olabilir?*

**Danışan:** *(Gülümsüyor)*

**Terapist:** *Şöyle düşünsek: Diyelim evinde yalnız kalan ve sıkıntı duymayan bir kişi, bir de evde yalnız ve sıkıntılı olan siz. Bu iki kişinin zihnini gösteren bir makine bağlasak, sıkıntılı sizin zihninizde neler görünürdü? Rahat olan kişinin zihninde neler görünürdü?*

***Danışan:*** *Sanırım rahat olan kişinin zihninde o anki durumdan memnun olma, yapacağı şeyler... Televizyon seyrediyorsa bu durumdan memnun olduğunu, huzurlu ve rahat olduğunu görürdük herhalde.*

***Terapist:*** *O duruma belki konsantre olma, o durumla ilgili şeyler düşünme...*

***Danışan*** *Hı hı. Benim zihnime bakıldığı zaman da işte benim kafamı rahatsız eden şeyler. Yalnızken problemlerim çok fazla aklıma geliyor. Odaklanıyorum belki de. Ya da bir şey seyrediyorum, kafam orada değil...*

***Terapist:*** *Anladım. Zihninizde ne tür düşünceler görünür o sıkıntılı, korkulu anında?*

***Danışan:*** *Daha çok paranoyaklık gibi geliyor bana ama "Şimdi yangın çıksa ne yaparım?", "İşte ocakta gaz kaçağı var mı?", "Şu anda arkadaşlarım ne yapıyordur?Ben burada yalnızım, keşke ben de onların yanında olsaydım." Durumdan memnuniyetsizlik. Evde biri var korkusu.*

*(Terapist B'nin altına yangın çıkabilir, ocakta gaz kaçağı olabilir, yalnızım, evde birisi var yazıyor.)*

***Terapist:*** *Şimdi, rahat olan insanın zihninde böyle şeyler görebilir miydik?*

***Danışan:*** *Göremezdik.*

***Terapist:*** *O zaman durum, aynı durum. Yaşanan durum evde yalnız kalmak; bir kişide bir sıkıntı doğurmuyor, diğer kişide doğuruyor. O aynı durumu yaşayan kişi açısından baktığımızda farklı şeyler düşünüldüğünde farklı hissediliyor. Yani sizin sıkıntınızın nedeni evde yalnız kalmak değil aslında. Evde yalnız kaldığınızda olabileceğini düşündüğünüz şeyler. Onlar değiştiğinde insan sıkıntı duyuyor ya da duymuyor. Yani evde yalnız kalma durumu aynı. Düşünceler değiştiğinde bir kişi sıkıntı duyuyor, diğeri duymuyor. Diğerinin düşüncesi biraz önce dediğiniz gibi yaptığı işle ilgilenmek ya da o gün yapacağı işleri düşünüyor olması, vs. Bu açıklama sizin kafanıza yattı mı?*

***Danışan:*** *Yattı.*

***Terapist:*** *İşte bilişsel davranışçı tedavinin esası bu. Bir ki-*

*şiyi sıkıntıya sokan şey, olayın ya da durumun kendisinden çok o olayın onun için ne anlama geldiği. O olaya verdiği anlam. O olayı ya da durumu yaşarken düşündüğü şeyler onun duygusunu şekillendirmede son sözü söyler. Fakat burada şöyle bir yanlış anlama olmasın: Bütün yaşadıklarımızın nedeni bizim düşündüğümüz şeyler, yaptığımız yorumlar, o olayla ilgili verdiğimiz anlamlar değildir. Bir etkisi var diyoruz. Çünkü bazı durumlar var ki herkeste sıkıntı yaratır. (Tahtaya çizdiği gökdelen ve insanı gösteriyor.) O zaman deriz ki bu kişinin bu durumda korku duymasının nedeni gökdelenin kenarında olmasıdır. O zaman ne demiş olduk? Olay, durum, ortam ya da kişiden çok, o durumda, o ortamda kişinin düşündüğü şeyler duygusunu etkiliyor ya da son sözü o söylüyor. Bu bağlamda düşünürsek, şu B dediğimiz noktada ne tür şeyler kişinin duygusunu, davranışını etkilemede rol oynar, onu biraz konuşalım. Bir tanesi A. Yani sizin durumunuzda bu tetikleyici rol oynuyor. Başka bir kişide tetiklemiyor ama sizde tetikleyebiliyor. Şöyle bir örnek versem; bugün yolda gelirken birisi size küfrediyor. (A'nın altına adamın küfretmesi yazıyor.) Tanımadığınız yabancı bir kişi tam siz yanından geçerken küfrediyor. Bu durumda ne hissedersiniz?*

**Danışan:** *Sinirlenirim, huzursuz olurum.*

**Terapist:** *(C'nin altına kızgınlık yazıyor.) Korkulu bir huzursuzluk mu?*

**Danışan:** *Hı hı, korku.*

**Terapist:** *(C'nin altına korku yazıyor) Yani şöyle diyebilir miyiz? Adam küfretti, siz de kızgınlık ve korku hissettiniz. Yani adamın küfretmesi; sizin kızgınlık ve korkunuzun nedeni bu. Şimdi farz edelim adam yine küfrediyor, fakat içinden. Yani siz yanından geçerken içinden böyle bir şey söylüyor. Sizin duyamayacağınız çok hafif bir ses tonuyla. Bu durumda kızgınlık ya da korku gibi bir tepkiniz olur mu?*

**Danışan:** *Olmaz.*

**Terapist:** *Olmaz. Şimdi olay yine oldu ama.*

**Danışan:** *(Sessiz kalıyor.)*

**Terapist:** *Demek ki olayın olması tek başına yetmiyor. Ne* *gerekiyor? Bizim öncelikle onu algılamamız gerekiyor. Yani fark etmemiz gerek. Mesela, şu anda bu odada bulunmaktan dolayı bir korkunuz var mı?*

**Danışan:** *Yok.*

**Terapist:** *Ben size şöyle desem: Geçen hafta mühendisler geldi, bu odanın sağlıksız olduğunu, her an yıkılabileceğini söyledi, desem. Şu an korkuyor musunuz?*

**Danışan:** *Hayır, şu an korkmuyorum.*

**Terapist:** *Neden korkmuyorsunuz? Çok tehlikeli bir şey söyledim.*

**Danışan:** *Öyle bir durumda korkardım.*

**Terapist:** *Ama söyledim.*

**Danışan:** *Ama örnek olarak söylediniz.*

**Terapist:** *Evet. Çünkü inanmadınız. Yani bir şeyin bizi etkileyebilmesi için onun olabileceğine inanmamız gerekir. O da ayrı bir konu. Öncelikle inanmadan öte, bu örneği şunun için verdim, durum gerçekten olsa bile siz farkında değilseniz, algılamamışsanız hiçbir korku yaratmaz. Yani gerçekten mühendisler bu odaya gelip, girilmez demiş olsa bile sizi etkilemesi için bu durumu bilmeniz gerek. Bu ilki. Peki Çince biliyor musunuz siz?*

**Danışan:** *Hayır.*

**Terapist:** *Diyelim adam yine bir şey söylüyor. Küfrediyor aslında ama Çince. Çince, ne olduğunu bilemediğiniz bir şeyler duyuyorsunuz, bu durumda kızgınlık ya da korku duyar mısınız, yoksa başka bir şey mi?*

**Danışan:** *Korku duyarım muhtemelen, ne söylediğini anlamadığım için ya da nasıl söylediğine göre değişir.*

**Terapist:** *O zaman buradaki huzursuzluk meraklı bir huzursuzluk mu, korkulu bir huzursuzluk mu?*

**Danışan:** *Korkulu.*

**Terapist:** *Kızgınlık duyar mısınız?*

**Danışan:** *Hayır.*

**Terapist:** *O zaman duygusal tepki için algılama da tek başına yeterli değil. İkincisi anlamlandırma. Yani onun ne dediğini anlamamız gerek, yani olayı anlamlandırmamız gerek. Üçüncü-*

*süne geçelim. Diyelim ki adam küfrediyor, Türkçe küfrediyor, 100 tane insan bu küfrü duysa 100'ünde de aynı duygusal tepki mi olur? Yani hepsi kızgınlık ve korku mu duyar?*

**Danışan:** *Hayır.*

**Terapist:** *Başka mesela acıma ve üzüntü hisseden olur mu?*

**Danışan:** *Olabilir.*

**Terapist:** *Peki nasıl oluyor da aynı şeyi anladığı, algıladığı halde, bazı insanlar üzüntü, acıma hissediyor, bazı insanlar korku, bazı insanlar sıkıntı hissediyor?*

**Danışan:** *Farklı çağrışımlar, yani önceden yaşadığı bir olayla ilgili farklı çağrışım yapıyor olabilir.*

**Terapist:** *Çok güzel.*

**Danışan:** *Ruh haline göre değişiyor olabilir.*

**Terapist:** *Evet doğru. İşte üçüncü şey: yorumlama. Mesela sizin korku duyan yanınız, bu olayda neden korku duyar?*

**Danışan:** *Çünkü kendini güçsüz hissediyor olabilir.*

**Terapist:** *Yok. Siz diyelim, böyle bir olayda korku duydunuz, niçin korku duyarsınız?*

**Danışan:** *Korkarım, çünkü karşımdaki insan küfrediyor ve ben ne olacağını bilmiyorum.*

**Terapist:** *Evet, çünkü kötü bir şey olacağını düşünüyorsunuz.*

**Danışan:** *Neden olduğunu bilmiyorum.*

**Terapist:** *Hı hı... Neden olabilir? Neden olduğunu düşünürse kişi korku duyabilir?*

**Danışan:** *Kendisi yanlış bir şey yaptıysa ya da karşısındakinin kötü bir şey yapacağını düşünürse.*

**Terapist:** *Hı hı... (B'nin altına yazar.) Zarar göreceğini düşünürse ya da kötü bir şey yapacağını düşünürse insan korku duyar. Peki kızgınlık demiştiniz. Niçin kızgınlık?*

**Danışan:** *Çünkü küfrediliyor, yani hakaret ediliyor. Yani şahsıma söylendiği için sinirlenirim, kızarım.*

**Terapist:** *Tamam. Böyle bir küfür duyduğunuz anda aklınızdan ne geçer?*

**Danışan:** *İlk önce çok şaşırırım ve neden olduğunu düşünürüm. Yaptığım bir şeye mi karşılık olduğunu... Anlam veremem, ben.*

**Terapist:** *Anlam verememe, daha çok şaşkınlıkla ilgili. Kızdıran yanı ne?*

**Danışan:** *Kızdıran yanı, karşımdaki insanın bana kötü bir şey söylemesi.*

**Terapist:** *Kötü davranılması ve bu kötü davranışın bize göre gerekçesi yoksa, haksızsa, o zaman, daha çok kızgınlık duyarız. Peki böyle bir olayda keder ve üzüntü duyan olur mu?*

**Danışan:** *Üzüntü duyulabilir.*

**Terapist:** *Üzüntü, nasıl duyulur?*

**Danışan:** *Neden insanlar bana bu şekilde davranıyorlar diye üzüntü duyulabilir.*

**Terapist:** *Oradan bir üçüncü şey çıkıyor. Daha çok kayıp sonucu olursa, örneğin kendinde bir eksiklik, bir zayıflık, bir güçsüzlük gibi, o zaman üzüntü duyar. Bu üç örnek yeterli, çünkü bunlar temel duygular. Neleri algılıyoruz, neleri algılamıyoruz, birinci olarak bu etkiliyor, bizim duygularımızı. İkincisi, algıladıklarımıza ne anlam veriyoruz, onu da nasıl yorumluyoruz. İnsan zarar görebileceğini ya da tehlike altında olduğunu düşünürse, korku tepkisi ortaya çıkabiliyor. Haksızlığa uğradığını, kendine haksız davranıldığını düşünürse kızgınlık duyuyor. Geri dönmeyecek bir kayıp değerlendirmesi yapıyorsa üzüntü duyuyor. İşte biz, bilişsel davranışçı terapide, B dediğimiz kısmı, yani insan neleri algılıyor, neleri algılamıyor, algıladıklarını nasıl anlamlandırıyor, nasıl yorumluyor, o kısım üzerinde duruyoruz. Şimdi, yalnız, dikkat ederseniz (A'yı göstererek) bizim duygusal tepkimizde A'nın da bazen tetikleyici, bazen de sebep anlamında bir rolü var. Bir de buranın (B'yi göstererek) rolü var. Eğer sizin sorununuzu şurada görüyorsanız (A'yı göstererek), yani sizin sorununuz evde yalnız kalmaksa yapılacak şey nedir?*

**Danışan:** *Üstüne gitmek ya da düşüncelerimi değiştirmek?*

**Terapist:** *Niçin üstüne gidesiniz ki? Evde yalnız kalmazsınız, sorun da ortadan kalkar. Ya da hep evde birileri olsun, o zaman sıkıntı da olmaz.*

**Danışan:** *Mutlaka yalnız kalacağım zaman olacak.*

**Terapist:** *Evet, çünkü şu (A'yı gösterir) standart bir durum,* *hayatın içinde kaçınılmayacak bir durum. Çünkü genelde insanlar sorunu bu olarak gördükleri için halletmeye buradan başlarlar. Mümkün olduğunca yalnız kalmamaya çalışarak ya da yalnızken alkol alarak, uyumaya çalışarak (C'yi göstererek). Dolayısıyla biz öncelikle buradan başlıyoruz aslında. (B'yi göstererek). Çünkü burayı (B) ihmal edip direkt buradan başlarsak (A) az önce olduğu gibi anlamlı olmayan önerilerde bulunabiliriz. Mesela, kir bulaşacak diye kapı kollarını tutamayan bazı kişiler var. Bizim obsesif kompulsif bozukluk adını verdiğimiz bu rahatsızlığa sahip olan bir kişiye diyelim ki şöyle bir öneride bulunduk: "O zaman siz eldiven takın ve eldivenle dolaşın," gibi. Bu sorunun asıl kaynağını çözmez, çünkü kaçamayacağı bir şey öneriyoruz. Şimdi bu görüşmeyle ilgili şu ana kadar ne düşünüyorsunuz?*

**Danışan:** *Düşüncelerimi değiştirmem gerekiyor. Bunu da ancak bu şekilde yapabilirim.*

**Terapist:** *Görüşmede benim anlattıklarım size anlamlı geliyor mu?*

**Danışan:** *Evet.*

**Terapist:** *Ya da işe yarayacağını düşünüyor musunuz?*

**Danışan:** *Düşünüyorum.*

**Terapist:** *Peki, bu görüşmenin aynısını ben 100 farklı kişiyle yapsam hepsi de aynı şekilde, sizin düşündüğünüz gibi, düşünür müydü, acaba?*

**Danışan:** *Düşünmezdi herhalde.*

**Terapist:** *Yani mesela şuradaki yaşantının bile, bir; benimle ilgili bir yanı var, bir de sizinle ilgili yanı. Yani neleri algıladınız, nelere dikkat ettiniz, geçmişteki doktorlarla ilgili tecrübeleriniz, bütün bunlar da rol oynuyor. Yani 100 kişiyle bu görüşme yapıldığında aşağı yukarı ortak bir şey oluşur, ama bir de farklı olan, her kişiye özgü yanlar var. İşte o kişiye özgü yan büyüdükçe problem de artıyor. Birisi de şöyle değerlendirebilir: Bu doktor, aslında doktor değil, söyledikleri de tamamen ilgisiz şeyler. Beni kandırmaya çalışıyor. Bu durumda duygusal tepkisi de bambaşka olur. Oldukça farklı bir tepki. Bu neden böyle olur acaba? İnsanların tepkileri neden farklı olur?*

***Danışan:*** *Şu anki durum için konuşursak belki kabullenmede farklılık olur. Yani ben sorunumu biliyorum ve çok yabancı gelmiyor bunlar. Gerçekten yaşadığım şeyler olduğu için kabullenmem kolay oluyor. Ama bir başkası, böyle davrandığının farkında olmayabilir, o yüzden kabullenmeyebilir. Kabullenmesi zor olduğu için kızgınlık duyabilir.*

***Terapist:*** *Mesela az önce söylediğiniz bir şey vardı. Kişinin geçmişteki tecrübeleri, ona bağlı çağrışımlar... Mesela bu kişi sık sık aldatıldıysa, aynı şeyi burada da bekliyor olabilir. Bir adamın küfretmesinden dolayı kızgınlık duyan bir kişiye şöyle diyebilir miyiz? "Senin rahatsızlığın var, seni tedavi edelim."*

***Danışan:*** *Demeyiz.*

***Terapist:*** *Neden?*

***Danışan:*** *Çünkü verdiği tepki, normal bir tepkidir.*

***Terapist:*** *Evet. Şimdi, bu da çok önemli bir nokta. Olayla ya da durumla, duygusal tepki orantılı. Mesela şöyle dese: "Sabah, birisi bana küfretti. Bütün gün bunu düşündüm ve çok öfkeliyim. Adamın adresini bulmaya çalışıyorum, gidip öldüreceğim onu." Daha önce de 3 tane adam öldürmüş. Bu kişi için, "Yine adama küfretmişler, o da sinirlenmiş," diyebilir miyiz?*

***Danışan:*** *Diyemeyiz.*

***Terapist:*** *Belki biraz karışık olacak ama, kabaca şöyle diyebiliriz: Hepimiz olayları belli bir şekilde algılıyoruz. Bunu da belirleyen, şu B dediğimiz kısım. Yani dünyaya arkasından baktığımız bir mercek gibi düşünebiliriz. Şimdi, bu mercek hepimizde belli bir kırılma yapıyor. Yani hiçbirimiz dünyayı olduğu gibi algılamıyoruz. Yani burada görüşmede bulunan kişilerin, benim, sizin şu 40 dakika ile ilgili, aşağı yukarı benzemekle birlikte farklı tecrübeleri var. Şimdi, mühim olan bu kırılma ne kadar abartılı, ne kadar değil. Siz mesela küfür eden adamla ilgili pek çok kişiye benzer tepki veriyorsunuz ama yalnız kalma ile ilgili tepkileriniz farklılaşıyor. Oradaki kırılma daha büyük. O mercekleri kırılma ne kadar fazla ise bizim o kadar buraya (B) bakmamız gerekir. Ama aşağı yukarı herkesin tepki verebileceği bir şeyse bu* *durumda da biz terapiye gelen kişiye, psikiyatristler olarak şunu demiyoruz: "Herkeste bu böyle olur, buna yapacak bir şey yok." Demiyoruz, çünkü öncelikle buradan (B) başlıyoruz. Burası kişinin duygusal tepkisiyle daha ilgili olduğu için eğer problemli bir tepkisi varsa, ruhsal bir sorunu varsa daha ön plana çıkar. Ama şu kısmın da (A), yani olayların da bir önemi var. Olaya olan tepkisi abartılı değil, uygun ama yine de bir sorun yaşıyorsa kişi, o zaman sorun çözme yöntemleri dediğimiz şeyleri kullanmak gerekiyor. Yani nedir onlar? (Tahtaya yazar.) Birincisi inkâr veya katlanma, ikincisi çözmeye çalışma, üçüncüsü yer değiştirme, bırakma, ayrılma. Şimdi bunun detayına çok girmeyeceğim. Sizin sorununuzda şu (B) kısımdan başlayacağız ama sorun çözme yöntemleriyle ilgili şöyle diyebilirim: Eğer durduk yerde bir adam küfrediyorsa, öncelikle adamla konuşup bu durumun ne olduğunu çözmeye, halletmeye çalışırız, çünkü rahatsız edici bir durum. Ardından, diyelim ki ortada gerçekten hiçbir şey yok ama adam gelene gidene küfrediyor ve bu çözebileceğimiz bir şey değil. Bu durumda polise şikâyet edebiliriz. Diyelim ki bu da olmuyor, çünkü adamın arkası güçlü, polis de bir şey yapamıyor. O zaman, mesela, imkânlarımız varsa o muhiti terk etmeyi, başka bir yere gitmeyi deneyebiliriz. Diyelim ki olmuyor, çünkü başka gidebileceğimiz bir yer yok. Adam da oranın demirbaşı, her yerde karşımıza çıkıyor. O zaman inkâr ya da katlanmayı seçebiliriz. Onu görmezden gelmeye çalışabiliriz. Yani duruma göre çeşitli şeyler yapılabilir. Hangisi uygundur, hangisi uygun değildir, bu çok önemli tabii. Çünkü bazen insan çözülemeyecek şeyi çözmeye çalışarak çok zaman kaybedebilir. Sizin gerçek yaşam sorunlarınızla ilgili bir gündemimiz olduğunda bu yöntemleri detaylı konuşuruz. Yani bizim daha çok yapmaya çalışacağımız şu: Özellikle sizin bu kaygılarınızla ilgili olaylar, durumlar için B'den başlayacağız. B'den başlamamız konusunda siz ne düşünüyorsunuz? Uygun mu?*

## BİLİŞSEL MODELİ UYGUN BULUP BULMAMANIN KONTROLÜ

**Danışan:** *Uygun.*

**Terapist:** *Yani siz de bu olaylardaki bu duygusal tepkilerinizde, olumsuz, sizi rahatsız eden tepkilerinizde algılamanın, anlamlandırmanın ve yorumlamanın rolü olduğunu düşünüyorsunuz.*

**Danışan:** *Evet.*

**Terapist:** *Bunlar değişebilir mi sizce?*

**Danışan:** *Emin değilim.*

**Terapist:** *Neden emin değilsiniz?*

**Danışan:** *Değiştirmek elimde mi, onu bilmiyorum.*

**Terapist:** *Tamam. Peki ben size desem ki, "Bu bina yıkılabilir," demiştim, siz de etkilenmemiştiniz. Bu konuda gerçekten bir görüşme olduğunu, mühendis raporları olduğunu söylesem, fikriniz değişir mi?*

**Danışan:** *Değişir.*

**Terapist:** *İşte biz buna inanıyoruz. İnsanların yaptığı anlamlandırma ve yorumların değişebileceğine inanıyoruz. Değişmesi bazen kolay olabilir, bazen zor olabilir ama potansiyel olarak değişebileceğine inanıyoruz. Ama öncelikle ilk adımı kişinin içindeki şu değerlendirmeleri (B), doğrudan birebir hayatın karşılığı gibi değil de, onun yaşadığı ile ilgili ulaştığı bir varsayım olarak görmesi gerek ki inceleyebilsin. İnceledikten sonra da değişebilir diye düşünüyoruz. Sizce değişebilir mi, peki?*

**Danışan:** *Değişebilir.*

**Terapist:** *Ama bu değişecek anlamına gelmiyor. Değişebilir. Ama değişir mi, değişmez mi onu zaman içinde göreceğiz. Bunlarla ilgili sormak istediğiniz bir şey var mı?*

**Danışan:** *Var, aslında. Aklıma şöyle bir şey takıldı: Ben düşüncelerimi değiştirebilirim. Örneğin, "Yangın çıkmayacak, yalnız kalmak hoşuma gidiyor," gibi telkinlerde bulunabilirim. Ama yalnızlığın hoşuna gitmemesi bir duygu aslında, duygularımı nasıl değiştireceğim?*

***Terapist:*** *Evet. Peki az önceki örneğe geri dönecek olursak, burayla ilgili bir tehlike var dedim ama herhangi bir korku hissetmediniz.*

***Danışan:*** *Hı hı.*

***Terapist:*** *Sizi korku hisseder bir hale getirmek için ne yaptım?*

***Danışan:*** *Düşüncelerimi değiştirdiniz.*

***Terapist:*** *Evet. Birtakım kanıtlar göstererek değiştirdim. Mühendisi çağırdım, dediği şeyleri söyledim. Raporları gösterebileceğimi söyledim. Düşünceniz değiştiğinde duygunuz da değişmiş oluyor. İşte biz, duyguyu da o şekilde değiştirmeye çalışıyoruz. Çünkü duygu bir sonuç sizin dediğiniz gibi.*

***Danışan:*** *Hı hı.*

***Terapist:*** *Mesela ben size devamlı desem ki "Siz korkmayın." Bunun bir anlamı var mı?*

***Danışan:*** *Yok.*

***Terapist:*** *Bu yüzden "Rahat ol, korkacak bir şey yok" demekle hiçbir şey değişmez. Asıl korkunuza yol açan gerekçelere bakacağız. Somut bir şekilde tehlike var mı, yok mu birlikte inceleyeceğiz. Tedavinin birinci kısmı bu. Aslında ufak bir kısmı. Bilişsel kısmı bu şekildedir. Davranışçı kısmı da şöyle: Şimdi sizin birtakım korkularınız var. Bu tür durumların korku verici olduğunu bizzat yaşayarak anlıyorsunuz. Yalnız kalıyorsunuz ve sıkıntı duyuyorsunuz. Yani yalnız kalmak, sizin için kötü bir şey.*

***Danışan:*** *Evet.*

***Terapist:*** *Bu yaşantıyla gördüğünüz bir şey. Bizim, yalnız olduğunda sıkıntı duymayabileceğinizi de size göstermemiz gerekiyor. Onun için birtakım davranış denemeleri yapacağız. Onu önümüzdeki seansta yavaş yavaş anlatacağım. Kabaca şöyle söyleyeyim: Burada 45 dakika terapi yapıyorsak, haftada yaklaşık 3-4 saat bunun gibi davranış deneylerini de sizin yapmanız gerekiyor. Böyle bir şeye ayırabilecek zamanınız var mı?*

***Danışan:*** *Var.*

***Terapist:*** *Belki bunların bir kısmında başlarda biz de size yardımcı olacağız. Yani şunu söylüyorum: Bir kişiye belki yüz-*

*meyi anlatabilirsiniz. Günlerce, aylarca, yıllarca. Ama o suyun içine girmedikçe, dünyanın en iyi anlatıcısı da olsa çok bir anlam ifade etmez. Buna benzer biçimde siz de bu korkuyla ilgili yaşayarak bazı şeyleri öğreneceksiniz. İkinci kısmı da o. Çok kısa geçiyorum birinci kısma göre ama çok daha önemli ve çok daha anlamlı değişiklikler doğuracak kısmı da o...*

## SEANSIN ÖZETLENMESİ

***Terapist:*** *Şimdi bugün genel olarak bilişsel davranışçı terapinin dayandığı esası anlattım. Önce ben özetleyeyim. Sonra siz de görüşmeyi özetleyin. Olaylar veya duygular kadar, hatta bazen onlardan daha fazla, kişinin o olayları, durumları nasıl gördüğü belirleyicidir. Özellikle, kişi herkesin rahatlıkla yapabildiği bir şeyi yapamıyorsa, korku duyuyorsa, bu durumda kişinin değerlendirme sistemine bakmamızda yarar olduğunu düşünüyoruz çünkü o duruma korkulu biçimde tepki vermesine yol açan şeyin kişinin değerlendirme sistemi olduğunu düşünüyoruz. Terapide öncelikle bununla uğraşıyoruz. Bununla uğraştıktan sonra bununla paralel olarak, aynı zamanda yaşayarak, bizzat bu durumun tehlikeli olmadığını görmesini sağlamaya çalışıyoruz. Bu da terapinin davranışçı kısmını oluşturuyor. Siz sizin açınızdan anlamlı olan ya da aklınızda kalan kısımları özetler misiniz?*

***Danışan:*** *Sorunun kaynağı aslında benim bakış açım ya da algılama şeklim. Bu değiştiği zaman da benim verdiğim tepkiler ve hissettiklerim değişecek. Bunun için de davranışçı tarafını kullanacağız.*

***Terapist:*** *Önce bilişsel kısmı, sonra davranışçı kısmı. Belki şöyle diyebiliriz: Bir şirket var. Bu şirket verimli bir şekilde çalışmıyor. Bir problem var. Önce bir ekip ayarlıyoruz. Bu sistemi kontrol ediyor, analiz ediyor ve verimsiz olan yanlarını ortaya koyuyor. Sonra bunu bize aktarıyor. "Burada şu tarz problemler var. Şunların değişmesi gerek. Şunlar değişirse de daha iyi olacak," diyor ve yöntemleri gösteriyor. Daha sonra, ikinci bir ekip geliyor. O da gerekli değişiklikleri sırasıyla yapıyor. "Sen şurada çalışacaksın. Artık şunları yapacaksın," diyor. Orada o çalışmaya* *başlıyor. Problem olan şeyleri düzeltiyor. Ben bilişsel davranışçı terapiyi buna benzetirim. İlki bilişsel kısım. Anlatıyor, sorunun ne olduğunu analiz ediyor. İkinci kısım da davranışçı kısım, değişiklikleri yapıyor. Peki, vaktimizin sonuna geldik gibi.*

## SON GERİBİLDİRİM

***Terapist:*** *Bugünkü görüşmeyle ilgili söylemek istediğiniz bir şey var mı?*

***Danışan:*** *Yok.*

***Terapist:*** *Bugünkü görüşmemizde sizi rahatsız eden bir şey oldu mu?*

***Danışan:*** *Hayır.*

***Terapist:*** *Eğer seanstan sonra aklınıza gelecek olursa onları not edin lütfen.*

***Danışan:*** *Tamam.*

# Bölüm 9
# Bilişsel Davranışçı Terapide Seansların Yapılandırılması

Bilişsel davranışçı terapinin uygulama alanında diğer psikoterapilerden farklılaşan yönü yapılandırılmış bir tedavi olmasıdır. Bunun iki anlamı vardır: Birincisi bilişsel davranışçı terapi süreci, seanslar arasında yapılandırılmıştır. Terapi sürecinin genel yapısı değerlendirme, ilk psikoterapi görüşmesi, terapi süreci ve yinelemeyi önleme ve güçlendirme görüşmeleri sırasını izler. Yani süreç değerlendirme ve tedavi amaçlarının belirlenmesiyle başlar, psikoeğitim seansları ve bilişsel davranışsal müdahalelerin uygulandığı rahatsızlığa özgü tedavi protokolüyle devam eder ve sonlandırma seanslarıyla biter. Süreç bittikten sonra da gerek duyulursa güçlendirme seansları yapılır. İkinci anlamı ise her seansın kendi içinde de benzer bir yapının olmasıdır. Seanslar da aynen terapi süreci gibi kısa bir değerlendirme, amaç/gündem belirleme ile başlar. Bilişsel davranışçı müdahalelerle süre. Özet ve geribildirimle biter. Bu bölümde, ilk terapi seansı sonrasında devam eden seanslarda seansların nasıl yapılandırıldığı, gündemin nasıl belirlendiği, belirlenen gündemin nasıl ele alındığı aktarılacaktır.

**Tablo 1.** Bilişsel Terapi Seansının Bileşenleri

1. Duygudurum kontrolü
2. Hafta içi önemli olaylar
3. Önceki seansla bağlantı kurma
4. Seansta verilen uygulamaların kontrolü
5. Gündem belirleme
6. Gündem maddelerinin ele alınması
7. Yeni seansta verilen uygulamaları planlama
8. Seansın özetlenmesi
9. Danışandan geribildirim

Bilişsel davranışçı terapi sürecinde terapi, ele alınan rahatsızlığa özgü bilişsel terapi protokolüne uygun bir biçimde yürütülür. Ancak bu protokol uygulanırken tedavi sürecini oluşturan her seansın da yine kendi içerisinde birbirine benzer bir planı vardır. Bilişsel terapi seanslarında rastgele ya da doğal gidişe bırakılmış bir akış söz konusu değildir, tek biçimli standart bir format uygulanır, seanslar yapılandırılmıştır. Buna göre, terapist seansın başında hastaya kendisini nasıl hissettiğini sorar, kısaca geçirdiği haftayı özetlemesini ister, bir önceki seansı özetler, önceki seansla ilgili geribildirim alır, verdiği ev ödevini kontrol eder, birlikte yeni seans için bir gündem oluşturur, gündem maddelerini tartışır, ele alır, bir sonraki seansa kadar yapılması için yeni ev ödevi verir, seans süresince ve sonunda açığa çıkan önemli noktalarla ilgili özetleme yapar ve her seansın sonunda hastadan o seansla ilgili geribildirim ister. Bu yapı, terapi sürecindeki görüşmeler boyunca aşağı yukarı hep aynı kalır. Süreç içinde, başlangıçta terapist gündem belirleme, ödevleri belirleme ve özetlemelerde daha etkinken, giderek hastanın da etkinliği artar ve danışan daha fazla rol almaya başlar.

Şimdi seansı oluşturan bileşenleri biraz daha ayrıntılı ele alalım:

## Duygudurum Kontrolü ve Hafta İçinde Yaşanan Önemli Olaylar

Bilişsel terapi seansı, hastanın genel olarak kendisini nasıl hissettiğinin araştırılmasıyla başlar. Burada amaç hastanın o anda karşımızdayken kendini nasıl hissettiğini anlamaktır. Eğer hastanın duygudurumunda bir sorun varsa, kısaca buna neden olan bir şey olup olmadığı sorulur; bu aynı zamanda seansın bir sonraki bileşeni olan hafta içinde yaşanan önemli olayların konuşulmasına da geçiş olur. Bu noktada hastadan istenen şey, haftanın özeti ya da neler yaşadığı değil, hastayı halen etkileyen önemli bir olay yaşayıp yaşamadığının öğrenilmesidir. Bu, "Bu hafta içinde benim bilmem gereken önemli bir olay yaşadınız mı? Yaşantınızda bir değişiklik oldu mu?" gibi sorularla araştırılabilir.

Soruyu sorma biçimimiz, hastanın sözelleştirme düzeyine, konuyu dağıtıp dağıtmamasına göre danışana uygun biçimde olmalıdır. Örneğin az konuşan bir hastaya "*Bu haftanız nasıl geçti?*" gibi açık uçlu bir soru sorulması daha uygunken, konuyu dağıtan ve detaylara giren bir hastada "Bu hafta için de benim bilmem gereken, halen de sizi etkileyen ve bugün konuşmak istediğiniz önemli bir olay yaşadınız mı?" gibi oldukça sınırlayıcı ve toprlayıcı bir soru sorulabilir.

Sorulan bu sorularla ortaya çıkan materyalde terapide ele almaya değer önemli bir konu varsa bu detaylandırılmaz ve gündem maddesi olarak kaydedilerek gündeme alınır. Örneğin hasta hafta içinde eşiyle bir tartışması olduğunu ve hâlâ bunun etkisinde olduğunu söylüyorsa ve bizim açımızdan da bu, kişinin merkezi sorununa dönük bir konu ise "İsterseniz eşinizle olan bu tartışmayı bugünkü gündemimize alalım, ne dersiniz?" diye sorulabilir. Bu noktada hasta da konuyu önemli görüyorsa "Evet," diyebilir veya "Gerek yok," diyerek bizi yönlendirebilir. Burada, danışanın da yardımıyla, mümkün olduğunca danışanın getirdiği konunun gündeme alıp almamaya değecek veya ona ya da sorununun çözümüne katkı sağlayacak önemli bir konu olup olmadığına ve aynı zamanda o gün için öncelikli bir konu olup olmadığına karar verilmeye çalışılır.

### Önceki Seansla Bağlantı Kurma

Burada amaç terapideki bütünlüğü sağlamak, bir önceki seansta konuşulanları hatırlamak, ayrıca seansla ilgili daha sonradan ortaya çıkan soruları cevaplamak ve seansa ilgili geribildirim almaktır. Bu alan kontrol edilirken aynen duygudurum ve olayların konuşulmasında olduğu gibi detaylandırılmamalı, eğer derinlemesine konuşulması gereken önemli bir materyal çıkarsa gündeme alınmalıdır.

Terapistin burada ana hedefi hastanın önceki seanstan ne öğrendiğini, onda ne kaldığını ve önceki seansla ilgili bitmemiş, rahatsız eden veya anlaşılmamış bir konu olup olmadığını anlamaya/bulmaya dönüktür.

### Uygulama (eski adıyla ev ödevi) Kontrolü

Bir önceki seansta ödev olarak verilen seanslar arası uygulamaların kontrolü, seansın başında yer alabilen bileşenlerden biridir. Bazen ödev konusu gündem maddeleriyle ilintili ise ödevin ele alınması bu gündem maddesiyle birlikte yapılabilir. Eğer ödevde detaylı olarak ele almayı gerektiren bir özellik varsa ya da ortaya çıktıysa, ödevin ele alınması bir gündem maddesi olarak ayrıntılı biçimde yapılabilir. Ödevin ele alınması, bilişsel terapinin değişim için çok önemli gördüğü bir öğenin de vurgulanmasını sağlar. Ödevler ele alınmazsa, devam eden seanslarda verilen ödevlere hastanın önem vererek yapması olasılığı azalır. Danışana hafta arası yapacağı şeyi söylerken veya diğer hafta kontrol ederken, çoğu hastada taşıyabileceği olumsuz çağrışımlar nedeniyle ödev yerine, uygulama, pratik, deneme, alıştırma gibi terimleri kullanmak daha iyi olabilir.

### Gündem Belirleme

Bilişsel terapiyi diğer terapilerden ayıran en önemli fark, her seansta ele alınacak olan konuların seansın başında belirlenmesidir. Gündem belirleme adını verdiğimiz bu etkinlik, her seansın başında o seansta hedeflenen amaçların belirlenmesidir. Bunu terapi sürecinin başında terapiden hedeflenen amaçların belirlenmesine benzetebiliriz. Her seansın, kendi içinde bir başı, sonu ve hedefi olan şekilde yürütülmesi terapi sürecini açık ve anlaşılır kılar. Gündem belirlemenin terapötik yanı, özünde hastanın genel ve karmaşık sorun yumağının parçalara bölünmesidir. Bu etkinlik kendi başına terapötik bir etki yaratabilir. Hastanın sorunu ağır biçimde yaşamasının nedenlerinden biri de sorunu karmaşık, büyük ve ele alınamaz biçimde görmesidir. Gündem belirlemeyle bu karmaşık ve birbiri içine girmiş sorunlar tanımlanır ve sınırı çizilir.

Gündem belirlemenin yapılacağı en uygun yer, duygudurum kontrolü, hafta içi yaşanan önemli olayların konuşulması, önceki seansla bağlantı kurulması ve ödev kontrolünden sonrasıdır. Böylelikle bu konular konuşulurken ortaya çıkabilecek önemli konuları da gündeme alma şansı doğar. Bunlar yapılmadan gündem belirlendiğinde bu bileşenler konuşulurken ortaya çıkabilecek ve ele alınmaya değer materyal, önceden belirlenmiş olan gündeme sonradan eklenir, bu da gündem maddelerini kabartarak hepsinin ele alınma şansını azaltır. Gündem konularını genellikle 1 ila 3 konu oluşturur. Daha fazla madde koyulduğunda genellikle çok kısa ele alınıp üzerinde derinleşilemez ki bu da etkinliği azaltır. Gündeme neler alınır veya bilişsel terapide hangi konular ele alınır? Duygudurum kontrolü, hafta içi yaşanan önemli olaylar, önceki seansla bağlantı kurma ve ödev kontrolünden kişinin sorunuyla bağlantılı, halen de düşüncesini, duygusunu ve davranışını etkileyen önemli konular ortaya çıktığında bunlar gündeme alınır. Gündem konularına kaynaklık eden bir diğer alan, terapinin başında hedeflenen amaçlar ve bu amaçlara ilişkin terapi protokolünde yer alan çalışmalardır. Her seansın başında hastaya o gün hangi spesifik sorun üzerinde çalışmayı istediği sorularak gündem belirlenir. Olumsuz duygu kaydı, yaşamlarındaki spesifik sorunlar, terapötik amaçlar gündem konusu olabilir.

Şimdi bu anlattıklarımızı örnek görüşmelerle gösterelim:

**Örnek Görüşmeler**

**Örnek 1: Gündemi Belirlemenin Sunuluşu**

"Her seans başlamadan önce o günkü seansta nelerin ele alınmasını istiyorsanız, birlikte bunların bir listesini oluşturmaya ne dersiniz? Eğer bunu yaparsak sizin için önemli olan her konuyu ele almayı ve gözden kaçırmamayı garantiye almış oluruz."

"Her hafta 45 dakikamız var, sizin bu 45 dakika içinde olabildiğince fazla şey almanızı istiyorum. Bu nedenle görüşmelerden önce birkaç dakikanızı o gün hangi konuların sizin için önemli olduğunu ve hangi konuların ele alınmasını istediğinizi düşünmeye ayırmanızı istiyorum."

"Bugün başlamadan önce, geçen hafta neler olduğunu, yaptığınız ev ödevinin nasıl gittiğini konuşmak istiyorum. Sizin bugün ele almak istediğiniz neler var? Sonra da onları saptayalım."

Detaya girerse: "Bir dakika, bu konu önemli görünüyor, ancak detaylarına girerek konuşmaya başlamadan önce başka önemli bir konu var mı, onu öğrenmek istiyorum."

**Örnek 2: İlerleyen Seanslarda Gündem Belirlenmesi**

***Terapist:*** *Son görüşmemizden bu yana nasılsınız?*

***Danışan:*** *İyiyim.*

***Terapist:*** *O güne kıyasla bir fark var mı?*

***Danışan:*** *Bir değişiklik yok. (Duygudurum kontrolü)*

***Terapist:*** *Görüşmediğimiz süreçte hayatınızda bir değişiklik var mı, bilmem gereken önemli bir olay yaşadınız mı?*

***Danışan:*** *Hayır, her şey aynı. (Yaşam olayları)*

***Terapist:*** *İlk görüşmemizde bilişsel modeli konuşmuştuk. Daha sonra bu görüşmeyle ilgili düşündüğünüz bir şey oldu mu?*

*Görüşmede bu rahatsızlıkla ilgili olarak nasıl olduğunu ve bununla ilgili bazı şeyler anlatmıştım. Bunlarla ilgili ne kaldı aklınızda? (Önceki seansla bağlantı kurma ve geribildirim)*

**Danışan:** *Neden oluyor, nasıl oluyor bilemiyordum. Sizin de yardımınızla birtakım şeylerin farkına vardım. Mesela yemek yememenin iştahı artırdığını bilmiyordum. Saçma olduğunu biliyordum ama nedenini bulamıyordum. Şimdi sanki daha iyi anlıyorum.*

**Terapist:** *Geçen hafta size verdiğim bir yemek çizelgesi vardı. Onu gayet güzel doldurmuşsunuz. Bunun için size teşekkür ederim. Bunu her gün doldurmaya devam edeceğiz. İsterseniz bu kayıtları bugün detaylı konuşalım. Peki bugün görüşmek istediğiniz başka hangi konular var?*

**Danışan:** *Görüşme süremiz ne kadar acaba?*

**Terapist:** *Neden sordunuz?*

**Danışan:** *Bir önceki görüşme süresiyle aynı olup olmayacağını merak ettim.*

**Terapist:** *Aşağı yukarı aynı olacak. Görüşme süremiz 45 dakika civarında... Bugünkü süremiz içinde neleri ele alalım? Sizin konuşmak istediğiniz başka konu var mı, acaba? (Gündem belirleme)*

**Danışan:** *Yok.*

**Terapist:** *O zaman bugün geçen görüşmede başladığımız, rahatsızlığınız nasıl oluyor konusuna devam ederiz ve tuttuğunuz kayıtlar üzerinden bu açıklamaların sizin durumunuza uyup uymadığını ele alırız. Sizce uygun mu?*

**Danışan:** *Evet bu konularla ilgili konuşmaya başlarız.*

### Gündem Belirlemede Yaşanacak Zorluklar

Terapötik tıkanmanın en başta gelen nedenlerinden biri, gündemsizliktir. Bu nedenle bu alanda yaşanan zorlukların çözülmesi önem taşır. Bu zorlukların iki kaynağı vardır: hasta ve terapist. Terapistten kaynaklanan nedenlerin başında gündem belirlemeyle ilgili terapistin olumsuz inançları gelir:

“Aslında farklı bir konuyu istiyor olabilir”, “Gündemi baştan belirlemek hastayla birlikte gitmeye engel olur”, “Doğallığı bozar, kabalık olur”, “Doğal akış esnasında çıkan materyal daha değerlidir”, “Gündem belirlemek anlamsız çünkü bağlı kalınamaz”, “Hastayı baskı altına alıyorum”, “İlişkim bozulur”, “Ortaya çıkan önemli konuları kaçırmış olurum”, “Empati eksikliğine yol açar”. Terapistlerin öncelikle bu ve buna benzer kendi olumsuz inançlarını saptamaları ve uygun tekniklerle kendi kendilerine incelemeleri gerekir. Hastadan kaynaklanan nedenlerin başında hastanın belirgin bir konu getirememesi veya netleştirememesi gelir. Bu, terapistin yardımıyla aşılabilir ya da konu gelse bile hastanın hangi konuda yardım istediği müphem olabilir. Eğer bu netleştirilmezse terapinin gidişini olumsuz etkiler. Gündem belirleme çoğu hasta için seansın sıradan bir bileşeni olurken, özellikle kişilik bozukluğu olan hastalarda (borderline, histrionik, bağımlı kişilik bozukluğunda) ve öfke, geciktirme, obsesyon gibi ruhsal sorunlarda bizzat terapötik bir teknik olarak da öne çıkar. Bu tür hastalarda böyle yapılanmış bir şekilde çalışmaya karşı özel bir direnç söz konusudur. Bu hastalardaki sorunlar kişilik bozukluğuna özel tekniklerle aşılabilir*.Bu hastalar kişilik sorunları nedeniyle güvensizlik ya da terapide olmakla ilgili karışık duygular içinde olduklarından, gündem belirlemeye karşı özel birtakım dirençleri olabilir. Kişilik bozukluğunun yaygın ve kişinin yaşamının her alanında kendini gösteren doğası, terapistle olan ilişkiyi de etkiler. Psikoterapi sürecini belli bir hedefe doğru yapılan bir yolculuğa benzetirsek, hasta aracın yolcusu, terapist de şoförüdür. Sıradan Eksen 1 rahatsızlığı olan hastalar gidecekleri hedefi söylerler. Daha çok onunla ilgilidirler. Şoförle pek uğraşmazlar ama kişilik bozukluğu olan hastalar, hem hedefleriyle ilgili karmaşa yaşarlar hem de araca bindikten sonra sürekli şoförle de uğraşırlar. Bu hastaların örtük mesajları “Bana yardım et,

* Bu konudaki tekniklerle ilgili olarak bu kitaptaki temel inanç ve ara inançlarla ilgili tekniklere ve yazarın *Klinik Uygulamada Bilişsel Davranışçı Terapi: Depresyon* kitabının “Kişilik Bozuklukları” bölümüne bakılabilir.

çaresizlik içindeyim ama bana yardım etmeye çalışırken sana ve yapacaklarına tam olarak güvenmiyorum. Bu nedenle her adımda seni ve yaptıklarını sorgulayacağım. Gerekirse direneceğim ve savaşacağım," şeklindedir. Bu bireyler yardım istemekle ilgili tereddüt içindedirler ve neyle ilgili yardım istedikleri de açık değildir. Gündem belirlemenin kendisi bizzat bu hastalar için travmatik bir süreç olmakla birlikte terapinin başarısı için gereklidir. Örneğin borderline bir hasta için gündem belirleme karmaşık sorunlarını basite indirgemek ve zaman kaybıdır. Toptan ve hızlı bir tedavi isterler.

Bu durumu bir görüşme örneği ile somutlaştıralım. Buradaki örnek görüşmedeki danışan talepkâr ve işbirliğine yanaşmayan bir genç kız olan Ayşe'dir. Ayşe kendini kızgın ve çökkün hissetmekle birlikte ne için yardım istediğini özelleştirerek gündem belirleyemiyor.

***Terapist:*** *Ayşe Hanım bugün hangi sorun üzerinde çalışmak istiyorsunuz? Hangi konuda size yardımcı olmamı istersiniz?*

***Danışan:*** *Kendimi çok kötü hissediyorum ve ne yapacağımı bilemiyorum.*

***Terapist:*** *Kendinizi çok kötü hissediyorsunuz ve ne yapacağınızı bilemiyorsunuz. Bana neden kendinizi kötü hissettiğinizi söyleyebilir misiniz?*

***Danışan:*** *Birçok sorunum var. Her şey sorun. Tüm hayatım berbat olmuş durumda.*

***Terapist:*** *Durumunuz oldukça sıkıntılı. Çökmüş durumdasınız ve her şey berbat. Bana kendinizi nasıl hissettiğinizi biraz daha anlatır mısınız?*

Bu noktada terapist, hastanın sıkıntılı durumu nedeniyle bir süre olumsuz duygularını aktarmasına olanak tanımalıdır. Burada da terapistin böyle yaptığını varsayalım. Bundan sonra yine kişinin üzerinde çalışılacak sorunlarını, yani gündemi belirlemeye çalışırız:

***Terapist:*** *Evet Ayşe Hanım, yaşadığınız sorunları bir ölçüde dinlemiş oldum. Kendinizi ne kadar kötü hissettiğinizi anlıyorum. Sizinle birlikte bu sorunlardan benden yardımcı olmamı istediğiniz bir tanesini ele alıp konuşabiliriz. Ben size bu sorunu çözmenize yardımcı olabilecek bazı teknikler öğretebilirim. Zamanla bu sorunların tamamını ele alabiliriz. Bu size uygun mu? Bugün sizin özellikle konuşmayı istediğiniz bir sorun var mı?*

***Danışan:*** *Evet, erkek arkadaşımla olan sorunları konuşalım. Şu an beni en fazla rahatsız eden, onunla yaşadığım sorunlar.*

***Terapist:*** *Başlangıç olarak bunu seçebiliriz o halde. Erkek arkadaşınızla yaşadığınız sorunları biraz açabilir misiniz? Neler oluyor aranızda? Sizi rahatsız eden konular nedir?*

***Danışan:*** *Şey... Hep kavga ediyoruz. Hiçbir şey işe yaramıyor. Hiç geçinemiyoruz. Her zaman kavga edecek bir şeyler çıkıyor.*

***Terapist:*** *Anlıyorum, çok fazla kavga ediyorsunuz ve geçinemiyorsunuz. En yakınlarda olan bir kavganızı anlatır mısınız?*

***Danışan:*** *Geçen hafta sonu annemler, kardeşime bakmamı söyledi. O da benimle buluşmak istiyordu. Gelemeyeceğimi söyledim, çok sinirlendi. Kendimi çaresiz hissettim.*

***Terapist:*** *Anlıyorum. Çıkmaza girdiniz, bir yandan anneniz kardeşinize bakmanızı istiyor, bir yandan da erkek arkadaşınız onunla buluşmanızı... Hiçbir çıkış yolu yok gibi. Doğru mu?*

***Danışan:*** *Evet, sanırım.*

***Terapist:*** *Bu konuyu konuşmayı ister misiniz?*

***Danışan:*** *Bilmiyorum.*

***Terapist:*** *Belki annenizle sorumluluklarınızla ilgili nasıl konuşabileceğinizi veya erkek arkadaşınızın çok sinirlendiğinde ona nasıl yaklaşabileceğinizi konuşabiliriz.*

***Danışan:*** *Hayır, şimdi bunları konuşmak istemiyorum. Konuştukça sinirim daha da bozulacak... Sadece kendimi daha iyi hissetmek istiyorum.*

***Terapist:*** *Bakalım. Kendinizi daha iyi hissetmek istiyorsunuz, ama annenizle ya da erkek arkadaşınızla nasıl konuşabileceğiniz konusunda çalışmamızı istemiyorsunuz.*

***Danışan:*** *(Kızgın) Terapist sizsiniz. Ne yapacağımı siz söyleyin.*

***Terapist:*** *Terapistinizin ben olduğumu ve ne yapmanız gerektiğini benim söylememi istiyorsunuz. Doğrusunu isterseniz bu türden sorunların nasıl çözüleceğine ilişkin bir sürü düşüncem var ve bunları sizinle paylaşmayı isterim. Ama şu anda sizin hangi konuda yardım istediğiniz konusunda biraz kafam karıştı. Şaşırdım, çünkü annenizle ve erkek arkadaşınızla nasıl iletişim kuracağınız konusunda mı yardım istiyorsunuz, yoksa sadece olumsuz duygularınızla baş ederek kendinizi daha iyi hissetmek mi istiyorsunuz, yoksa sadece durumunu anlatıp benim iyi bir dinleyici olarak sizi dinlemekle yetinmemi mi istiyorsunuz, bunu anlayamadım.*

***Danışan:*** *Onlarla kavga etmeden nasıl konuşacağımı öğrenmek istiyorum.*

Ayşe bu noktada işbirliğine giriyor ve gündem belirleniyor. Diyelim ki danışan bu noktada işbirliğine girmedi ve olumsuz tutumunu sürdürdü. Ne olabileceğini aşağıdaki örnek üzerinden görelim:

***Danışan:*** *Gerçekten bilmiyorum. Neden bana yardımcı olmuyorsunuz? Siz terapistsiniz, en iyisinin ne olacağını sizin bilmeniz gerek.*

***Terapist:*** *O zaman ilk konu iletişim konusu, diğeri ise olumsuz duyguları nasıl azaltabileceğiniz diyelim. Sizin için hangisi daha öncelikli?*

***Danışan:*** *Bu söylediklerinizin ne olduğunu bile bilmiyorum. Neden sadece yardımcı olmuyorsunuz bana? İlla böyle neyi konuşacağımızı tartışmakla mı zamanımız geçecek?*

***Terapist:*** *Ben de size katılıyorum, zaman yitirmemeliyiz ve sizin hangi konuda daha çok zorlandığınızı bilmek benim için önemli. Size öncelikli olarak yardımcı olmamı istediğiniz sorununuz hangisi? Size göre sorun ne?*

***Danışan:*** *Zaten söyledim ya az önce. Beni dinlemiyor musun?*

***Terapist:*** *Sizi dinlemediğimi düşünüyorsunuz, bana kızdı-*

*nız, doğru mu? Belki annenizle ya da erkek arkadaşınızla konuşurken de aynı şey oluyordur. Şu sıralarda çok sıkıntılısınız, çünkü hem anneniz, hem de erkek arkadaşınız size kızıyor. Sürekli size yükleniyorlar. Evet, söylediklerinizden anlamadığımı düşündüğünüz başka bir şey var mı?*

***Danışan:*** *Doğru, erkek arkadaşım ve annemle sorunum var. Ne yapacağımı bilemiyorum ve yardım istiyorum.*

***Terapist:*** *Evet, erkek arkadaşınız ve anneniz konusunda yardım istiyorsunuz. Sanırım size doğru davranmadıklarını düşünüyorsunuz. Burası benim için netleşti. Bu, üzerinde çalışılmaya değer bir sorun ve size bu konuda yardımcı olmayı istiyorum. Bu sorunu daha küçük parçalara ayırmak için yardımınıza ihtiyacım var. Bu durumda ne hissettiklerinizle ilgili konuşabiliriz ya da annenizle ve erkek arkadaşınızla olan sorunların çözüm yollarını ele alabiliriz. Hangisi sizin için daha uygun?*

***Danışan:*** *Sanırım senin gerçekten kafan çalışmıyor. Beni bıktırdın artık. Neden bana sorunumla ilgili yardımcı olmuyorsun? Ne yapacağımızı ben nereden bileyim?*

***Terapist:*** *Kafamın çalışmadığını söylüyorsunuz. Benim nasıl biri olduğumu tanıdıkça daha iyi anlayacaksınız. Size yardımcı olmayı istiyorum, size yardımcı olabilecek beceriye de sahip olduğumu sanıyorum ama sizin tam olarak neyi istediğinizden emin değilim. Şaşkınlığa düştüğümü kabul ediyorum. Siz belki benim bu sorun saptama çabamdan bıktınız ama bu görüşmeyi nasıl sürdürmemiz gerektiği konusunda netleşmeliyim. Örneğin bana yemek pişirme konusunda yardım istediğini söyleseydiniz ben size hangi yemek, pilav mı, türlü mü mesela, bunu sorardım. Sorunun ne olduğunu bilirsem, bir çözüm önerebilirim. Aynen biraz önceki örnekte olduğu gibi: Benim, erkek arkadaşınızla olan sorunu mu, yoksa annenizle olan sorunu mu öncelikli konuşmayı istediğinizi bilmem gerekir. Bu konuda sizin yardımınıza ihtiyacım var, çünkü sorunu yaşayan, ıstırabı çeken kişi sizsiniz.*

***Danışan:*** *Yemeğin nasıl pişirileceğini dinlemek istemiyorum. Erkek arkadaşım ve benimle ilgili konuşmak istiyorum. Geçinemiyoruz ve ben ne yapacağımı bilemiyorum. Hep kavga ediyoruz ve bu çok aptalca.*

***Terapist:*** *Bu çok sık yaşanan bir sorun. İnsanlar çatışmayı ve kızgınlığı halledemedikleri için önem verdikleri kişilerle ilişkilerinde sıklıkla sorun yaşayabiliyorlar. Bu üzerinde çalışabileceğimiz bir konu. Sizinle erkek arkadaşınız arasında neler olup bittiğini konuşabiliriz. Bu uygun mu?*

***Danışan:*** *İyi. Eğer işe yarayacaksa konuşalım. Bunu yapmayı siz istiyor musunuz?*

***Terapist:*** *Hâlâ bana kızgın görünüyorsunuz ve önerimle ilgili tereddütleriniz var. Bu önerdiğim şey size uygun gelmiyor olabilir. İstemediğiniz bir şeye sizi zorlamak istemem. Belki de erkek arkadaşınızla nasıl daha farklı bir iletişim kuracağınız, öğrenmeyi istediğiniz önemli bir konu değildir.*

***Danışan:*** *Pekâlâ bana nasıl yardım edeceksiniz? Bu ne işe yarayacak? Nedir bu teknik?*

***Terapist:*** *İyi iletişim, duygularını ifade etmeyi ve diğer insanın söylemeye çalıştığı şeyi dinlemeyi öğrenmekle ilgilidir. İyi iletişim budur. Kötü iletişim ise insanların birbiriyle sürekli tartışarak savunucu olmaları, aynı konunun etrafında dönüp dolaşıp hiçbir yere ulaşamamalarıdır. Çoğu kişi böyle yapar. Bizim de bu görüşmenin başından beri yaptığımız böyleydi zaten. Her ikimiz de kendimizi engellenmiş hissediyoruz çünkü birlikte çalışamıyoruz, çekişiyoruz. İletişim eğitimi bunun nasıl değişeceğini gösterir. Duygularınızı daha etkili biçimde açmayı ve erkek arkadaşınızın söylediklerini dinlemeyi öğrenmeniz birkaç seans alabilir. Bu sizin kızgınlığınızla da daha rahat biçimde baş etmenize yardımcı olur. Bunu yapmak zorunda olduğunuzu söylemiyorum. Sadece bunun size yardımcı olabileceğini söylüyorum. Bunun için sıkı bir şekilde çalışmanız gerekir ama bunu öğrenebileceğinize inanıyorum. Bu sizin için uygun mu?*

***Danışan:*** *Ama ben niye bir şeyler yapmak zorundayım? Benim hatam değil ki! Ben hiçbir yanlış yapmadım. Her şey için beni suçluyorlar ama benim hatam değil. Onun bana kızması haksızlık. Son saniyede annem kardeşime bakmamı istedi. Annemin de başka çaresi yoktu ki…*

***Terapist:*** *Yani sorunların sizin hatalarından kaynaklan-*

*madığınızı düşünüyorsunuz. Bu söylediğinizde tabii ki gerçek payı var. Eğer biz iletişim eğitimi yaparsak, sanki sorunun, sizin hatalarınızdan kaynaklandığı anlamına geleceğini hissetmiş olabilirsiniz. Bu fikir size pek uygun gelmedi. Belki de kızdırdı. Anne-babanızın sizi tedaviye göndermesi sizin hasta olduğunuz ve her şeyin sorumlusunun siz olduğunuz sonucunu düşündürüyor. Doğru mu? Eğer benim de başıma böyle bir şey gelseydi ben de herhalde sizin gibi hissederdim.*

**Danışan:** *Nasıl benim hatam olabilir ki? Erkek arkadaşım aptal, adi biri çıktı. İstediğim şeyleri yapmama izin vermiyor. Sürekli "Şunu yap, bunu yap," deyip duruyor. Aynen annem babam gibi davranıyor.*

**Terapist:** *Bütün bunlar sizde bıkkınlık yaratmış. Herkes size akıl veriyor gibi...*

**Danışan:** *Herhalde, zaten ben sana söyledim ya böyle diye...*

**Terapist:** *Bana yine kızdınız?*

**Danışan:** *Seninle bir alakası yok.*

**Terapist:** *Anlıyorum. Sorunlarının benimle bir ilgisi yok. Tabii ki bu doğru.*

**Danışan:** *Ne söylesem benimle aynı fikirde oluyorsun. Bana yardım etmek için ne yapacağını bilmiyorum.*

**Terapist:** *Ben de biraz bıkmaya başladım artık... Çünkü sizinle uygun şekilde bir bağlantı kuramıyorum. Belli bir sorun üzerine yoğunlaşıp birlikte çalışalım istiyorum ama bu olmuyor. Benden yardım istemediğinizi hissediyorum. Gerçi size yardım etmek istiyorum ama sizin isteğiniz olmadan bu mümkün değil. Bunun farkında mısınız? Benimle görüşmekten rahatsız görünüyorsunuz. Belki evdeki sorunlarınızı konuşmadan önce biraz bu konuyu konuşmamız gerekiyor. Bana bunu biraz açıklayabilir misiniz? Benden duyduğunuz bir rahatsızlık var mı?*

Buradaki hastanın çatışması, "kimse bana iyi davranmıyor" çatışmasıdır. Buna tepkisi kızmak, güvenmemek ve değişimi reddetmektir. "Beni sevmiyorsunuz, beni sevene kadar sizi cezalandıracağım. Hepsi sizin hatanız. Ben hep şikâyet edeceğim ve küseceğim, ta ki hatanızı kabul edip hak ettiğim saygıyı ve sevgiyi bana verinceye dek," biçimde bir tavır içinde olabilir. Bizim böyle bir hastaya ileteceğimiz mesaj ise: "Birlikte çalışabilmemizin yolları bunlar. Başka yollar da var. Bunlar sizin kafanıza yatıyor mu? Birlikte çalışabilir miyiz? Eğer benimle terapiye başlamak isterseniz birlikte çalışabilir size yardımcı olabilirim. Bunu ister misiniz?" şeklinde olmalıdır. Bu mesajı nazik ve uygun şekilde hastaya iletmeye çalışmalıyız.

### Gündem Maddelerinin Ele Alınması

Genellikle seansın ilk 5-6 dakikasında gündem maddelerinin belirlenmesi ve gündem maddelerinin ele alınmaya başlanması istenir. Gündem maddeleri birden fazla olduğunda terapi hedefleri açısından önemli olan birine ağırlık verilerek diğerleri daha somut ve kısa olarak ele alınabilir, eğer maddeler eşit ağırlıkta ise süre de buna uygun şekilde paylaştırılabilir. Eğer gündem maddeleri için ayrılan süre aşılır ve hepsine süre yetmeyecek gibi olursa, bu durumda bir saptama yaparak bu sorunu çözmeye çalışmak yerinde olur: "Bugün ... ele alalım demiştik, ancak ... zamanımız kaldı. Her birine ne kadar zaman ayıralım, ya da ...'yı bir sonraki seansa erteleyelim mi?", "... ile devam edelim mi, yoksa konuyu değiştirelim mi?", "Seansın bitimine az zaman kaldı, konuştuğumuz bu konu önemli gibi görünüyor. Buna devam edelim mi, yoksa diğer soruna geçelim mi?" biçimde ifadelerle dile getirilebilir. Eğer bu yapılmadan gündem maddelerinin bazıları süre yetmemesi nedeniyle konuşulmaz ve bu konuda açıklama yapılmazsa, gündem maddelerinin belirlenmesi anlamını yitirir.

Gündem maddeleri bilişsel tekniklerle ve/veya sorun çözmeye dönük tekniklerle işlenir. Bu konu bir sonraki bölümde ve teknikler kısmında ayrıntılı olarak ele alınacaktır, ancak gündem maddeleri belirlendikten sonra işlenmesiyle ilgili genel sorunları ve bunların nasıl aşılabileceğini örnek bir hasta üzerinden görelim:

25 yaşında üniversite öğrencisi erkek hastayla seans başında, gelecek korkusu, bazı şeyleri çok fazla kafaya takma ve hayattan zevk almama şeklinde gündem maddesi olabilecek üç konu belirlenmiş olsun. Böyle bir durumda hastaya öncelikle bunlardan hangisinin üzerinde çalışmayı istediğini sorarız. Bu seçimi hastanın yapması gereklidir. Bu soruyu sorduğumuzda hastanın isteksiz bir şekilde maddelerden birini seçtiğini, örneğin "Benim için fark etmez zaten, ne değişir ki, illa seçmek gerekiyorsa hayattan zevk almamayı çalışalım," dediğini varsayalım. Bu durumda burada tutulabilecek farklı yollar vardır. İlki, hastanın bariz şekilde o anda ortaya çıkan isteksizliğini ele almak yerine bunu görmezden gelerek hastanın hayattan daha fazla zevk almasının yollarını konuşmak ya da ikincisi, sorun çok genel olduğu için sorunu daha fazla detaylandırmak, hayattan neyi yaparak zevk almak istediği vb. konuları sorgulamak ya da hayattan zevk alması konusunda bizden nasıl bir yardım beklediğini sormaktır. Bunlardan en iyisi hastanın isteksizliğini konuşmaktır çünkü şimdi ve burada var olan bu durum konuşulmazsa terapi sürecini sabote edebilir.

***Terapist:*** *Bunu söylerken isteksiz olduğunuzu fark ettim. Konuşmayı pek istemediğinizi görüyorum. Bunun nedenini açıklayabilir misiniz?*

***Danışan:*** *Ben böyle ufak tefek konuları değil, daha derin konuları konuşmak istiyorum. Neden böyle olduğumu bilmek istiyorum.*

***Terapist:*** *Derin konular önemlidir fakat terapide, bilişsel terapide, öncelikle pratik, belirli ve somut bir sorun üzerinde çalışmanın daha çok işe yaradığını görüyoruz. Birkaç sorun üzerinde çalışıp bir kısmını çözdüğümüzde bu derin konulardan bazılarını da anlamaya başlayabiliriz. Eğer hemen bu derin konuları konuşmaya başlarsak bunların etrafında tam anlamadan dolaşıp dururuz ki bunun da size pek faydası olmaz. Eğer bu söylediklerim size uygun geliyorsa tekrar başa dönüp bu yaşamdan zevk almama sorununu konuşmaya başlayabiliriz.*

***Danışan:*** *Peki, bu konuyu konuşalım.*

(Bu hâlâ çok özel olmadığı için, "Ne türden bir zevk arıyorsunuz? İsteyip de zevk alamadığınız ne var? Kiminle birlikte eğlenmek istiyorsunuz?", "Zevk almaya çalıştığınızda ne yapıyorsunuz?", "Ne zaman eğlenmek istiyorsunuz?" gibi sorularla durumun daha da özel hale getirilmesi gerekir.)

***Terapist:*** *Ne zaman zevk almak istiyorsunuz?*

***Danışan:*** *(Şaşırarak) Bugün.*

***Terapist:*** *Bugün ne zaman?*

***Danışan:*** *Hemen şimdi?*

***Terapist:*** *Hemen şimdi? Yani sizin şu anda sorununuz bu terapi seansından yeterince hoşlanmamak mı? Benim sizi eğlendirecek bir şeyler anlatmamı ister misiniz?*

(Burada terapistin sarkastik tutumundan amaç hastayı daha özel olmaya yönlendirmek, eğer hasta söylenenleri espri olarak alıp gülerse sorun yok, zedelenmiş hissederse özür dileriz.)

***Danışan:*** *Onun için demedim, değişikliği hemen istiyorum, bunu anlatmak için.*

***Terapist:*** *Peki buradan çıktıktan sonra ne yapacaksınız?*

***Danışan:*** *Seanstan sonra otobüsle evime döneceğim. Mesela otobüsle dönerken kendimi iyi hissetmeyi istiyorum.*

***Terapist:*** *Otobüste nasıl daha çok zevk alabilirsiniz?*

***Danışan:*** *Bilmiyorum.*

***Terapist:*** *Bunu düşünelim isterseniz: Otobüste insanlar nasıl eğlenebilirler, ne yapabilirler? Örneğin kitap okumak, ilginç biriyle konuşmak, çevreyi seyretmek... Siz hangisini yaparak zevk almak istersiniz?*

***Terapist:*** *İlginç biriyle konuşmak olabilir.*

(Bu kişi belli bir kişi mi, yoksa o anda tanıyacağınız ilginç biri mi? Bu kişiyi nasıl bulabilir? Biz buna nasıl yardımcı olabiliriz? Böyle bir şeyi yaşamak için ona sunacağımız ama belki de başlangıçta ona sıkıntı verecek bazı önerileri uygulayabilir mi?)

**Terapist:** *Peki bunu yaparken bir zorluk yaşayabilir misiniz?*

**Danışan:** *Konuşurken sohbeti ilerletemiyorum. Sanki sıkıyormuşum gibi geliyor. Söyleyecek bir şey bulamıyorum.*

**Terapist:** *O zaman belki şunu söyleyebilirsiniz: o kişiyi ilginç bulduğunuzu, ama aklınıza konuşacak bir konu gelmediğini ya da onun bir şeyler anlatmasını...*

**Danışan:** *Ama bunu yapmak kabalık gibi olmaz mı? Hemen kendini açmak gibi...*

(Görüldüğü gibi artık belli bir sorun özelleştirilip üzerinde çalışılmaya başlanmış oluyor. Bu noktadan sonra artık rol oynama, otomatik düşüncelerin ele alınması, iletişim teknikleri gibi yöntemlerle bu konu işlenebilir.)

### Örnek 3: Geciktirme Sorunu Olan ve Hiçbir Şey Yapamıyorum Diyen Bir Hastayla Gündemin Ele Alınması

**Terapist:** *Evet, o zaman geciktirmenizi konuşmak istiyorsunuz. Bana neyi geciktirip yapamadığınızı söyler misiniz?*

**Danışan:** *Her şeyi, doktor.*

**Terapist:** *Her şey benim için çok büyük bir şey. Maalesef her şey için size yardımcı olamam. Korkarım ben bu kadar becerikli değilim. Eğer geciktirdiğiniz bir konuyu söylerseniz size bu konuyla ilgili yardımcı olabilirim. Siz daha sonra bu konuyla ilgili öğrendiklerinizi diğer konularda kendinizi isteklendirmekte kullanabilir ve yaşamınızın diğer alanlarında da daha üretken hale gelebilirsiniz.*

**Danışan:** *Okyanusta bir damlanın ne katkısı olabilir ki? Ne işe yarar bu?*

**Terapist:** *Doğru, muhtemelen bu her şeyi halletmez. Anladığım kadarıyla sadece bir konuda size yardımcı olmamı pek istemiyorsunuz. Peki yardımcı olmamı istediğiniz başka bir şey var mı?*

***Danışan:*** *Yani siz şimdi benim hiçbir şey yapamayışımla ilgili yardımcı olmayacak mısınız?*

***Terapist:*** *Hayır, tabii ki bu sorunla ilgili çalışmayı istiyorum ama aynı anda her şeyi çözmenin yöntemini bilmiyorum. Sizinle belli bir süremiz var, eğer geciktirdiğiniz belli bir konudan başlamak isterseniz hemen yardımcı olmaya çalışacağım.*

Danışan bizim yapmaya çalıştığımız şeyi anlamadıkça ona yardım etmeye çalışmak uygun değildir. Her şeyi bugün çözmek gibi bir ajandaya bizim katılmamız mümkün değildir. Bizim terapi saati için gereksinimimiz olan sadece üzerinde çalışacağımız bir konudur. Bu nedenle ancak belli bir konu üzerine yoğunlaşarak seansı sürdürebiliriz:

***Danışan:*** *Pekâlâ, derslere katılamıyorum. Sabah kalkıp okula gidemiyorum. Bu yüzden devamsızlıktan bir dersten kaldım. Sabahları kalkıp okula gitmeliyim.*

***Terapist:*** *Evet, bu üzerinde çalışabileceğimiz bir sorun. Bu konuda yardım istediğinize emin misiniz?*

***Danışan:*** *Kesinlikle evet.*

***Terapist:*** *Hangi gün için kalkmanıza yardımcı olmamı istiyorsunuz?*

***Danışan:*** *Her gün, her zaman gecikiyorum derse.*

***Terapist:*** *Yine her zaman dediniz. Benim gibi biri için bu fazla gelir. Her zaman gibi büyük bir sorun için sizin daha enerjik ve iyi bir terapist bulmanız gerek ama eğer belli bir derse sabah kalkıp yetişmekle ilgili yardımcı olmamı isterseniz, memnuniyetle size yardımcı olmaya çalışırım.*

***Danışan:*** *Pekâlâ, tarih dersine gitmem gerekiyor. Benim tarih dersine gitmemi sağlayabilir misiniz?*

***Terapist:*** *Gayret edeceğimden emin olabilirsiniz ama sizin yapmayı istemediğiniz bir şeyi size yaptırabileceğimden şüpheliyim. Ancak tarih dersine gitmeyi gerçekten istiyorsanız size yardımcı olabilirim. Ama şuna eminim ki sizin tarih dersine gitmemek için geçerli ve çok önemli gerekçeleriniz olmalı. Örneğin,* *belki çok sıkıcı geliyordur, vb. Şimdi bana neden bunu sorun olarak gördüğünüzü anlatabilir misiniz?*

Burada amaç danışanın gerçek gündemini, beklentisini ortaya çıkarmaktır. Bu danışan belki okula gitmeyi gereksiz görüyor, belki ana-babasıyla inatlaşıyor, kızgınlığını dolaylı biçimde okula gitmeyerek gösteriyordur. Eğer biz motivasyonunu netleştirmezsek onu bir şeyler için zorlayan ebeveynleriyle ya da otorite figürleriyle aynı duruma düşeriz. Diyelim ki bunları araştırdık ve motivasyonu net, o zaman:

***Terapist:*** *Evet sizin gerçekten bu sorun üzerinde çalışmak istediğinizi anladım. Bir sonraki tarih dersi ne zaman?*

***Danışan:*** *Yarın sabah saat 8'de.*

***Terapist:*** *Oldukça erken bir saat. Yetişebilmek için sabah saat 7 veya 7:30'da kalkmanız gerekir. Bunu yapmak istediğinize emin misiniz?*

***Danışan:*** *Evet kalkmam gerekiyor.*

***Terapist:*** *Peki bunun için ne tür bir yardım istiyorsunuz?*

***Danışan:*** *Anlayamadım.*

***Terapist:*** *Tam olarak nasıl bir yardım istediğinizi anlayamadım. Kalkmak için mi, yataktan çıkmak için mi, sınıfa gitmek için mi?*

***Danışan:*** *Sanırım yataktan kalkmayı istemiyorum. Uyanıyorum ve sonra roman okuyorum.*

***Terapist:*** *Çünkü roman okumak güzel bir şey, derse katılmak can sıkıcı. Neden okula gitmeyi istemediğinizi anlıyorum. Hâlâ tam olarak hangi konuda yardım istediğinizi anlayamadım: Romanlarınızı ortadan kaldırmamı mı istersiniz? Yoksa aslında yapmayı istemediğiniz bir şeyi yapmanızın yararlarını ve zararlarını gözden geçirmememizi mi? Ya da o andaki olumsuz düşüncelerinizi ele alıp neden derse gitmenin sizin için bu kadar alt üst edici olduğunu anlamaya çalışmamızı mı istersiniz?*

Görüldüğü gibi sorun ortaya çıktıktan sonra bilişsel terapist olarak bizim çözümle ilgili önerebileceğimiz geniş bir menü var. Gündem belirlenmedikçe, yani üzerinde çalışılacak sorun ve bu sorunun çözümüyle ilgili yöntemler üzerinde anlayış birliği oluşmadıkça terapötik başarısızlık kaçınılmazdır.

Geciktirme sorunu olan hastalarda da sorunu belirleme önemli bir tekniktir. İşe geç gittiğini söyleyen ve bunu halledemeyen bir tıp doktoru hastada, bu sorunun sorun belirleme yaklaşımıyla nasıl ele alındığını örnekleyelim: Öncelikle ona bu sorunun çözümünde yardımcı olmaktan mutlu olacağımızı söyleyip daha sonra hangi gün daha erken kalkmayı istediği sorulur:

**Danışan:** *Yarın erken kalkmak istiyorum.*

**Terapist:** *Öncelikle, yarın geç kalkmanızın yararlarını ve erken kalkmanın zararlarını konuşalım.*

**Danışan:** *Geç kalkmanın avantajları: kolay olması, dinlendirici olması, uyku uyuyabilmem, istediğim gibi davranıyor olmam, diğer insanlara göre daha özel hissetmem... Erken kalkmanın dezavantajları; uykusuz kalmak, yorgunluk, sıcak yatağı bırakıp sabah soğukta dışarı çıkmak, vizite katılmak, o esnada görmek istemediğim kişileri görmek...*

**Terapist:** *(Şaşırmış biçimde) Anladığım kadarıyla geç kalkmak için birçok önemli gerekçeniz var. Bu durum sizin için oldukça avantajlı. O halde neden bu davranışı değiştirmeyi istiyorsunuz, anlayamadım?*

(Genelllikle bu paradoksal müdahale hastanın yardım alma konusunda istekli ve ısrarlı bir tutum almasına yol açar.)

**Danışan:** *Ama ben bu durumu değiştirmek istiyorum, memnun değilim.*

**Terapist:** *Peki o zaman, gerçekten yarın sabah yatağınızdan erken bir saatte kalkmayı bu kadar çok istiyorsanız, bu konuda size yardımcı olmaya çalışalım. Bana ne tür bir yardım istediğinizi anlatabilir misiniz? Belki benim sabah sizin evinize gelip sizi* *uyandırmam gibi bir yardım mı, yoksa bu terapi saati içinde sizin erken kalkmanıza yardımcı olacak bir şeyler yapmamı mı?*

**Danışan:** *Terapi saati içinde yardım etmenizi istiyorum.*

**Terapist:** *Yardım etmemi istediğiniz ilk şey nedir? Şu an farz edin ki yarın sabah siz yatakta yatıyorsunuz ve saatin alarmı çalıyor. Yaptığınız ilk şey ne oluyor?*

**Danışan:** *Alarm zilini kapatmak.*

**Terapist:** *Benden yardım istediğiniz şey bunu kapatmanızla mı ilgili?*

**Danışan:** *Hayır, bunu her sabah kolaylıkla yapıyorum.*

**Terapist:** *Peki bunun ardından yaptığınız ikinci şey nedir? Bir ayağınızı yatağın kenarına uzatıp daha sonra yere basmak, sonra da diğer ayağınızı ve sonra da yatakta doğrulmak ve oturur duruma geçmek mi?*

**Danışan:** *Evet, sanırım.*

**Terapist:** *İsterseniz gelin bunun pratiğini yapalım. Ayağınızı benim gibi havaya kaldırabilir misiniz? Sonra da doğrulmayı deneyin.*

**Danışan:** *(Hasta bunu yapar)*

**Terapist:** *Evet bunu yapabildiniz, oluyor. Bir sonraki oturur pozisyondan doğrulmak, yani yataktan kalkmak, bunun alıştırmasını yapalım mı?*

**Danışan:** *(Alay edildiği hissiyle rahatsız) Benim zorluk çektiğim şeyler bunlar değil! Yataktan nasıl kalkılacağını gayet iyi biliyorum.*

**Terapist:** *Sizin hangi konuda yardım istediğinizi tam anlayamadığım için özür dilerim. Size göre tam olarak hangi konuda yardıma ihtiyacınız var?*

**Danışan:** *Benim sorunum yataktan çıkmayı istememek.*

**Terapist:** *O zaman benim sizi yataktan çıkmayı ister hale getirmemi istiyorsunuz?*

**Danışan:** *Kesinlikle.*

**Terapist:** *Bunu duyduğuma çok memnun oldum çünkü bu benim size yaptırabileceğim bir şey değil. Yani istemediğiniz bir şeyi ister hale getirmek. Eğer böyle bir şeyi yapabilme gücüm olsay-*

*dı öncelikle kendime uygulardım. Yorgun olduğum, geç yattığım bir günün sabahında sıklıkla ben de yataktan kalkmayı istemem ve kendimi o anda yataktan kalkmayı ister hale getirebilmeyi ben de çok isterdim, doğrusu.*

**Danışan:** *Peki, bu durumda siz ne yapıyorsunuz?*

**Terapist:** *Biraz önce yaptığımız şeyi. Yani önce yatakta doğruluyorum, sonra ayağa kalkıyorum, sonra da diğer şeyleri sırasıyla yapıyorum. Hoşa gitmeyen bir şeyi yapmadan önce onu ister hale gelmenizi beklerseniz yaşamınızdaki birçok şeyi yapamaz hale gelirsiniz. Bir şeyi yapabilmek için istemek şart değildir. Bazen istek, eylemi izleyebilir. Yani siz bir şeyi yapmaya başladıktan sonra ister hale gelebilirsiniz. Size şöyle bir deney önerebilirim: Sabahleyin kalkma isteğinizi her gün sıfırdan yüze kadar puanlayın. Yani her sabah ne kadar kalkmayı istediğinizi kaydedin. Eğer bir hafta veya on gün bunu uygularsanız sonucu görürüz. Yani isteğinizin ne olduğunu. Ertelediğiniz şeyi yapmaya başladıktan sonra, hevesiniz yaptıkça artmaya başlayabilir. Eğer size zor gelen şeyi ister hale gelene dek beklerseniz belki de sonsuza kadar beklersiniz.*

Bir diğer yöntem hastanın yapamadığı şeyle ilgili varsayımsal bir ödül koyarak geciktirdiği şeyi yapıp yapmayacağını sormaktır. Az önceki hasta örneğinden devam edersek:

**Terapist:** *Diyelim şöyle bir şey söz konusu olsaydı: Ben size eğer yarın sabah zamanında kalkıp işe zamanında giderseniz 100 milyar lira para ödeyeceğimi söyleseydim... Yani bunu yapmanızın hemen ertesinde kesinlikle size 100 milyar lira ödenecek olsa yarın sabah işe zamanında gidebilir miydiniz?*

**Danışan:** *Evet, sanırım gidebilirdim.*

**Terapist:** *Yani sonunda hemen, somut ve açık bir ödül olduğunda yapamıyorum dediğiniz bu işi yapabiliyorsunuz.*

**Danışan:** *Evet.*

**Terapist:** *Ama az önce bunu yapamadığınızı söylemiştiniz?*

**Danışan:** *Dediğiniz durumda yapabilirim.*

***Terapist:*** *O zaman size göre sorun nerede?*

***Danışan:*** *Nasıl yani?*

***Terapist:*** *Yani sorun yapamamakta mı, yoksa yapmayı yeterince istememekte mi? Çünkü yapmayı yeterince istediğinizde yapabiliyorsunuz.*

***Danışan:*** *Yapmayı yeterince istememekle ilgili olduğu görülüyor.*

***Terapist:*** *Peki bu, sabah zamanında kalkıp işe gidememenizle ilgili bize ne anlatıyor dersiniz?*

***Danışan:*** *Bu işi yapmanın şu anda çok fazla istemediğim bir şey olduğunu gösteriyor. İstemediğim bir şeyi nasıl yapacağım?*

***Terapist:*** *İnsanlar istemedikleri şeyleri nasıl yapıyorlarsa, o şekilde.*

***Danışan:*** *Nasıl yapıyorlar?*

***Terapist:*** *Ben az önce yaptığımız şekilde yapıyorum.*

Bir kısım davranış ödevinde de aynı şey söz konusudur. Hasta ödevi yapabilmek için rahatlamayı beklerse bu, arabayı atların önüne koymaya benzer. Belki de hasta birtakım şeyleri yaptıktan sonra rahatlayacaktır.

**Seans Arası Uygulama (ödev) Verilmesi**

Seansın bu bileşeni sıralamada genellikle gündem maddelerinin ele alınmasıyla beraberdir. Ödevler başlangıçta ağırlıklı olarak bilgi vermeye dönük ek çalışmalar (okuma materyalleri), bilgi almaya dönük ek çalışmalar (ölçekler, anketler, kayıt formları) şeklindedir. İlerleyen seanslarda ödevlerin içeriği, ortaya çıkan bilişsel değişikliği yaşantıyla desteklemek amacıyla oluşturulmuş üzerine gitme deneyleri, deney öncesi kendi kendine düşünceyi yapılandırma çalışmaları, davranış değişikliği ve sonuçlarının gözlenmesi şeklinde olmaya başlar. Uygulama verilirken dikkat edilmesi gereken konular: yapılacak şeyin, istenilenin danışanın becerisine uygun olması, ödevin gerçekleştirilme süresinin makul olmasıdır. Uygulamanın ne olduğu, nasıl yapılacağı açıklandıktan sonra seans içinde örneklendirilmesi ve başlatılması, ödevle ilgili yaparken ne gibi engeller çıkabileceği ve bunların nasıl halledilebileceğinin konuşulması, ödevin ne olduğunun hem danışan hem de terapist tarafından yazılarak kaydedilmesi ödevin yapılma olasılığını artırır.

### Seansın Özetlenmesi

Seans içinde önemli anlarda, belli bir gündem maddesi tamamlandığında ya da bir konu netleştirilmek üzere özetlemeler kullanılır. Seansın sonlarında ise seansın önemli konularını içeren genel bir özetleme yapılır. Bu, hem bilgileri pekiştirir hem de netleşmeyi sağlar. Bu özetlemenin amacı konu özetinden çok, danışanın o seanstan ne anladığının, onda ne kaldığının anlaşılmasıdır. Bu noktada o seansla ilgili danışanın hatırlamasını istediğimiz önemli bir şey varsa biz de bir özet yaparak bunu vurgulayıp hatırlatabiliriz. İlk seanslarda terapistin danışandan özet istese bile kendisinin de önemli konuları tekrar hatırlatan özetler yapması uygundur. Aslında burada özetle kastedilen şey, konu özetinden çok seansın ana fikrinin çıkarılmasıdır.

### Geribildirim

Bilişsel terapi seanslarının son öğesi, hastadan seansla ilgili bir değerlendirmenin istenmesidir. Burada amaç ise danışanın o seansın sonunda kendisini nasıl hissettiğinin ve seansla ilgili duygularının anlaşılmasıdır. Burada özellikle olumsuz noktaların gündeme gelmesi istenir. "Bugünkü görüşmemizi sizin açınızdan bir değerlendirir misiniz?", "Bu görüşmede rahatsız olduğunuz bir şey oldu mu?", "Bu seansların sizin açınızdan daha yararlı olabilmesi için ne yapabilirim?" gibi sorularla hastalardan geribildirim, özellikle de olumsuz geribildirimler istenir.

Seans içerisindeki bu öğelerin takibini kolaylaştırması açısından terapistin notlarını yazabileceği örnek form aşağıda yer almaktadır.

## Terapi Notları Formu

---

# TERAPİ NOTLARI

**Adı-Soyadı:__________ Tarih:_____ Seans # :_______**
**Seans başlangıç saati:______ Bitiş saati:___ Süre:_______**
**Seansta başka biri: Yok:__________ Var:___________**
**Test skorları: BDÖ:________BAÖ:________Diğer: ____**
**Kullandığı ilaçlar ve dozları:____________________**

**Seans Süreci:**
İlaç değişiklikleri/Yan etkiler: ____________________
Moralin kontrolü/ BDÖ'nün açıklanması vb.____________
Seanstan sonra geçen günlerdeki önemli olayların konuşulması:____________________
Bir önceki seansla bağlantı kurma:____________________
Önceki seansta rahatsızlık duyulan/eksik kalan konular:______
Ev ödevlerinin gözden geçirilmesi:____________________
Gündem belirleme: ____________________
Gündem maddelerinin ele alınması:____________________
Seans içi özetleme:____________________
Yeni ev ödevi verilmesi:____________________
Seans sonu genel özetleme____________________
Seans sonu geribildirim:____________________

**Gündem Maddeleri:**

**Seansın Özeti**

**Üzerinde Çalışılan/Müdahale Edilen OD/İnançlar**

**Yeni Uygulama:**

**Seansta Kaydedilen Gelişme:**
**Çok iyi___Orta_____Düşük_____Hiç_____**

**Özet Ruhsal Muayene Bulguları:**

Baskın duygudurum:______________________________

Konuşma/Davranış/Giyimde Gariplikler: Y/V (tanımla): _______

Suisidalite: Y/V Varsa: Niyet: Y/V Plan: Y/V Erişebilirlik: Y/V

Homisidalite: Y/V Varsa: Niyet: Y/V Plan: Y/V Erişebilirlik: Y/V

Ruhsal Muayeneye İlişkin Diğer Notlar: ____________

**Terapist:**__________ **Danışman Terapist:**__________

**Sonraki Randevu Tarihi:**______________________

**Seansların Yapılandırılmasında Çıkabilecek Sorunlar**

Seansların yapılandırılması sürecinde çeşitli sorunlar ortaya çıkabilir. Bu sorunların bir kısmının çözümü göreceli olarak kolay, bir kısmının ise zor, hatta terapiyi sürdürmeye engel olacak boyutta olabilir. Yapılandırmayla ilgili sorunları aşabilmek için terapist öncelikle bilişsel terapi seansının yapılandırılmış olduğu bilinciyle bu sorunun farkına varabilmeli, sonra sorunun olası nedenlerini irdelemeli ve terapötik işbirliğini bozmayacak bir çözüm bulmalıdır.

Terapiyi yapılandırılmış biçimde yürütmenin hastayla ilgili engelleri arasında en sık görülen ve en kolay aşılabilecek olan neden, hastanın baştan bu konuda yeterince bilgilendirilmeyişidir. Doğaldır ki bilişsel terapiye yeni başlayan ve önceden bilişsel terapi deneyimi olmayan bir hastanın bilişsel terapi seanslarının nasıl yürütüldüğüyle ilgili bilgisi yoktur. Daha önce başka yaklaşımlarla psikoterapi almış hastaların durumu bu açıdan daha da sorunludur, çünkü bilişsel terapinin işleyişi bu önceki terapiden oldukça farklıdır. Bu nedenle terapiye yeni başlayan hastaya bu bilgiler baştan, hem seans sırasında karşılıklı görüşmede hem de yazılı olarak verilmelidir (bkz. Ek 1: "Bilişsel Terapi Nedir?" okuma parçası).

Seansı yapılandırmada hastadan kaynaklanan ve çözümü daha zor olan engeller de vardır. Bunların başında hastanın tedavi motivasyonunun olmaması, sorunlarının çözüm yöntemi olarak terapiyi değil de başka yolları görmesi gelir. Bu durumda yapılandırmaya çalışmadan önce motivasyonu netleştirmek, ardından hastayla yöntem üzerine konuşmak gerekir.

Hastadan kaynaklanan üçüncü grup engel, önerilen yapıya kendisi, terapist ve/veya terapi hakkındaki algı ya da işlevsiz inançları nedeniyle isteksizlik göstermesidir. Bu durumda terapist sorunun neden oluştuğunu formüle eder ve bir çözüm üretir. Burada ideal olan, hastanın duyduğu rahatsızlığın farkına varmak, onu anlayışla karşılamak ve aynı zamanda uyum göstermeyi denemesi için hastayı yüreklendirmektir. Eğer hastanın bu girişimi henüz kaldıramayacağını düşünüyorsak (hastalığı ya da kişilik bozukluğunun özelliği nedeniyle) ilk seanslarda terapötik ilişkinin sağlamlaşması adına hastanın seans akışını kontrol etmesine ve hâkim konumda olmasına izin verilebilir. Yeterli ve gerekli işbirliği kurulduktan sonra zaman içinde bu tür hastalar da standart yapıya çekilmeye çalışılabilir.

Belli bir sorununun olduğunun farkında olan, amacı bu sorundan kurtulmak olan ve bu amaçla psikoterapiyi kullanmak isteyen bazı hastalarda terapiye başladıktan sonra bilişsel terapiye özgü uygulamalara katılmamak, bunlara uyum sağlayamamak gibi bir durum ortaya çıkabilir. Bilişsel terapinin genel özellikleri şimdiye odaklı, sınırlı süreli, yapılandırılmış, yardımlaşmacı (karşılıklı işbirliğine dayalı) ve eğitsel olmasıdır. Bilişsel terapinin yapılandırılmış ve odaklı olması, her seansta belli sorunlar üzerinde odaklanması, düzelmenin sorumluluğunun hastayla paylaşılması kimi hastaların hoşuna gitmeyecektir.

Terapiye başladıktan sonra, hasta değişen konularda bir tür dertleşme gibi sadece konuşup anlatmak istiyor, somut bir sorun getirmiyorsa veya çözümü konuşmaya yanaşmıyorsa, bir süre sonra bu duruma müdahale etmek gerekir çünkü bu koşullar altında bilişsel terapinin yürütülmesi olanaksızdır. Çözümleri konuşmayan, sadece sorunlarını anlatıp dertleşmek isteyen hastalara bu durum açıklandıktan sonra, "Her insanın birilerine sıkıntılarını anlatmaya, dinlenmeye hakkı vardır. Bugünkü seansta ben de sizi dinlemekten memnun olurum. En iyi biçimde sizi dinlemeye çalışıp anlattığınız sorunlar için herhangi bir çözüm önermeyeceğim ama size bir şey sormak istiyorum: Terapi boyunca bunun hep böyle sürmesini, yani sadece iyi bir dinleyici olarak sizi dinlememi mi istersiniz, yoksa anlattığınız sorunlarla ilgili yapılabilecekleri, çözüm yollarını da konuşmayı ister misiniz?" denilebilir.

Hasta sadece konuşup anlatmak istediğini söylerse, bu tür

bir terapiyi pek önermediğimizi, sorunların çözümü için birtakım değişikliklerin gerekli olduğunu, bunun ancak onun da aktif katılımıyla gerçekleşebileceğini söyleyebiliriz. Hasta buna katılmıyorsa, onun bu konudaki duygu ve düşüncelerini sorguladıktan sonra hastaya düzelmenin nasıl gerçekleşmesini beklediği sorulabilir: "Diğer insanlarla ilişkilerinizin düzelmesini istiyor musunuz, yoksa sadece diğer insanlara olan öfkenizi ya da diğer duygularınızı mı anlatmak istiyorsunuz?" biçiminde bir sorunun ardından eğer ilişkilerinin düzelmesine çalışmadığını söylerse terapiden neyi beklediğini, amacının ne olduğunu, neden bugün burada olduğunu, terapinin sonunda hangi hedeflere ulaşmayı, neyi başarmayı umduğunu sorabiliriz. Eğer "İlişkilerimi düzeltmek istiyorum," derse, bu düzelmenin nasıl olacağı konusunda ya da değişmenin nasıl olacağı konusunda fikrini sorabiliriz. Hastaya, "Sadece sizin anlatmanız ve benim dinlememle ilişkilerinizde bir değişiklik olması mümkün müdür?" sorusu yönlendirilebilir. Bu noktada sorumluluğu paylaşma adına bazı terapistlerin bu tür yöntemlerle yani, sadece dinleyerek çalışabileceğini, sorun çözme ev ödevi gibi teknikleri kullanmadıklarını, ama bizim bildiğimiz yöntemin böyle olmadığını, hastayla çalışmayı ve ona yardımcı olmayı istemekle birlikte onun istediği terapinin bizim uyguladığımız terapiye uygun olmadığını, başka bir yönelimi ve terapi tarzı olan terapistin onun beklentilerine daha uygun düşeceğini söyleyebiliriz. Bilişsel terapi kişisel sorumluluk, eğitim ve ev ödevlerine vurguda bulunan bir tedavi türü olduğundan bu türden paradoksal bir tartışmanın hastayla terapinin başında yapılması uygun olur.

Terapist, yapılandırmanın gerekliliğini bildiği halde bunu uygulamaya çalışmıyorsa, o zaman terapistten kaynaklanan nedenler söz konusudur. Terapist bu konudaki kendi otomatik düşüncelerini yakalamaya ve sorgulamaya çalışmalıdır. Seansı yapılandırma eksikliğinin tam tersi olan bir diğer sorun ise seansı aşırı yapılandırmadır. Bu, terapistin yapıyı çok kontrolcü ya da baskıcı biçimde empoze etmesiyle ortaya çıkar.

Özetle, bir bilişsel terapi seansı hastayla kısa bir durum değerlendirmesiyle başlar, hastanın duygudurumu, yaşadığı olaylar konuşulur. Ardından önceki seansla ilgili geribildirim alınır, önceki seansın yararı-zararı konuşulur, bunu ev ödevi kontrolü ve yararlarının-etkisinin konuşulması izler. Daha sonra işbirliği içinde gündem saptanır ve bu gündem bilişsel tekniklerle (otomatik düşüncelerini bulma, yönlendirilmiş keşif, derine inme) ele alınır. Ev ödevi ortaklaşa kararlaştırılır, seans boyunca ve seansın sonunda çıkan materyal özetlenir ve en sonunda hastadan seansla ve kendimizle ilgili geribildirim alarak seans tamamlanır.

Bu ana yapıyı uygularken ayrıca biz hastayı iyi anlarsak, hasta bizi iyi anlarsa, nutuk çekme, ders verme, hastayla tartışma, baskı uygulama gibi yaklaşımlardan uzak durursak, görüşmenin amaçsız biçimde savrulmadan seansın başında amaçlanana uygun gitmesini sağlarsak, hastanın merkezi sorunlarına odaklanıp daha çevresel veya gereksiz konulardan uzak durursak bu yaptığımız psikoterapi seansı bir bilişsel terapi seansıdır.

# Bölüm 10
# Sokratik Sorgulama, Yönlendirilmiş Keşif

M.Ö. 470-399 yılları arasında Atina'da yaşayan Yunan felsefeci Sokrates, Sokratik diyalog adı verilen bir yöntemle herhangi bir sorunu tartışırken muhatabına doğrudan bilgileri aktarmak yerine sorduğu sorularla ulaşmak istediği sonucu veya bilgiyi açığa çıkarırdı. Sorulan soruların hedefi kişinin bildiklerini kullanarak yeni bir bilgiye ulaşması ya da bildiği şeylerin farkındalık alanına getirilmesiydi. Sokrates'in kullandığı bu yönteme göndermede bulunarak uygun ve yerinde sorular yardımıyla kişiye yeni bir şey keşfettirilmesi veya öğretilmesine Sokratik yöntem adı verilir. Bu yöntem eğitimde kullanıldığı gibi Adleryen psikoterapide ve bilişsel davranışçı terapide de kullanılır. Sokratik yöntem, Beck ve Ellis tarafından bilişsel terapinin bir parçası olarak görülür.

Bilişsel terapi bütün psikoterapilerde olduğu gibi ağırlıklı olarak sözel etkileşime ve soru sormaya dayalıdır. Bilişsel terapide soru sorma, belki de diğer terapilere göre daha da önem taşır. Soru sorma, bilgi almada temel araç olmanın yanı sıra temel terapötik işlevlere sahiptir. Bunların başlıcaları, soyut yakınmaları somut tekil sorunlara tercüme etmek, soruna değişik yaklaşımları araştırarak karar vermeyi sağlamak, uyum bozucu davranışların sonuçlarını araştırmak, başta otomatik düşünceler olmak üzere bilişleri açığa çıkarmak, çarpık ve realiteden uzak bilişlerin geçerliliğini incelemek ve hatalarını göstermek, gerçeğe daha uygun alternatifler oluşturmaktır. Bilişsel terapide terapi içeriğini gerçekleştirirken kullanılan sorular Sokratik soru sorma dediğimiz bir tarzda gerçekleştirilir. Yerinde sorularla, hem kişinin merakı uyandırılır hem de kişi bildiklerinden yola çıkarak bilmediklerini öğrenir.

"Birçok kitap varken neden bu kitabı okumayı seçtiniz?"

"Şu anda size ne söyleyeceğim?"

Yukarıdaki iki cümle de soru cümlesidir, ancak biçim olarak acaba aynı tür soru mudur? Hangi sorular bilişsel terapinin temel soru sorma biçimi olan Sokratik sorgulamaya uygundur?

Sokratik sorgulama, danışanın cevaplamak için gerekli bilgiye sahip olduğu sorulardan oluşur, art arda yöneltilen soruların yardımıyla soruların yönlendirildiği kişinin kendi mantığı ve zaten sahip olduğu bilgi ve kavramların yardımıyla sorun yaşamasına yol açan inançlarının geçerliliğini değerlendirmesini sağlar. Sokratik sorgulama bu anlamda yardımlaşmacı bir biçimde yürütülen bir araştırmaya benzer. Amacı ya danışanın aslında sahip olduğu bir bilgiyi ortaya çıkarmak ya da sahip olduğu bilgileri kullanarak yeni bir sonuca (bilgiye) ulaşmasını sağlamaktır. Danışanın sorunuyla ilgili olan, ancak o anda klinik durum nedeniyle farkındalık alanında olmayan bilgiyi açığa çıkarmayı amaçlar, dikkatleri bu bilgi üzerine toplamaya dönük sorulardan oluşur.

Şimdi yukarıdaki iki soruya tekrar baktığımızda birinci soru ("Birçok kitap varken neden bu kitabı okumayı seçtiniz?") Sokratik bir soruyken, ikinci sorunun ("Şu anda size ne söyleyeceğim?") sokratik bir soru olmadığını görüyoruz.

Sokratik sorgulamayla gerçekleştirilen bu sürece yönlendirilmiş keşif (*guided discovery*) adı verilir. Yönlendirilmiş keşif, bir seri soru ile, danışanın aslında bildiği ancak o anda duygudurumu nedeniyle farkındalık alanında olmayan bir bilginin farkına varmasını amaçlar. Öncelikle hastanın sorunuyla ilgili inancının iyi dinlenmesi ve yansıtılması, açığa çıkan bilgilerin özetlenmesiyle netleştirilir. Daha sonra, sorulan uygun sorularla, ortaya çıkan yeni bilgi, sorunu oluşturan eski çarpık inanca uygulanarak yeni bilginin ışığında yeniden değerlendirilmesine dayanır.

**Örnek 1: Görüşme (Sokratik Sorgulama)**

***Danışan:*** *Bazı şeyleri yapmaktan kaçınıyorum.*

***Terapist:*** *Bunun bir örneğini anlatabilir misiniz?*

***Danışan:*** *Yürürken çok dikkatli olmam gerekiyor, çizgiye basmamaya çalışıyorum.*

***Terapist:*** *Neden çizgiye basmaktan çekiyorsunuz?*

***Danışan:*** *O anda aklıma çizgiye basarsam kaza olacağına ilişkin bir düşünce geliyor, ben de basmıyorum.*

***Terapist:*** *Yani o anda çizgiye basarsanız başınıza bir kaza gelebilir, öyle mi?*

***Danışan:*** *Evet.*

***Terapist:*** *Ne tür bir kaza?*

***Danışan:*** *"Ben veya akrabalarım trafik kazası geçirebilirler," gibi...*

***Terapist:*** *Bazı şeyleri yapacağınız zaman, eğer aklınızdan kaza olmasıyla ilgili bir düşünce geçerse, o şeyi yapmaktan geri duruyorsunuz?*

***Danışan:*** *Evet.*

***Terapist:*** *Peki bu sonuca nasıl ulaşıyorsunuz, yani kaza olacağına?*

***Danışan:*** *Bilmiyorum ama bir his gibi sanki. O anda içimden "Basarsam kaza olsun," diye yemin etmişim gibi geliyor.*

***Terapist:*** *Bunun böyle olup olmayacağını kesin söyleyebilir misiniz?*

***Danışan:*** *Hayır, saçma olduğunu biliyorum ama bu düşünce gelince kendimi alamıyorum.*

***Terapist:*** *Bunu bir örnekle inceleyelim. Yakından tanıdığınız iki arkadaşınızın ismini verebilir misiniz?*

***Danışan:*** *Cemal ve Hasan diye iki arkadaşım var.*

***Terapist:*** *Diyelim ki bugün Cemal size telefon açıyor. Hali-*

*nizi sorduktan sonra size Hasan'ın ailesinin bir kaza geçirdiğini söylüyor. Bu durumda ona neler sorarsınız?*

***Danışan:*** *Durumları nasıl?*

***Terapist:*** *"Yaralanmışlar, ancak durumları iyiymiş," diyor. Başka ne sorarsınız?*

***Danışan:*** *Kazanın nasıl olduğunu sorarım...*

***Terapist:*** *Arkadaşınız "Sana kazanın nasıl olduğunu anlatayım: Dün akşam Hasan evinde dolaşırken aklına çizgiye basarsa kaza olacağı düşüncesi gelmiş. O da buna aldırış etmeyerek evin döşemesindeki karoların çizgisine basmış. Onun için de ertesi gün bu kaza olmuş. Önceden dikkat edermiş, hiç basmazmış ama çizgiye basınca kaza geçirmişler," dese, bu durumda ne dersiniz?*

***Danışan:*** *(Gülerek) "Öyle şey olur mu, benimle dalga mı geçiyorsun?" derim.*

***Terapist:*** *Neden böyle bir şey olamaz?*

***Danışan:*** *Çünkü insanın aklına bir şeyin gelmesiyle kaza olmaz.*

***Terapist:*** *Peki başkası için geçerli olan bu kural, bu durum sizinle ilgili olunca neden geçerli olmuyor?*

***Danışan:*** *Doğru. Daha önce de saçma diyordum ama bu örnek sanki daha iyi fark ettirdi.*

***Terapist:*** *Başkası söz konusu olunca gerçekliği daha iyi görebiliyorsunuz. Önemli olan gerçekliğin sizin yaşadığınız durumlarda da ne olduğunu daha iyi değerlendirebilmeniz.*

Bu görüşmede, hastanın da aslında bildiği (çizgiye basmakla başına kaza gelmesi arasında ilişki olmaması), ancak duygulanımı (anksiyetesi) nedeniyle o anda farkındalık alanında olmayan bilgi, bir başkasının başına gelen bir durumun örneklenmesiyle farkındalık alanına getirilmiş ve daha sonra da bu bilginin kendi yaşadığı duruma uygulanması istenmiştir.

**Örnek 2: Obsesif Özellikte Düşünceleri Olan Hasta**

***Danışan:*** *Kapının kolunu elledikten sonra elimi yıkıyorum.*

**Terapist:** *Kapıyı ellediğinizde neden ellerinizi yıkamanız gerekiyor?*

**Danışan:** *Pis olabilir. Herkes dokunuyor. Ya elleri kirli biri dokunduysa!*

**Terapist:** *Peki diyelim pis ve siz ona dokundunuz. Bunun ne zararı var?*

**Danışan:** *Pisliğin içinde mikrop vardır. Mikroplardan her şey bulaşabilir; hastalıklar mikropla bulaşabilir.*

**Terapist:** *Mikrop alan her insan hastalanır mı?*

**Danışan:** *Hastalanır tabii, hastalanmaz olur mu?*

**Terapist:** *Peki bir insanın hasta olması sadece mikroplara mı bağlıdır?*

**Danışan:** *O insanın durumu da önemli olabilir. Vücut direnci ve bağışıklık sisteminin de etkisi olduğunu duymuştum.*

**Terapist:** *O zaman hastalanmamız sadece mikroplara bağlı değil, öyle mi?*

**Danışan:** *Evet, değil.*

**Terapist:** *Bağışıklık sistemi güçlü insanlar daha az hastalanır, diyebilir miyiz?*

**Danışan:** *Evet.*

**Terapist:** *Bağışıklık sistemi nasıl güçlenir bilginiz var mı?*

**Danışan:** *İyi beslenme, dinlenme... Bir de aşı yapılıyor hastalıklardan korunmak için.*

**Terapist:** *Aşının içinde ne olduğunu biliyor musunuz?*

**Danışan:** *Sanırım hastalığın mikrobu var.*

**Terapist:** *Çok doğru. Neden, acaba, aşıyla mikrop veriliyor?*

**Danışan:** *O hastalığa karşı korunma sağlanıyor.*

**Terapist:** *Evet, aşı yapıldıktan sonra kişi o hastalığa dirençli hale gelir, bağışıklık sistemi onu tanır ve yok eder. Aynı şey mikropla temas edip o hastalığı geçirenlerde de olur. Artık o hastalık mikrobuyla karşılaşsa da kişi hastalanmaz. Bu durumda hiç mikropla karşılaşmamak, bağışıklık sistemimiz açısından sizce nasıl bir durum olurdu?*

**Danışan:** *İyi olmazdı. Her hastalığa yakalanırdık.*

**Terapist:** *Doğru. Az önce mikrop bulaşmasının kötü bir şey* *olduğu ve mikrop bulaşan herkesin hastalanacağını söylemiştiniz. Şimdi ne düşünüyorsunuz?*

***Danışan:*** *Bazen tam tersi de olabiliyormuş. Benim düşüncem, tam doğru değil.*

Bu görüşmede hasta, insanların hastalanmasının tek etkene (mikroplara) bağlı olmadığını bildiği halde obsesyonu olduğunda bu bilgisi, farkındalık alanından kaygısı nedeniyle uzaklaşmakta ve çok sıkıntı yaşamaktadır. Terapist, sorduğu sorularla, hastanın da bildiği bu gerçekliği tekrar ortaya getirmiştir.

### Yönlendirilmiş Keşif

Yönlendirilmiş keşif beş aşamadan oluşur: Öncelikle sorunla bağlantılı inancı netleştirme, bu sırada empatik bir şekilde dineleme ve özetleme, ardından durumla ilgili daha gerçekçi uygun ve yararlı bir sonuç çıkarmak için sorular sormak, daha sonra çıkan yeni sonucu özetlemek ve danışanın bu konudaki geribildirimini almak şeklinde bir akış vardır. Bu akıştaki ana iskelet, ilk kez girdiği önemli bir sınavda "başarısız" olduktan sonra "Artık uğraşmaya gerek yok, hiçbir zaman bu sınavı geçemem," diye düşünerek geri çekilen bir danışanla Sokratik yöntemle nasıl bir çerçeve izlenebileceği üzerinden aşağıda sunulmuştur:

- Hastanın sorunun dinlenilerek sorunuyla ilgili düşüncesinin-inancının dinlenmesi ve yansıtılması

  *–Yani sınavda kaldığınız için başarısız bir insansınız, bu değişmez, onun için de artık uğraşmaya gerek yok.*
- Konuyla ilgili değişik bilgi ve verileri gündeme getirebilecek uygun sorularla, yeni bilgi ve verilerin farkındalık alanına getirilmesi

  *–Bu işi daha önce yaptı mı? İlk defa yapılan bir işte başarısızlık sadece kendisinin mi yaşadığı bir şeydir? Bir daha denerse ne kaybeder, ne kazanır? Yeni denemelerde sonuç değişebilir mi? Sınavdaki başarı hangi etkenlere bağlıdır? vb.*

- Daha sonra, Sokratik sorularla ortaya çıkan yeni bilginin özetlenmesi

  *–Yani eğer bir insan bir işi ilk defa yapıyorsa zorlanır ve iyi yapamaz; ancak o işle uğraşır ve ısrar ederse giderek daha iyi yapar.*

- Yeni inancın sorunu oluşturan eski sorunla bağlantılı inançla karşılaştırılarak, eski inancın yeni bilgi ışığında yeniden değerlendirilmesi

  *– Eğer bir insan bir işi ilk defa yapıyorsa zorlanır ve başarısız olabilir; ancak o işle uğraşır ve ısrar ederse, giderek daha iyi yaparsa, sizin kendinizi başarısız görmeniz ve uğraşmaya gerek yok demeniz ne kadar uygun?*

Şimdi sırayla bu süreçte kullanılan öğeleri irdeleyelim:

**1. Bilgi edinme**

Öncelikle, sorun olan durumla ilgili (durum, duygu, düşünce, davranış, algılar, yorumlara ilişkin) bilgi toplanır. Bu sorular, bellek soruları (Bu sorun ilk ne zaman başladı? Bu durumun bir örneğini anlatır mısınız? En son ne zaman oldu? Olduğunda neler yaptınız? Kimle, nerede, nasıl? Ne hissettiniz? Bunun sorun olan yanı ne? Geçmişte bu konuda ne yaptınız?), inceleme soruları (Bir evlilikten ne bekliyorsunuz? Başarının anlamı ne? Kendi evliliğinizi nasıl görüyorsunuz? Bu şekilde davranmakla kazancınız ne olur? Kaybınız? Olabilecek en kötü şey ne olur?), nedensel atıflarla ilgili sorular (Sizce bu soruna ne neden oluyor? Bunun kanıtı ne? Bu görüşü nasıl sınayabilirsiniz? Sorunun azaldığı durumlar var mı? Sorunu kötüleştiren şeyler var mı?), çeviri soruları (Bunun sizin için anlamı nedir? Bundan ne anlıyorsunuz? Bu duruma bir arkadaşınız ne derdi?) ve yorumlama sorularından (Eşinizle yaşadığınız sorunlar işte yaşadığınız sorunlara benziyor mu? Fark ne? Acaba geçmişte yaşadığınız bu sorundan bugün işinize yarayacak bir şey öğrenebilir miyiz?) oluşur.

**2. Empatik bir şekilde dinleme**

Hastanın anlattıklarını empatik biçimde dinlemek önemlidir: Danışanın söylediklerini (sözcükler, imgeler, benzetmeler, ana fikirler, temalar, inançlar, güçlü yanlar ve güçsüz yanlar) dikkatle takip etmek, bir yandan da danışanın söylemediklerine dikkat edilmesi (Diğer insanlarda bu tür durumlarda olabilecek ne eksik, yaşamadıkları neler? Var ama farkında mı değil? Söylemekten kaçındıkları neler? Size söylemenin güç geldiği şeyler neler?).

**3. Özetleme**

Öncelikle orijinal inancın söylenmesi, ardından sorularla ortaya çıkan bilginin özetlenmesidir. Yazılı notlar alındıysa bunlar paylaşılabilir veya danışanla birlikte bir özet oluşturulabilir: "Gelin, birlikte, yaşadıklarınızın ve şu ana dek bana söylediklerinizin önemli noktalarını içeren bir özet yapalım. Ardından belki bu bilgilerin bizim işimize nasıl yarayacağına bakarız."

**4. Analitik sentez soruları**

Sorularla ortaya çıkan yeni bilgi, sorun yaratan orijinal eski inançla karşılaştırılır. (Bundan ne sonuç çıkarırsınız? Bu söyledikleriniz ... inancınızla uyumlu mu? Yakın bir arkadaşınız olsa bu durumda ona ne derdiniz? Bu soruna başka bir biçimde nasıl bakabilirsiniz? Sizin için doktor olmanın anlamı ne? Bütün bu bilgiler size neyi gösteriyor?)

**5. Uygulama soruları**

Ortaya çıkan yeni ve daha işlevsel inanç ışığında ne yapılabilir, uygulamaya ve davranışa dönük sonuçlar neler olabilir, bunun ortaya konmasıdır. (Öyleyse ne yapmayı planlıyorsunuz? Buna göre neyin yardımı olabilir? Bu sorunu halletmek için neler yaptınız? Başka neler yapabilirsiniz? Daha iyi sonuca ulaşabilmek için yapabileceğiniz başka bir şey var mı? Bu değişiklikleri nasıl yapmayı düşünüyorsunuz? Nerede ve ne zaman yapacağınızı düşündünüz mü? Sizce bu nasıl bir sonuç verir?)

**Yönlendirilmiş Keşifte İki Tarz**

**Ortak deneyimler ve özgün deneyimler**

Yönlendirilmiş keşif iki farklı biçimde yapılabilir. Birinci tarz belki daha kolay ve yönlendirici olan, bütün insanlığa özel ortak insani deneyimden yola çıkarak danışanın durumuyla ilgili daha gerçekçi, daha uygun ve yararlı görünen bilgiye doğru terapistin sorularla danışan yönlendirmesidir. Bu, klinik bir rahatsızlığı olan, kişilik sorunu olmayan, motivasyonu yüksek olan ve terapötik ilişkinin sağlam olduğu hastalarda oldukça işe yarar. Ancak motivasyon ve ilişki sorunu olan, kişilik sorunları olan hastalarda çok olumlu bir sonuç vermez. Bu tür hastalarda öncelikle danışanın özgün gerçekliğini bulmaya ağırlık verip kendi değer ve gerçekliğiyle inançlarının/düşüncelerinin ne kadar uygun ve uyumlu olduğuna yönelmek daha uygun bir tarz olacaktır.

Bu iki tarzı sırasıyla aynı danışan üzerinden örnekleyerek, aşamaları görelim:

**Örnek 1: Ortak gerçekliği danışana fark ettirmeye ve düşünceyi değiştirmeye dönük tarzda Sokratik sorgulama**

***Danışan:*** *Her açıdan çok başarısızım*

***Terapist:*** *Çok umutsuzsunuz?*

***Danışan:*** *Evet, hiçbir işe yaramıyorum.*

***Terapist:*** *"Hiçbir işe yaramıyorum" ne anlama geliyor.* (Bilgi edinmeye dönük sorular)

***Danışan:*** *İşe yarar hiçbir şey yapamıyorum, çevreme hiçbir yararım yok*

***Terapist:*** *Yani bunun anlamı, çevreniz için olumlu olabilecek hiçbir şey yapmadığınız, öyle mi?* (Sorunlu düşünce veya inancı netleştirme, özetleme)

***Danışan:*** *Önem taşıyan hiçbir şey yapmıyorum.*

**Terapist:** *Peki bu hafta içinde ailenizle ilgili herhangi bir şey yaptınız mı?* (Yeni ve daha gerçekçi bilgiyi açığa çıkarmak için bilgi edinmeye dönük sorular)

**Danışan:** *Hayır. Hiçbir şey yapmıyorum ki?*

**Terapist:** *Bu hafta çocuklarla birlikte yaptığınız herhangi bir şey oldu mu, önemli ya da önemsiz?* (Bilgi edinmeye dönük soru)

**Danışan:** *Hatırlamıyorum.*

**Terapist:** *Mesela çocuklarla ilgilendiğiniz ya da onlarla bir şey yaptığınız oldu mu hiç?* (Bilgi edinmeye dönük soru)

**Danışan:** *Bazen küçük çocuğu yatağına götürdüğüm oldu, büyük oğlumu pazar günü derse götürdüm.*

**Terapist:** *Bu yaptıklarınız çocuklar için bir anlam taşıyor muydu, bir önemi var mıydı?* (Bilgi edinmeye dönük soru)

**Danışan:** *Olabilir.*

**Terapist:** *Peki eşinizle ilgili yaptığınız herhangi bir şey oldu mu?* (Bilgi edinmeye dönük soru)

**Danışan:** *Ne gibi?*

**Terapist:** *Örneğin onun az da olsa sizden memnun olduğu bir durum?*

**Danışan:** *İşten erken gelirsem memnun oluyor.*

**Terapist:** *Geçen hafta hiç eve erken gelebildiğiniz oldu mu?* (Bilgi edinmeye dönük soru)

**Danışan:** *Evet, bazen.*

**Terapist:** *O zaman geçen hafta az da olsa çocuklar ve eşiniz için az veya nadir de yapsanız da ara sıra anlamlı olabilecek, onları memnun edebilecek şeyler yaptığınızı söyleyebiliriz.*

**Danışan:** *Evet, ama az sayıda.*

**Terapist:** *Evet, az sayıda. Peki tam olarak başarısız ve hiçbir işe yaramayan birisinin eşini ve çocuklarını az da olsa memnun etmesi mümkün müdür?*

**Danışan:** *Hayır.*

**Terapist:** *Buna göre kendinizi tam olarak her açıdan başarısız olarak değerlendirmeniz uygun mu?*

**Danışan:** *Sanırım değil.*

Bu örnekte terapist ortak insani deneyimden yola çıkarak aile babası birinin varlığının bile o aile için bir katkı olduğu düşüncesiyle, danışanın depresyonda olmasına rağmen hâlâ ailesi için bir şeyler ifade etmesi veya bir önemi olması gerektiğinden hareketle, danışana/hastaya bunu göstermeyi amaçlamış ve bu amaca dönük veya bunu keşfettirmeye dönük sorular sormuştur. Daha önce belirttiğimiz gibi ilişkisi iyi, kişilik sorunları olmayan ve motive danışanlarda bu işe yarar bir tarz olabilir. Ancak bu tarz, bu ön koşulları taşımayan danışanlarda, yani kişilik sorunu olan, motivasyonu düşük olan ve terapötik ilişki ve güvenin düşük olduğu hastalarla çok iyi çalışmayabilir. Bu tür hastaların bazıları terapistin bulup çıkarmak istediği bilgiyi fark edip özellikle tersi yönde cevaplar bile verebilirler.

Aşağıda sunulan ikinci tarz yönlendirilmiş keşifte ise terapist önceden ne bulacağını veya nereye gideceğini hesaplamaksızın danışanın gerçekliği ne ise onu enine boyuna açığa çıkarıp danışanın değerlendirmesinin kendi gerçeği ve değerleriyle ne kadar uyumlu olduğunu sorgulamakta ve daha araştırıcı bir tarzda ilerlemektedir. Bu ikinci tarz belki daha fazla zaman alabilir ama hemen her tür hastayla uyumludur.

### Örnek 2: Depresif özellikleri olan hastayla özgün gerçekliğe dayalı yönlendirilmiş keşif

***Danışan:*** *Hayatımın her alanında tam olarak başarısızım, hiçbir şeyi yapamadım.*

***Terapist:*** *Bunu söylerken artık umudunuz kalmamış gibi hissettim. Buna kesinlikle inanıyorsunuz ve bu durum değişmeyecek gibi umutsuzsunuz, öyle mi?* (Dinleme, özetleme. Terapist özgün işlevsel olmayan inancı netleştiriyor.)

***Danışan:*** *Evet artık ben hiçbir işe yaramam.*

***Terapist:*** *Hiçbir işe yaramam derken neyi kastediyorsunuz?* (Bilgi edinme, işlevsel olmayan inancın tanımlanması)

***Danışan:*** *Bütün hayatımı mahvettim. Hiç doğru dürüst bir şey yapamadım.*

***Terapist:*** *Bu sonuca ulaşmanıza yol açan bir olay mı oldu, yoksa zaten uzun zamandır böyle mi düşünüyorsunuz?* (Bilgi edinme, işlevsel olmayan inancın gerekçelerinin ve destekleyen verilerin öğrenilmesi)

***Danışan:*** *Eskiden de bölük pörçük, zaman zaman bunu fark ediyordum. Aslında hep öyleydi ama ben kendimi aldattım. Sanırım artık kendimi daha net görebiliyorum.*

***Terapist:*** *Yani bu düşünceniz son zamanlarda netleşti, bunu daha net görmenize ne yol açtı?* (Bilgi edinme, işlevsel olmayan inancın gerekçelerinin ve destekleyen yaşantıların öğrenilmesi)

***Danışan:*** *Evet, geçen akşam dostumuz olan bir aileyle birlikteydik. Arkadaşım ve eşi, onun çocukları ve bizimkiler vardı. Arkadaşımın ailesi çok mutlu görünüyordu. O an şunu fark ettim: Benim ailem mutsuzdu. Bu, benim yüzümden. Yıllardır depresyonda olduğum için... Eğer arkadaşımın ailesi olsalardı böyle olmayacaklardı. Ben onlara yük oluyorum ve onları da mutsuz ediyorum.*

***Terapist:*** *Yani ailenizi önemsediğiniz için, onların mutsuzluğundan kendinizi sorumlu gördüğünüz için tam anlamıyla başarısız biri olduğunuza karar verdiniz ve onları hayal kırıklığına uğrattığınızı düşündünüz.* (Olumsuz inancın netleştirilmesi, özetleme, hastanın olumlu yanının –ailesini düşünme ve onların iyiliğini isteme– altını çizme)

***Danışan:*** *Doğru, öyle olduğu çok açık değil mi? Ben olmasam daha mutlu olurlar.*

***Terapist:*** *Bu bir olasılık, bunu inceleyebiliriz. Az önce eskiden böyle düşünmediğinizi, son zamanlarda bunun netleştiğini söylemiştiniz. Geçmişte yine depresyonda olduğunuz ve arkadaşlarınızla, ailenizle bir araya geldiğiniz zamanlarda ne şekilde düşünürdünüz?* (Bilgi edinme, olumsuz inanca karşı olabilecek verileri, geçmiş yaşantıları açığa çıkarma)

***Danışan:*** *Sanırım hep böyle düşünmüştüm, ama belki o zamanlar iyi bir baba, iyi bir eş olmaya çalışmanın da yeterli olabileceğini, belki de bir gün tamamıyla düzeleceğimi düşünüyordum.*

*Oysa şimdi bu durumun değişmeyeceğini, ben böyleyken sadece çaba göstermenin yetmeyeceğini anladım.*

***Terapist:*** *Tam olarak anlayamadım. Neden şu anda sadece çaba göstermenin yetmeyeceği sonucuna ulaştınız? Neden artık sadece çaba göstermek yeterli değil?* (Bilgi edinme)

***Danışan:*** *Çünkü ne kadar çabalasam da, kendimi zorlasam da, onlar yine de başka biriyle olabilecekleri kadar mutlu değiller.*

***Terapist:*** *Bu onların söylediği bir şey mi?* (Bilgi edinme, olumsuz inanca karşı verinin altını çizme)

***Danışan:*** *Hayır, fakat arkadaşımın çocuklarının ne kadar mutlu olduklarını gördüm.*

***Terapist:*** *Yani siz de çocuklarınızın, ailenizin daha mutlu olmasını istiyorsunuz?* (Özetleme, hastanın olumlu isteğinin altını çizme)

***Danışan:*** *Evet.*

***Terapist:*** *Eğer depresyonda olmasanız ya da daha az mutsuz olsanız, bugünkünden farklı neler yapardınız veya aileniz için iyi ve onları mutlu eden bir baba olabilmek için neler yapardınız?* (Bilgi edinme, yeniden çerçeveleme, ailenin mutlu olmasını davranışsal değişikliğe ve yapılabilir, erişilebilir açık davranışsal hedeflere bağlama)

***Danışan:*** *Onlarla daha çok ilgilenirdim, daha çok konuşurdum, daha neşeli olurdum, gülerdim, onlara cesaret verirdim, gezdirirdim, onların hoşlandığı şeyleri birlikte yapardım, arkadaşımın şu anda ailesine yaptığı şeyleri yapardım.*

***Terapist:*** *Peki bunlar ailenizin kendilerini daha iyi hissetmelerine yol açabilir mi?* (Bilgi edinme, yeni bilgiyi farkındalık alanına getirme; yani "Şu anda depresyonda da olsam, bazı davranışlarımla ailemin kendini daha iyi hissetmesine yol açabilirim.")

***Danışan:*** *Evet olabilir.*

***Terapist:*** *Peki bu saydığınız şeylerden bir kısmı depresyonda olsanız bile yapılabilecek şeyler mi? Mesela onları hoşlandıkları yerlere götürmek, gezdirmek, çocukların yaptıklarıyla ilgilenmek...* (Analitik sentez, uygulamaya dönük soru)

***Danışan:*** *Şey... Sanırım, bazıları yapılabilecek şeyler.*

***Terapist:*** *Peki bunların bir kısmını yapmayı denerseniz, bir baba olarak kendinizi daha iyi hissetme şansınız olabilir mi?* (Bilgi edinme)

***Danışan:*** *Belki ama hâlâ kendimi çökkün hissediyorken bunları yapmanın yeterli olacağını sanmıyorum.*

***Terapist:*** *Peki bunun nasıl sonuç vereceğini nasıl bulabilirsiniz?* (Uygulamaya dönük soru)

***Danışan:...***

***Terapist:*** *Mesela bunu bir süre denerseniz sonucun ne olduğunu daha sağlam bir şekilde bulma şansınız olabilir mi?*

***Danışan:*** *Sanırım...*

***Terapist:*** *Bir hafta bunu deneyebilir misiniz?* (Uygulamaya dönük soru)

***Danışan:*** *Olabilir.*

***Terapist:*** *Peki, bu denemenizin aileniz veya çocuklarınızın kendilerini daha iyi hissetmelerine yardımı olup olmadığını nasıl anlayabilirsiniz?* (Uygulamaya dönük soru)

***Danışan:*** *Onları gözleyerek.*

***Terapist:*** *O zaman neler yapabileceğinizi çıkaralım.* (Bilgi edinme, uygulamaya dönük soru)

### Örnek 3: Suçluluk duygusuna dönük yönlendirilmiş keşif

Bu son örnek, iki tarzın dengeli bir karışımı biçiminde yapılan bir yönlendirilmiş keşiftir. Örnekteki danışan bir üniversite öğrencisi kadın olup, ailesinden ayrı başka bir şehirde üniversite okumaktadır. Annesinin bayram tatilini ailesiyle birlikte geçirmesi gerektiği konusundaki talebine rağmen, tatili memleketinde değil, arkadaşlarıyla geçiren üniversite öğrencisi depresif genç kız, annesinin birkaç gün sonra rahatsızlanması üzerine kendisini suçlamaktadır.

***Terapist:*** *Düşünce kaydınızda kötü bir evlat olduğunuz düşüncesi var. Bunun nedeni olarak da annenizi üzüp, hayal kırık-*

*lığına uğratmanızı göstermişsiniz. Annemi üzdükten sonra diğer insanlarla ne yaptığımın bir önemi yok, demişsiniz. Bu sizde ne şiddette bir suçluluk duygusu yarattı?*

**Danışan:** *Oran olarak mı?*

**Terapist:** *Evet.*

**Danışan:** *Yüzde 80.*

**Terapist:** *Bu kadar suçluluk yarattığına göre epeyce inandığınız bir şey o halde. Size oldukça gerçek geliyor. Şunu açıklayabilir misiniz; annenizi üzdükten sonra diğer insanlarla olan ilişkilerinizin neden hiçbir önemi kalmıyor?* (Bilgi edinme, inancın gerekçelerini bulma)

**Danışan:** *Bir insan için en önemli varlık annesidir. Onu memnun edemedikten sonra diğer insanları memnun etmesinin bir önemi yok...*

**Terapist:** *Bu olayda annenizin sizin yaptığınızdan memnun olmaması ve eleştirmesi, size göre yerinde mi?* (Bilgi edinme)

**Danışan:** *Evet, annem bu konuda haklı. Bu kez onu dinlemeyerek ben hata yaptım. Onun isteği daha doğru ve uygun olandı. Tatilimi ailemin yanında geçirmeliydim. Belki de o zaman hastalanmazdı. Bana üzülmesi onu etkiledi. Annemle yaşadığım bu sorun, olmamalıydı.*

**Terapist:** *Yani annenizin fikrine karşı çıkıp bayramı ailenizin yanında değil de Ankara'da kalıp arkadaşlarınızla geçirmeniz yüzünden anneniz hastalandı. Anneniz haklıydı. Siz onun isteğine uyup bayram tatilini ailenizle birlikte geçirmeliydiniz, bu konuda o haklıydı, öyle mi?* (Bilgi edinme)

**Danışan:** *Kesinlikle bu konuda çok haklıydı. Ayrıca benim bencil ve kendini düşünen biri olduğum konusunda haklı. Öyle olmasaydım ailemin yanına gider, kendimi düşünerek Ankara'da kalmazdım. O haklıydı, ama bunu geç anladım.*

**Terapist:** *Onun haklı olduğu sonucuna nasıl ulaşıyorsunuz? Kararları hep çok doğru, insanları hakkındaki değerlendirmelerinde çok mu isabetlidir?*

**Danışan:** *Evet birçok konuda çok bilgili bir insandır. Öğretmenken mesleğinde de çok başarılıydı. Onu tanıyıp konuşsaydı-*

*nız siz de haklı olduğunu, benim bencilce davrandığımı anlardınız.*

**Terapist:** *Annenizin sizinle ve diğer insanlarla ilgili yargılarında isabetli olduğuna inanıyorsunuz. Zaten "Eğer annemle ilişkim iyi değilse ve onu memnun edemediysem diğer insanlarla nasıl olduğumun bir önemi yok" düşüncesini çok doğru bulmanız da bunu gösteriyor ve şu anda olup bitenlerden ötürü kendinizi kötü ve bencil bir evlat olarak görüyorsunuz.* (Özgün inancın özetlenmesi)

**Danışan:** *Evet.*

**Terapist:** *Annenizin beğendiği çok insan var mıdır?*

**Danışan:** *Hayır, o konuda biraz titizdir annem.*

**Terapist:** *Titiz?*

**Danışan:** *Çok az insanı beğenir, çok az kişi onun ölçülerini karşılayabilir.*

**Terapist:** *Annenizin gerçekten beğendiği, iyi dediği kaç kişi vardır?*

**Danışan:** *Gerçekten iyi bulduğu...*

**Terapist:** *Evet. Ailenizde, kendi arkadaş çevresinde, tanıdıkları içinde gerçekten beğendiği, "Çok iyi bir insandır," dediği kaç kişi vardır?*

**Danışan:** *Çok değil, pek az kişi, çok iyi bulduğu... Hah hatırladım. Gittiği dahiliye doktorunu çok beğenir. Zaten onun için gidiyor. Doktorunu çok beğenir ve onun hakkında çok iyi düşünür.*

**Terapist:** *Peki, hakkında olumlu konuştuğu tek insan doktoru mudur?*

**Danışan:** *Bir de eski bir yakın arkadaşı vardır, onu çok sever.*

**Terapist:** *Pekâlâ. Merak ettim çünkü annenizi hiç tanımıyorum. Anneniz ne kadar insan tanıyordur? Aileniz, akrabalar, uzak tanıdıkları, bildiği kişiler... Anneniz kaç insanı tanıyordur?*

**Danışan:** *Büyük bir aileden geliyor. Emekli öğretmen olduğu için çok tanıdığı insan var; veliler ve öğrencileri çok.*

**Terapist:** *20-25 kişi?*

**Danışan:** *Daha fazla 40-50 kişi vardır.*

**Terapist:** *Bu 40-50 kişiden tanıdığı, bildiği, düzenli veya ara sıra görüştüğü 40-50 kişiden sadece 2 tanesini çok beğeniyor, öyle mi?*

**Danışan:** *Evet. Az değil mi?*

**Terapist:** *Peki bu konuda siz de onunla aynı fikirde misiniz? Yani tanıdığı yaklaşık 40-50 kişiden sadece bu ikisi mi iyi insanlar acaba?*

**Danışan:** *Hayır. Kesinlikle daha çoğu.*

**Terapist:** *Peki bu durum, annenizin beğenileri, yargıları hakkında size ne söylüyor acaba?*

**Danışan:** *Annemin biraz zor beğendiğini, eleştirel biri olduğunu.*

**Terapist:** *Evet zor beğenen biri gibi duruyor. Onun tarafından çok iyi biri olarak değerlendirilebilmek oldukça güç.*

**Danışan:** *Evet.*

**Terapist:** *Merak ettim, sizin kendi ailenizde beğendiğiniz, güvendiğiniz, anneniz dışında başka birisi var mı?*

**Danışan:** *Evet. Ailemde var tabii.*

**Terapist:** *Kim?*

**Danışan:** *Babam.*

**Terapist:** *Babanızın ne gibi olumlu özellikleri vardır?*

**Danışan:** *Esprilidir, hoşsohbettir, insanlarla ilişkileri iyidir, iyimser biridir, olaylara olumlu yaklaşır.*

**Terapist:** *Evet, bunlar olumlu özellikler. Başka özellikleri var mı? Çalışkanlık, güvenilirlik, vb.?*

**Danışan:** *Evet çok çalışkandır, parayı iyi idare eder.*

**Terapist:** *Evet, oldukça iyi birisi gibi gözüküyor. Peki diğer insanlar da, babanızla ilgili olarak, sizin gibi mi düşünür?*

**Danışan:** *Evet birçok kişi babamı beğenir, sevilen biridir.*

**Terapist:** *O zaman nesnel olarak taraf tutmaksızın, birçok insanın görüşünü ve tabii sizin görüşünüzü dikkate alarak, babanızın oldukça iyi bir insan olduğunu söyleyebiliriz.*

**Danışan:** *Evet, tabii ki.*

**Terapist:** *Peki anneniz babanızı beğenir mi? Onunla ilgili güzel olumlu şeyler söyler mi?*

***Danışan:*** *Yani yaptıklarını takdir eder, beğenir mi demek istiyorsunuz? Babamın bazı yaptıklarını beğendiği olmuştur.*

***Terapist:*** *Olumsuz gördüğü, beğenmediği şeyler de var o zaman.*

***Danışan:*** *Evet, çoğu kere eleştirir. Sık sık tartışma çıkar. Genelde babamın yaptıklarını eleştirir. Onun istek ve beklentilerine babamın yaptıkları uymuyor.*

***Terapist:*** *O zaman anneniz oldukça olumlu özelliklere sahip iyi biri diyebileceğimiz birinde bile eleştirilebilecek şeyler bulabiliyor. Annenizin standartlarını iyi denebilecek kişiler de her zaman karşılayamayabiliyor.*

***Danışan:*** *Evet.*

***Terapist:*** *Peki, size gelirsek, annenizin bu standartlarını siz karşılayabiliyor musunuz?*

***Danışan:*** *Annem çok yargılayıcıdır. Babamı bile eleştirirken bende bir şeyler bulmaması zor.*

***Terapist:*** *O zaman annenizin bir kişiyi iyi bulup bulmamasından yola çıkarak o kişinin iyi olup olmadığına karar vermek pek doğru olmayabilir.*

***Danışan:*** *Tekrar söyler misiniz?*

***Terapist:*** *Gerçekten bir kişinin iyi olup olmadığını annenizin beğeni ölçütlerine dayanarak söylemek zor.*

***Danışan:*** *Evet.*

***Terapist:*** *O zaman son yaşadığınız olayda annenizin size kızması ve sizden memnun olmaması sadece sizin yaptıklarınızla bağlantılı değil. Onun eleştirel bir insan olması, isteklerinin yerine gelmesinde titiz olmasının da rolü var.*

***Danışan:*** *Doğru.*

## Zor Danışanlarda Sokratik Sorgulama

Özellikle zor hastalarda terapistin doğrudan bir şeyler söylemesi ya da önermesi durumunda danışanın direnci daha da artar ve terapistle çekişmeye girebilir. Bu durumlarda Sokratik yöntem oldukça uygundur. Çünkü Sokratik yöntem gerçekçi, uygun veya yararlı davranışı doğrudan söylemek veya önermek yerine hastanın kendi gerçekliği, dünyası ve idealleri çerçevesinde gerçekçi uygun ve yararlı olanı yine onun bulmasını hedefler.

**Direnç Sergileyen Depresif Özellikleri Olan Hastayla Sokratik Görüşme Örneği**

Danışan 40'lı yaşlarında, depresif, halsizlik, yorgunluk ve enerji kaybının ön planda olduğu, annesi ve babasıyla yaşayan bir kadın hastadır.

***Danışan:*** *(Başı eğik, önünde; yorgun görünüyor)*

***Terapist:*** *Yorgun musunuz?*

***Danışan:*** *Hı.*

***Terapist:*** *Ne zaman yattınız?*

***Danışan:*** *Of.*

***Terapist:*** *Neyse boş verin, bana söylemek zorunda değilsiniz. Bana söylemek istemiyorsunuz, değil mi?*

***Danışan:*** *Hayır, söyleyeceğim.*

***Terapist:*** *Söyleyecek misiniz?*

***Danışan:*** *Tam hatırlayamıyorum. Çok geçti, ayaktaydım... Ben, mutfağı temizliyordum, fırının bütün yağını sildim. Çok uzun sürdü. Bütün gece uğraştım, yorgunluktan tükendim. Tam olarak bilmiyorum, yatağa gittiğimde çok geçti.*

***Terapist:*** *Çok iyi. Kendi başınıza o kadar işi yapabilmeniz harika.*

***Danışan:*** *Fakat kimse yardım etmedi. O kadar işi tek başıma yaptım.*

***Terapist:*** *Kendinizle bir parça gurur duymuyor musunuz?*

***Danışan:*** *Gurur?*

***Terapist:*** *Evet, gurur. Tek başınıza o kadar temizliği yapmaktan dolayı?*

***Danışan:*** *Ama hepsini yapmak zorundaydım zaten. Diğerlerinin de yardım etmesi gerekirken, neden ben kendi başıma o kadar işi yapıyorum? Aynı yerde benimle birlikte yaşayan üç kişi daha varken yardım etmiyorlar. Hepsini kendi başıma yapmak zorunda kalıyorum. Bu beni çok kızdırıyor.*

**Terapist:** *Hiç onlardan yardım istediniz mi?*

**Danışan:** *Yok, bu kişilerle olmaz. Hayır, onlarla konuşulmaz bile.*

**Terapist:** *Onlarla konuşamazsınız? Denediniz mi hiç? Ne sıklıkla denediniz?*

**Danışan:** *Bununla ilgili konuşmak istemiyorum.*

**Terapist:** *Pekâlâ, neyle ilgili konuşmak istersiniz?*

**Danışan:** *Depresyonumla ilgili.*

**Terapist:** *Neyi konuşmak istersiniz?*

**Danışan:** *Depresyonum var!*

**Terapist:** *Geçirmek için bir şeyler yaptınız mı?*

**Danışan:** *Depresyona giriyorum. Ne zaman geleceğini, nasıl geçireceğimi bilmiyorum. Kendimi bildim bileli böyleyim. Bıktım artık.*

**Terapist:** *Bunun için buraya gelmiyor muydunuz?*

**Danışan:** *Evet, neden bana yardımcı olmuyorsunuz?*

**Terapist:** *Birlikte yapabileceğimiz belli bazı şeyler var. Sizin tek başınıza yapabileceğiniz şeyler ve benim tek başıma yapabileceğim şeyler var. Kendinizi ve sizi bu denli çöküntüye sokan konuları sadece siz anlatabilirsiniz.*

**Danışan:** *Her şey. Kendimden nefret ediyorum. Anlamıyor musunuz? Nefret ediyorum.*

**Terapist:** *Kendinizden nefret ediyorsunuz?*

**Danışan:** *Evet, nefret ediyorum.*

**Terapist:** *Kendinizden nefret etmenize yol açan ne gibi şeyler var?*

**Danışan:** *Bilmiyorum.*

**Terapist:** *Neyle ilgili olduğu tam belli olmayan bir nefret öyle mi? Eğer ben birinden nefret ediyor olsaydım neden olduğunu bilirdim. Neden kendinizden nefret ettiğinizi gerçekten merak ediyorum?*

**Danışan:** *Neden bana bu kadar çok soru soruyorsunuz?*

**Terapist:** *Buraya gelme nedeniniz bu, değil mi?*

**Danışan:** *Evet.*

**Terapist:** *İyileşmek istiyorsunuz, değil mi? Şu andaki durumunuzun böyle sürmesini istemiyorsunuz, değil mi?*

**Danışan:** *Hayır.*

**Terapist:** *Yani değişim gerekli.*

**Danışan:** *Eğer nasıl farklı olunabileceğini bilseydim, farklı olmayı isterdim.*

**Terapist:** *Farklılığa biz "değişim" diyoruz.*

**Danışan:** *Fakat nasıl değişeceğimi bilmiyorum.*

**Terapist:** *Aynı zamanda benim önerilerimden de hoşlanmıyorsunuz. Her şeyi kendi başınıza yapmak istiyorsunuz. Ben de onun için öneride bulunmamaya çalışıyorum.*

**Danışan:** *İnsanların bana ne yapacağımı söylemelerinden hoşlanmıyorum!*

**Terapist:** *Evet, bunu biliyorum. Size de uyuyorum. Size öneri vermeyeceğim, ama sizin bir düşünceniz olmalı. Zeki bir insansınız.*

**Danışan:** *Zeki olduğumu düşündüren şey ne?*

**Terapist:** *Konuşma şekliniz, sorulara verdiğiniz cevaplar ve genel olarak davranış şekliniz. Zeki birisiniz. Cevap vermekten nasıl kaçınılacağını, insanların nasıl harekete geçirileceğini ve daha birçok şeyi iyi biliyorsunuz. Bu da bir tür zekâ. Akılsız insanlar bunu yapamaz.*

**Danışan:** *İnsanları hareketlendirmenin bir tür zekâ olduğunu düşünüyorsunuz, öyle mi?*

**Terapist:** *Evet, bu konuda eminim. Bu sizin kullandığınız bir tarz. Bunu kullanma şeklinizin insanların hoşuna gittiğini söyleyemem ama bu bir zekâ göstergesi. Aynı zekâyı değişik bir biçimde kullanabilirsiniz.*

**Danışan:** *Bu doğru. Birçok insan benden hoşlanmıyor.*

**Terapist:** *Bu durum sizin hoşunuza gidiyor mu?*

**Danışan:** *Bazen aldırmıyorum ama annem ve babamın benden rahatsız olması hoşuma gitmiyor çünkü o zaman onlara gidemiyorum. Onlar da bana gelmiyorlar.*

**Terapist:** *Siz onlara gidemiyorsunuz. Bu hoş olmamalı. Eğer ben sizi rahatsız ediyor olsam, her hafta benimle görüşmek ister misiniz?*

**Danışan:** *Sanmam.*

***Terapist:*** *Hayır. Yani anne babanızın tutumu uygun, öyle mi?*

***Danışan:*** *Evet doğru, sanırım benim bir şeyler yapmam gerekiyor.*

***Terapist:*** *O zaman gelin şimdi neler yapabilirsiniz onu konuşalım.*

***Danışan:*** *Olur.*

...

# Bölüm 11
# Bilişsel Davranışçı Terapide Temel Teknikler

Bilişsel davranışçı terapi, danışanın bilişsel ve davranışsal alanında değişiklikler yaparak onun için sorun olan durumları azaltmaya çalışır. Bu alanlardaki değişiklikleri sağlamak adına bilişsel davranışçı psikoterapide sorun çözme teknikleri, bilişsel teknikler ve davranış teknikleri kullanılır. Bu tekniklerin başlıcaları ezici, büyük, genel sorunu baş edilebilir küçük parçalara ayırma; sorunu çözmeye engel olan düşünce ve inançları saptama; otomatik düşünce ve imgeleri saptama (hatırlama, duygudurumda değişiklik olduğu anlara odaklanarak, rol oynama, hayalde canlandırma, vb.); yönlendirilmiş keşifle anlamlara ulaşma ("Eğer bu düşünce doğru ise, sizin için bunun anlamı ne?"); altta yatan sayıltılara ve inançlara ulaşma; işe yaramayan düşünce ve inançları yeniden yapılandırma (yardımlaşmacı sınama ile); etkinlikleri izleme ve programlama; kademeli eyleme geçme; düşünce ve inançları sınamaya yönelik alıştırmalar; aşamalı yüzleştirme ve gevşemedir.

## İnsanlar Sorunlar Karşısında Neler Yapabilirler?

Bilişsel terapide kullanılan teknikleri herhangi bir sorunla karşılaşan bir insanın bu durum karşısında yapabileceklerini ele alarak gösterelim. Sorun karşısında bireylerin takınacakları olası tutumlar sorunun özelliğine göre sorunu çözebileceği gibi bazen de sorunun devam etmesinde bir etken olabilir. Sorun karşısında takınılacak ilk tutum, sorunu inkâr etmek veya görmezden gelmektir. Örneğin 10 yıldır, her gün, yoğun biçimde alkol kullanan, bu nedenle çevresiyle sorunlar yaşayan ve alkol alımını sürdüren bir birey "Ben alkolik değilim, istediğim zaman alkolü bırakırım," diyor ve buna rağmen sürekli almaya devam ediyorsa, bu sorunun inkârıdır. İnkâr çoğu kere sorunun sürmesine yol açan bir tutum olarak karşımıza çıksa da, sorun karşısında inkârın sağlıklı bir yol olduğu durumlar olabilir. İnkârın sağlıklı bir tutum olduğu evrensel bir durum olarak ölüm olgusunu verebiliriz. Belli bir bilişsel olgunluğa ulaşan herkes ölüm kavramıyla tanışır ve ardından kendisi veya bir yakını ölümcül bir durumla karşılaşana dek bunu inkâr eder. Bu sağlıklı bir inkârdır. Sürekli öleceği gerçeğiyle yaşayan, bunu hep aklında tutan bir insanın yaşam motivasyonu bundan olumsuz etkilenir. Değiştirilemeyecek, kaçılamayacak veya uzaklaşılamayacak bir sorun söz konusu olduğunda inkâr yerinde bir tutum olabilir. İnkâr veya görmezden gelmeye benzeyen ve sonuçta kişinin sorun karşısında aktif bir tavır almadığı bir diğer tutum, katlanmayı seçmektir. Katlanmanın sağlıklı olduğu ve işe yaradığı durumların başında, çeşitli anksiyete bozuklukları ve fobilerin tedavisinde kullanılan yüzleştirme (*exposure*) tedavileri sırasında kişinin kaygıyla kalarak kaygıya katlanması gelir; bunun sonucunda kişi, kaygı tepkisinin giderek düştüğünü görür.

---

**Sorun Karşısında Takınılan Olası Tutumlar**

1. İnkâr
2. Katlanma
3. Çözmeye çalışma
4. Kaçma/uzaklaşma/ayrılma/yer değiştirme
5. Yeniden değerlendirme

---

**Tablo 1.** Sorun Karşısında Yapılabilecekler veya Takınılan Tutumlar

Sorun karşısında takınılacak bir diğer tutum, soruna bir çözüm bulmaya çalışmaktır. Bu yöntem, bizimle ya da çevreyle ilgili değişkenleri, etkenleri değiştirerek sorunu ortadan kaldırmaya veya azaltmaya çalışmaktır. Hava sıcak olduğunda odamızın penceresini açmamız, sorun yaşayan bir çiftin eş terapisine başvurması, ilk örnekteki alkol bağımlılığı olan kişinin tedavi için bir bağımlılık kliniğine başvurması buna örnek verilebilir. Çözmeye çalışma, bizimle veya çevreyle ilgili soruna yol açan, değiştirilebilir bir etken varsa sorunu ortadan kaldırmaya veya azaltmaya yarayan bir tutum olur. Ancak soruna yol açan etkenler değiştirilebilir nitelikte değilse, değiştirilemez bir şeyi değiştirmeye çalışmak, sorunun sürmesine ve boşa zaman kaybına sebep verir. Eşi tarafından fiziksel ve maddi olarak istismara uğrayan bir kadının eşini değiştirebileceği umuduyla sürekli uğraşması, panik bozukluğu olan bir hastanın, anksiyeteyi hayatından tamamıyla çıkarmaya çalışması, obsesif bir hastanın zihin işleyişini tamamıyla kontrol ederek kendisine ters gelen hiçbir düşünce, istek veya hayali aklına getirmemeye çalışması veya obsesyonel kuşkuyu gidermek için zihinsel çözümlemeler yapması, sorunu azaltmak yerine sorunun artmasına yol açar.

Sorun karşısında bireyin yapabileceği bir diğer şey kaçmak, kaçınmak, uzaklaşmak, terk etmek, ayrılmaktır. Bu tutum da, yerine göre sorunu çözebileceği gibi, yerine göre de sorunun sürmesine yol açabilir. Sorun çevreyle ilgili ve değiştirilemez koşullardan kaynaklanıyorsa, bu çevrenin kullanılabilir veya elde edilebilir, erişebileceğimiz bir alternatifi varsa, o zaman kaçmak, uzaklaşmak, yer değiştirmek, sorunu çözer. Örneğin mühendislik eğitimine başladıktan sonra bu okulun ve mesleğin kendisine uygun olmadığını fark eden bir kişi yeniden sınavlara girip okul değiştirerek sorununu çözebilir. Planını beğenmediğimiz, dar ve kapalı bir evde, üstelik de yüksek bir kiradan oturuyorsak ve yine kiralık olan daha uygun fiyatlı ve geniş başka bir ev varsa, oraya taşınmak sorunu çözer; eşi tarafından fiziksel ve manevi istismara maruz bırakılan kadının sorunu, belki de ondan ayrılmasıyla büyük ölçüde azalabilir. Ancak sorun bizimle ilgili ve/veya değiştirilebilir bir etkenden kaynaklanıyorsa kaçma, uzaklaşma çözmez; bizimle birlikte sorun da taşınır. Yukarıdaki örnekteki kadın, eşinden ayrıldıktan bir süre sonra yine benzer özelliklere sahip ve kendisini istismar eden başka bir erkekle ilişki kuruyorsa, sorunu daha çok kendi kişilik özellikleriyle ilgilidir.

Listede yer alan en son madde **yeniden değerlendirme** başlığını taşıyor. Bu haliyle de sorunlu insanlar bu maddeleri incelediklerinde onlara en uzak gelen bu son maddedir. Çünkü sorunlu kişi, zaten durum ne ise onu doğru biçimde gördüğüne inanır, o halde yeniden değerlendirilecek ne vardır? Aslında ilk anda yabancı gelen bu son madde, bilişsel terapinin ağırlıklı olarak uyguladığı bilişsel teknikleri kapsamaktadır. Yeniden değerlendirmenin ne olduğunu şu benzetmeyle açıklayabiliriz: Gözleri iyi görmediği için küçük yazıları okuyamayan birisi, bu sorunu, yazıları büyüterek, yani çevresel koşulları değiştirerek aşmaya çalışsa, sonuç ne olur? Ya da kitap ve gazete yayıncılarıyla konuşarak daha büyük punto kullanılmasını sağlamaya çalışsa? Burada sorun doğrudan bizimle ve bizim bir özelliğimizle ilgilidir, soruna en sağlıklı çözüm de gözlük takarak görme kusurumuzu gidermektir.

Bilişsel terapi, yaşanan duygusal, davranışsal sorunlar ve bunlarla bir ölçüde bağlantılı yaşam olayları ve çevresel koşullarda bilişsel etkenlerin son sözü söylediğini öne sürmektedir. A-B-C modelini düşünürsek; duygusal tepkilerimizde rol oynayan ilk unsur genellikle çevresel koşul ve olaylardır; tetikleyici rolü gören bu olayların, sorunun ortaya çıkmasında belli oranda pay sahibi olduğu tartışma götürmez, ancak duygusal ve davranışsal tepkinin nitelik ve şiddetine son şekli bilişsel düzenekler verir (bkz. Şekil 1). Aynı olayı yaşamasına rağmen bilişsel farklar nedeniyle insanların olaylara verdikleri tepki farklılaşır. Şekil 1'de üç örnek olay veya duruma iki farklı tepki biçimi yer almaktadır.

| A | B | C |
|---|---|---|
| Çevre, ortam, olaylar, kişiler | Algı, anlam, yorumlama | Duygu, davranış |
| I.Bir arkadaşıyla karşılaşma<br>II.Bir arkadaşıyla karşılaşma | Görünüşümü beğenmeyebilir.<br>Rezil olacağım, kötü görünüyorum. | Rahatsızlık duyma, selamlaşma<br>Heyecan, uzaklaşma, saklanma |
| I.Kalp atımlarında hızlanma<br>II.Kalp atımlarında hızlanma | Kalp krizi geçiriyorum.<br>Hızlı yürüyorum. | Korku, acil servise başvurma<br>Merak, yürüme hızını yavaşlatma |
| I.Arkadaşının "Bu işte benden yardım bekleme!" demesi<br>II.Arkadaşının "Bu işte benden yardım bekleme!" demesi | Bana bunu yapamaz, gününü göstereceğim.<br>Ondan bunu beklemezdim. | Öfke, saldırarak vurma<br>Kızgınlık, ve arkadaşına "Bunu beklemezdim" deme |

**Şekil 1**. A-B-C Modeli

A-B-C modeline göre A'yı dünya, B'yi bu dünyayı arkasından gördüğümüz mercek, C'yi de ortaya çıkan görüntüye benzetirsek, en başta söyleyeceğimiz şey hepimizin biyolojisi, doğumdan itibaren yaşadığımız çevre ve yaşadığımız olayların etkileşimiyle bu merceğin şekillendiği ve hepimizin gerçekliği doğrudan değil bu merceğin arkasından gördüğümüzdür. Dolayısıyla hiçbirimiz gerçekliği olduğu gibi, yüzde yüz göremeyiz; sahip olduğumuz mercek onu belli bir ölçüde çarpıtır ve kırar. Önemli olan bu çarpıtma ve kırılmanın derecesidir. Bu arttıkça, kişi gerçeklikten uzaklaşır. Yaşanan olay veya durumla duygusal ve davranışsal tepki orantılı ise orada bir ruhsal rahatsızlık veya bozukluktan söz etmemiz çok mümkün değildir. Örneğin, evinin yanında patlama olan birinin bu patlama sonrası korkması ve evinden kaçması sıkıntı dolu duygusal ve davranışsal bir tepki olmakla birlikte bu kişinin ruhsal bir rahatsızlığı olduğu anlamına gelmez ve bu nedenle de kişi ruh hekimi ya da psikoloğa başvurmaya gerek görmez. Yaşanan olay veya durumla ona verilen duygusal ve davranışsal tepki orantılı ve uygundur. Ancak herkesin rahatlıkla oturduğu bir kanepeye oturamayan ya da herkesin rahatlıkla tuttuğu bir kapı kolunu tutamayan, bunu yapması istendiğinde sıkıntı yaşayan ve kaçınan bir insanı ele alalım. Uyaran veya durumla bu kişinin duygusal ve davranışsal tepkisi arasında bir orantısızlık, uygunsuzluk söz konusudur. Kişinin yaşadığı sorun, durum-ortamdan çok değerlendirme sistemindeki çarpıtmaya bağlıdır ve büyük olasılıkla bu kişinin obsesif kompülsif bozukluk dediğimiz bir rahatsızlığı vardır. Ruhsal rahatsızlık durumunda uyaran veya duruma bakarak bireyin neden sıkıntı duyduğu sıradan kişiler için anlaşılmazdır, ama bireyin o durumla ilgili bilişsel değerlendirmesini elde ettiğimizde sıkıntısı anlaşılır hale gelir: Yukarıdaki örnekteki obsesif özellikleri olan hasta, bu nesnelerden kendisine pislik bulaşacağını, bu pisliğin tehlikeli olduğunu, zarar vereceğini düşündüğü için; kendisine bulaşanı çevreye de bulaştırarak sevdiği kişilere zarar verebileceğinden korktuğu için kaçınmakta ve sıkıntı duymaktadır.

Bilişsel davranışçı terapide hangi tekniklerin, ne zaman ve nerede kullanılacağını belirleme açısından yukarıdaki ayrım bize yol gösterebilir. Kişide belirgin bir ruhsal rahatsızlık varsa, belli bir yaşam olayı bu olaya eşlik etsin veya etmesin, öncelikle değerlendirme sistemini ele almak gerekir, daha sonra gerekirse yaşam olaylarına ve çevreye dönük sorun çözme tekniklerine başvurulabilir. Eğer kişinin değerlendirme sisteminde önemli bir sorun yoksa, sorun büyük ölçüde çevreden ve olaylardan kaynaklanıyorsa ve kişinin tepkisi buna uygunsa (Şekil 1'deki ikinci sıra tepkilerde olduğu gibi) yine ortada bir sorun vardır ama bu gerçek bir sorun veya yaşam olayıdır. Bu durumda ilk dört yöntemden hangisi veya hangileri uygunsa, bunlar uygulanmaya çalışılır. Örneğin, arkadaşından yardım alamayan bireyin bu durumda ona kızması doğaldır. Değerlendirme sisteminde bir sorun yoktur ama bu kızgınlığın ona saldıracak boyutta olması durumunda (Arkadaşı ona yardım etmemiş, o da kızıp saldırmış.) doğal bir tepki deyip geçemeyeceğimiz bir sorun söz konusudur.

Eğer tepki uygun olmakla birlikte aynı zamanda gerçek bir sorun varsa, kişi bu sorunu çözmek için arkadaşıyla konuşabilir (çözmeye çalışma); eğer başka arkadaşları da varsa ve o arkadaşına muhtaç değilse, onunla arkadaşlığı bırakabilir (ayrılma, uzaklaşma); eğer vazgeçemeyeceği bir arkadaşlıksa, mecburi bir ilişki ise, o zaman onun bu anlayışsız tutumlarına aldırmamayı veya dayanmayı seçebilir (inkâr-katlanma). Ama aşırı ve olumsuz bir tepki (örneğin, yoğun öfke ve şiddet davranışları) söz konusuysa bu sayılan yöntemler yeterli olmaz, sadece sorunu örter. Her duygu, yerinde ve orantılı olmak kaydıyla sağlıklı, gerekli ve uyumsaldır. Olumsuz ve sorun olan duygular aşırı, orantısız, kişiye veya çevreye zarar veren ve sorunu çözmeye yaramayan duygusal tepkilerdir.

Özetle, bilişsel terapide, hastaların hem gerçek yaşam sorunları, hem de bilişsel çarpıtmalara bağlı sorunlu duygusal ve davranışsal tepkileri ele alınır. Yaşam sorunlarına dönük olarak sorun çözme teknikleri kullanılırken, çözülemeyecek ve değişemeyecek yaşam olumsuzluklarına karşı da kişinin dayanıklılığı ve direnci artırılmaya çalışılır. Yaşanan olaylarla orantısız duygusal tepkilerden oluşan ruhsal rahatsızlıklarda ise öncelikle bu bilişsel çarpıklığı düzeltmeye dönük teknikler kullanılır. Ancak yaşam, her zaman burada anlattığımız netlikte değildir; yani bir olayda hem bilişsel çarpıklığın, hem yaşam olayları ve çevre koşullarının katkısı bir aradadır ve birçok tekniği beraber kullanmak gerekebilir.

**Bilişsel Teknikler**

Bilişsel terapi ilkelerine uygun yürütülen bir tedavide, daha önce aktarılan yapılandırılmış biçimi seanslarda uygulamanın yanı sıra bir diğer önemli beceri de bu yapının içeriğinin bilişsel terapide kullanılan tekniklerle işlenebilmesidir. Bunu başarılı biçimde gerçekleştirebilmek için terapistin zengin bir teknik becerisi olmalıdır. Bilişsel terapinin teorisi özünde çok basittir. Yoğun ve sorun yaratan olumsuz duygular (öfke, üzüntü, depresyon, anksiyete) çarpık olumsuz düşüncelerle bağlantılıdır. Bu düşünceler değiştiğinde, yani kişi olayları daha gerçeğe yakın görmeye başladığında kendini iyi hisseder. Yalnız bu basit gibi görünen ana ilkenin gerçek terapi ortamına uygulanması epey bir çaba ve incelikli çalışma ister. Bu düşünceler, dışarıdan gözleyen birisi için çarpık ya da geçersiz olmalarına karşılık hasta için son derece sahicidirler. Hastanın dünyasında geçerli oldukları, çekilen sıkıntının yoğunluğundan bellidir. Düşüncelerin sıkıntıya yol açma gücü, bunlara olan inancın derecesiyle paralellik gösterir. Genel olarak tedaviye başvuran bireylerde bu sorun yaratan düşüncelere inanma düzeyi yüksektir. Birey, bir ruh sağlığı çalışanına başvurduğunda yoğun sıkıntı içindedir. Sıkıntı anında ilişkili düşünceler hasta açısından oldukça inanılır ve ikna edici olduğundan, bunların değiştirmesi zordur. İşte bilişsel teknikler, hastanın şiddetli biçimde inandığı bu inançları öncelikle saptamasına, daha sonra bunları inceleyerek gerçeğin birebir yansıması olduğundan şüphe duymasına, giderek bunların daha işlevsel olan inançlarla değiştirmesine yardımcı olmak için terapistin kullandığı araçlardır.

Burada aktarılan bilişsel tekniklerin kuramsal olarak bilinmesi uygulama için yeterli değildir. Bunun kadar önemli olan bir diğer nokta, hangi tekniğin ne zaman ve hangi tür durumlarda uygulanacağının bilinmesidir. Bu terapötik beceri süpervizyonlarla, supervizörün görüşmeleri izlenerek ya da bilişsel terapiyle görüşme örnekleri dinleyip terapistin öğrendiklerini kendi uygulamalarına aktarmasıyla, kazanılır. Hangi tekniğe öncelik tanınacağı zamana ve yere göre değişmekle birlikte bazı teknikler daha öncelikli olarak kullanılır. Bu teknikler yapılandırma, sorun belirleme, empati, çarpıtmayı saptama ve kanıtı incelemedir. Sorun belirleme, aynı zamanda gündem belirleme etkinliğiyle paraleldir. Hastayla ilk değerlendirme görüşmelerinde terapi sürecinin bütünündeki amaçlar belirlenirken ve yine her terapi seansı başında o gün çalışılacak konular belirlendiğinde, bir anlamda sorun da belirlenmiş olur. Kimi hastalarda bu çok kolaydır, kimi hastalarda ise zor olabilir.

**Sorunu Belirleme**

Psikoterapinin başarılı olabilmesi için sınırları saptanmış, ne olduğu belirlenmiş bir konuya odaklanabilmek gerekir. Sorunlarla baş etmede en önemli nokta, başlangıcın nasıl yapıldığıdır. Hastanın getirdiği sorun eğer genel ve soyutsa ("Kendimi bulmak istiyorum", "Ne istediğimi bilmiyorum", "Hayatın anlamını bulamıyorum" vb.) bu sorunun somutlaştırılması gerekir. En basit anlamıyla düşündüğümüzde, bir hastanın bu tarz soyut konulardan dolayı rahatsız olması, hayatında işlerin yolunda gitmediğini veya duygusal olarak sorun yaşadığını gösterir. Hayatı yolunda giden ve kendini iyi hisseden birinin bu şekilde sorunlar yaşaması beklenmez. Bu tür hastalarda, yaşadıkları sorunu önemli bulup saygı duymakla birlikte somutlaştırmamız gerektiğini belirterek, duygusal yönden yaşadığı sorunları ve hayatında yolunda gitmeyen şeyleri bulmaya çalışmalıyız.

Amaçlar, davranışsal terimlerle ifade edilebilmelidir. "İyi olmak istiyorum" veya "Kendimi anlamak istiyorum" şeklinde soyut amaçlar, bilişsel davranışçı terapi açısından uygun amaçlar değildir. Bu tür soyut amaçlar getiren hastalarda bunları daha somuta dönüştürmek ve küçük alt amaçlara ayırmak yararlı olur. Bunu sağlayabilmek için amaçları netleştirmeye dönük olarak "Terapiyle neyin değişmesini istiyorsunuz?", "Bu terapinin sonunda nasıl bir durumda olmayı istersiniz?", "Bugün yaşamınızda var olan ne gibi sorunların ortadan kalkmasını istersiniz?", "Bugün yaşamınızda eksik olduğunu düşündüğünüz neler var?" gibi sorular sorulabilir.

Terapi için belirlenen amaçların somut ve net olarak tanımlanabilir olmasının yanı sıra hastayla ilgili ve onun kontrolünde olan değişimleri kapsaması uygundur. Amaçlar diğer kişileri değiştirmeyi kapsayamaz. Örneğin terapiye "İnsanların bana iyi davranması için geliyorum" uygun bir amaç değildir, ama "İnsanların bana iyi davranması için ben neler yapabilirim, bunu sağlama yolunda hangi tutumlarımı değiştirebilirim, bunu öğrenmek ve uygulamak için terapi almak istiyorum" uygun bir amaçtır. Kişinin başka birinin kontrolünde olan bir konuyu amaç olarak belirlemesi de uygun değildir ("Oğlumun kız arkadaşını terk etmesi için", "Sevgilimin bana geri dönmesi için" vb. terapiye gelme amaçları).

Saptanan amaçların gerçekçi ve hayata uygun olması gerekir: "Artık hiç korkmak istemiyorum", "Hiçbir şeye üzülmek istemiyorum" gibi amaçlar gerçekçi değildir. Çünkü olumsuz duygular insan yaşamında gerekli ve uyumsaldır. Sorun, bu duyguların işlevsiz olarak ortaya çıkmasıdır (yani ortada korkulacak bir şey yokken korkmak gibi).

**Örnek:**

Bulimia nervosa tanısı alan 16 yaşındaki kadın hastada 3 yıldır başlayan aşırı yeme ve ardından huzursuzluk duyarak, parmak atarak kusma davranışı mevcuttur. Hasta diğer insanlar yanındayken çok az şey yemektedir. Bu hastanın örnek amaç listesi şunlardan oluşmaktadır: aşırı tıkınırcasına yemek yeme davranışını azaltmak, aşırı yemeyi izleyen parmak atarak kusma davranışını azaltmak, çok az yemek yeme veya hiç yemek yememe davranışını azaltmak.

Terapinin başında, değerlendirme görüşmelerini izleyen bilişsel terapinin ilk seansında, terapiden amaçlanan değişiklikler veya üzerinde çalışılacak sorunlar yukarıdaki şekilde temel hedefler olarak belirlendikten sonra, ilerleyen seanslarda bunların üzerinde çalışırken bu temel amaçların daha küçük alt amaçlara bölünmesi gerekir. Böylece, hem hedefe ulaşan ara noktalar belirlenmiş olur, hem de hasta için hedefler küçültülerek daha ulaşılabilir hale gelir.

Örneğin, yukarıdaki hastanın birinci amacı olan "aşırı tıkınırcasına yemek yeme davranışını azaltmak" için alt amaçlar: 1) aşırı yeme davranışının ortaya çıktığı koşulları saptamak; 2) aşırı yeme davranışının ortaya çıktığı andaki düşünceleri saptamak; 3) aşırı yeme davranışının sürmesine yol açan anlık sonuçları saptamak; 4) hazırlayıcı koşulların oluştuğu ortamları azaltmak; 5) yiyeceğin ulaşılabilir, el altında olmasını azaltmak, hazır yiyecek bulundurmamak olabilir.

Büyük amacı küçük amaçlara bölebilmek için sorulacak sorular şunlardır: Ana amaca ulaşmak için hangi adımlar atılmalıdır? Nihai amacın gerçekleşmesi için ilk önce neyin yapılması gerekir? Örneğin ana amaç sosyal kaygının azalması ise, buna ulaşmada adımlar, sosyal kaygı yaratan durumları belirleme ve sosyal kaygı yaratan durumları saptadıktan sonra sırayla o ortamlarda bulunmaktır. Alt amaçları belirlemede "Eğer bu yakın bir arkadaşınızın amacı olsa, ona bu amaca ulaşmak için ilk önce ne yapmasını tavsiye ederdiniz?" sorusu da yararlı olabilir. Adımlar belirlenirken amaçların gözlenebilir olmasına dikkat etmek gerekir. Kişi aynı zamanda hedefin ne olduğunu bilirse, ilerleme kaydedip etmediğini de anlar.

Hastanın ana amacı *"iyi bir eş olmak"* şeklinde soyut bir amaç olsun, bunun alt amaçları "evde az bağırmak", "kızınca eşyaları fırlatmamak", "evden çıkarken hoşçakal demek", "eve zamanında gelmek", "eve gelince selamlamak, sarılmak" olabilir. Alkol bağımlısı bir hasta için amaç "alkol almamak, içmemek" olsun, küçük amaçlar "(alkolü yorgun ve dışarıda iken alıyorsa) yorgun olduğu zamanlar dışarı çıkmamak", "AA toplantılarına devam etmek", "daha önce alkol aldığı yerlere gitmemek", "birlikte alkol aldığı arkadaşlarıyla görüşmemek" olabilir. Amacı "rahat olmak" olan bir hasta için alt amaçlar "gergin olduğu zamanlarda gevşeme uygulamak", "gerginliği artıran durumları bulmak ve uzak durmak" olabilir. Amacı "işte daha başarılı olmak" olan bir hasta için alt amaçlar "işe zamanında gitmek", "verilen işleri zamanında bitirmek", "iş arkadaşlarımla görüşmek, onlara bir şeyler ikram etmek" olabilir. "Kendimi daha değerli hissetmek" şeklindeki soyut duygusal amacın alt amaçları "hatalarım için kendi kendimi suçlamayı bırakmak", "iyi olduğum noktaları görmek", "hata yapabileceğimi kabullenmek" şeklinde belirlenebilir.

**Sorun Belirlemede Karşılaşılabilecek Sorunlar**

Bazı hastalar spesifik sorunlar tanımlamaz; sorunu belirlemeye, yer, zaman, kişi, ortam olarak netleştirmeye yanaşmazlar. Bu hastalara "Eğer sorununuz soyut ise, yani 'Hayat kötü, sorunum bu' diyorsanız ben bunu özelleştirmek isterim, mesela hayatın sizi en çok rahatsız eden yanı nedir?" şeklinde sorular yöneltilip durum özelleştirilmeye çalışılmalıdır. Hasta, sorunu belli bir zamana yerleştirmeden "Sorun hep var," derse, "Sorununuzun her yerde, her zaman, hep olması, çektiğiniz sıkıntının yoğun olduğunu gösteriyor. Ama sorunun çok olması, bizim onun ancak bir parçası üzerinde çalışabileceğimiz gerçeğini değiştirmiyor. Gidecek yolunuzun çok olması, sizin bir günde alabileceğiniz en fazla yol miktarını değiştirmez. Bir günde ancak gidebileceğiniz kadar yol gidebilirsiniz. Onun için, gelin isterseniz sorunun bir parçasından başlayarak önce ne olduğunu anlayalım, sonra da neler değişebilir, konuşalım," denebilir. Farz edelim ki hasta üzüntüsü ve mutsuzluğu ile ilgili çalışmak istiyor. Amacının kendisini daha iyi hissetmek olduğunu belirtiyor. Bu sorun (mutsuzluk) ilk bakışta spesifik gibi görünmekle birlikte, değildir. Bu hastaya hayatındaki hangi sorunla ilgili mutsuzluk hissettiği, sorulmalıdır. Evliliği, çocukları, işi, okulu, mesleği... Diyelim kariyeriyle ilgili mutsuz olduğunu söyledi. O zaman, bununla ilgili neyin rahatsız ettiği sorulmalıdır: Amiri mi çok eleştiriyor? İş arkadaşlarıyla mı sorunu var? İşini yapmakta mı zorlanıyor? İşte panik atağı mı geçiriyor? Bunu belirledikten sonra, bu sorunu en son ne zaman yaşadı, hangi gün, hangi saatte, neredeydi, kiminle birlikteydi, ne oluyordu, eğer bu sorun çözülürse hayatı nasıl değişir, sorulmalıdır. Sorun bu şekilde spesifik olarak tanımlandıktan sonra bunun nasıl halledileceğine ilişkin yöntemler konusunda da hastayla uzlaşmak gerekir. Terapist, hastaya bu sorunu çözebilmek için kendini ne kadar zorlayabileceğini, ne kadar gayret göstereceğini ve günlük ev ödevlerini yapıp yapamayacağını sormalıdır. Hasta ne yapmanızı beklemektedir? Sadece dinlemenizi mi, nasıl iletişim kurup sorunları çözeceğini göstermenizi mi? Olumsuz düşüncelerini konuşmayı mı? İlaç yazmanızı mı? Bütün bu konular hastayla müzakere edilmelidir. Terapist, "Hokus pokus!" diyerek her şeyi düzeltebilecek bir büyücü değildir. Terapist olarak bizim repertuarımızda olan, hastaya önerebileceğimiz, öğretebileceğimiz belirli teknikler, beceriler vardır. Hastanın bunların ne olduğunu bilmeye ve alıp almamayı istemeye hakkı vardır. Bu müzakerenin önemli bir parçası olarak hastanın seanslar esnasında ve arasında ne olacağını, kendisinden ne beklendiğini bilmesi gerekir.

# Bölüm 12
# Anlık (Otomatik) Düşüncelerle İlgili Temel Teknikler

Bilişsel davranışçı terapilerde ana müdahale alanlarından birisi bilişsel alandır. Bilişsel alana müdahale ederken de bu alanı oluşturan bileşenler arasında öncelik anlık (otomatik) düşüncelerdedir. Bu tercihin nedeni, kişinin belli bir durum özelinde yaptığı ve o anda zihninden geçen anlık değerlendirmeleri içeren otomatik düşüncelerin değişime daha açık olması, daha kolay değişmesidir. Örneğin bu kitabı okurken bir arkadaşı ona gülerek "Oo... dalıp gitmişsin, ne iş?" diye bir soru sorduğunda kızgınlık tepkisi gösteren ve arkadaşına kızarak "Doğru dürüst konuş benimle!" diyen birisinin, terapistiyle yaptığı görüşmede bu tepkisi ele alındığında "Benimle alay ediyor" şeklinde bir otomatik düşüncesi olduğu açığa çıkarılabilir. Bu otomatik düşünceler uygun tekniklerle ele alındığında belki de bir seansta değişebilir. Ancak bu türde bir otomatik düşüncesi olan bir kişinin "İnsanlara fırsat verirsem beni ezerler" şeklindeki ara inancının veya "İnsanlar alaycıdır" temel inancının değişimi çok daha uzun süre ister.

Otomatik düşünceler, kişinin zihninden belli bir anda geçen düşünceler, imgeler olduğu için terapi sürecinde ele alınan sorunun belli bir örnek, bir an, bir durum özelinde tanımlaması gerekir. Bilişsel terapide ele alınan sorun somut ve spesifik olmalıdır çünkü genel-soyut sorunların üzerinde çalışamaz ve ampirik teknikleri kullanamayız. Örneğin, hasta "İnsanlarla konuşurken heyecanlanıyorum," derse bunun somut bir örneği (mesela en son ne zaman böyle bir sorun yaşadığı) sorulur.

O zaman hasta bir sorununu getirdiğinde biz ona "Sıkıntıyı yaşadığınız belli bir anı anlatarak işe başlayabilirsiniz, çünkü 'Hayat çok kötü,' vb. genel ve sınırları belirsiz konular üzerinde çalışmak genellikle yarar getirmez," diyebiliriz. Diyelim hasta mutsuzluk sorununu getirdiğinde "Bu duygunuza yol açan belli bir durum ya da olay var mı?" denerek hastanın yaşam sorunları netleştirilebilir. Ya da "İnsanlarla sorun yaşıyorum," dediğinde, ne tür bir sorun olduğu, bu sorunu nerede, ne zaman, kiminle yaşadığı sorulabilir. Daha sonra kişinin anlattığı sorunun kişi, yer veya zaman olarak belirli bir örneğini ele alabiliriz. Örneğin, "İnsanlarla sorunum var," diyen bir hastaya sorulan sorularla bu sorunun insanlarla konuşurken heyecanlanma ve söyleyeceklerini şaşırarak toparlayamama olduğu açığa çıkarsa, bu sorunu yakın zamanda yaşadığı veya iyi hatırladığı bir örneği sorulur. Belli bir örnek üstünden konuşmayı istememizin nedeni, ele alacağımız ilk biliş türü olan otomatik düşüncelerin belli bir anda gerçekten zihnimizden geçen düşünceler olup bunlara dönük tekniklerin ancak onların ortaya çıktığı bağlam içinde değerlendirilebilmesidir.

### Anlık Düşüncelerin Saptanması

Seans başlangıcında ele alınacak sorunlar belirlendikten sonra bu sorunlarla ilgili bilişsel içeriğin ele alınması seansın ana kısmını oluşturur. Yaşanan sorunun somut bir durum özelinde ele alınmasından sonra terapide yapılması gereken bir diğer önemli girişim, duygu, düşünce ve durumun tanımlanmasıdır. Burada amaçlanan şey, bilişsel değişiklik için ilk odak noktası olan sorun durumdaki otomatik düşüncelere erişmektir.

Anlık düşünceleri saptamaya başlamadan önce anlık (otomatik) düşünce kavramını hastanın yaşadıkları üzerinden açıklamamız gerekir ("Korktuğunuz/üzüldüğünüz/kızdığınız anda zihninizi okuyabilsek, göreceğimiz şeyler nelerdir?").

Otomatik düşüncenin ne olduğunu anlatabilmek için en güzel yollardan biri, hastaya seans esnasında otomatik düşüncelerinin ortaya çıkmasına yol açabilecek, yani o anda onda bir duygu uyandırabilecek sorular sormaktır: Örneğin depresif bir hastaya "Bu tedaviden sizce yararlanabilecek misiniz?" diye sorulduğunda hastada umutsuzlukla bağlantılı olarak "Tedaviden yararlanmayacağım" otomatik düşüncesi tetiklenebilir. Hipokondriasisi ya da panik bozukluğu olan bir hastaya "İlk yaptırdığınız tetkiklerde bir şey çıkmadığını söylüyorsunuz, peki başka bir doktora da başvurdunuz mu? Daha ileri tetkikler istendi mi?" gibi sorular sorulduğunda hastada "Acaba tetkiklerim yeterli değil mi?" gibi bir otomatik düşünce çıkabilir ya da bir süre hastayı dinlemeyip başka bir şeyle uğraştığımızda "Beni dinlemiyor, ciddiye almıyor" gibi bir otomatik düşünce çıkabilir. Bu sıra dışı soru veya tutumlarımız esnasında hastanın duygulanımında bir değişiklik fark edersek, soru sormayı ya da sergilediğimiz tutumu bırakıp "Son birkaç dakikadır, size normal görüşmenin gidişinden farklı bazı sorular sordum" veya "Son birkaç dakikadır sizi dinlemeyip başka şeylerle uğraştım" dendikten sonra aşağıdaki gibi bir açıklama yapılabilir.

*Bu sırada zihninizde iki tür düşünce olabilir: Birincisi, yönlendirilmiş düşünce etkinliği; yani sorularımı dinlediniz, düşündünüz ve cevapladınız. Ancak bir de bu esnada daha farklı, kendiliğinden ortaya çıkan düşünceleriniz olmuş olabilir: "Doğru yerde miyim?", "Acaba yapılan tetkikler yetersiz mi?", "Kalp doktoruna da gitsem mi?", "Doktor düzelmeyeceğimi düşünüyor," vb. İşte bunlara otomatik düşünce diyoruz. Dikkat ettiyseniz bu düşüncelerle beraber duygunuz da değişir; kaygı, umutsuzluk gibi. Bu düşüncelerle duygu arasındaki ilişki bir elektrik düğmesine bastığınızda ışığın hemen yanması gibidir. Bunlar bazen de zihinde belli bir hayalin canlanması şeklinde olur. Konuşma cümleleri gibi değildir, kısa ve hızlıdırlar çoğunlukla, bu düşün-*

*celer dikkat edilmedikçe fark edilmezler. İşte terapide öncelikle bu tür, duygusal tepkilerinizle bağlantılı kendiliğinden ortaya çıkan düşüncelerinizi ele alacağız.*

## Otomatik Düşünceleri Elde Etme Yöntemleri

### 1. Doğrudan Sorular

Anlık düşüncelerin elde edilmesinde ilk yöntem, hastaya sorun duygu-davranışı yaşadığı anda aklından ne geçtiğinin sorulmasıdır. "Bu durumu ya da olayı yaşarken, sıkıntınızın en yoğun olduğu anda, aklınızdan ne geçiyordu? Kendi kendinize neler söylüyordunuz? O anda zihninizde canlanan herhangi bir hayal var mıydı?" Örneğin "Kalp atışlarınız hızlandığı ve çok korktuğunuz sırada aklınızdan neler geçiyordu?", "O anda zihninizi okuma şansımız olsaydı neler görürdük?", "Arkadaşınıza öfkelendiğiniz anda zihninizi okuma şansımız olsaydı neler görürdük?" Diyelim sınav kaygısı olan bir hastayla çalışıyorsak, "Sınav konusunda en son ne zaman yoğun bir kaygı yaşadınız, anlatır mısınız?" diye sorulabilir ve ardından, "Bu yoğun kaygıyı duyduğunuz anda aklınızdan ne geçiyordu; hayalinizde canlanan bir şeyler var mıydı?" ya da "O esnada kendi kendinize neler söylüyordunuz?" gibi sorularla hastanın o ana özgü **otomatik düşünceler**ini açığa çıkarabiliriz. Bu yöntemle elde edilecek materyalin özgün otomatik düşünceye benzeme şansı en fazla olduğundan, ilk olarak bu yöntemin tercih edilmesi gerekir. Bu soruyu, yani "**O anda zihnininizden neler geçiyordu?**" sorusunu, seans içinde hastanın duygulanımında bir değişiklik ya da yoğunlaşma hissetttiğiniz her noktada sormakta yarar vardır. Hastanın duygusal tepkisinin olduğu anlarda, düşüncesi de zihninde var olduğu için otomatik düşünceyi daha kolay yakalayabiliriz. Yani duygu, düşünceye giden en kestirme yoldur. Bu nedenle seans içinde herhangi bir duygunun çıktığını fark ettiğimiz anda hastaya aklından geçenleri sormamız gerekir. Hastaların duyguyu yaşadıkları anda otomatik düşüncelerini en iyi biçimde fark etmeleri nedeniyle olumsuz duygunun süreklilik gösterdiği ve seans içinde de sürdüğü durumlarda (örneğin, depresyon) otomatik düşünceler kolaylıkla dile getirilebilirler. Diğer yandan panik bozukluğu, fobiler veya öfke kontrolü sorunu gibi duygunun belli anlarda ortaya çıktığı durumlarda hasta otomatik düşüncesini yakalamakta zorlanabilir.

Danışanın, duygulanımını etkileyen bir olayı ya da durumu anlatması, yine bu soruyu sormak için uygun bir zamandır. Hasta otomatik düşüncelerini hatırlamakta veya bulmakta zorlanıyorsa, bunu kolaylaştırmak için duyguyu yaşadığı durumun detaylarının konuşulması yarar sağlayabilir:

*En son (veya en yakın zamanda) ne zaman böyle bir durum yaşadınız, neler olmuştu anlatabilir misiniz?*
*Ne zaman?*
*Nerede oldu?*
*O sırada ne yapıyordunuz?*
*Neredeydiniz, saat kaçtı, kimler vardı?*
*Çok kızgın olduğunuzda neler olmuştu, anlatır mısınız?*
*En son ne zaman toplum içinde sıkıntı çektiniz?*
*Geçirdiğiniz bir sıkıntı nöbetini anlatabilir misiniz?*
*Bu yaşadığı sıkıntı nöbetiyle ilgili sorulabilecek sorular:*
*Nereye bakıyordunuz?*
*O sırada etrafta neler vardı?*
*Ne görüyordunuz?*

Hedef, iç ve dış koşulları hatırlatarak otomatik düşünceleri saptamayı kolaylaştırmaktır.

Eğer bu sorularla düşünceler elde edilemiyorsa, bir diğer yol o durumu hayal ettirmek ve o esnada zihinden geçenleri sormaktır. Bunu, kaybettiğimiz bir eşyayı bulmak için o gün yaptıklarımızı, girdiğimiz çıktığımız yerleri zihnimizden geçirmemize benzetebiliriz. Belli bir modaliteye (düşünce) eşlik eden durumlarla ilgili ipuçları (bulunulan çevre, duygular, görülen şeyler, vb.) o modaliteyi de bize hatırlatabilir; yaşadığımız bir şehri, eski evimizi düşündüğümüzde orayla ilgili anıların canlanması gibi. Bazı hastalarda eğer otomatik düşünce belli bir etkileşim (örneğin, eşiyle olan bir tartışma) esnasında ortaya çıkıyorsa, olayı anlattırdıktan sonra olayı canlandırarak (örneğin, eşinin söylediklerini bizim tekrarlamamızla) o anda aklından ne geçtiğini sorabiliriz.

Eğer bu yöntemlerle herhangi bir düşünce veya hayal bulunamazsa, o zaman daha az özgün mateıyal elde edebileceğimiz sorulara geçebiliriz. Bu amaçla "Sizi böyle hissettiren (korkutan, üzen, vb.) nedir?", "Yaşadığınız olayda sizi böyle hissettiren (korkmanıza yol açan) nedir?" gibi hastanın duygusunu içeren sorular sorulabilir. Hastanın yaşadığı duyguya göre o duyguyla ilgili bilişsel modeli esas alan, kullanılabilecek diğer örnek sorular aşağıda verilmiştir:

**Üzüntü:** Bu durum sizinle ilgili neyi anlatıyor? Sizin için anlamı ne? Nasıl biri olduğunuz anlamına geliyor?

**Korku**: O durumda olabilecek en kötü şey ne? Zararı ne olabilir? İnsanların nasıl düşünmelerine yol açabilir?

**Kızgınlık:** Bu diğer insanların nasıl olduğu anlamına gelir? Yapılmaması gereken ne?

***Diğer Sorular***

Bu soruların alternatifi olarak kullanılabilecek otomatik düşünceleri elde etmede yararlı olabilecek diğer sorular, hastayı ne düşünmüş olabileceği konusunda biraz tahmin yapmaya yönlendirir nitelikte bazı sorular sormaktır:

O anda neler düşünmüş olabilirsiniz?

________________________ ile ilgili düşünmüş olabilir misiniz? (Olası bazı düşünceler sıralama)

O ortamın veya durumun sizin için anlamı nedir? ________________________ diye mi düşünüyordunuz? (Tam tersini söyleme)

Bu sorularda hastayı tahmine yönlendirme veya bir parça zorlama olmakla birlikte otomatik düşüncelerini fark edebilme potansiyeli olan ya da farkında olduğu halde dile getirmekte zorlanan hastalarda kolaylaştırıcı işlev görebilirler. Bazen bu sorularla hastanın yaşadıklarına oldukça yakın biçimde otomatik düşüncelerini saptama şansı vardır. Örneğin panik atağı anında sadece korktuğunu, aklından başka bir şey geçmediğini söyleyen hastaya "O anda kontrolünüzü yitirebileceğinizi düşünmüş olabilir misiniz?" diye sorulduğunda "Evet, tam da öyle düşünüyordum, doğru!" cevabını alabiliriz. Yine, heyecanlandığı anda aklından bir şey geçmediğini söyleyen sosyal fobik bir hastaya tam tersini söyleyerek "Heyecanlandığınızda 'Oh ne güzel oluyor!' diye mi düşündünüz?" diye sorduğumuzda "Öyle olur mu? 'Rezil oluyorum,' diye düşündüm," şeklinde bir cevap alabiliriz. Yaşanan durumun anlamını sormak ("Arkadaşınızın o anda sizi görmezden gelmesi ne anlama geliyor?" gibi) diğer bir yöntemdir. Bu tür soruların sakıncası bazen hastaların yanıt olarak söyledikleri şeylerin otomatik düşünceleri değil ara inanç, kural veya temel inançları olması riskidir. Bunu sağlama almak için getirilen düşüncenin niteliğini anlamaya dönük sorular sorulabilir. Örneğin yukarıdaki soruya hasta "İnsanlara güvenilmeyeceği anlamına gelir," şeklinde cevap verirse "Peki, o anda bu aklınızdan geçti mi? Yani arkadaşınızın güvenilmez olduğu?" şeklinde bir soru sorulabilir.

**2. Yönlendirilmiş Keşifle Anlık Düşüncelerin Saptanması**

Anlık düşüncelerini anımsamakta zorlanan hastalarda kullanılabilecek bir diğer yöntem hastayla sıkıntı yaşadığı durumu ele alarak duygudurumda değişikliğin ortaya çıktığı anı yakalamak, daha sonra eşlik eden etkenleri gündeme getirerek düşünceyi keşfetmektir.

**Örnek Görüşme:**

***Danışan:*** *Dün eve geldiğimde kendimi çok kötü hissettim.*

***Terapist:*** *O anda aklınızdan ne geçiyordu?* (Doğrudan soru)

***Danışan:*** *Bilmiyorum. Özel bir şey yoktu. Üzerime bir karamsarlık çöktü.*

***Terapist:*** *Evden önce mi başladı, yoksa eve girdikten sonra mı?*

***Danışan:*** *Sanırım okuldayken başladı, fakat sonra giderek daha da arttı, eve girdiğimde artık çok kötü olmuştum.*

***Terapist:*** *Okulda sizi olumsuz etkileyen herhangi bir olumsuz olay yaşadınız mı?*

***Danışan:*** *Hatırladığım bir şey yok. Normalde okulda olan şeyler oldu.*

***Terapist:*** *Normal olanlarla neyi kastediyorsunuz?*

***Danışan:*** *Her zaman yaptığım işimi yapıyordum, yazılı kâğıtlarını okuyordum.*

***Terapist:*** *Kendinizi kötü hissetmeniz o zaman mı başladı?*

***Danışan:*** *Evet, doğru.*

***Terapist:*** *O sırada kimse var mıydı yanınızda?*

***Danışan:*** *Hayır, kimse yoktu.*

***Terapist:*** *Hiç araya giren bir şey oldu mu? Örneğin, telefon görüşmesi gibi?*

***Danışan:*** *Hayır, beni rahatsız eden herhangi bir şey olmadı.*

***Terapist:*** *Kâğıtları okurken dikkatinizi tam olarak verebiliyor muydunuz?* (Otomatik düşüncelerin doğasını hatırlatma)

***Danışan:*** *Tam olarak değil. Bilirsiniz işte insan televizyon seyrederken de olur ya… Bazen dikkatini tam olarak veremez.*

***Terapist:*** *O sırada zihninizden neler geçiyordu? Herhangi bir düşünce ya da hayal?* (Doğrudan soru)

***Danışan:*** *Evet. Sanırım eve gitme zamanı yaklaştığı için evi düşünüyordum.*

***Terapist:*** *Şimdi o anı tekrar canlandırmaya çalışın. Oturmuş kâğıtları okuyorsunuz, eve gitme zamanı yaklaşıyor, o anda* *aklınızdan geçen bu mu? O anda zihninizde canlanan herhangi bir hayal var mı, evin hayali gibi?* (Doğrudan soru)

**Danışan:** *Evet.*

**Terapist:** *Bunun nasıl bir hayal olduğunu anlatabilir misiniz?*

**Danışan:** *Evet. Evde kimsenin olmadığını, evin soğukluğunu, tek başıma oturup yemek yiyeceğimi, kimsenin beni aramayacağını düşünüyorum.* (Otomatik düşüncenin-imgenin dile getirilmesi)

**Terapist:** *Zihninizde ev ve evdeki durumunuzla ilgili oldukça karamsar bir tablo canlanmış ve bu da sizi kötü hissettirmiş. Gördüğünüz gibi üzüntülü hissettiğiniz anlarda zihninizde oldukça karanlık resimler çiziyorsunuz. Diyelim ki o anda evinizle ilgili zihninizde başka bir hayal canlansaydı; mesela sıcak bir ev, güzel bir akşam yemeği, televizyonda güzel bir film izleme, sevdiğiniz yakın bir arkadaşınızın size telefon etmesi.... Bu durumda nasıl hissederdiniz acaba?* (Duygu-düşünce bağlantısının vurgulanması)

**Danışan:** *Sanırım o kadar kötü hissetmezdim.*

**Terapist:** *Evet. Bazen duygumuza rengini veren bu tür hayallerin farkına varmamız güç olur. Burada birlikte kendinizi kötü hissettiğiniz anın izini sürerek bulmayı başardık. Sanki o gecenin nasıl geçeceğiyle ilgili birtakım sonuçlara vardınız ve bu neredeyse gerçek gibi geldi. Bunu fark edebiliyor musunuz?*

### 3. En Kötü Senaryo Tekniği

Kişi belli bir durumdaki otomatik düşüncesini yakalayamıyorsa içinde bulunduğu durum, ortam ya da kendi yaşadığı belirtiler sıralanıp "Bu durumda olabilecek en kötü şey ne?" sorusunu sorarak hastanın otomatik düşüncelerini açığa çıkarmaktır. Bu teknik özellikle anksiyete bozukluğu olan hastaların otomatik düşüncelerini açığa çıkarmakta işe yarar. Bu hastalar duygusal ve bilişsel kaçınma nedeniyle otomatik düşüncelerini ifade etmekte zorlandıklarında bu teknik otomatik düşünceleri bulmak için çok yararlıdır.

**Örnek:**

***Danışan:*** *Grup içindeyken çok kötü hissediyorum.*

***Terapist:*** *Bu şekilde hissettiğinizde aklınızdan neler geçiyor?*

***Danışan:*** *Hiçbir düşüncenin farkında değilim. Sadece kötü hissediyorum.*

***Terapist:*** *Bu durumdayken en çok farkında olduğunuz şey ne?*

***Danışan:*** *Zihnim duruyor, ne diyeceğimi bilemiyorum.*

***Terapist:*** *Zihniniz duruyor ve söyleyecek bir şey bulamıyor olduğunuzda başınıza gelebilecek en kötü şey ne?*

***Danışan:*** *İnsanlar benim bir sorunum olduğunu düşünür. Rezil olurum.*

***Terapist:*** *Sizin hakkınızda düşünecekleri en kötü şey ne olur?*

***Danışan:*** *Benim sıkıcı ve aptal olduğumu düşünürler.*

***Terapist:*** *Grup içindeyken bunu düşündüğünüzün farkında mısınız?*

***Danışan:*** *Evet. Endişelerim bununla ilgili olur.*

### 4. Davranış Deneyi Eşliğinde Düşüncelerin Kaydedilmesi

Bazı danışanlar sözel teknikler ne kadar iyi bir şekilde kullanılırsa kullanılsın yine de çeşitli (duygusal ve bilişsel kaçınma, uyarana koşullanıp davranış tepkilerinin otomatikleşmesi, hatırlama güçlüğü, vb.) nedenlerle düşüncelerini bulmakta zorlanabilirler. Seans sırasında terapistin yanındayken göreceli olarak rahat olan hastalar duygu olmadığı için anksiyeteyle ilişkili düşüncelerini dile getirmekte zorlanabilirler. Bu durumda, hastanın duygusunu ortaya çıkaracak işlemlerle, eşlik eden düşünceleri de açığa çıkarılabilir. Bu amaçla, hastanın sıkıntı yaşadığı bir durumun içine girerek o durumu yaşarken aklından geçenlere dikkat etmesi ve bunları not etmesi istenebilir. Örneğin sosyal fobik bir hastadan okul kantininde arkadaşlarının yanına gitmesi, sıkıntı yaşarsa o anki düşüncelerini kaydetmesi istenir. Düşüncelerini dile getirmekte zorlanan kirlenme bulaşma tipi bir obsesif kompülsif hastadan "kirli" bir nesneye dokunup ardından yıkanmayarak o kirlilikle kalmaya devam etmesi, düşüncelerine odaklanması istenebilir.

**5. Otomatik (Anlık) Düşünce Kaydı Tutulması**

Hastaya otomatik düşüncenin ne olduğu açıklanıp seans içinde örneklendikten sonra otomatik düşünce kayıt formunu vererek hastadan hafta içinde duygulanımda bir kötüleşme olduğunda, ilk fırsatta o an olup bitenleri kayıt formuna kaydetmesini isteyebiliriz. Formun yararı, danışanın olay olduğu anda veya yakın bir zamanda durumu kaydederek daha kolay hatırlamasına yardımcı olmasıdır. Örnek bir olumsuz duygu-düşünce kayıt formu Şekil 1'de yer almaktadır.

Buradaki danışana kardeşi bir telefon görüşmesi sırasında çok bencil olduğunu söylemiş, bunun üzerine danışan üzüntü ve öfke duyarak o anda zihninden "Kardeşim de beni sevmiyor", "Kimse bana destek olmuyor", "Bana bunu nasıl yapar?" şeklinde otomatik düşünceler geçmiştir.

Otomatik düşünce kayıtları, hem düşüncenin tespitine hem de bir sonraki kısım olan otomatik düşüncelerin ele alınmasına dönük tekniklere de zemin hazırlar. Genellikle seans içinde otomatik düşünce kavramı öğretildikten sonra ilk verilen uygulama bu formların doldurulmasıdır.

**Olumsuz Duygu Kaydı**

Sizi rahatsız eden korku, üzüntü, kızgınlık gibi olumsuz bir duygu yaşadığınızda mümkün olduğunca kısa bir süre sonra bu durumu bir sonraki sayfada gösterildiği şekilde kaydetmeye çalışın.

| Tarih-Yer | Olay-Durum | Düşünceler | Duygu-Bedensel Tepkiler | Davranışlar |
|---|---|---|---|---|
| (Sizi rahatsız eden olayı, durumu yaşadığınız tarih, yaklaşık saat, ve yer) | (Sizi rahatsız eden olay ya da durumu yazın. Olayı veya durumu mümkün olduğunca yorum katmadan yazmaya çalışın; o anda o ortamda eğer bir video kamera olsaydı neyi gösterirdi, bunu düşünerek yazın) | (Bu durumu ya da olayı yaşarken en yoğun biçimde sıkıntı duyduğunuz anda aklınızdan ne geçiyordu, kendi kendinize neler söylüyordunuz, o anda zihninizde canlanan herhangi bir hayal var mıydı? Bunları bulmakta zorlanırsanız o olayı veya durumu zihninizde canlandırıp tekrar yaşamaya ve o an aklınızdan geçenleri yakalamaya çalışın) | (Bu olay ya da durumu yaşarken neler hissettiniz, duygunuz neydi? Korku, panik, öfke, kızgınlık, üzüntü, keder, karamsarlık, utanç, suçluluk, şaşkınlık, kıskançlık gibi.<br>Bu duygunun yoğunluğu neydi? 0-100 arasında şiddetini puanlayın:<br>("0" hiçbir olumsuz duygu yok, "10-20" çok hafif önemsiz sıkıntı, "50" orta şiddette sıkıntı, "60-70" oldukça sıkıntılı, "80-90" çok fazla şiddetli sıkıntı, "100" hayatta o ana kadar yaşadığım ya da yaşayabileceğim en şiddetli sıkıntı.)<br>Bu sırada hangi bedensel tepkileriniz oldu? (Çarpıntı, nefes darlığı, göğüste baskı, sıcaklık, vb.) | Bu duyguyu yaşarken ya da sonrasında ne yaptınız, Eğer bir olaysa bu olayın sonucunda ne yaptınız, nasıl sona erdi? |
| Örnek:<br>25.02.2002 saat 22.30<br>Evin salonunda | Kız kardeşim telefon görüşmesinde çok bencil olduğumu söyledi | Kardeşim de beni sevmiyor<br>Kimse bana destek olmuyor<br>Bana bunu nasıl yapar. | Üzüntü (90)<br>Öfke (80)<br>Göğüste baskı, boğazda düğümlenme | Kardeşime nankör deyip telefonu kapattım |

**Olumsuz Duygu Kaydı**, Hazırlayan Prof. Dr. M. Hakan Türkçapar. Ankara 2015 e-mail hakanturkcapar@hotmail.com

**Anlık Düşünceleri Ele Alma Teknikleri**

Hasta, olumsuz anlık (otomatik) düşünceleri saptamayı öğrendikten sonra atılacak olan ikinci adım bu düşünceyi incelemektir. Burada amaç, düşüncesini içinde bulunduğu durum, ortam, yaşadığı olay, kendisi veya diğerleriyle ilgili ortaya atılmış bir varsayım olarak görmesi ve bu varsayımın gerçekliğe ne kadar uyduğunu incelemesidir. Yapılan işlemi, otomatik düşüncenin yanlış mı doğru mu olduğunu bulmak şeklinde adlandırmamakta yarar vardır. Otomatik düşünceleri doğru ya da yanlış olarak nitelemekten çok, gerçekliğe ne kadar uygun, ne kadar uygun değil şeklinde incelemek işi daha kolaylaştırır. Doğru-yanlış kavramı ahlaki bir ton taşıdığından ve hastanın doğru düşünemediğini ima ettiğinden dolayı sakıncalı olabilir, hastayla sürtüşmelere yol açabilir. Kaldı ki her otomatik düşüncenin içinde az ya da çok gerçeklikle bağlantılı bir öğe olabileceği gibi bazı otomatik düşünceler kelimenin gerçek anlamıyla "doğru" olabilir. Sorun yaşayan bireylerde ise otomatik düşüncelerin gerçekle bağlantısı yaşanan sorununun şiddetiyle bağlantılı olarak değişen oranlarda azalmıştır. Gerçeklikle tam uyuşmayan olumsuz düşünceyi bulduktan sonra amacımız çeşitli teknikleri kullanarak bu düşünceye olan inancı sarsmaktır. Otomatik düşünceyle ilgili bir şüphe uyandırarak hastanın buna inanma derecesini azaltabilirsek, hastanın inanma derecesi azaldıkça, buna bağlı duygusal sıkıntısı da azalacaktır. Otomatik düşünceleri incelerken kullandığımız hasta formunda bu tekniklere ilişkin hastanın kendi kendisine sorabileceği sorular sıralanmıştır (Şekil 2).

Anlık düşünceler, göreceli olarak değişime en açık olan bilişsel öğelerdir. Genelde bir seans içinde yapılan çalışmayla hastanın gerçekliğe uymayan otomatik düşüncesinde değişiklik sağlanabilir. Diyelim arkadaşının kendisine söylediği "Sen hep sonunu düşünmeden hareket ediyorsun" sözünü "Beni aptal yerine koyuyor" şeklinde bir otomatik düşünceyle değerlendiren hastanın bu otomatik düşüncesi üzerinde çalışılarak hastada bu düşünceye olan inanç zayıflamış ve uygun sorular yardımıyla hasta arkadaşının kendisine dostça bir uyarı yapmış olma olasılığını görmüş olsun. Bu, hastanın daha sonra benzer bir durumda yine aynı türde bir otomatik düşüncesi olmayacağı anlamına gelmez. Otomatik düşünceler kişinin bilişsel yapısının (temel inançlar ve ara inançlar) sonucunda, yaşanan duruma göre kendiliğinden ortaya çıkar. Yani zihnin doğal akışının ürünüdür. Otomatik düşünceleri inceleme etkinliğinin sürekli yapılmasıyla umulan şey, giderek hastada farkındalığın artması, duygulanımın değişmesiyle olumsuz otomatik düşüncelerin sıklığının azalması ve/veya ortaya çıktıkları anda da alternatiflerin akla gelmesidir. Bu da aynen diğer becerilerde olduğu gibi süreyle ve pratik yaparak kazanılır. Yine otomatik düşünce çalışmasının bir diğer yararı da hastanın ara inançları, kuralları ve temel inançları konusunda bize sağlam bir bilgi kaynağı oluşturmasıdır. Otomatik düşüncelere dönük teknikler iki ana grupta toplanabilir: Danışanın düşüncesiyle olan ilişkisini ve düşünceye bakışını değiştirmeye dönük üst bilişsel (*meta-cognitive*) teknikler ve düşüncenin içeriğini irdelemeye dönük teknikler

### 1. Düşünceyle Olan İlişkiyi Değiştirmeye Dayalı Teknikler

Düşünce dediğimiz şeyin gerçeklikten ayrı zihinsel bir süreç olduğu teorik düzeyde bilinse bile, insanların hemen tamamı kendi düşünce ve algılarını ilk planda gerçeklik gibi görme eğilimindedir. Bölümün başında belirttiğimiz gibi, bilişsel terapide ilk hedef, kişinin düşüncenin zihinde olup biten bir şey, yani olan bitenlerle ilgili zihnimizde olan varsayımlar, hipotezler olduğunu fark etmesidir. Bilişsel terapinin kurucusu Aaron Beck bu kavrama yani düşüncenin düşünce olduğunun, gerçeklik olmadığının ayırdına varılmasına bilişsel uzaklaşma (*cognitive distancing*) adını verir. Bizim herhangi bir konuyu düşünüyor olmamızla o şeyin gerçekliği arasında aslında doğrudan bir bağlantı yoktur. Düşünce, olan bitenlerle veya olacaklarla ilgili zihnimizde ortaya çıkan sözcükler ve görüntülerdir.

Bu bağlamda terapistin düşünceyle ilgili aktarabileceği şeyler:

*Düşünce zihinsel bir süreç, zihnimizde oluşan sözcük ve görüntülere verdiğimiz addır. Sözcüklere kâğıdın üzerinde olurlarsa yazı, ses halinde çıkarlarsa konuşma, zihnimizde olurlarsa da düşünce diyoruz. Düşünceyi kendi kendimizle yaptığımız, duyulmayan bir tür iç konuşmaya benzetebiliriz.*

*Düşüncelerimiz, olan bitenleri veya olacakları konu alır ancak bunlar gerçek değildir, zihnimizde oluşan içsel, soyut süreçlerdir.*

*Varsayalım bir tiyatrodasınız, oyunda insanlara kötülükler yapan bir kötü adam var ve yanınızdaki koltukta da 6 yaşında bir çocuk oturuyor. Bir süre sonra çocuğun kötü adamın çıktığı sahnelerde korkup koltuğun arkasına saklandığını ve ağladığını fark ederseniz, çocuğu rahatlatmak için ona tiyatroyla oyunla ilgili nasıl bir açıklama yaparsanız?*

*Düşünce dediğimiz şey de zihnimizde oynayan bir tür tiyatrodur. Bu tiyatronun oyun yazarı da biziz. Bizi çok etkilemesinin nedeni de aynen o çocuk gibi bizim onu gerçek sanmamızdır. Oyun, konusunu gerçeklerden de alsa, sonuçta oyundur. Bizim zihnimizin sevdiği oyun türü başrolünde bizim olduğumuz, konusunu hayatımızdan ve geleceğimizden alan oyunlardır. Ancak bütün bunlar, konusu ne olursa olsun veya ne kadar gerçeği konu alırsa alsın, eninde sonunda düşüncedir.*

*Düşüncelere kendimizi aşırı kaptırıp sıkıntı yaşadığımızda ilk hatırlamamız gereken şey, bunların gerçek değil düşünce olduğudur.*

### 2. Düşüncenin İçeriğine Dönük Teknikler

Az önceki tiyatro örneğinden yola çıkarsak, meta-kognitif tekniklerin hedefi tiyatronun tiyatro olup gerçek olmadığını (yani düşüncenin düşünce olduğunu ve gerçek olmadığını) hatırlatmaksa, bu kısımda da tiyatrodaki oyunun konusu;

içeriğinin ne olduğu; bize ne gösterdiği, ne öğrettiği ele alınmaktadır.

Düşünce, olan bitenleri tanımlayan veya anlamlandıran, olacakları tahmin eden, zihnimizde ortaya çıkan sözcük ve görüntülerdir. Eğer düşüncelerimiz olayları tanımlama anlamında gerçekçi, anlamlandırma açısından uygun ve bize verdiği bilgi açısından yararlı olursa bu düşünceler hayatımızı kolaylaştırır ve geliştirir; düşüncelerimiz gerçeklikten uzak, uygunsuz ve yararsızsa ve davranışlarımızı da bunlara göre yaparsak o zamanda hayatımızı daraltır ve zarar verirler. Düşüncenin içeriğine bakmak demek, bu düşüncelerimizin gerçekliği tanımlama anlamında ne kadar gerçekçi, olan bitenlerle ilgili çıkarım ve anlamlandırmalar olarak ne kadar uygun ve sonuçta ne kadar yararlı olduğunu irdelemektir. Şimdi sırayla bununla ilgili temel tekniklerimize bakalım:

### 1. Kanıt İnceleme

Anlık düşünceleri incelerken ilk kullandığımız teknik, ampirik bir teknik olan kanıt incelemedir. Olumsuz düşüncenin doğru olduğunu kabul etmek yerine bunu destekleyen ve desteklemeyen gerçek-nesnel kanıtların incelenmesine dayanır. Kanıt inceleme, bilişsel yeniden yapılandırma teknikleri arasında gerçekliği temel alan tekniklerdendir. Genel olarak gerçekliği incelemeye dayalı teknikler, olumsuz düşüncenin gerçeklikle çeliştiğini göstererek çürütmeye ve böylece olaylara daha gerçekçi bir biçimde bakmaya dayanır. Olumsuz bir düşünceyi zayıflatmanın yollarından biri, bu düşünceyi destekleyen veya desteklemeyen verileri inceleyerek hastada olumsuz düşünceyle ilgili bir şüphe uyandırmaktır. Aynen bir biliminsanının ortaya attığı bir varsayım ya da bir mahkemede savcının ya da avukatın kendi savını kanıtlamak için öne sürdüğü delillerin incelenmesine benzer şekilde bir yaklaşıma benzer. Eğer otomatik düşünce gerçeklikle ilgili bir hipotez veya bir sav ise bunu destekleyen ve desteklemeyen kanıtlar nelerdir? Bu tekniği uygularken,

**Şekil 2.** Otomatik Düşünceleri İnceleme Formu

| Tarih Yer Olay | Duygu | Düşünce | Düşünce İşleme Özelliği | Davranış | Düşünce İnceleme | Gerçekçi ve Uygun Düşünceler | Yeni Duygu Sonuç |
|---|---|---|---|---|---|---|---|
| **ÖRNEK:**<br>*25.02.2002 saat 12.30*<br>*Mutfak*<br>Yemek yeme | *Kaygı (%50)* | *Keşke başka şey olsaydı da rahatlıkla yiyebilseydim.*<br>*Kilo alırım* | *Felaket-leştirme*<br>*Geleceği okuma* | *Yemeği yeme, yağlı yerini bırakma* | *Yemek diyetisyenler tarafından hazırlandı*<br>*Dr. ilk hedefin sağlıklı-dengeli beslenme olduğunu söyledi*<br>*Yemeğin kilo aldırması için yediklerimin kalorisinin yaktıklarımdan daha fazla olması gerekir.*<br>*Bu yemeğin kalorisinin günlük gereksinimimden fazla olduğunu gösteren bir veri yok. Aksine diyetsiyenin söyledikleri tersine*<br>*Yemek yemenin tek sonucu kilo almak değildir*<br>*Bu yemek kilo aldırmak yerine günlük yaşamsal gereksinimlerimi karşılayacak*<br>*Bu düşünceye inanmam sadece beni korkutur, kilo ve aşırı yeme kusma sorunumun sürmesine yol açar. Bu düşünce değişirse sağlığıma kavuşurum, normal kiloya gelirim.* | □ *Yediğim yemeğin kilo aldırması için yaktıklarımdan daha fazla kalori içermesi gerekir. Eğer yaktığım kadar yiyorsam kilo almam eğer daha az yiyorsam hatta kilo bile verebilirim*<br>□ *Yemek yemenin sonuçlarından biri de yaşamsal faaliyetlerimi sürdürmeye yaramasıdır*<br>□ *Sağlıklı bir diyet uygulayarak, uzun süre aç kalmamalı ve aşırı yiyip kusmamalıyım* | *Korku*<br>*%25* |

hastanın kendisini bir kişi olarak onaylanmıyor gibi hissetmemesi, alternatifler konuşulduktan sonra itiraz gelmemesi, kendi düşüncesine daha nesnel ve eleştirel yaklaşabilmesi için öncelikle olumsuz otomatik düşünceleri destekleyen nesnel verilerden başlanır. Hastadan, bir grup makul insana otomatik düşüncesinin gerçekliği doğru biçimde yansıttığını kanıtlamak istese, ne tür kanıtlar getirebileceği sorulur. Destekleyen kanıtlar sıralanarak tüketildikten sonra ikinci adım, eğer amacı otomatik düşüncesinin doğru olmadığını göstermek olsa ne tür nesnel kanıtlar getirebileceğini sormaktır. Bu noktada terapist ilk gruba (destekleyen veriler) göre daha etkin olmalıdır. Sıkıntı yaşayan bir hasta genelde otomatik düşüncelerini destekleyen kanıtları daha çok görme eğiliminde olduğundan, bu konuda pek yardıma gereksinimi yoktur ancak karşı kanıt bulmada zorlanma olasılığı olduğundan terapist bu konuda daha çok yardımcı olabilir.

Kanıtı inceleme tekniğini kullanırken ilk kullandığımız kanıt grubu kişinin daha önceki yaşantılarıdır. Bunun yanı sıra diğer insanların kanıları, kişinin ifadeleri, sözleri bir diğer kanıt kaynağını oluşturur.

### Kanıt inceleme tekniğinin obsesif kompülsif bir hastada uygulanışı

Hasta, sevdiği insanlara zaman zaman zarar verme isteği olan, aklına bununla ilgili görüntüler gelen ve bundan çok rahatsızlık duyan obsesif bir hastadır. Düşünce kaydında eşi, kayınvalidesi ve kendisinin bulunduğu bir ortamda kayınvalidesi kendisine bıçak uzattığı anda eşiyle ilgili olarak "Öleceğini biliyorum" şeklinde bir düşüncesi olduğunu yazmıştır. Aşağıda bunun kanıt inceleme tekniğiyle ele alınışı gösterilmektedir.

***Terapist:*** *Ayşe Hanım, Ahmet Bey'in annesi bıçağı size uzattığında "Ahmet öleceğini biliyorum" diye düşündüğünüzü ve bunun da başınıza bir şey gelmesine yol açacağını söylemiştiniz. Nasıl bu kadar emin olabildiniz, söyler misiniz?*

**Danışan:** *Şey, onun bıçaklandığını gördüm.*

**Terapist:** *Yani kayınvalideniz bıçağı uzattığında onun bıçaklandığı şeklinde bir hayal gördünüz, öyle mi?*

**Danışan:** *Evet.*

**Terapist:** *Onun ölümüne neyin yol açacağını düşündünüz?*

**Danışan:** *Bilmiyorum, sadece içime doğdu. İliklerime kadar bunu hissettim. Hiç sizin bir şeyin olacağını hissettiğiniz olmaz mı?*

**Terapist:** *Tam olarak olmadı. Fakat bununla ilgili düşünelim. Onun öleceğini "hissetmenizin" dışında onun ölmesini gerektiren başka bir neden var mıydı? Hastalık? Ciddi bir sağlık sorunu?* (destekleyici kanıtların ele alınması)

**Danışan:** *Hayır, hayır. Tamamen sağlıklı. Sadece öyle olduğunu gördüm ve çok gerçek gibi görünüyordu.*

**Terapist:** *Gerçek gibi göründüğünü biliyorum ama gerçek miydi? Ahmet Bey'in bıçaklanmasının sadece zihninizde canlanmış olmasının onu öldürebileceğinden mi korkuyorsunuz?*

**Danışan:** *Evet. Sanırım öyle.*

**Terapist:** *Şimdi bununla ilgili ne düşünüyorsunuz? Birinin ölümünün zihinde canlanması o kişinin ölmesine yol açabilir mi?*

**Danışan:** *Neden olmasın? Her şey mümkündür. Niye bu riski alayım?*

**Terapist:** *Bu ilginç bir düşünce. Bunun doğru olup olmadığını şu anda nasıl anlayabiliriz?*

**Danışan:** *Ne demek istiyorsunuz?*

**Terapist:** *Bakalım. Gözlerinizi kapatıp benim öldüğümü hayal eder misiniz?* (Deneysel teknik)

**Danışan:** *Ne, nasıl bir terapi bu? Cidden bunu yapmamı mı istiyorsunuz?*

**Terapist:** *Evet. Neden olmasın? Hatırlarsanız düşüncelerinizi doğru olup olmadıklarını anlamak için bilimsel bir açıdan değerlendireceğimizi söylemiştim. Bu Ahmet Bey'le ilgili hayalinizin, onu öldürebileceği düşüncenizin doğru olup olmadığını anlamak için küçük bir deney. Eğer bir hayal Ahmet Bey'i öldürebiliyorsa, aynı mantığın benim için de geçerli olması gerek. Şimdi gözlerinizi kapayıp bir an benim bıçaklandığımı hayal eder misiniz?*

**Danışan:** *Pekâlâ, ama kendimi aptal gibi hissediyorum. Tabii ki bu sizin ölmenize yol açmaz.*

**Terapist:** *Bundan çok emin görünüyorsunuz. Nasıl bu sonuca ulaştınız?*

**Danışan:** *Bilmiyorum. Böyle bakınca, bu şekilde düşünmek çok saçma geliyor.*

**Terapist:** *Düşündüğünüz kişi Ahmet Bey olmayınca sadece düşünmenin ya da hayal etmenin birinin ölümüne sebep olabileceği inanılır gelmiyor.*

**Danışan:** *Eğer böyle olsaydı bahse girerim çok insan ölürdü.*

**Terapist:** *Kesinlikle. Birçok insan ölürdü, birçoğu da hapse girerdi. O halde, buradan, sadece bir şeyin olmasını düşünmenin onun olmasını sağlayamayacağı sonucuna varabilir miyiz?*

**Danışan:** *Bu şekilde bakınca bunun olmayacağını biliyorum ama buna her zaman inanmam çok zor.*

**Terapist:** *Biliyorum. Şu anda otomatik düşüncenize ne kadar inanıyorsunuz? Bir şeyi hayal etmenin onu öldürebileceğine?*

**Danışan:** *Şu anda hiç inanmıyorum. Tekrar bir bıçak gördüğümde buna ne kadar inanırım bilemiyorum, ama şu anda hiç inanmıyorum.*

**Terapist:** *Buna bu türden durumlarla karşılaştığınızda da daha az inanmanızı sağlamak için çalışacağız. Şimdilik burada inanmıyor olmanız da yeterli. O gece kendi kendinize söylediğiniz diğer şeyler üzerinde çalışmayı sürdürelim. Eğer ölürse bunun siz hatanız yüzünden olacağını söylemiştiniz?*

**Danışan:** *Evet, hâlâ böyle hissediyorum. Eğer düşüp ölürse, başka ne düşünebilirim?*

**Terapist:** *Bakalım. Eğer ölürse bunun başka ne gibi nedenleri olabilir?* (Alternatifleri gündeme getirme)

**Danışan:** *Başka ne sebebi olabilir ki? Genç, sağlıklı, herhangi bir sağlık sorunu olmayan bir insan ve siz de takdir edersiniz ki tam ben böyle düşündükten sonra bunun arkasından bir şekilde ölürse, bu herhalde tesadüf denebilecek bir şey olmaz.*

**Terapist:** *Doğru, böyle olabilirdi, eğer çoğu zaman zaten onun ölümüyle ilgili düşünce takıntınız olmasaydı. Eğer bir şeyi sürekli düşünüyorsanız, eninde sonunda haklı çıkarsanız.*

**Danışan:** *Sanırım ama hâlâ bana bu tesadüf olmaz gibi geliyor.*

**Terapist:** *Pekâlâ buna değişik bir şekilde bakalım. Farz edin ki siz bir hâkimsiniz ve önünüzde iki tane suçlu adayı var. Birisinin, karısının ölümüyle ilgili bir takıntısı var ve sonunda karısı ölüyor, diğeri ise karısını vurarak öldürmüş. Siz hangisini hapse gönderirdiniz?*

**Danışan:** *Tabii ki karısını vuranı.*

**Terapist:** *Neden?*

**Danışan:** *Neyi söylemek istediğinizi anlıyorum. Sadece onun ölümünü hayal eden birisi ölümden sorumlu olamaz. Karısı başka bir sebeple ölmüş olmalı.*

**Terapist:** *Doğru, size başka bir soru. Bir arkadaşınız sizi arasa ve okuldan tanıdığınız ortak bir arkadaşınızın dün öldüğünü söylese ilk soracağınız şey ne olur?*

**Danışan:** *Nasıl öldü?*

**Terapist:** *Sizce ne gibi şeyler olabilir olası nedenler?*

**Danışan:** *Kalp krizi? Araba kazası?*

**Terapist:** *Peki şöyle bir şey aklınıza gelir miydi: "Karısı öldüğünü hayal ettiği için ölmüş olabilir."*

**Danışan:** *Tabii ki hayır.*

**Terapist:** *Eğer arkadaşınız bunu söylese ne derdiniz?*

**Danışan:** *Saçmalama derdim. Bu onun hatası olamaz. Düşünerek birini öldüremezsin. Başka bir nedenden ölmüş olması gerek.*

**Terapist:** *Güzel. Peki neden sıra kendinize gelince başka bir standart uyguluyorsunuz? Bu insanların sorumlu tutulamayacağını gördükten sonra nasıl olur da siz sadece Ahmet Bey'in bıçaklandığını hayal ettikten sonra, eğer o ölürse onun ölümünden sorumlu olabilirsiniz?*

**Danışan:** *Bilmiyorum. Sanırım kendime karşı çok katı davranıyorum.*

**Terapist:** *Evet, bana da öyle geliyor. Bunun sizin hatanız olabileceğinden endişe ediyorsunuz, ama olaya daha nesnel bir şekilde baktığınızda, sizin sorumlu olabileceğiniz fikrinin saçma olduğunu görebiliyorsunuz.*

***Danışan:*** *Sanırım evet.*

***Terapist:*** *Şimdi ölürse bunun sizin suçunuz olacağına ne kadar inanıyorsunuz? Tek yaptığınız onun ölümünü hayal etmekten ibaret olduğunda?*

***Danışan:*** *Sıfır demek isterdim ama hâlâ içimde bir yerler tam anlamıyla ikna olmuyor, %20 diyebilirim belki.*

***Terapist:*** *Çok fazla inanmadığınızı duyduğuma memnun oldum. Tekrar aynı duruma geri dönersek, onu korumak için tekrar tekrar yüzlerce defa kendi kendinize "Allahım Ahmet'i koru!" dediğinizi söylemiştiniz. Bunu yüzlerce defa söylemenizin gerekli olduğuna hâlâ inanıyor musunuz?*

***Danışan:*** *İnanıyor olmalıyım. Çünkü biz bu alıştırmaya başladıktan sonra da defalarca içimden tekrarladım.*

***Terapist:*** *Bunu bana açtığınıza memnun oldum. Eğer o zaman "Ahmet'i koru!" demeseydiniz ya da şimdi "Ahmet'i koru!" demezseniz olabilecek en kötü şey nedir acaba?*

***Danışan:*** *Ölebilirdi, ölebilir demezsem.*

***Terapist:*** *Şimdi onun ölümüyle ilgili düşünmenizin onu öldürebileceğine inanmadığınızı söylemiştiniz. Şimdi ya da o gece bunu tekrarlamazsanız olabilecek en kötü şey ne olabilir?*

***Danışan:*** *Hiçbir şey olmaz sanırım, fakat niye bu riski alayım ki, ya olursa?*

***Terapist:*** *Eğer ölecekse, sizin "Onu koru!" demenizin onu nasıl koruyabileceğini düşünüyorsunuz?*

***Danışan:*** *Şey şu anda çok mantıklı gözükmüyor olabilir. Yani eğer bir şeyi düşünmekle o şey olmuyorsa aynı mantık buraya da uygulanabilir.*

***Terapist:*** *Yani sırf onun ölümüyle ilgili düşünmek onu öldürmeyeceği gibi, "Ahmet'i koru!" demek de onu koruyamaz.*

***Danışan:*** *Evet sanırım öyle.*

***Terapist:*** *Neden?*

***Danışan:*** *Çünkü düşünmek iyi ya da kötü bir şeyin olmasını sağlayamaz.*

***Terapist:*** *Güzel.*

***Danışan:*** *Fakat söylemenin zararı ne ki? Ya olursa... Niye bu riski alayım ki?*

***Terapist:*** *Haklısınız, bunu ele almamızda yarar var. Bunu söylemenizin ve tekrar tekrar söylemenizin veya diğer tekrarlamalarınızın size herhangi bir zararı var mı?*

***Danışan:*** *Gerçekte pek yok. Şey hariç... Ama hayır pek zararı yok. Bu riski almak istemiyorum.*

***Terapist:*** *"Şey hariç" dediğiniz ne? Neyi söylemeye başlatacaktınız ve sonra vazgeçtiniz?*

***Danışan:*** *Şey, sanırım çok fazla zamanımı alıyorlar.*

***Terapist:*** *Evet, doğru. Doğru, değil mi? Peki, bu neden kötü?*

***Danışan:*** *Bazen yaptığım tek şey bu... Eğer onun iyi olup olmadığını kontrol etmezsem, bütün gün saçma sapan boş şeyleri düşünüp duruyorum. Kalan zamanda da elimi yıkıyorum. Bazen kendimi çok yıpranmış hissediyorum.*

***Terapist:*** *Biliyorum. Kontrol etmek kısa bir süre için kendinizi daha iyi hissetmenizi sağlasa bile, zamanla bunun kendisi de sizin için bir yük haline geliyor.*

***Danışan:*** *Bunu bilmeniz zor. Bunları yapmak zorunda olmaktan nefret ediyorum. Bunlar beni çok yıprattı. Bazen bütün hayatımın mahvolduğunu hissediyorum, hayatımı boşa harcadım. Öbür dünyada birisi karşıma çıkıp hayatın boyunca ne yaptın derse, bu gidişle söyleyecek hiçbir şeyim olmayacak. Sayma, kontrol etme, yıkama, kontrol etme ... (hasta ağlıyor)*

***Terapist:*** *Bu çektiğiniz sıkıntıları yaşamanın ne kadar zor olduğunu düşünebiliyorum, üzücü bir şey bu... Haklısınız, ben sadece sizin ne hissettiğinizi tahmin edebilirim, ancak bunun gerçekte nasıl olduğunu sadece siz bilebilirsiniz. Eğer yanlışsam beni düzeltin ama ben bu yaptıklarınızın giderek sizin için büyük bir yük olmaya başladığını anladım.*

***Danışan:*** *Evet, komik değil mi? Bunların hiç olmamasını o kadar çok isterdim ki. Bazen takıntılardan daha çok rahatsız ediyorlar beni.*

***Terapist:*** *Bunların size yardımcı olmaktan çok zararlı olduklarını unutmamanız, bunları ortadan kaldırmaya çalışmada ilk ve en önemli adım.*

***Danışan:*** *Ama biliyorsunuz bunları durdurmak çok zor. Belki de eşimi koruyabilmek için bu sıkıntıya katlanmam gerekiyor.*

**Terapist:** *Ahmet Bey'in ölümünün aklınızdan geçmesi sebebiyle onun gerçekten ölme şansı sıfırken ve eğer gerçek bir sebepten dolayı ölecekse de bu yaptıklarınızın onu koruma şansının sıfır olmasına rağmen, bunlara devam ederek hayatı yok etme pahasına kendinizi harap etmenin daha iyi olduğunu mu düşünüyorsunuz?*

**Danışan:** *Eğer bu şekilde ortaya koyarsanız, hayır.*

**Terapist:** *Peki Ayşe Hanım, başka ne şekilde açıklanabilir bu durum, hemen şimdi siz söyler misiniz?*

**Danışan:** *Eğer biraz üzerinde düşünürsem yeni bir şeyler bulabileceğime eminim, ama şu anda sizin söyledikleriniz çok ikna edici.*

**Terapist:** *Kanıtlar çok ikna edici bence. Ben sadece bu kanıtları size sunuyorum, ama yine de iltifatınız için teşekkür ederim. Şimdi geri kalan düşüncelerinizi ele alalım. Sizin kötü, alçak, günahkâr biri olduğunuzu ve bu yüzden de cehenneme gitmeyi hak ettiğinizi söylemiştiniz. Aynı zamanda "Hangi kadın, zihninden, kocasının kafasının kesildiğini, binadan aşağıya düştüğünü ya da bıçaklandığını hayal edebilir ki? Demek ki ben şuuraltı olarak onun ölmesini istiyorum" demiştiniz. Şimdi bunları inceleyelim. İlk olarak sizin kötü biri olduğunuz ve cehenneme gitmeyi hak ettiğiniz inancına bakalım.*

**Danışan:** *Benim cehenneme gitmeyeceğime, beni yüzde yüz inandırabileceğinizi hiç sanmıyorum.*

**Terapist:** *Doğru. Neden bunu yapamam?*

**Danışan:** *Çünkü bunu ancak Tanrı bilebilir.*

**Terapist:** *Peki eğer böyleyse neden cehenneme gideceğinizin kesin olduğunu söylüyorsunuz?*

**Danışan:** *Tamam pes. Kesin olarak söyleyemem. Fakat kötü şeyler yaparak bu şansı artırdığım bir gerçek.*

**Terapist:** *Gelin, bununla ilgili konuşalım. Ahmet Bey'in ölmesiyle ilgili takıntılı düşünceleriniz olduğu için kötü ve günahkâr biri olduğunuzu söylemiştiniz.*

**Danışan:** *Evet. Buna inanıyorum.*

**Terapist:** *Obsesyonların ne olduğu ve neden bazı insanlarda obsesyon görüldüğü ile ilgili söylediklerimi hatırlıyor musunuz?*

***Danışan:*** *Evet, birçok insanda bu tür düşüncelerin olabildiğini ama bunları bastırmaya çalışmadıkları için yoğunlaşmadığını söylemiştiniz.*

***Terapist:*** *Çok güzel. Peki ya siz ve obsesif kompülsif bozukluğu olan diğer insanlarda tekrarlayan obsesyonlar olur çünkü...*

***Danışan:*** *Biz bunları durdurmaya çalışırız.*

***Terapist:*** *Evet. Peki neden bunları durdurmak istediğinizi söyleyebilir misiniz?*

***Danışan:*** *Çünkü bunların kötü olduğunu düşünüyorum, rahatsız ediyor.*

***Terapist:*** *Kesinlikle. Siz bunları durdurmaya çalışıyorsunuz, çünkü bunların aklınızdan geçmesinin sizin için birçok başka anlamı var. Bunların kötü olduğuna, bunları düşünmekten dolayı günahkâr olduğunuza, bunların gerçekleşebileceğine ve sizin bundan sorumlu olacağınıza inanıyorsunuz. Şimdi bunu bilerek, sizin kötü ve günahkâr biri olmadığınız, bunlardan dolayı cehenneme gitmeyeceğiniz, ama sadece bunların kötü olduğuna ve bunları düşünmenin günah olduğuna inandığınız ve bunları yok etmeye aşırı gayret gösterdiğiniz için birçok insandan daha fazla obsesyonu olan biri olduğunuz ihtimalini dikkate alabilir misiniz?*

***Danışan:*** *Sanırım bu olabilir. Ama neden böyle korkunç düşünceler oluyor? Neden beni rahatsız etmeyecek, güzel mutlu obsesyonlarım yok?*

***Terapist:*** *Muhtemelen güzel, hoş şeyler de düşündüğünüz oluyor, ama bunların üzerinde pek durmuyorsunuz, çünkü güzel şeyler düşünmek kötü değil ve üstelik bunların gerçekleşeceğinden de korkmuyorsunuz ve rahatsız olmuyorsunuz.*

***Danışan:*** *Anlıyorum, evet.*

***Terapist:*** *Ahmet Bey'le ilgili olanlar gibi düşüncelerinizin olmasının kötü veya günah olduğuna inandığınız için ve bunların gerçekleşeceğinden korktuğunuz için, bunları durdurabilmek adına elinizden geleni yapıyorsunuz. Böyle yapınca da bunları unutamıyorsunuz.*

***Danışan:*** *Doğru, şimdi anlıyorum.*

***Terapist:*** *Öyleyse sizin aslında kötü ve günahkâr olmama-*

*nız, ama sadece obsesyonları olduğu için kötü ve günahkâr biri olduğuna inanan biri olmanız olası mı?*

**Danışan:** *Sanırım öyle.*

**Terapist:** *Ve cehenneme gitmek durumunda olmamanız, ama sadece obsesyonlarınızın olmasından dolayı gidecek olmaktan korkuyor olmanız olası mı?*

**Danışan:** *Evet.*

**Terapist:** *Gelelim şuuraltı olarak onun ölümünü istiyor olmanız meselesine…*

**Danışan:** *Evet, bundan korkuyorum çünkü daha önceki bir terapist bundan çok daha ötesini bile söylemişti bana.*

**Terapist:** *Bunu daha önce de bana söylemiştiniz. Bunu neden söylediğini bilebilmem çok güç ama sizin bu tür bir yoruma maruz kalmanızdan ötürü üzgünüm. Benim şu ana dek anladığım kadarıyla siz Ahmet Bey'i seviyorsunuz ve onun ölmesini istemiyorsunuz. İşin aslını isterseniz onun öleceği fikri, hayali bile sizi çok korkutuyor.*

**Danışan:** *Biliyorum ama bilinçdışı neler olduğunu kim bilebilir?*

**Terapist:** *Haklısınız, kim bilebilir? Ama isterseniz şu şekilde bakalım. Sizin kötü bir eş olmamanız ve onun ölümünü istemiyor olmanız ve fakat onun öleceğinden korkarak sürekli kaygı duyan biri olmanız mümkün mü?*

**Danışan:** *Sanırım mümkün. Doğru olmasa bile bunu düşünmek kesinlikle beni rahatlatıyor.*

**Terapist:** *İyi. Tabii ki başka olasılıklar da söz konusu olabilir. Hiç Ahmet Bey'e kızdığınız bir anda hemen arkasından onun ölümüyle ilgili bir hayalin zihninizden geçtiği oldu mu? Ve arkasından bu türden bir hayal zihninizde canlandığı için alt üst olup bunu yok etmeye çalıştığınız ve edemediğiniz? Ve bunu yapabilmek için uğraştıkça da artık ona kızgın olmamanıza rağmen bu hayalin tekrar tekrar zihninize geldiği?*

**Danışan:** *Sanırım bu da olabilir.*

**Terapist:** *Gördüğünüz gibi şuuraltı olarak onun ölmesini istemeniz dışında birtakım başka açıklamalar da var.*

**Danışan:** *Sanırım evet.*

***Kanıt inceleme tekniğini kullanırken yapılabilecek hatalar***

Bu tekniği kullanırken görülen en önemli hata, yeterince derinleşilmeden ya da konu tüketilmeden, sorgulamanın yarıda kalmasıdır. Bu durum kendisini hastanın o konudaki inancının sarsılmaması ya da değişmemesi ile belli eder. Böylesi bir erken kesmeye sınav kaygısı olan bir hastayla yapılan bir terapi görüşmesinden örnek:

***Terapist:*** *Sınavda başarısız olacağınıza dair elinizde geçerli bir veri var mı?*

***Danışan:*** *Çalışmama rağmen her şeyi yeterince iyi anlayamamam, öğrendiklerimi kolay unutmam, özellikle fizik dersinde başarısız olmam, yaklaşık 1,5 aydır tedavi almama rağmen sınıfta en iyi 10 kişi arasına girememiş olmam...*

***Terapist:*** *Sizin için başarı ilk 10 arasına girmek mi?*

Uygun olan, hastanın, "Çalışmama rağmen her şeyi yeterince iyi anlayamamam, öğrendiklerimi kolay unutmam, özellikle fizik dersinde başarısız olmam, yaklaşık 1,5 aydır tedavi almama rağmen sınıfta en iyi 10 kişi arasına girememiş olmam" cevabından sonra sorgulamayı sürdürmektir. Örneğin "Size göre bu, başarısız olacağınıza yeterli bir kanıt mı?" ya da "Bu söylediğiniz sadece sizin başarılı olmak için anlatılan her şeyi anlamayı, öğrendiğiniz hiçbir şeyi unutmamayı, özellikle fizik dersinde başarılı olmayı ve sınıfta en iyi 10 kişi arasına girmeyi gerekli gördüğünüzü gösterir. Sizin başarı için bunları gerekli görüyor olmanız sizin bir yargınız. Başarısız olacağınıza dair somut objektif bir kanıtınız var mı?" diye sorulbilir. "Bana göre bu başarısız olacağımın kanıtı," derse, "Kanaatlerle gerçekler ayrı şeylerdir. Benim bir şeyin olacağına inanmam onun olacağını göstermez. Örneğin milli piyangoda büyük ikramiyenin bana çıkacağına inanmam büyük ikramiyenin bana çıkacağı anlamına gelmez" gibi bir karşılık verilebilir. Kanıtı inceleme konusunda, "Diyelim bir grup insana sizin sınavı kazanamayacağınızı ispatlamanız gerekiyor, bunu nasıl ispatlardınız?" denilip daha sonra "Diyelim tam tersi, sınavı kazanacağınızı ispatlamanız gerekse ne gibi kanıtlar sunardınız?", "Sizce bu hayali jüri hangi seçeneği geçerli bulurdu?" tarzı sorularla devam edilebilir. Daha zorlayıcı bir seçenek de "Diyelim sizin sınavı kazanıp kazanamayacağınız üzerine bir bahis oynuyoruz. Yalnız eğer bu bahsi kazanırsanız hayatta en önem verdiğiniz şey ne ise ona sahip olacaksınız, yanlış seçeneği tercih ederseniz o zaman bunu kaybedeceksiniz. Yani doğru seçeneği seçmeniz sizin için yaşamsal bir öneme sahip olsaydı; 'A seçeneği _____ (hastanın adı) sınavı kazanacak, B seçeneği _____(hastanın adı) sınavı kazanamayacak', hangi seçeneği seçerdiniz?" gibi bir yol izlemektir. Bu tür hipotetik bir ödül veya ceza konduğunda hastaların çoğu otomatik düşüncelerini değil, diğer olasılığı seçerler. Bu, onların da otomatik düşüncelerinin gerçeklikten daha uzak olduğunu fark etmelerine yardımcı olur. Bu noktada duygusal olarak sıkıntılı oldukları anda neden gerçekliğe daha uygun olan düşünce değil de, otomatik düşüncenin daha inanılır olduğu sorulabilir. Bütün bunları yaptıktan sonra ortaya çıkan bu bilginin (yani sınavı kazanma olasılığının daha yüksek olduğu bilgisinin) otomatik düşüncesiyle ("Sınavı kazanamayacağım") ne kadar uyuştuğunu sorarak Sokratik sorgulamanın son aşamasını gerçekleştiririz. Hastanın otomatik düşüncesini desteklemek için getirdiği kanıtlar da işlevsiz akıldışı ifadelerden ("Sınavı kazanabilmek için her şeyi yeterince anlamalıyım. Öğrendiklerimi unutmamalıyım. Fizik dersinde özellikle başarılı olmalıyım. Şu anda sınıfta en iyi 10 kişi arasında olmalıyım") oluşmaktadır. Bu ifadeler ya da ara inançlar otomatik düşünceyi ele aldıktan sonra ikinci çalışma alanımız olabilir.

### 2. Bilişsel İşlemleri Bulma

Bölüm 4'te açıkladığımız bilişsel işlem kavramını kuramsal olarak hastaya aktardıktan ve düşünce çarpıtmalarının tanımlarını paylaştıktan sonra hastanın saptanan her bir olumsuz düşüncesinin hangisine uyduğu birlikte bulunabilir. Hastadan daha sonra, kaydettiği otomatik düşüncelerdeki bilişsel işlemleri bulması istenir. Bir otomatik düşüncede birden fazla düşünce işleyiş özelliği olabileceği hatırlatılmalıdır. Bu noktada yapılan çalışmanın amacının hastaya düşüncesinde mutlaka bir hata olduğunu empoze etmek olmadığı açıklanmalıdır. Bilişsel işlemleri saptama tekniğinin kendisinden çok büyük bir yarar beklememekle birlikte, bu tekniğin asıl amacı ve yararı hastanın düşüncesine dışarıdan bakma ve onu inceleme alışkanlığı kazanmasıdır.

Hastaya bu tekniğin mantığını şöyle açıklayabiliriz: *Yoğun duygusal durum yaşayan insanlar çok sağlıklı düşünemezler. "O kadar kızgındım ki, gözüm hiçbir şeyi görmedi, düşünemedim," vb. Bu tür durumlarda kişiler daha önce aktardığımız düşünce işlemlerini uygunsuz olay ve durumlarda yapmaya daha eğilimli hale gelirler. Bilişsel terapi gerçekçi/uygun düşünmeye ana rolü yükler. Biz hep "O böyle yapmasaydı, böyle hissetmezdim" gibi bir ifade için "Diğer insanlar sizde duygusal bir acının çıkmasına vesile olabilir, fakat yaşadığınız olaylarla ilgili düşüncelerinizi değiştirerek bu acının sürüp sürmeyeceğini belirlemek sizin elinizdedir. Bilişsel terapi, insan beyninin mantık gücünden yararlanır. Düşünme şeklimizle duyguları biz yaparız. Durumla ilgili düşünme şeklimiz duygumuzu etkiler. Eğer doğru kararı verebilmek için her zaman tüm veriler elimizde olsa, her zaman sakin, soğukkanlı, akılcı, tüm bilgilerin farkında olsak, hiçbir zaman pişman olmasak, yolunda gitmeyen ilişkileri bitirsek, aşırı çalışmasak, yüklenmesek, çok yoğun duygusal tepkilerimiz olmaz ve bu türden bir incelemeye gerek kalmaz. Ama hayat bunları da içerdiğinden duygusal sıkıntılarımızı anlayabilmek için düşüncemize daha yakından bakmamız gerekebilir. Bilişsel terapi, düşünürken en fazla düştüğümüz tuzaklarla mücadele eder. İnsanların zorlanmaları arttığında bilişsel olarak uygunsuz işlemler yapmaya eğilim de artar. Açlık, öfke, madde kullanımı, yalnızlık, yorgunluk strese yol açar ve uygunsuz biçimde düşünmeye eğilim artar,"* deriz.

Kendi düşünce özelliklerini tanımak, bir şeyleri kontrol altına alabilmek için ilk aşamadır. Düşünce işleme özelliklerimizin bir kısmı erdem gibi gelebilir. Mantıklı bulduğunuz, genellikle sizin düşünce tuzaklarınızdır. Sıkıntılı insanlarda gördüğümüz ve çeşitli gruplara ayırdığımız başlıca düşünce işleme özellikleri şunlardır:

**1. Pireyi deve yapma (felaketleştirme):** "*Ağaçtan bir fındık başına düşer, gökten taş yağıyor zanneder.*" Olası diğer sonuçları görmeksizin en kötüyü düşünmek, felaket dolu sonuçlar beklemek.

**2. Zihin okuma:** En çok tutulan ve sevilen yanılsamalardan birisidir: Diğer insanların düşüncelerini bildiğimiz ve diğerlerinin de bizim ne düşündüğümüzü bildiği inancıdır. "Bunu ona söylememe gerek yok, o biliyordur" düşüncesi çok yaygın bir düşüncedir. Çok hayal kırıklığına yol açar, çünkü ortaya çıkar ki, sadece sizin ne düşündüğünüzü bilmemesi bir yana, onun bilmesi gerektiğini düşündüğünüzü bile bilmemektedir. (Diğerinin düşüncesinin kalıcı olduğunu zannetme)

**3. Kişiselleştirme:** Bazı insanlar her şeyi üstüne alınır. Diğer insanların kendini kötü hissetmesini, hatta kötü havayı bile. Bunun sonucunda kendilerini ya çok kızgın ya da çok suçlu hissederler.

**4. Mükemmeliyetçilik**: Her şeyde mükemmel olma isteği. Standartlar yükseldikçe başarma şansı düşer. Yüzde 100 mükemmellik "0" iş bitirme demektir.

**5. Ya olursa:** Gerçek tehditlerle ilgili olarak gücü ve uğraşma kabiliyetini azaltacak şekilde olmayan veya olmayacak şeylerle ilgili kaygılanmak. Her durumda o durumun içerdiği küçük olumsuz olasılıkları sorarak garanti aramak. "Ya uçak düşerse?", "Ya sinir krizi geçirirsem?", "Ya kontrolümü yitirirsem?" gibi.

**6. Olmalı**: Emir kipi, dayatmacılık, reddedilemeyecek bir şeyi belirtir. "-meli, -malı"lar kişiye hapishane inşa eder. Kişi ne yapacağını değil, geçmişte neyi yapmaması gerektiğini düşünür. "Başarılı olmalıyım", "Hata yapmamalıyım", "Herkes tarafından sevilmeliyim" vb.

**7. Aşırı genelleme:** Tek olaydan çıkarak genel sonuçlara ulaşma. Sınavda kötü not alınca "Ben hep başarısızım," demek gibi.

**8. Etiketleme:** Kendisini ve diğer insanları bir davranış veya tutumdan ötürü belli bir özellikle tanımlayıp diğer özelliklerini unutma. Ders çalışmayan çocuğa tembel demek, yukarıdaki örnekteki başarısız nitelemesi gibi.

Peki, bu düşünce hatalarımızı nasıl halledebiliriz? Gerçeği kendimize hatırlatarak ve gerçeği bulmaya çalışarak. Bunun yolu önce kendi düşündüklerimizi bulmak, konuşulmayan düşüncelerimizi konuşturmaktır. Sorun yaratan bu düşüncelerimiz erişilmez değildir, bilinç-bilinçdışı ayrımı yapaydır. İyi ayar yapılırsa düşüncelerimizi yakalayabiliriz. Bir düşüncenin ne kadar az farkındaysanız o düşünce o denli otomatikleşmiştir, alışkanlıklarımız gibi. Düşünmeden yürümek, dolabın kapağını açmak, su içmek gibi... Ama her alışkanlığımız iyi değildir. Düşünce alışkanlıklarımız inandıklarımızdan etkilenir. Eğer insanların güvenilmez olduğuna inanıyorsanız, onların bu tür davranışlarına dikkat eder, çok iyi fark edersiniz. Eğer güçsüz, zayıf ve çaresiz olduğunuza inanıyorsanız, herhangi birine itiraz etmenin tehlikeli olduğunu düşünürsünüz; zayıf olduğunuz için herkes tarafından sevilmek önemlidir. Dünyayı görme biçiminiz neden bazı düşünce hatalarına daha çok düştüğünüzü açıklar. Eğer inançlarınız dünyanın tehlikeli bir yer olduğunu söylüyorsa çok dikkatli olup "felaketleştirme" ve "ya olursa" yaparsınız. İnandıklarımızın dünyayı tam yansıttığına inandığımız için onu sorgulamayız ama bir şeye inanıyor olmamız ya da başkalarının inanması onun doğru olduğunu anlamaya yetmez. Kötü alışkanlıklar değiştirilebilir, kişi inandıklarını da gerçeklikle daha uyumlu hale getirebilir. Hem "Böyle inanmaya devam edeyim" hem de "Bugün yaşadığım sıkıntıları çekmeyeyim" diyorsanız bu ikisinin bir arada olmayacağını bilmelisiniz. İnançlarınızdan şüphe etmelisiniz çünkü onların gerçekliğe uymayanlarının, yaşadığınız sıkıntıların bu noktaya gelmesinde bir payı vardır. Gerçekliğe daha uygun ve dolayısıyla sizi daha rahat ettirecek düşünce alışkanlıkları edinmeniz yararlı olur. Bu zordur, ama olanaksız değildir. Zordur çünkü eski alışkanlıkları sürdürmek kolay, yeniyi geliştirmek zordur; tıpkı yeni bir dili, bisiklete binmeyi, araba sürmeyi öğrenmek gibi... Hastaya bu bilgilerin verilmesi onun düşünce özelliklerini anlamasını ve sorgulamasını kolaylaştırabilir.

Bütün düşünce özelliklerini incelerken otomatik düşünceleri değiştirmede kullanabileceğimiz teknikleri kullanabiliriz.

**3. Çifte Standart Tekniği**

Hastaya, bir arkadaşının başına aynı durum gelse ve kendisi gibi düşünse ona ne diyeceğini sormaktır. Bunun bir diğer biçimi benzer bir olayı yakın ve sevdiği bir arkadaşı yaşasa kendisinin buna ne diyeceği sorusudur. Bu teknik, kişinin duygusal yoğunluğu ve kendisiyle ilgili nesnel olamayışı nedeniyle tam olarak değerlendiremediği gerçekliği görmesi için bir yol açar. Kişi bir başkasının perspektifinden düşündüğünde duygusal tepkinin yarattığı öznellik azalır ve daha nesnel, gerçekçi ve işe yarar değerlendirmeler yapar. Bunu doğrudan sorabileceğimiz gibi, aşağıda olduğu gibi hastanın yaşadığı olayın bir başkasının başına geldiği bir senaryoyu aktararak da yapabiliriz.

**Örnek: Çifte standart tekniğinin sosyalfobik bir hastada kullanımı**

Sosyal fobisi olan bir hasta, iki tanıdığını birbiriyle tanıştırmak zorunda kaldığı bir durumda kaygı yaşayıp tanıştıracağı kişinin ismini anımsayamayarak yanlış söylemiştir ve bundan dolayı çok fazla sıkıntı duymaktadır.

**Terapist:** *Yakın zamanda kendinizi rahatsız hissettiğiniz bir durumu anlatır mısınız?*

**Danışan:** *Dün bir arkadaşıma kuzenimi tanıştırırken, arkadaşımın ismini yanlış söyledim. Hemen fark ettim ama iş işten geçmişti. O da hatamı fark etti çünkü bir espri yapmaya çalıştı. Çok utandım, berbat hissettim.*

**Terapist:** *Biraz sakarlık olmuş gibi. Daha önce de bu tür durumlarda çok utandığınızı söylemiştiniz. Bu durumda neydi utandıran? Aklınızdan ne gibi düşünceler geçti?*

**Danışan:** *O anda kapana kısıldım "Benim şaşkın biri olduğumu düşünmüştür, ayrıca da ona önem vermediğimi düşünüp kızabilir," diye düşündüm. Geçen gece uyanıp tekrar bu olayı düşündüğümde onun gözünden düştüğümü, artık beni eskisi gibi görmeyeceğini düşündüm.*

**Terapist:** *Peki, sizin şaşkın olduğunuzu düşüneceklerini düşündünüz. Bu ne demek?*

**Danışan:** *Beceriksiz, aptal, heyecanlı.*

**Terapist:** *Buna ne kadar inanıyorsunuz?*

**Danışan:** *Yaptığım aptalca bir şeydi. Hem tanıştırmaya kalkıp, hem de adını bilmemek. Kuzenim beni tanıyor, belki o çok etkilenmez ama arkadaşım kötü düşünecektir. Neden yanlış hatırlayayım ki? Heyecanlı ve şaşkın olmamı başka nasıl görebilir?*

**Terapist:** *Pekâlâ, isterseniz durumu bir parça değiştirelim ve sizin başınıza aynı durum gelse ne düşünürdünüz, bunu bulmaya çalışalım. Durumun tam tersi olmuş gibi hayal edelim. Diyelim ki siz ve arkadaşınız sinemaya gittiniz, filmin başlamasını bekleyip konuşurken onun bir arkadaşı yanınıza geliyor ve arkadaşınız diğer arkadaşına dönüp "Seni Hakan'la tanıştırmak* *istiyorum ... pardon yani Kaan demek istemiştim," diyor. Arkadaşınız hakkında ne düşünürsünüz?*

**Danışan:** *Neden ismimi yanlış söyledi acaba diye düşünürüm.*

**Terapist:** *Ve buna cevabınız ne olur?*

**Danışan:** *Benim kim olduğumu bildiği çok kesin... O zaman dikkati dağıldı ya da zihninde Hakan adı vardı o anda. Tam emin değilim.*

**Terapist:** *Peki ne olduğu gerçekten fark eder mi? Bir anlığına şaşırarak sizin adınızın yerine başka bir isim söylemesi bu kadar dehşet verici mi?*

**Danışan:** *Yok, değil doğrusu.*

**Terapist:** *En önemlisi, aptal olduğunu düşünür müsünüz?*

**Danışan:** *Tabii ki hayır. Arkadaşım, zeki bir insandır.*

**Terapist:** *Şimdi başınızdan geçen olaya tekrar geri dönersek, arkadaşınız neden sizden bu kadar farklı olsun ki? Neden sizin aptal olduğunuzu düşünsün?*

**Danışan:** *Sanırım düşünmez.*

**Terapist:** *Bir şeyle ilgili daha düşünelim. Diyelim ki sizin adınızı yanlış hatırladıktan bir süre sonra arkadaşınızla tekrar bir araya geldiniz. Aradan 10 dakika geçti. Siz bu 10 dakikada başka şeyler yaptınız, diğer insanlarla konuştunuz, bir şeyler yediniz, içtiniz, afişlere baktınız, hâlâ arkadaşınızın adınızı söylerken şaşırmasıyla ilgili düşünüyor olur muydunuz?*

**Danışan:** *Tabii ki hayır. Unutmuş olurdum.*

**4. Alternatif Açıklamalar**

Hastanın otomatik düşüncesinin, yaşanan durumla ilgili bir açıklama, belirleme veya niteleme olduğu durumlarda kullanılabilecek bir tekniktir. Hastaya "Bu durum başka ne anlama gelebilir ve başka nasıl yorumlanabilir?" sorusu sorulur. Arkadaşının bir başkasıyla gülerek konuşmasını kendisini küçük görmesi olarak yorumlayan bir hastaya "Gülerek yanındakiyle konuşmasının küçük görmesi dışında başka bir açıklaması olamaz mı?", "Sizi küçük görmek dışında başka hangi durum veya nedenlerle gülerek konuşmuş olabilir?" diye sorulabilir. Ya da arkadaşının yanındayken heyecanlanan ve bunu "zavallılık" diye nitelendiren hastaya "Arkadaşının yanında heyecanlanan birinin bu durumunun onun zavallı birisi olması dışında başka hangi nedenleri olabilir?" diye sorulur.

Bu tekniğin bir diğer uygulama biçimi, aynı olayı yaşayan ama hastanın verdiği duygusal ve davranışsal tepkiyi vermeyen birisi olsa acaba durumu nasıl anlar ve yorumlardı, bunu sormaktır. İlk örnekteki durumda, örneğin "Diyelim arkadaşının yanındakiyle konuşarak gülmesine kızmayan birisi olsa, o durumdan ne anlardı ve nasıl yorumlardı?" diye sorulabilir.

### Anlık Düşüncede Gerçeklik Payı Olduğunda Yapılacaklar

Otomatik düşünceler çeşitli tekniklerle incelendikten sonra o düşüncenin kısmen veya tamamıyla gerçekliğe uyduğu saptanabilir veya tam olarak gerçekliği yansıtıp yansıtmadığının bulunamayacağı ortaya çıkabilir. Bu durumda uygulanacak teknik, ortaya çıkan rahatsız edici ancak gerçekliğe uygun olan bu durumla baş etmenin yollarını konuşmaktır. Diyelim az önce örneklediğimiz arkadaşının bir başkasıyla gülerek konuşmasını, kendisini küçük görmesi olarak yorumlayan hastanın bu yorumu incelendiğinde arkadaşının gerçekten de kendisinin yapmış olduğu bir davranışla ilgili güldüğü ve o davranışını küçümsediği gerçekliği ağır bastı. Bu durumda, yani kendisinin bir davranışını beğenmeyen ve bununla alay eden birinin bu tutumuna karşı ne yapabilir, bunu ele almak yararlı olur. Burada sorulacak olan soru, hastanın otomatik düşüncesini dile getirdikten sonra "Diyelim durum böyle, o halde ne yapılabilir?" sorusunu sormaktır. Bu aşamada daha çok sorun çözme tekniklerini kullanırız. Bunun için Bölüm 13'teki davranışçı teknikler ve sorun çözme teknikleri bölümüne bakılabilir.

# Bölüm 13
# Diğer Bilişsel Yeniden Yapılandırma Teknikleri ve Davranışçı Teknikler

## 1. Terimleri Tanımlama

Bu teknik, hasta kendisini çaresiz, zayıf, değersiz, yetersiz, çekingen, korkak, vb. hayatta karşılığı olmayan kavramlarla tanımladığında, bunların anlamsızlığını ona göstermeye dayanır. Bu, aynı zamanda, etiketleme düşünce hatasına karşı da kullandığımız bir tekniktir. Hedeflenen dönüşüm, bunları gerçekliğe daha uygun hale getirmektir: Örneğin, "Beceriksizim" yerine, "Ben bazı şeyleri yapamıyorum"; "Korkağım" yerine "Bazı durumlarda korkuları olabilen bir insanım" şeklinde. Bu teknik, gerçekle ilgili yorumların gerçeğin kendisinden ayırt edilmesini de sağlar; "... oldu, ben bunu ... olarak anladım." ve "Bunun .... yorumunu yaptım ve kızdım" örneklerinde olduğu gibi. Amaç, hastaya yaşadığı olaylarla, yani gerçeklikle, onlara ilişkin yorumlarını birbirinden ayırmayı öğretmektir. Örneğin, panik bozukluğu olan bir hasta ilacına ilk başladığı anda çarpıntı ve terleme yaşamış, bunu ilacın onun ölümüne yol açabilecek alerjik bir reaksiyon yarattığı şeklinde yorumlayarak acil servise başvurmuş ve ardından yapılan muayenesinde ciddi bir durumu olmadığı söylenmiştir. Bu durumda "... ilacını içtiniz, 10 dakika sonra çarpıntı ve terlemeniz oldu, bunun sizi öldürebilecek alerjik bir reaksiyon olduğunu düşündünüz, acil servise gittiniz" şeklinde yeniden tanımlanmasıdır.

Bazı hastalarda bu karışıklık, hastanın düşüncesini, duygu

gibi sözelleştirmesidir. Bunu doğru biçimiyle ifade edersek daha rahat ele alabiliriz. Çünkü duygular insanın elinde değildir, dolayısıyla da gerçeğe uygun veya uygun olmamaları bir şey değiştirmez. Kanıları, inançları, düşünceleri "Böyle hissediyorum" kalıbıyla (*"Kendimi değersiz hissediyorum, mutlu olmak için başarılı olmam gerektiğini hissediyorum,"* gibi) sunulduğunda bunları "düşünüyorum, inanıyorum"a çevirmeliyiz.

Tekniğin nasıl uygulandığına ilişkin örnek bir görüşme aşağıda sunulmuştur.

**Örnek Görüşme**

***Danışan:*** *Ben çekingen bir insanım.*

***Terapist:*** *Sizce bu ifade doğru mu?*

***Danışan:*** *Bilmem.*

***Terapist:*** *Çekingen insan diye bir şey var mı?*

***Danışan:*** *Tabii ki var.*

***Terapist:*** *"Çekingen insan" ne demek, tanımlayabilir misiniz?*

***Danışan:*** *İnsanlarla konuşmaktan çekinen, bunu diğer insanlar kadar rahat yapamayan kişidir.*

***Terapist:*** *Yani insanlarla konuşma, diyalog başlatma becerilerinde eksiklik olan kişi çekingendir.*

***Danışan:*** *Evet doğru.*

***Terapist:*** *Fakat düşünürsek her insanda bu beceriler yüzde yüz değildir.*

***Danışan:*** *Niye?*

***Terapist:*** *İletişim becerileri açısından kusursuz, %100 mükemmel bir insan düşünemeyiz. İletişim becerileri %100 mükemmel birisi olsa, bu kişinin insan ilişkilerinin nasıl olmasını beklerdik?*

***Danışan:*** *Ne gibi?*

***Terapist:*** *Mesela diğer insanlara düşüncelerini, duygularını açma ve onlar tarafından anlaşılma açısından nasıl biri olurdu?*

***Danışan:*** *Her duygusunu söyler ve anlaşılırdı.*

***Terapist:*** *Peki sizce bugün dünya üzerinde yaşayan veya daha önce yaşamış olan böyle bir insan var mıdır? Bütün düşünce ve* *duygularını aktarabilmiş ve diğer insanlar tarafından %100 anlaşılmış?..*

**Danışan:** *Mümkün değil, böyle birisi yoktur...*

**Terapist:** *O zaman herkeste bu açıdan bir eksiklik vardır. Bu durumda sizin tanımınıza göre bütün insanlar çekingendir diyebiliriz.*

**Danışan:** *Ama ben kendimin çekingen olduğunu biliyorum. Çevremdeki insanların çoğu böyle değil, bunu görüyorum.*

**Terapist:** *O zaman yeniden tanımlar mısınız çekingeni?*

**Danışan:** *İsteklerini hiç dile getiremeyen ve önemli konularda harekete geçmediği için zarar gören kişidir.*

**Terapist:** *Bu yeni tanıma göre düşünürsek o zaman da hiç kimse çekingen değildir çünkü her insan kendisi için çok önemli olan konularda isteklerini dile getirebilir. Örneğin birisi çocuğunuza zarar vermeye çalışsa durdurmaya çalışmaz mısınız?*

**Danışan:** *Evet, tabii ki.*

**Terapist:** *İşte bu şekilde herkesin harekete geçeceği bir nokta ya da değer vardır.*

**Danışan:** *Ama bazı insanlar daha çekingen değil mi?*

**Terapist:** *O zaman çekingenliği nasıl tanımlayabiliriz?*

**Danışan:** *Çoğu zaman pasif kalan, yeterince kendini açmayan kişi diyebiliriz?*

**Terapist:** *Çoğu zaman dediniz, ne kadar yeterince?*

**Danışan:** *Önemli hedefleri söz konusu olduğunda; diyelim bir kızdan hoşlanıyor, ona teklifte bulunamıyorsa çekingendir.*

**Terapist:** *O zaman tekrar başa dönüyoruz gibi, çünkü bu konuda çoğu kişi bir sıkıntı yaşayabilir ve bazıları da teklifte bulunmaya cesaret edemeyebilir.*

**Danışan**: *Bunu çoğunlukla yapamıyorsa, diyelim.*

**Terapist:** *Bir oran belirtebiliyor musunuz çoğunlukla derken?*

**Danışan:** *%90'ında yapamıyorsa çekingendir.*

**Terapist:** *Neden %95 ya da %85 değil de %90?*

**Danışan:** *Çünkü bana öyle geliyor.*

**Terapist:** *Doğru, size öyle geliyor. Peki bir başkası başka bir tanım yapıp başka bir oran söyleyebilir mi?*

**Danışan:** *Evet.*

**Terapist:** *O zaman bu tanım, kişiden kişiye değişen bir şey.*

**Danışan:** *Doğru.*

**Terapist:** *O zaman sizin kendinizi nasıl tanımladığınız çok önemli. Çekingen teriminin, üzerinde bütün insanların anlaştığı net bir tanımı yok gibi. Peki ağaç kavramını tanımlamaya kalkışsak neler yaşardık?*

**Danışan:** *Daha kolay olurdu bence, ne olduğu belli.*

**Terapist:** *Ağaç, var olan bir şey, somut bir şey, kolayca tanımlanabilir; acaba "çekingen kişi" olmadığı için mi zorlanıyoruz tanımlamakta? Şöyle bir örnek versem: "Bir kızdan hoşlandığı ve konuşmayı istediği halde onunla hiç konuşma girişiminde bulunmamak çekingen bir davranıştır" desem, bu tanım nasıl sizce?*

**Danışan:** *Çok uygun gibi görünüyor, kimsenin karşı çıkacağını sanmıyorum.*

**Terapist:** *Bu biraz da varlığı daha somut olan bir kavramı tanımladığımız için, yani çekingen davranışı tanımladığımız için. İnsanların çekingen davranışları olabilir, bazı kişilerde bu davranışlar daha sık, bazılarında ise daha az olabilir, ancak mutlak ataklık ya da mutlak çekingenlik yoktur. Yani en atak kişinin bile çekindiği şeyler olabileceği gibi en çekingen insanın bile atak olabileceği konular olabilir. Yani aradaki fark bir nicelik farkıdır.*

**Danışan:** *Şimdi ne demek istediğinizi daha iyi anlıyorum.*

**Terapist:** *Diyelim sizin bir çocuğunuz var. Ders çalışmıyorsa ona "Sen tembelsin" demek onu nasıl etkiler? Peki "Son zamanlarda ders çalışmadığını görüyorum" demek nasıl etkiler? Bunu zihninizde canlandırabilir misiniz?*

**Danışan:** *Tembelsin, oldukça kötü hissettirir. Ders çalışmıyorsun da kötü hissettirir, ama orada sorunun ne olduğu daha belli gibi. Bir de "Tembelsin" sanki suçlama gibi gelir. Belki kendini savunmaya geçer, mazeret söyleyebilir.*

**Terapist:** *Çok güzel noktalar. Peki "Tembelsin" ne demek?*

**Danışan:** *Bir özellik.*

**Terapist:** *Değişmeyecek bir karakter veya kişilik özelliği gibi. Sorunu genel değişmez bir durum gibi tanımlıyor, ne yapılacağı belli* *değil ya da yapılacak bir şey de yok. Oysa diğer ifade, "ders çalışmama", somut, gerçek bir davranış sorunu. Değişmesi kolay ya da zor olabilir, onu bilemeyiz, ama değişebilir bir durum.*

**Örnek 2**

Terapist, hastayla görüşürken otomatik düşünce kaydındaki bir düşünceyi incelediğinde bir düşünce özelliğini fark ediyor:

***Terapist:*** *Düşüncenizdeki özelliği fark ettiğiniz için mi utandığınızı söylüyorsunuz, anlamadım.*

***Danışan:*** *Evet, yine aynı şeyi yaptım: salakça şeyi.*

***Terapist:*** *Salakça şeyi fark ettiğini söylüyorsunuz. Nedir salaklık?*

***Danışan:*** *Düşünce hatamı fark ettim ve bu hatayı yapmak salaklık.*

***Terapist:*** *Salak ne demek?*

***Danışan:*** *Yanlış yapan kişi, hata yapan.*

***Terapist:*** *Peki bu yanlış değerlendirme alanını da kapsar mı, yani davranışlarını değerlendirirken de hata yapar mı?*

***Danışan:*** *Yapar.*

***Terapist:*** *Yani salak bir kişi salakça bir şey yaptığında davranışını doğru biçimde değerlendirip bunu fark edemez diyebilir miyiz?*

***Danışan:*** *Evet.*

***Terapist:*** *Az önce davranışınızın salakça olduğunu söylemiştiniz, bu durumda siz salakça bir şey yaptığınızda bunu fark edebiliyorsanız bu sizin nasıl biri olduğunuz anlamına gelir?*

**2. Doğrudan Farklı Düşünce Getirme Yaklaşımı**

Hastaya, duygusal olarak sıkıntı yaşadığı anda, gerçeğe uygun olmayan biçimde olumsuz düşünmek yerine, daha olumlu ve gerçekçi bir şekilde düşünseydi ne olurdu, bu sorulur. Örneğin "'İnsanlar o anda yüzümün kızardığını ve elimin titrediğini fark ettiler, rezil oldum,' diye düşündünüz ve sıkıntı yaşadınız. Eğer o durumu yaşarken 'İnsanların çoğu bu durumu fark etmemiştir, edenler de olumsuz görmeyebilir,' diye düşünseniz aynı şekilde heyecan duyar mıydınız?"

Bu teknik, hem duygu-düşünce bağlantısını, yani düşünce değiştiğinde olay ne olursa olsun duygunun da değişeceğini vurgulamaya, hem de olayı farklı değerlendirmenin mümkün olduğunu danışana göstermeye yarar. Özellikle terapinin başlarında, danışanın daha yeni olduğu dönemlerde, bilişsel modelin ne olduğuna ilişkin bilgiyi sağlamlaştırmak için kullanılır.

**3. Deneysel Teknik**

Hasta olumsuz düşüncenin geçerliliğini sınamak için bir deney yapar. Örneğin, yapılan muayenelerinde herhangi bir kalp rahatsızlığı saptanmayan, bedence sorunu olmayan bir panik bozukluğu hastası, panik atağı sırasında oluşan çarpıntı sonucunda kalp krizi geçirip ölmekten korkuyorsa, bu nedenle de kalp atım hızını artıracak her tür etkinlikten kaçınıyorsa, hastanın bu inancını sınaması için ona birkaç kat merdiven çıkartarak fiziksel egzersiz yaptırabiliriz. Buna benzeyen bir diğer teknik de araştırma yöntemidir. Bu teknikte hasta, tutumlarının ve düşüncelerinin geçerliliğini bulmak için bir araştırma yapar.

Çocuğuna zarar verme isteği gelen ve bu istek nedeniyle aşırı sıkıntı yaşayan obsesif kompülsif hastaya obsesif intrüzyonların normal insanlarda da görülme sıklığı açıklandıktan sonra bunlarla ilgili liste verilerek yakın olduğu insanlara bunların kendilerinde de olup olmadığını sorması istenebilir.

Kendisinin çekingen olduğuna ve hoşlandığı kızın bu durum nedeniyle kendisiyle ilgilenmeyeceğine inanan ve ona yaklaşmaktan korkan sosyal fobik hastadan, "Karşı cinste aradığınız özellikler nelerdir?" şeklinde çoktan seçmeli bir anket formu hazırlayarak bu formu okuduğu üniversitedeki insanlara uygulamasını istemek şeklinde bir deney düzenlenebilir. Burada hastanın uygulama sırasında duyacağı kaygıyı azaltmak için anketi uygulamadan önce, uygulamayı yapacağı kişilere kendisinin insanların arkadaş seçimlerini etkileyen etkenlerle ilgili bir ödev hazırladığı şeklinde bir açıklama yapması önerilebilir. Sosyal fobik hasta, bu uygulamayla, hem insanlarla konuşma ve onlardan talepte bulunmayla ilgili bir üzerine gitme alıştırması yapmış olur, hem de insanların yakın ilişkide ne tür özellikleri öncelediğine ilişkin gerçekçi bir bilgiye ulaşmış olur.

**4. Derecelenmiş Düşünce**

Olayları siyah beyaz şeklinde kategoriler halinde düşünmek yerine hayatın-olayların genellikle ikisi arasında yer alan grinin tonlarından oluştuğunu göstermek. Eşine istediği bir şeyi (ailesini ziyarete gitme) yapmadığı için öfke duyan ve bunu kendisini hiç sevmediği şekilde yorumlayan bir kadın hastaya bunun ne oranda bir sevilmeme olduğu sorulduğunda %100 sevilmeme anlamına geldiğini belirtmiştir. Bu hastaya birkaç hipotetik durum oluşturularak bu durumlarda ne kadar sevilmediğini düşüneceği sorulabilir. Örneğin, kendisinin uzun süre yurtdışına sürecek bir seyahati öncesi ailesini ziyarete gitme isteğine hayır denmesi ne kadarlık bir sevmeme olurdu ya da ailesinde ciddi bir hastalık olduğunda ve yardıma gereksinimi olduğu bir durumda ailesini ziyaret etmelerini istediğinde eşinin buna hayır demesi ne kadarlık bir sevmeme olurdu? Bu sorularak hastanın güncel durumuyla ilgili kötülük derecesini fazla gördüğü konuşulabilir. Bu tekniğin özü, hastanın yaşadığı durumun kötülük derecesini daha iyi konumlandırmasını sağlayacak olası başka örnekler getirmektir.

**5. Semantik Yöntem**

Duygusal olarak daha az yüklü ve gerçeğe daha uygun bir dil yerleştirerek olumsuz duyguyu azaltmaya çalışmaktır. İş hayatıyla ilgili olarak “Başarılı olmalıyım,” diye düşünen ve kaygı duyan bir işadamı, “Babam bana karışmamalı,” diye düşünen ve öfke duyan bir ergen, arkadaşının intiharına ilişkin "Ona engel olmalıydım," diye düşünen bir kişi, duygusal olarak yüklü ve gerçeğe uygun olmayan bir beklenti seti içindedir. Örneğin birinci kişiye bu beklentisiyle ilgili olarak "Neden başarılı olmak zorundasınız?", "Bu nereden çıkıyor?" veya "Bu nerede yazıyor?" diye sorulabilir. Kişinin başarılı olması tabii ki güzel ve olumlu bir şeydir ve kişinin bunu tercih etmesi ve istemesi de doğaldır. Ancak bu mutlak bir zorunluluk değildir ya da yerine gelmemesi de bir facia değildir. Ancak kişinin bu konuda mutlak ve olmazsa olmaz bir beklentisi olursa, o zaman kişi bunu yerine getiremediğinde büyük bir sıkıntı yaşar: "Yüksek not alırsam iyi olur, bunu istiyorum, ama alamazsam da bu dünyanın sonu değil." İntihar örneğinde, "Arkadaşımın intiharını önlemem gerekirdi," diye düşünen kişiye bu zorunluluğun nereden kaynaklandığı sorulduğunda son noktada vereceği yanıt "Ben öyle olmasını istiyorum" olacaktır. Bu noktada hastaya kendisinin veya başka bir insanın bir şeyin olmasını istemesiyle, hatta çok çok istemesiyle, o şeyin olması arasında mutlak bir bağlantı olup olmadığı sorulur. Yani "Hayat veya dünya, doğa yasaları veya sosyal kurallar 'Eğer bir insan bir şeyi çok isterse o şey olur,' diye mutlak bir kural içermekte midir?" diye sorulabilir. Yaşamın ya da doğal veya sosyal gerçekliğin içinde bu konuda var olan bir kural varsa, o da "İnsanların bazı istekleri gerçekleşir, bazı istekleri de gerçekleşmez" şeklindedir. O zaman hastanın kuralıyla, yani "İsteklerim yerine gelmelidir" kuralıyla, yaşamın gerçekliği, yani;"İnsanların bazı istekleri gerçekleşir, bazı istekleri de gerçekleşmez" gerçeği arasında bir çelişki söz konusudur. Bu tür gerçeğe uymayan beklentiler ve gerçeği kabullenmeme, insanın duyduğu sıkıntıyı daha da artırır. Burada daha uygun olan, kişinin acı ve üzücü olmakla birlikte bu konudaki (arkadaşının intihar etmemesi) isteğinin gerçekleşmediğini kabullenmesidir. Bu teknik özellikle düşünsel duygulanımcı davranış terapisinde çok kullanılır. Düşünsel duygulanımcı davranış terapisinde amaç öncelikle hastanın gerçekliği kabul etmesini sağlamaktır. Bu gerçekliğin her zaman güzel ya da iyi olduğu anlamına gelmez, ancak gerçeklik kötü de olsa kişinin öncelikle bunu kabul etmesi, daha sonra da değişmesi mümkün olan noktalar varsa onu değiştirmeye çalışması gerekir.

### 6. Yeniden Atfetme

Herhangi bir durumla ilgili bireyin tek yönlü bir değerlendirme yapmak (örneğin sadece kendisini ya da tam tersi başkalarını sorumlu görerek suçlamak) yerine tüm etkenleri ve olasılıkları göz önüne alarak değerlendirme yapmasıdır. "Çocuğum benim yüzümden başarısız oldu." Sizin dışınızda bu olayda katkısı olan neler olabilir? Babasının bu olayda payı ne? Çocuğun payı? Okulun genel ortamının payı? Öğretmenlerin? Diğer öğrencilerin payları neler? Örneğin, yukarıdaki örnekte arkadaşı intihar eden kişiye bu durumda, yani arkadaşının intiharında, payı olan olası etkenler sorulur: Arkadaşının bizzat kendisi, arkadaşının kişilik özellikleri, yaşam koşulları, ailesiyle ilişkileri, annesi, babası, kardeşleri, eşi, çocukları, ekonomik durumu, çocukluğu, aldığı ruhsal tedavi, bu tedaviyi uygulayan kişilerin bilgi ve becerisi, vb. Bunun sonucunda olayın ne tek, ne de belirleyici etkeninin kendisi olmadığı gösterilebilir. Bu tekniğin en güzel örneği, pasta dilimi tekniğidir.

### Pasta Dilimi Tekniğinin Sosyal Fobik Bir Hastada Kullanımı

Bir grup insana kısa bir konuşma yapacak olan ve bu konuda kaygıları olan bir hastaya bu teknik uygulanarak insanların onunla ilgili olası bütün tepkileri konuşulmuştur.

***Terapist:*** *Bu konuşmanızı kaç kişilik bir topluluğa yapacaksınız?*

***Danışan:*** *50 kişi sanırım.*

***Terapist:*** *Evet. 50 kişiye karşı konuştuğunuzda ne olur?*

***Danışan:*** *Heyecanlanırım, elim titrer, sesim kısılır. Rezalet olur. Herkes görür.*

***Terapist:*** *Şimdi bir anlığına kaygılı olacağınızı ve bu dediklerinizin gerçekleşeceğini kabul edelim. Bu her zaman böyle olmaz, nitekim geçmişte de olmadı, ama diyelim bu sefer korktuğunuz oldu, kaygılısınız ve elleriniz, sesiniz titriyor, sizce bu 50 kişiden kaç tanesi bu durumu fark eder?*

***Danışan:*** *Herkes fark edecektir.*

***Terapist:*** *O kadar emin olmayın. Diyelim, sizin bu durumunuzu fark etmeyen birileri olsa, neden fark etmemiş olabilir?*

***Danışan:*** *O anda dikkati başka yerde olabilir.*

***Terapist:*** *Neden dikkati başka yerde olabilir?*

***Danışan:*** *Hayal kuruyor olabilir, yorgun olup uyuyor olabilir.*

***Terapist:*** *Mesela o an orada bulunmaktan nefret ettiği için dinlemiyor ya da kendisiyle ilgili bir konuyu düşünüyor olabilir mi?*

***Danışan:*** *Evet.*

***Terapist:*** *Yanındaki kişiyle konuşanlar olabilir mi?*

***Danışan:*** *Olabilir.*

***Terapist:*** *O zaman baştan alırsak, bu 50 kişinin içinde dikkati başka yerde olan kaç kişi olabilir?*

***Danışan:*** *Belki 2-3 kişi.*

***Terapist:*** *Pekâlâ 2-3 kişinin dikkati başka yerde olduğu için sizin kaygılı olduğunuzu fark etmedi, o zaman geriye kaygı duymanız gereken 48 kişi kaldı. Kaç kişi dünden yorgun olduğu için uyukluyor olabilir?*

***Danışan:*** *Bilmem, belki 1-2 kişi.*

***Terapist:*** *Şanslısınız, bizim toplantılarda çok daha fazla olur! Evet, biraz tutucu davranalım ve 1 kişi diyelim, geriye 47 kaldı. Yanındakiyle konuşan kaç kişi olabilir?*

***Danışan:*** *1-2 kişi de öyledir.*

***Terapist:*** *O zaman geriye 46 kişi kaldı, orada bulunan ama orada bulunmak istemeyen ve bunun için dinlemeyen kaç kişi olabilir?*

***Danışan:*** *3 kişi.*

***Terapist:*** *Kaldı 43 kişi. O zaman 50 kişiden 7 kişi o anda* *size dikkat etmediği için durumunuzu fark etmeyecek; o zaman orada bulunan herkes kaygınızı fark etmeyecek diyebiliriz. Bir sorum daha var: Size dikkat ettiği halde kaygınızı fark etmeyenler olabilir mi?*

**Danışan:** *Hayır, gözlerinden nasıl kaçar?*

**Terapist:** *Şaşırdığınızı görüyorum, ama ben uzun zamandır insan psikolojisiyle uğraşan biriyim ve şunu size söyleyebilirim, insanlar diğer insanlarda olup bitenleri fark etmekte son derece duyarsız olabilirler. Belli bir duygu içinde olduğunuz ve insanların bunu anlamadıkları olmadı mı hiç?*

**Danışan:** *Olabilir, doğru, yani dikkat ettiği halde kaygılı olduğumu anlayamayanlar demek istiyorsunuz.*

**Terapist:** *Böyle kaç kişi olabilir.*

**Danışan:** *5-6.*

**Terapist:** *5 diyelim o zaman, geriye 38 kişi kaldı, peki bu kalan 38 kişi, yani kaygılı olduğunuzu ve ellerinizin ve sesinizin titrediğini fark eden 38 kişinin hepsi de hakkınızda kötü düşünür mü sizce?*

**Danışan:** *Evet.*

**Terapist:** *Yani kaygılı olduğunuzu fark eden herkes bundan olumsuz bir sonuç çıkarır. Peki bir sunum sırasında elleri ve sesi titreyen birini gördüğünüzde kötü olmayan bir şeyler düşünecek olsanız ne düşünürsünüz?*

**Danışan:** *Anlamadım.*

**Terapist:** *Mesela yorgun olduğunu düşünür müsünüz?*

**Danışan:** *Bunu düşünebilirler.*

**Terapist:** *Peki bunu düşünenler hakkınızda kötü düşünürler mi?*

**Terapist:** *Hayır.*

**Terapist:** *Hastalığı olduğunu, örneğin grip olduğunu düşünenler olabilir mi?*

**Danışan:** *Evet.*

**Terapist:** *Çok kahve veya çay içtiğini bunun için elinin titrediğini düşünenler olabilir mi?*

**Danışan:** *Evet.*

***Terapist:*** *Başka ne olabilir?*

***Danışan:*** *Gergin olduğumu düşünebilirler.*

***Terapist:*** *Gergin olduğunuzu düşünüp bunun ötesini düşünmeyenler ya da buna aldırış etmeyenler olabilir mi?*

***Danışan:*** *...*

***Terapist:*** *Peki bu durumu sempatik bulanlar olabilir mi, yani sizin heyecanlı olmanızı olumlu gören ve sempati duyan? Mesela gergin olmanıza rağmen böyle bir sunumu yapmanıza saygı duyan?*

### 7. Rol Oynama Teknikleri

Hasta ve terapistin sırasıyla gerçeğe uygun olmayan olumsuz ve gerçeğe uygun olumlu düşünceleri seslendirmesidir. Olumsuz düşünceyi seslendiren saldırır, diğeri savunmada kalır. Bu tekniği uygularken, başta hasta kendisini sıkıntıya sokan olumsuz düşünceleri seslendirir, terapist bunlara gerçekçi yanıtlar verir, bir süre sonra da hasta tekniği öğrendiğinde roller değiştirilir. Buna benzeyen, korkutan fantezi veya şeytanın avukatı tekniklerinde hastanın kötü hissetmesini sağlayan en olumsuz değerlendirmeler ve otomatik düşünceler hasta tarafından seslendirilir ve hasta adına terapist bunları yanıtlar.

#### Örnek: Korkulan fantezi tekniğinin sosyal anksiyetede kullanımı:

Sosyal fobik bir hasta, insanlarla konuşurken heyecanlanıp titrediğinden diğer insanların onu küçük görerek dışlayacağından korkmakta ve bu düşüncesini gerçekçi bulmaktadır. Bu teknikle hastada sıkıntı yaratan bu otomatik düşüncelerin nasıl ele alındığı aşağıda gösterilmiştir.

***Düşman (Hasta hostil kişiyi canlandırıyor):*** *Dikkatimi çekti, sıkıntılı gibisin, konuşurken kızardığını gördüm. Heyecanlı mısın, yoksa başka bir şey mi var? Yani neredeyse kendini kaybediyor gibiydin.*

***Terapist:*** *Doğrusunu istersen grup içindeyken heyecanlanıyorum. Oldukça utangacım. Bazen heyecanlandığımda yüzüm kızarıyor ve başım sallanıyor.*

***Düşman:*** *O zaman kafayı yemişsin sen. Tam bir ruh hastasısın. Neyin var senin? İnsanlarla birlikteyken heyecanlanmanın anormal bir şey olduğunu bilmiyor musun?*

***Terapist:*** *İstediğini düşünebilirsin tabii ki, bununla sorun yaşamayı kastediyorsan o zaman evet. Çünkü toplum içindeyken sıkıntı duyabiliyorum bazen. Böyle bir sorunum var. Benim de rahatsızlık duyduğum bir şey. Fakat bana bunları söylerken ses tonunun kabalaştığını fark ettim. Benden rahatsız mı oluyorsun veya sıktım mı seni?*

***Düşman:*** *Ne sanıyorsun? Bu durumun rezalet olduğunu düşünüyorum. Acizlik bu.*

***Terapist:*** *Gerçekten mi? Ama ben birçok konuda becerikli ve elinden çeşitli işler gelen biriyim! Benim kaygılı olmam ve başımın sallanması seni rahatsız mı etti? Senin neyi istediğini tam anlayamadım.*

***Düşman:*** *Aciz olup olmadığını bilmiyorum ama anormal olduğun kesin, böyle garip birinin insanların arasında bulunması anormal. Seni aşağı görüyorum. Duygularını kontrol edemeyen insanlara saygı duymuyorum.*

***Terapist:*** *Gerçekten mi? Senin bütün arkadaşların duygularını çok iyi kontrol eden insanlar mı? Herhangi bir duygunun gösterilmesi mi seni rahatsız ediyor, yoksa sadece utangaçlık mı?*

***Düşman:*** *Söylediklerin beni ilgilendirmiyor, bu senin sorunun, sen hastasın.*

***Terapist:*** *Benim utangaçlığımın seni rahatsız ettiğini görüyorum. O zaman benim olduğum ortamlarda bulunma. Benim olmadığım bir sürü başka grup var, illa benimle bir arada olmak zorunda değilsin.*

***Düşman:*** *Senin ne kadar anormal ve hasta biri olduğunu herkese söyleyeceğim. Herkes senin ne olduğunu bilecek. İş arkadaşlarına da senin durumunu anlatacağım. Belki de işine son verirler.*

***Terapist:*** *Eğer istiyorsan bunların hepsini yapabilirsin. Hatta istiyorsan "Utangaç bir kişi, konuşurken başı titriyor," diye gazeteye ilan da verebilirsin. Sen durumu çok kötü görüyor olabilirsin, ama birçok insanla da olumlu ilişkilerim var ve yaptıklarımın bazıları beğeniliyor. Zaman zaman eleştiri almam da gayet doğal.*

**8. Yarar-Zarar Analizi**

Bazı otomatik düşünceler, doğruluğu, yanlışlığı veya gerçeğe uygunluğu, uygunsuzluğu ele alınamayacak kişisel kanılar şeklinde olabilir. Yine bazı otomatik düşünceler, bazı koşullar altında gerçeğe uygun kanılar da olabilir. Böylesi bir düşünce eğer kişide soruna yol açıyorsa, ele alınırken yarar-zarar tekniği kullanılabilir. Örneğin, yakın arkadaşı ve sevgilisi olmayan bir hasta bu durumun anormal olduğuna inanmaktadır. Bu nedenle de yalnız dışarıya çıkmamakta, eğer çıkarsa da bu durum ona çok sıkıntı vermektedir. Bu kişi, bu inancı ele alınmasına rağmen yalnızlığın anormallik olduğuna inanmayı sürdürmektedir. Bu hastada bu inancın doğruluğunu yanlışlığını bir kenara bırakıp, bu inancın işlevsel olup olmadığına bakılabilir. Bu anlamda da hastadan önce böyle inanmasının ne gibi yararları olduğunu sıralaması istenir. Daha sonra da bu inancın olumsuz sonuçları sıralanır, yararlar ve zararlar bir arada incelenir.

*"Yalnız olmak anormaldir."*

*Yararları:*

Birini bulmak için çok gayret ettirir.

Birini bulursam çok rahatlarım.

*Zararları:*

Yalnız kaldığımda kendimi kötü hissederim.

Birine yaklaşırken çaresizce ve güvensiz bir şekilde davranırım.

Kendimi ikinci sınıf görürüm.

Birini bulmadıkça yaşamdaki diğer yaptıklarımın önemi kalmaz. Yalnızken bir şey yapmam.

Biriyle arkadaşlık yaparken beni ne zaman terk edecek diye endişe içinde olurum, tam olarak duygu ve düşüncelerimi açamam.

## 9. Davranış Teknikleri, Ev Ödevleri ve Sorun Çözme

Bilişsel davranışçı terapide önceliğin bilişsel tekniklerde olması ve değişimde bilişsel değişikliğin vurgulanması, davranışçı teknikleri sanki ikinci plana itiyormuş gibi görünebilir. Ancak bilişsel değişikliği oluşturmanın en etkili ve kalıcı yolu davranışçı tekniklerle gerçekleşir. Bunun nedenini basitçe şu şekilde açıklayabiliriz: İnsan öğrenmeleri başlıca üç yolla gerçekleşir: Yaşayarak-yaparak, gözlemleyerek, anlatılarak ve dinleyerek. Bu üç yoldan en kalıcı ve köklü olanı yaşantıdır. Davranışçı teknikler ve davranış deneyleri bize bunu sağlar. Bu sadece terapötik yaşantılar için değil, psikopatolojinin gelişimi için de böyledir. Davranışçı kurama göre koşullanma biçimleri içinde en etkili olanı, doğrudan travmatik koşullanmadır. Bilişsel davranışçı terapide, bilişsel ve davranışçı teknikler beraberce kullanılırken, genellikle ilk önce bilişsel teknikler kullanılır. Bunlarla belirtiler biraz azalıp hasta bilişsel olarak hazırlanarak rasyoneli iyice açıklandıktan sonra davranışçı tekniklere geçilir. Bunun istisnalarından birisi depresyon tedavisidir. Depresyon tedavisinde öncelik davranışçı tekniklerdedir.

Bilişsel tekniklerle rahatsızlığın analizi, neden bu durumun (sorunun) olduğu, sorunun sürmesinde rol alan etkenler, nelerin değişmesinin istendiği, bu hedefe ulaşmak için ne gibi değişiklikler yapılabileceği saptanır, ardından devreye davranışçı yöntemler girer ve bu değişiklikler uygulamaya konur. Sonuç alındıkça, hem özgün sorun yaratan inançlar zayıflar, hem de elde edilen olumlu sonuçlarla sorun durum ortadan kalkar.

**10. Maruz Bırakma (*Exposure*) ve Tepki Önleme**

Bilişsel terapide kullanılan en önemli davranışçı tekniktir. Bir kısım hastanın yaşantısına bakıldığında diğer insanların rahatlıkla ve sık sık yapabildikleri kapı açma kapama, görünür pisliği olmadığı halde bazı nesnelere dokunamama, diğer insanlarla birlikteyken yeme/içme, gözlenme veya bakılma, amirlerle konuşma, toplum içinde konuşma, eleştirilme, yükseğe çıkma, sokakta yol sorma, yalnız başına otobüsle seyahat etme, köprü üzerinden geçme, tünelden geçme, kalabalık bir caddede yalnız yürüme, kalabalık mağazalara girme, tek başına evden ayrılma, geniş açık alanlarda bulunma, asansöre binme, sinemaya gitme, merdiven inme, yürüyen merdivene binme, banyoya girme gibi bazı doğal etkinlikleri yaparken zorlanarak sıkıntı duydukları ve yapmaktan kaçındıkları görülür. Öte yandan, diğer insanların çok az yaptıkları veya önem vermedikleri el yıkama, temizlenme, silme, kapı-pencere, elektrikli cihazların kontrolü, yanında güvendiği birinin olması, yanında su, ilaç veya cep telefonu taşıma gibi kimi davranışları sürekli veya fazla miktarda yaparlar. Bunun nedeni kişinin kaçındığı durumlarda sıkıntı yaşaması, fazla ve sık yaptığı davranışlarla da rahatlamasıdır. Kişinin sıkıntısına çare olarak geliştirdiği bu iki strateji, yani kaçınma ve güvenlik önlemi alma, aslında kişinin rahatsızlığını da oluşturmaktadır. İşte kişinin kaçındığı veya korktuğu durum veya nesnelere bir düzen dahilinde maruz bırakılması (*exposure*) ve ardından ortaya çıkan tepkinin önlenmesi (*response prevention*) bu kısırdöngüyü kırmada en güçlü tekniktir. Böylece çoğu kere kişinin kaçınmasının altında yatan neden olan, sıkıntısının sürekli artacağı ve hiç geçmeyeceği varsayımının geçerli olmadığını ve ardından gerçekleştirdiği kaçış veya rahatlatıcı davranışlar olmasa da rahatlayabileceğini kişi yaşayarak görmüş olur. Psikoloji biliminin temel verilerinden birisi, kişinin aslında tehlike içermeyen ancak buna rağmen korktuğu veya kaçındığı bir duruma maruz bırakıldığında önce bir süre sıkıntısının arttığı, ancak bir süre sonra, alışma (*habituation*) adı verilen durumun ortaya çıkmasıyla bu sıkıntının azalarak düştüğüdür. Kişinin, kaçınma veya güvenlik sağlayıcı davranışlarının sürmesinin nedeni, o güne dek sıkıntısı ortaya çıkıp artmaya devam ettiği dönemde kaçması veya güvenlik sağlayıcı davranışa başvurmasıdır. Örneğin, kapalı mekânlarda sıkıntı duyan agorafobik hastanın bu korkusu kapalı bir yerde ilk defa geçirdiği bir panik atağı veya benzeri bir sıkıntıyla başladıktan sonra kişi, sıkıntısıyla aslında sıkıntı verici özellik taşımayan bu yer arasında bir bağlantı kurar ("Kapalı yere girersem sıkıntı duyarım") ve bu tür yerlerden kaçınır. Zorunluluklar sonucu bu yerlere gireceği zaman ya koruyucu önlemler alır (ilaç kullanma, yanında biriyle gitme, çıkışa yakın durma) ya da sıkıntı geldiğinde sıkıntısı yükselirken veya şiddetliyken ortamı terk eder. Güvenlik önlemleri alan kişi, korktuğu ortama girdiğinde sıkıntı yaşamasa da bunu o ortamın tehlikesiz olmasına değil, aldığı koruyucu önlemlere bağlar; sıkıntılıyken ortamı terk etmek ise o tür bir durumun sıkıntı verici olduğu fikrini güçlendirir.

Bu teknik uygulanırken, önce kişinin kaçındığı veya kendisine sıkıntı veren durum ya da nesnelerin tam bir listesi çıkarılır. Daha sonra bu durumların ne kadar sıkıntı verdiğine ilişkin hastanın tahminleri alınır ve orta düzeyde sıkıntı veren bir durumla maruz bırakma tedavisi başlanır. Örneğin, hastaya, "İnsanlar genellikle belli durumlarda ve yerlerde sıkıntı yaşarlar. Yine aynı zamanda sıkıntıdan kaçınmak için insan bu ortamlardan kaçar. Herhangi bir şeyden korkuyor veya kaçınıyor musunuz? Eğer kaçıyorsanız bunların hepsini listeye yazın; sonra da yanına her bir durum veya yerden ne kadar korktuğunuzu yazın," denebilir. Öznel olarak sıkıntının derecesi aşağıdaki çizelgeye göre saptanabilir.

Kaygı hiyerarşisine göre durumlar sıralandıktan sonra saatlik ve süreli olarak kişinin bu durumun içine girmesi veya nesneye temas etmesi istenir. Genellikle orta düzeyde sıkıntı veren bir durum seçilerek maruz bırakmaya başlanır. Hedef, hastanın bu durumu yaşayarak, kaygı düzeyi azalana dek o durum veya ortamda kalmasıdır. Bu sıkıntı verici ve zor durumu yaşamayı göze alabilmesi için hastaya bunun yarar ve gerekliliğinin açıklanması gerekir. Örneğin bulaşma obsesyonları ve yıkanma kompülsiyonları olan bir hastaya maruz bırakma ve tepki önlemenin mantığı şöyle açıklanabilir:

**Terapist:** *Kirli olduğunu düşündüğünüz nesnelere dokunursanız size bulaştığını düşünüyor ve kirlenmiş hissediyorsunuz. Bu kirlenmişlik hissi sizi çok rahatsız ediyor ve bu rahatsızlıkla temizlenme gereksinimi duyuyorsunuz. Temizlendiğinizde yıkandığınızda da rahatlıyorsunuz. Sizi aşırı yıkanmaya yönelten şey kirlilik hissinin verdiği sıkıntıya dayanamamak diyebilir miyiz?*

**Hasta:** *Evet yıkanmazsam asla geçmez bu sıkıntı, buna dayanamam.*

**Terapist:** *Diyelim sağ kolunuz zayıf, yani fazla ağırlık kaldıramıyor, güçsüz kolunuzu geliştirmek için, yani daha fazla ağırlık kaldırabilir hale getirmek için ne yaparsınız?*

**Hasta:** *Ağırlık çalışırım, yani ağırlık kaldırırım.*

**Terapist:** *O zaman şöyle diyebilir miyiz? Kolunuzun sorunu fazla ağırlık kaldıramamak idi, bunu gidermek için seçtiğiniz yol ağırlık kaldırmak oldu.*

**Hasta:** *Evet.*

**Terapist:** *O zaman az önceki duruma uyarlarsak, sizin sorununuz kirlilik hissinin verdiği sıkıntıyı kaldıramamak ise bu konudaki kapasitenizi gücünüzü geliştirmek için ne yapmak gerekir?*

**Hasta:** *Kirlilik hissini yaşamak mı?*

**Terapist:** *Çok doğru, bu sizin kirlilik hissinin verdiği sıkıntıya karşı daha dayanıklı olmanızı sağlayacaktır. Üstelik bu durumda duyacağınız zorluk ya da sıkıntı da sürekli olmayacak. Psikolojide çok bilinen bir ilke olan alışma olayından yararlanacağız. Korkularınızı ve kaçınmalarınızı yenmenin en iyi yolu onlarla yüzleşmektir. Bunu daha kolay ve başarılı bir şekilde yapabilmeniz için bu konuda kendinizi hazırlamanız ve kademeli* *olarak korkularınızla yüzleşmeniz gerekir. Bunu yaparken yavaş yavaş ilerleyeceğiz, kolay işlerle başlayıp giderek daha güç olanları yapacağız, daha zor bir işe o anda üzerinde çalıştığınız konuyu rahat bir şekilde yapabildikten sonra geçeceğiz. Düzenli bir şekilde alıştırmalarınızı tekrarlayacağız. Bu sırada dikkat etmeniz gereken şey, kaygınız azalana dek yıkanmamak. Kaygınız fazlayken yıkanırsanız, bir rahatlama hissedersiniz. Bu ise bir dahaki seferde kirlilik hissettiğinizde yaşayacağınız kaygının daha da kötü olmasına yol açar.*

Örneğin, sosyal fobik bir hastada kaygı yaratan durum insanlarla konuşma olsun. Bunun üzerine aşamalı olarak gidebilmek için yapabileceği etkinlikleri sıralarız, eğer bunları yanında bir arkadaşıyla birlikte daha rahat yapabiliyorsa, önce bu şekilde gerçekleştirebilir:

Bir mağazaya gitmek ve almayı istediği bir şeyi tezgâhtara sormak.
Bir çiçekçiye gitmek ve özel bir çiçek düzenlemesi istemek.
Giyim mağazasına gidip, değişik tipte giysileri deneyip almamak.
Caddede bir yer sormak.
Birine saat sormak.
Okulda arkadaşına ders programını sormak.
Bir kafeteryaya gidip kahve veya çay ısmarlamak.
Bir arkadaşıyla birlikte sabah çay içmek.
Bir arkadaşıyla öğle yemeği yemek.
Bir arkadaşıyla lokantada akşam yemeği yemek.

Maruz bırakma, kişinin kaçındığı nesneye temas ettikten veya o tür bir duruma girdikten sonra kaygısı düşene dek devam edecek şekilde (örneğin, hastanın kirli gördüğü bir kapı kolunu sıkıntısı düşene dek tutmasıyla) uygulanabileceği gibi, bu nesneyle temas kesildikten sonra kişinin bütün yaşam ortamının kontamine edilmesiyle (örneğin, aynı kapı kolunun bir mendille silinip bu mendilin kişinin yaşadığı her yere sürülmesiyle) tam maruz bırakma şeklinde de yapılabilir. Tam maruz bırakma yönergesi kişinin günde 10 dakika duş alması; 5 kez 30 saniyelik el yıkama ve el yıkamanın sadece yemek öncesi, tuvalet sonrası ve yağlı veya görülebilir şekilde kirli nesneleri tuttuktan sonra yapılması, ayrıca her el yıkama sonrası rahatsız edici kirli nesneye yıkama sonrası tekrar maruz kalması şeklindedir.

### Tepkiyi önleme

Tepkiyi önleme (*response prevention*) hastanın kaygı ve sıkıntı uyandıran duruma maruz kaldıktan sonra sıkıntısını gidermek için gerçekleştirdiği davranışı/eylemleri yapmaması veya geciktirmesidir. Örneğin, yukarıdaki örnekteki obsesif hastanın kaçındığı kirli nesneye dokunduktan sonra onu rahatlatan silme-yıkanma davranışını yapmamasıdır. Hasta bu tepkiyi gerçekleştirmediğinde sıkıntı duyacak, daha sonra alışmanın (*habituation*) gerçekleşmesiyle sıkıntısı düşecek, bu da hastaya elini yıkamadan da sıkıntısının azalabileceğini yaşayarak öğretecektir.

Tepkiyi önleme saatli, süreli (örneğin, yukarıdaki hastanın 2 saat boyunca elini yıkamaması, el yıkamayı geciktirme şeklinde yapılabilir) veya sıkıntı düzeyi düşene dek yıkamayı geciktirmektir. Genelde tercih edilen, önceden belirlenmiş bir süre yerine en azından hastanın kaygısının düşmeye başladığı noktaya dek beklenmesidir.

## 11. Aşamalı Etkinlik Planlaması

Depresyon veya bazı kaygı bozukluklarında bireylerin gerçekleştirmeleri gereken pratik konuları erteledikleri ve bunlardan kaçındıkları görülür. Bu birikenler en sonunda tamamıyla kişinin gücünü aşar ve yapılması çok zor hale gelir, bu da ertelemeye yol açar. Bu durumda kullanılan tekniklerden en önemlisi, aşamalı etkinlik planlamasıdır. Bu teknikte öncelikle, kişi yapmak durumunda olduğu şeylerin bir listesini çıkarır. Daha sonra bunlardan birini seçerek bu işin gerçekleşmesi için hangi adımların atılması gerektiğini saptar. Örneğin kişinin hedefi sınıfını geçmekse, bununla ilgili atabileceği adımlar derslere devam etmek, ders çalışmak ve sınavlara girmektir. Daha sonra derslere devam etmeyi adımlara bölebilir: ders programını elde etmek, akşam erken yatmak, sabah erken kalkmak, okul için hazırlanmak, sabah evden çıkmak, derse girmek, dersin sonuna dek derste kalarak dersi dinlemek. Bu adımlar o işi tamamlamak için yapmanız gerekenlerden oluşmaktadır. Adımların kişinin başarabileceği büyüklükte olmasına dikkat edilmelidir. Adımları belirledikten sonra kişi konuyu adım adım zihinsel olarak prova edebilir. Hasta her bir adımda karşılaşabileceği olası pratik zorlukları yazarak, bu adımlarla ilgili ne yapabileceğini düşünür. Terapist, hastaya, "Uygulamaya birinci adımdan başlayın ve sadece önünüzdeki adıma odaklanın, diğer adımları yok sayın. Başardığınıza odaklanın, sizi bekleyen ve yapmak zorunda olduğunuz işlere değil. Yaptığınız şeyleri küçümseyen veya hiçe sayan olumsuz düşüncelere dikkat edin," şeklinde öneride bulunmalıdır.

### 12. Sorun Çözme

Bilişsel terapi, bireyin bütün sorunlarının ve bu sorunların şiddetinin sadece bilişsel etkenler tarafından belirlendiğini öne sürmez. Yaşanan olayların, içinde bulunulan ortamın ve kişinin çevresinin de sorunların oluşumunda bir rolü vardır. Eğer kişinin duygusal tepkisi ve davranışı onun için sorun oluşturmakla birlikte tepkiler duruma uygun olup büyük ölçüde yaşanan durum veya içinde bulunulan ortamdan kaynaklanıyorsa, o zaman başvurulacak ilk teknik sorun çözümüdür. Bu teknikte ilk önce kişinin üzerinde çalışacağı sorunu/sorunları tanımlaması gerekir. Ardından bu sorunlarını güvendiği bir insanla (örneğin terapistiyle) paylaşması ve tartışması, sonra bu sorunun nasıl değişebileceğine ilişkin olarak hangi yollar veya yöntemlerin kullanılabileceğini herhangi bir kısıtlama olmaksızın düşünmesi ve bulduğu seçeneklerin tamamını yazması, daha sonra bu seçeneklerin her birinin yarar ve zararlarını ya da artılarını ve eksilerini incelemesi, ardından bunlardan en uygun olanını seçerek aşamalı etkinlik planlamasında olduğu gibi bu çözümün gerçekleştirilebilmesi için atılması gereken adımların saptaması önerilir. Her bir adım atılırken, sorunu çözmeye çalışırken karşılaşabilecek en önemli güçlüklerin neler olabileceği ve bu güçlüklerin nasıl aşılabileceği düşünülmeli ve son olarak da sorunu çözmek için atılacak her bir adım için bir zaman süreci belirlenerek, adımlar atıldıkça ortaya çıkan sorunlar ve sonuçlar yeniden incelenmelidir.

**Örnek:**

28 yaşında erkek hasta, lise mezunu, sorunu ne yapacağını bilememe. Üniversiteye başlayan, ancak bitiremeyerek okuldan atılan hastanın yeni bir okula başlama, iş kurma veya askere gitme seçenekleri arasında ne yapacağını bilememesi söz konusudur.

<u>Sorun</u>: Üniversiteyi bitirememe; ne yapacağına karar verememe.

<u>Yapılabilecekleri sıralama</u>: askere gitmeyerek iş kurmak, askere gitmek, yurtdışında okumak, Türkiye'de okumak.

Her bir alternatifin yarar ve zararlarının yazılması, bunu yaparken diğer insanlarla konuşma, soruna dışardan bakmaya çalışma.

Alternatiflerin yarar ve zararlarını ve olası sonuçlarını inceledikten sonra kendisi için en iyi olanın yurtdışında okumak olduğuna karar veren hasta daha sonra bu hedefe dönük adımları saptadı:

- Yabancı okulları internetten araştırma
  Yurtdışında okuyan arkadaşlarıyla görüşme
- Okulların istediği belgeleri hazırlama
  İstenilen sınavları öğrenme
- Sınavların formunu alma, doldurma, postalama

Daha sonrada sırayla bu adımları gerçekleştirmeye çalıştı.

**Tekniklerin Uygulanması, Örnek Görüşme:**

Aşağıdaki bir bulimia nervosa hastasıyla yapılan bir terapi seansı yer almaktadır*. Bu seansta şimdiye dek anlatılmış olan temel tekniklerin hastayla yapılan görüşmelerde nasıl kullanıldığı örneklenmeye çalışılmıştır.

Kendisiyle görüşülen Ayşe Hanım 22 yaşındaydı. Lise mezunuydu, memurdu, devlet kuruluşunda çalışıyordu ve ailesiyle birlikte yaşıyordu. Polikliniğe başvurusunda 47 kiloydu. Başvuru nedeni kilo kaybı ve yemek sonrası kusmaydı.

Rahatsızlığı başvurudan 4 yıl önce, 1.74 cm ve 64 kiloyken, 15 yaşında, zayıflama amaçlı diyetle başlamıştı. İlk 15 gün hiç yemek yememiş, ardından sadece salatalık ve domates yemiş, daha sonra 8 ay boyunca sadece günde bir adet haşlanmış patates yiyerek, sonuçta 1 yıl sonunda 42 kiloya inmiş, bunu âdet kanamalarının kesilmesi izlemişti. Aileye midesinde rahatsızlık olduğu için yemediğini söyleyen hasta bu dönemde çeşitli doktorlara muayene ettirilmiş, kilo kaybının nedeni araştırılmış, ancak sonuç alınamamıştı. Hasta bu dönemde, bilinçli olarak yemediği halde aileye bunu açıklayabilmek için midesinin bulandığını söylemişti. Bu süreçte girdiği üniversite sınavını dershaneye devam ederek çalışmasına rağmen kazanamayan hastada, depresyon belirtileri (karamsarlık, isteksizlik) ve yememe ortaya çıkmıştı. Bu yakınmalarla ilk kez psikiyatriste başvuran hastaya depresyon tanısıyla antidepresan başlanmıştı. Zayıf kalma isteği, şişmanlama korkusu ve şişme hissi nedeniyle verilen anti-

* Hastanın bilgileri değiştirilmiştir.

depresan ilacı kullanmayan hastanın o dönemde aşırı doz ilaç alarak intihar girişimi olmuş, bir hafta yoğun bakımda tedavi görerek taburcu olmuştu. 1-2 ay sonra depresyonu kendiliğinden düzelmişti. Bu dönemde üniversite sınavını kazanamaması nedeniyle girdiği bir diğer sınavı kazanarak memur olarak çalışmaya başlamıştı.

Başvuru öncesi son 4 yıldır gündüzleri çalışma saatleri içinde iş arkadaşlarıyla birlikteyken çok az yemek yiyen ya da hiç yemek yemeyen hasta, günde iki kez (akşam ve gece yarısı) aşırı miktarda ve hızlı bir şekilde yemek yiyor ve ardından parmak atarak kusuyordu. Kusma ve aşırı yeme nöbetleri sadece evdeyken gerçekleşiyor, işyerinde ya da evinin dışında olduğu ortamlarda aşırı yeme ve kusması olmuyordu. Kliniğe başvurarak tedavi arayışında çevresinde önem verdiği kişilerin teşviki, artık bu durumun sona ermesi gerektiğine inanması ve artık bu durumdan kurtulmak istemesi rol oynamıştı.

Okuyacağınız seansta öncelikle hastanın temel sorunu olan kilo alma korkusuyla ilgili otomatik düşünceleri ele alınmış, ardından ara inançları üzerinde çalışılmıştır.

**Terapist:** *Nasılsınız bugün?* (Duygudurum kontrolü)
**Hasta:** *Daha iyiyim.*
**Terapist:** *Geçen haftaya göre?*
**Hasta:** *Daha iyiye gidiyorum.*
**Terapist:** *Ne bakımdan daha iyiye gidiyorsunuz?*
**Hasta:** *Daha az kaygı duymaya başladım.*
**Terapist:** *Kötüye giden varsa, neler var?*
**Hasta:** *Kötüye giden bir şey yok.*
**Terapist:** *Görüşmediğimiz dönemde bilmem gereken bir değişiklik oldu mu ya da önemli bir şey yaşadınız mı?* (Hafta içi yaşanan olayların sorulması)
**Hasta:** *Diyetisyenle görüştüm. O görüşmeden sonra kendimi daha iyi hissettim. Bilemiyorum.*

**Terapist:** *Diyetisyenle olan görüşmeniz sizi olumlu yönde etkilemiş, bu konuyu bugünkü gündemimize alalım mı?*

**Hasta:** *Evet.*

**Terapist:** *Geçen görüşmede sıkıntılı olduğunuzda not almanız için bir kayıt formu vermiştim, hiç kayıt yapabildiniz mi?* (Ödev kontrolü)

**Hasta:** *Evet ben sizin dediğiniz gibi düşündüklerimi, hissettiklerimi not alıyorum. Üç tane kaydettiğim durum oldu.*

**Terapist:** *O notlar şu anda yanınızda mı, görebilir miyim?*

**Hasta:** *Hayır şu anda yanımda değil. Biraz aceleye geldi, çıkarken almayı unuttum.*

**Terapist:** *Onlardan hatırladığınız var mı?*

**Hasta:** *Evet hatırlıyorum Üç-dört gündür aldığım notlara baktım. Hep yemek öncesi bir korku. Acaba kilo aldırıcı özellikte mi? Hâlâ kilo alma korkusu var. Bunu hatırlayabilmeniz çok güzel. Geçen görüşmede sizin yeme ihtiyacı ve ondan sonra kusma ihtiyacınızla ilgili konuşmuştuk. O esnada olan bir düşünceniz vardı: "Eğer yemeği yersem, kilo alırım" düşüncesi. Onunla ilgili konuşmuştuk, fakat yarım kalmıştı. Buna devam edebiliriz.*

**Terapist:** *Geçen görüşmeden sizin sormak istediğiniz, eksik kalan bir şey var mı?* (Önceki seansla bağlantı kurma)

**Hasta:** *Hayır.*

**Terapist:** *Sizin bunun dışında konuşmak istediğiniz bir şey var mı?* (Gündem belirleme)

**Hasta:** *Konuşmak istediğim başka bir problemim yok. Çok aşırı tıkınırcasına bir yemek isteğim olmadı... Kusmam da yok artık.*

**Terapist:** *O halde bugün için diyetisyenle görüşmenizi ele alırız, yemek esnasındaki düşüncelerinizi ele alırız. En çok da "kilo yapar" ve "yemekten sonra kilo alırım" düşüncesi.* (Gündem belirleme)

**Hasta:** *Evet bence de bunlar uygun.*

**Terapist:** *Hangi sırayla başlayalım?*

**Hasta:** *İkisi de olabilir.*

**Terapist:** *Eğer sizin için uygunsa önce diyetisyenle olan konuşmanızı kısaca ele alalım, sonra asıl buraya başvurmanıza yol açan temel sorunla ilgili konuyu detaylı biçimde ele alalım, ne dersiniz?* (Gündem maddelerinin işbirliği içinde sıralanması)

**Hasta:** *Evet, bence de çok uygun.*

**Terapist:** *Pekâlâ o zaman diyetisyenle olan konuşmanızla başlayalım. Diyetisyenle konuşmanızla ilgili ne hatırlıyorsunuz?* (Gündemin 1'inci maddesinin ele alınması)

**Hasta:** *Bana belirlenen kiloma göre, almam gereken normal besinlerle bir liste hazırladığını söyledi. Rahatlıkla yemeklerimi yiyebileceğimi, bana kilo aldıracak değil; gerekli olan, almam gereken gıdalardan oluşan bir diyet verdiklerini söyledi, ama çok kapsamlı görüşmedik. Yarın görüşeceğim. Ama yine de rahatladım. En azından kilo yapmayacak şeylerin neler olacağını öğrenirsem daha da rahatlayacağım diye düşünüyorum.*

**Terapist:** *O zaman ben diyetisyenle görüşmenizden çıkan sonucu şöyle anladım: Sağlıklı bir şekilde beslenmenize yardımcı olacak bir diyet ne şekilde olursa, bunun uygulanacağını öğrendiniz. Ayrıca ondan kilo almadan sağlıklı beslenmenin püf noktalarını öğrenmek istiyorsunuz. Verilen diyetin kilo aldırmayacağını düşünmek sizi rahatlattı. Kilo almadan da sağlıklı beslenebilirim diye düşündünüz. Ama yine de kilo almamak düşünceniz sürüyor.*

**Hasta:** *Evet var.*

**Terapist:** *Yani kilo almamayı istiyorsunuz ve kilo almaktan korkuyorsunuz. Bu zaten bugünkü ikinci konumuz, buradan ona geçebiliriz. Bu korkuyu bizzat yakın zamanda yaşadığınız ve hatırladığınız bir örnek üzerinden konuşalım istiyorum. En son ne zaman yemek yerken böyle bir korku duymuştunuz, hatırlıyor musunuz?*

**Hasta:** *Evet hatırlıyorum. Bugün öğlen oldu.*

**Terapist:** *Nerede yediniz?*

**Hasta:** *Mutfakta.*

**Terapist:** *Neler vardı yemekte?*

**Hasta:** *Patates... makarna, et, 4-5 kaşık yağsız salata.*

**Terapist:** *O yemeği nerede yediniz? Yani oturarak mı, ayakta mı?*

**Hasta:** *Mutfakta, oturarak.*

**Terapist:** *Ne düşündüğünüzü ve hissettiğinizi hatırlamanızı kolaylaştırmak için şu an yemek sofrasında olduğunuzu hayal edin, saat kaçtı?* (Olayı imgeletme)

**Hasta:** *Saat 12:00.*

**Terapist:** *12:00, yemekler önünüzde, siz yemeklerinize bakıyorsunuz. O anda ne hissediyorsunuz? Duygunuz ne?*

**Hasta:** *Genelde hissettiğim şeyler, yemek kilo aldırır mı?* (Hasta, duygusu sorulduğunda düşüncesini söylüyor. Bu sık rastlanan bir durumdur, duygu-düşünce ayrımını özellikle vurgulamak istiyorsak buna dikkat çekebiliriz ya da buradaki terapistin yaptığı gibi terapide olan biteni düşünce kaydına hastayla birlikte yazarken, her şeyi uygun olan yere yazarsak, bir yandan dolaylı olarak doğrusunu göstermekle yetinebiliriz.)

**Terapist:** *Genelde değil de bugün öğlen yemek önünüzdeyken, o anda ne hissediyorsunuz?*

**Hasta:** *Yine aynı. Bunun yerine şu olsaydı da korkmadan yiyebilseydim.*

**Terapist:** *Duygu olarak o anda ne hissediyordunuz? Korku, kaygı, üzüntü, sevinç, merak... ne vardı?*

**Hasta:** *Sadece korku vardı. Acaba kilo yapar mı diye düşünüyordum.*

**Terapist:** *O halde tahtaya yazalım (A-B-C yazıp A'nın altına yemek yemek, B'nin altına kilo alırım, C'nin altına korku yazıyor). O anki korkunuzun düzeyini nasıl belirleyebiliriz: 0 hiç korku yok, 100 hayatta duyduğunuz en şiddetli korku, 50 orta derecede bir korku, 60-70 şiddetli, 80-90 çok şiddetli, 30-40 hafif bir korku, 20 çok hafif bir korku dersek. Bugün öğlen yemeği yerken hissettiğiniz korkunun şiddeti kaç olmuştu?*

**Hasta:** *60-70.*

**Terapist:** *Yani bir korku var, ama çok aşırı şiddetli değil.*

**Hasta:** *Evet.*

**Terapist:** *Peki geçmişte öğlen yemeği yerken oradaki duyduğunuz korkuya göre?*

**Hasta:** *Daha hafif tabii.*

**Terapist:** *Peki ne oldu da korkunuzda bir azalma var şu anda?*

**Hasta:** *Korkunun azalması diyetisyenin benim için ayrı bir yemek vermesiyle oldu.*

**Terapist:** *Yani bir yandan da o yemeklerin daha az kilo aldırıcı olduğunu düşündünüz...*

**Hasta:** *Diyet yemeği olduğunu bilmek beni rahatlattı.*

**Terapist:** *İşte gördüğünüz gibi insanın düşünceleri, ki burada sizin için önemli olan konu kilo almak olduğu için bununla ilgili düşünceleriniz, duygusal tepkilerinizi etkiliyor. Daha önce kilo aldırıcı diye düşündüğünüz için çok kaygı duyarken şimdi belki aldırmayabilir diye düşündüğünüz için daha az kaygı duydunuz.*

**Hasta:** *Evet benim korku düzeyim bununla çok ilgilidir. Yiyecekleri hep buna göre değerlendiririm.*

**Terapist:** *Tekrar o ana dönersek, olay, yemek yeme düşünceniz "Kilo aldırır", duygunuz "kaygı". Bunu yazalım. İşte bir süreliğine yapmanızı istediğim bir şey: Bunun size yardımcı olacağını düşünüyorum. Olumsuz bir duygu yaşadığınızda, ki asıl sorununuz sizin yemekle ilgili olduğu için yemekle ilgili, kiloyla ilgili olumsuz duygular yaşadığınızda, örneğin korku, üzüntü, panik, merak, şüphe gibi, o anda neredesiniz, ne yapıyorsunuz onu ve o esnadaki düşüncelerinizi yazmanız. Şimdi o esnada "Bunları yersem kilo alırım" gibi bir düşünceniz oldu. Peki o esnada, yani o korkuyu hissederken, herhangi bir görüntü de canlanmış mıydı gözünüzde? Kendinizi şişman halde veya o yediğiniz yemekten dolayı kilo almış olarak görmek, şişman bir kişinin hayalinin canlanması ya da yediğiniz yemeklerin bedeninde kalıcı halde kalması gibi...*

**Hasta:** *Kendimle ilgili bir hayal canlanmadı ama o durumla ilgili o korkuyu hissettiğimde aklıma iki şey geliyor. Kilo aldığım ve insanların bana "Ayşe artık rahata kavuşmuşsun" gibi sözler söylediği bir sahne canlanıyor.*

***Terapist:*** *Yani kendini sermişsin, bırakmışsın gibi.*

***Hasta:*** *Evet.*

***Terapist:*** *Peki bugün öğlen de geldi mi böyle bir düşünce veya hayal?*

***Hasta:*** *Hayır.*

***Terapist:*** *Bugün sadece kilo alırsam diye bir düşünce oldu öyleyse?*

***Hasta:*** *Evet.*

***Terapist:*** *Bunu şimdilik not ediyorum, ilerde yine buna döneriz. Şimdi tekrar bugün öğlene dönersek "Bu yemek kilo yapacak" gibi bir düşünceniz oldu ve kaygı yaşadınız. Şimdi, duygunuzu olumsuz yönde etkileyen böyle bir düşünce olduğunda bizim amacımız bu düşünce ne kadar gerçeğe uygun, ne kadar değil öncelikle bunu sorgulamak. Hatırlarsanız, kendiliğinden gelen bu düşüncelere biz otomatik düşünceler diyoruz. Yani hiç gayret göstermeksizin kendiliğimizden aklımıza gelen şeyler. Bunlar kişi tarafından sorgulanmadan doğru kabul edilir. Yani insan bunların üzerinde durup düşünmezse genelde doğru kabul eder bunları. Üstelik bizim sorgulamadan inandığımız bu otomatik düşünceler duygumuzu da etkiler ve bunlara göre de bir duygumuz olur. Eğer bu duygumuzu değiştirmek istersek, ki siz istiyorsunuz bunu, yemek yerken hissettiğiniz korkunuzun daha da azalmasını istiyorsunuz.*

***Hasta:*** *Hı hı...*

***Terapist:*** *Onun değişebilmesi için bununla birlikte olan düşüncelerin değişmesi gerekiyor. Yani o esnada, siz o yemeği yerken aklınıza böyle bir düşünce gelmese veya gelse bile bu size çok inandırıcı gelmese ya da bu düşüncenin, kilo almanın sonuçlarından korkuyor olmasanız bu kadar fazla korku olmaz diye düşünüyorum. O zaman amacımız bu düşüncenin hem daha az gelmesi, hem de geldiğinde düşünceye daha az inanmanız. Bunu sağlamak için kendinize soracağınız ilk soru: "Bunu nereden biliyorum?" Yani kilo alacağınızı nereden biliyorsunuz? Sizin bugün öğlen yediğiniz yemekten dolayı kilo alacağınızı bir grup* *yargılarına güvendiğimiz, makul diyebileceğimiz insana kanıtlamanız gerekse bunu nasıl ispatlarsınız?* (Kanıt inceleme tekniği)*

***Hasta:*** *Yemeğin görüntüsüne önce bakarım. Ne yemeği olduğuna bakarım. Kilo aldıracak şeyler olduğuna inanırsam bunu söylerim, örneğin yağlı olup olmadığına bakarım... eğer yağlı yemekse kilo aldıracağını söylerim.*

***Terapist:*** *İsterseniz bunu bir mahkeme gibi düşünün, Amerikan filmlerinde belki izlemişsinizdir, bir jüri vardır, avukat ve savcı jüriye kanıtları sıralayarak haklılıklarını göstermeye onları ikna etmeye çalışırlar. Siz de diyelim ki jüriye Ayşe'nin o gün öğlen yiyeceği yemekten dolayı kilo alacağını ispatlayacaksınız. Onlara ne gibi kanıtlar gösterirsiniz?*

***Hasta:*** *Kanıt olarak pek bir şey bulamıyorum ama eğer yemeğin yağlı görüntüsü bana kilo alacağımı hatırlatıyorsa, bunu söylerim.*

***Terapist:*** *Yani şöyle mi diyeceksiniz jüriye: "Ayşe yemeğin görüntüsünden kilo alacağını düşünüyorsa kilo alır." Böyle demek sizce yeterli bir kanıt olur mu?*

***Hasta:*** *Değil aslında.*

***Terapist:*** *Neden?*

***Hasta:*** *Somut bir kanıt değil de ondan...*

***Terapist:*** *Doğru, çünkü bir kanı. Mahkeme örneğinden gidecek olursak "Katil odur," diyorsunuz diyelim. Jüri veya hâkim size "Niye katil o? Nedir kanıt?" dediğinde "Çünkü katilin o olduğunu düşünüyorum," dense bu kabul edilebilir bir kanıt olur mu sizce?*

***Hasta:*** *Tabii ki edilmez.*

***Terapist:*** *Kilo alacağınız varsayımını destekleyen başka ne tür somut deliller öne sürebilirsiniz?*

***Hasta:*** *Başka bir kanıt gelmiyor aklıma.*

---

* Kanıt inceleme tekniğinde öncellikle hastanın olumsuz otomatik düşüncesini destekleyen kanıtlarla işe başlanır. Bu hastada duygu ve düşüncelerine dolayısıyla kendisine değer verildiği düşüncesi doğurarak direnci azaltır ve hastanın otomatik düşüncesinin doğru olmadığını gösteren kanıtlar konuşulduktan sonra ortaya çıkabilecek direnci ve tartışmayı azaltır.

***Terapist:*** *Tam tersine bu kez de Ayşe'nin bugün yediği yemekten dolayı kilo almayacağını ispatlamak isteseniz, ne tür deliller ortaya koyarsınız?*

***Hasta:*** *Bir beslenme uzmanıyla görüşürüm. En iyi bilgiyi onlar verir bana. Gerekirse mahkemeye getirtirim onu.*

***Terapist:*** *Beslenme uzmanı kilo almayacağınıza kanıt olarak ne söyleyebilir acaba?*

***Hasta:*** *Kişinin metabolizmasının bir kere incelenmesi gerektiğini söylerdi.*

***Terapist:*** *Bunun ne tür bir sonucu olurdu?*

***Hasta:*** *Kişi metabolizmasına uygun yerse kilo almaz.*

***Terapist:*** *Çok doğru. (Tahtaya yazıyor) Desteklemeyenleri, yani kilo almayacağınıza ilişkin kanıtları düşündüğümüzde kişinin metabolizması önemli. Daha çok bununla sizin kastettiğiniz, sizin yaşınızda, sizin boyunuzda birinin hiçbir şey yapmasa, sürekli yatsa bile tükettiği kalori miktarıdır. Bu herhalde günde 1500 kalori kadardır. Sizin yediğiniz yemek ancak bunu karşılıyorsa ne kilo alırsınız, ne de verirsiniz. Eğer bundan azsa kilo dahi verirsiniz. O halde kanıt olarak şunu gösterebilir miyiz? Eğer yediklerim yaktığımdan fazla değilse kilo almak bir yana, verebilirim de. O zaman sizin kilo alıp almayacağınızı belirleyen şey sizin günlük yaktığınız enerji ne kadar, sizin günlük aldığınız enerji ne kadar? O ancak gösterebilir. Sizin bugün öğlen yediğiniz yemeğin yaktığınızdan daha fazla olduğunu destekleyen bir şey var mı?*

***Hasta:*** *Yok.*

***Terapist:*** *Kilo alacağınızı destekleyen somut bir kanıt yok.*

***Hasta:*** *Evet.*

***Terapist:*** *Şimdi şu kanıtlar ışığında o yediğiniz yemeğin kilo aldıracağına ne kadar inanıyorsunuz? 0 hiç inanmıyorum, 100 kesinlikle kilo aldıracağına inanıyorum, 50 orta. Ne kadar inanıyorsunuz?*

***Hasta:*** *O %50'lik korku daha aza indi şimdi.*

***Terapist:*** *Ne kadar oldu?*

***Hasta:*** *%25, yarı yarıya indi diyebilirim.*

**Terapist:** *Peki bir diğer soru: O anda ilk aklınıza gelen "Kilo alırım" düşüncesine baktığımızda, yediğiniz anda kilo alma dışında yemek yemenin ne tür sonuçları olabilir? Yani yemek yediğiniz zaman çeşitli olaylar olabilir. Kilo almak da bunlardan birisi. Kilo almak dışında yemek yemenin başka ne gibi sonucu olabilir?* (Alternatif açıklama/sonuçları bulma)

**Hasta:** *Yemek yemek benim hayatsal işlevlerimi sürdürmeme yardımcı olacak. Hareket etmemi, benim ayakta durmamı sağlar.*

**Terapist:** *Yani yemek yemenin kilo almamak dışında sonuçları da olabilir?*

**Hasta:** *Evet.*

**Terapist:** *Yemek yemenin birtakım sonuçları var dediniz. O sonuçlardan bir tanesi kilo aldırmak. Ama başka sonuçları da var. Sizin dediğiniz gibi hayati işlevi de var. O zaman bu tür olumsuz duygu ve buna bağlı olumsuz düşünceyi yakaladığınızda kendinize soracağınız ikinci soru bu durumun başka nasıl bir sonucu olabilir? Başka nasıl bir açıklaması olabilir? Otomatik düşüncelerinizi incelerken birinci soru "Bunu nereden biliyorum?" İkinci soru, "Bunun başka nasıl bir sonucu olabilir?"*

**Hasta:** *Yani buradaki düşüncem için: "Bu yemeği yemenin kilo aldırmak dışında başka nasıl sonuçları olabilir?"*

**Terapist:** *Evet bu başka bir düşünce olabilir, ona da aynı soruları sorabilirsiniz. Son soru: Diyelim ki o gün o yemeğin sonucunda kilo aldınız, Ne kadar kilo alınabilir o yediğiniz yemekle?*

**Hasta:** *Herhalde 100-200 gram.*

**Terapist:** *Bu durumda ne yaparsanız, yani 100-200 gram alınca?*

**Hasta:** *Şu anda kilom fazla değil, çok da sorun olmaz.*

**Terapist:** *Bu da kendinize soracağınız üçüncü soru: Diyelim ki otomatik düşünceniz doğruysa, ortaya çıkan sonuç ne kadar kötü olur ve bu sonuçla nasıl baş edebilirsiniz?*

**Hasta:** *Evet.*

**Terapist:** *İsterseniz otomatik düşünceye olan inancınız azaldığına göre genelde olan kilo alma korkunuzu incelemeye devam edelim. Kilo alırsanız ne olur? Kilo almanın zararı ne?* (Ara inançların açığa çıkarılması-derine doğru inme tekniği)

***Hasta:*** *Kilo almanın bende açtığı zarar insanlardan, dış çevreden kaynaklanıyor.*

***Terapist:*** *Nasıl bir zarar?*

***Hasta:*** *İnsanlar bunu hoş karşılamaz, istemediğim bir tepki olur.*

***Terapist:*** *Nasıl bir istemediğiniz tepki olur?*

***Hasta:*** *İnsanlar "Kilo alıyorsun, çok rahatsın," derler...*

***Terapist:*** *Peki diyelim kilo aldınız ve "Çok rahatsın," dediler. Bunun zararı ne size?*

***Hasta:*** *Bu düşünce rahatsız ediyor beni, böyle demeleri.*

***Terapist:*** *Böyle demelerinin ne zararı var?*

***Hasta:*** *Zararı yok.*

***Terapist:*** *Sizin için ne anlama geliyor böyle demeleri düşünün isterseniz?*

***Hasta:*** *... Babamın olmadığından kaynaklanıyor olabilir.*

***Terapist:*** *Şimdi kendinizi o durum içinde düşünün. Diyelim siz kilo aldınız ve insanlar "Sen kilo aldın, rahatsın," diyorlar. Bu sizin açınızdan ne demek?*

***Hasta:*** *Benim açımdan babamın öldüğünden dolayı anneme yardım etmediğimi, destek çıkmadığımı zannetmeleri ya da babamın yasını bıraktığımı sanmaları, yasını tuttuysam bile bunun geçici olduğunu zannetmeleri, sorumsuz, tembel zannetmeleri... Şu anda ben bunun farkına vardım, hâlâ yemeyerek babamın yasını tutmaya çalışıyorum, aslında bu şekilde onun yasını sürdürdüğünü göstermek niyetindeyim.*

***Terapist:*** *Yani rahat rahat canınızın istediği gibi yerseniz babanızın yasını tutmamış oluyorsunuz. Peki böyle olursa, yani babasının yasını bırakmış, tembel sorumsuz, rahat diye düşünürlerse ne olur? Onun zararı ne?*

***Hasta:*** *Sonucunda bir şey olmayabilir...*

***Terapist:*** *Diyelim oldu, yani kötü bir sonucu oldu... Ne gibi bir kötü sonucu olur? Sizin açınızdan, diğer insanlar açısından, geleceğiniz açısından bunun nasıl bir sonucu olur?*

***Hasta:*** *Aslında geleceğim açısından böyle sorumsuz, rahat, tembel bir insan gibi görünmek tabii ki kötü olur, ama böyle olmadığını bilir kişiler...*

***Terapist:*** *Biz kötüyü düşünelim.*

***Hasta:*** *İnsanların böyle düşünmesi beni rahatsız eder.*

***Terapist:*** *İnsanların öyle düşünmesi size karşı olan tutumlarını etkiler mi? Sizden uzaklaşma, sizi terk etme...*

***Hasta:*** *Sanmıyorum.*

***Terapist:*** *Peki bu sizin açınızdan güzel bir sonuç verir mi?*

***Hasta:*** *Evet.*

***Terapist:*** *Yani sorumsuz, tembel, babasının yasını bırakmış birine karşı daha mı iyi davranırlar? Hayat daha mı güzel olur?*

***Hasta:*** *Hayır. Elini ayağını çekeceklermiş gibi geliyor. Uzaklaşırlar. Şimdiki o yakın ilgiyi hissetmeyeceğim gibi geliyor.*

***Terapist:*** *Yalnız kalırım diye bir düşünce oluyor mu?*

***Hasta:*** *Evet. Yalnız kalırım.*

***Terapist:*** *Dikkat ederseniz sizin için aslında yemek yemek, kilo almanın dışında anlamlar taşıyor. Kilo almak sadece kilo alacağınız anlamına gelmiyor. Bunun dışında sorumsuz, tembel, rahat, babasının yasını bırakmış birisi haline gelmek ve bu nedenle ilgi görememek, yakınlık görememek ve yalnızlık çekmek anlamına da geliyor. O korkunun niye olduğu sanki bunlardan sonra daha anlaşılır hale geliyor değil mi?*

***Hasta:*** *Hı hı...*

***Terapist:*** *Şimdi aynı şekilde şunları da bir incelesek: Diğer insanların kilo aldığınızda "Kilo aldın, rahatsın," diye düşüneceklerini nereden biliyorsunuz?* (Ara inancı kanıt inceleme tekniğiyle ele alma)

***Hasta:*** *Olaya kendi penceremden baktığımda, biri zayıf biri şişman iki insan gördüğümde, zayıf için insanlar ne düşünürse benim hakkımda da öyle düşünecekler gibi geliyor; yani beni de zayıf, üzüntülü, sorumlu bulurlar. Şişman için ise çok rahat, sorumsuz derler sanki...*

***Terapist:*** *Siz böyle düşünüyorsunuz. Diğer insanlar da böyle...*

***Hasta:*** *Böyle düşünecekler diye bir şey yok tabii. Benim aklıma nedense direkt bu geliyor.*

***Terapist:*** *Peki bunun böyle mi olduğunu, yoksa başka türlü mü olduğunu nasıl anlayabiliriz, nasıl test edebiliriz?*

**Hasta:** *Tabii fiziksel görünümlerine göre değerlendirmemek gerekir insanları. Karakterlerine göre değerlendirsek daha iyi olur.*

**Terapist:** *Herkes böyle düşünür diye bir inancınız var değil mi?*

**Hasta:** *Çevremdeki kişiler için evet.*

**Terapist:** *Yani çevrenizde bulunan ve sizin için önem taşıyan insanların böyle düşüneceğine inanıyorsunuz?*

**Hasta:** *Evet.*

**Terapist:** *Çevrenizde kaç kişi var? Sizi tanıyan ve görüşünüze önem verdiğiniz...* (Sokratik sorgulama)

**Hasta:** *Bunları düşünmesini istemediğim kişileri sayayım size: Annem, kardeşim, çok değer verdiğim patronum, akrabalarım... ailem yani.*

**Terapist:** *Yani sizin için önemli olan 20 kişi diyelim. Belki de daha fazla.*

**Hasta:** *Hı hı...*

**Terapist:** *Şimdi bu 20 kişiyi düşünün. Bu 20 insanın hepsinin politik görüşleri aynı mıdır?*

**Hasta:** *Hayır.*

**Terapist:** *Bu 20 kişinin hoşlandıkları kıyafet tarzı aynı mıdır?*

**Hasta:** *Hayır.*

**Terapist:** *Bu 20 kişinin hoşlandıkları saç tipi aynı mıdır?*

**Hasta:** *Hayır.*

**Terapist:** *Bu 20 kişinin hoşlandıkları veya hoşlanmadıkları insani özellikler aynı mıdır?*

**Hasta:** *Hayır.*

**Terapist:** *Bu 20 kişinin önem verdikleri veya vermedikleri şeyler aynı mıdır?*

**Hasta:** *Hayır.*

**Terapist:** *Hoşlandıkları yemekler, renkler aynı mıdır?*

**Hasta:** *Hayır.*

**Terapist:** *Şimdi bu insanların her birinin çeşitli konularda farklı kanaatleri ve tercihleri var. Bu konuda hemfikiriz.*

**Hasta:** *Evet.*

***Terapist:*** *Peki her konuda bu kadar farklı kanaatlere sahip insanlar nasıl oluyor da bir kişinin, yani sizin, şişmanlığı söz konusu olduğunda aynı görüşte birleşiyor? "Kilo aldı, rahatladı," diye düşünüyor? Bu mümkün mü sizce?* (Sentez sorusu)

***Hasta:*** *Değil tabii ki.*

***Terapist:*** *Diyelim ki bir tanesi "Kilo aldı rahatladı," diye düşünüyor, bir başkası da aynı görüşte. Bu ikisinin bundan etkilenme düzeyi ya da buna yüklediği olumsuzluk aynı düzeyde olur mu? Yoksa biri daha fazla, biri daha az mı olur?*

***Hasta:*** *Biri daha az, biri daha fazla olur.*

***Terapist:*** *Diyelim ki bu 20 kişinin 20'si de sizin kilo almanızdan rahatsız oluyor, olumsuz bir görüşe kapılıyor. 20'si de aynı düzeyde mi olumsuz olur, yoksa biri daha az, biri daha fazla mı?*

***Hasta:*** *Farklı olur tabii ki.*

***Terapist:*** *O halde bu insanların hepsinin aynı görüşte olması biraz güç geliyor bana. Hepsinin farklı düşünceleri olacaktır. Ama ben kendi adıma konuşayım, şu yaptığınız açıklama, "Babasının yasını tutmuyor, rahatlamış" gibi bir düşünce hiç benim aklıma gelebilecek bir düşünce değildi doğrusu. Siz söyleyince ve üzerinde düşününce anlayabildiğim bir şey. Diyelim ki kötü ihtimalle herkes böyle düşünse bile buna inanma derecesi, verdiği önem, bunda ne kadar olumsuzluk gördüğü, o da kişiden kişiye değişen bir şey olacaktır. Nasıl ki bu insanların her konuda değişik görüşü varsa, siyasi konuda hepsi aynı görüşte olsa bile o görüşe inanma derecesi bakımından da farklılık gösterebilir. Kimi çok fanatiktir, diğeri daha ılımlıdır gibi. Şimdi, "Kilo almak, kişinin sorumsuz, tembel, rahat, babasının yasını bırakmış olduğu anlamına gelir," diyelim, yani insanlar bunu böyle görürler (bunu tahtada gösteriyor). Peki size göre diğer insanların sizinle ilgili düşüncelerini bilme şansınız var mı?*

***Hasta:*** *Hayır.*

***Terapist:*** *Diyelim söyleseler, soruyorsunuz, merak ettiniz, onlar da söylediler. O zaman kesinlikle öğrenmiş olur musunuz onların sizin hakkınızda ne düşündüğünü?*

***Hasta:*** *Tam anlamıyla öğrenemem.*

***Terapist:*** *Belki de sizi üzmemek için yalan söyleyebilirler.*

***Hasta:*** *Hı hı...*

***Terapist:*** *Peki ne yapacağız o zaman? Nasıl öğreneceğiz? Çünkü sizin için diğer insanların düşünceleri çok fazla önem taşıyor, sizin için önemli bu soruyu nasıl cevaplayabilirsiniz?*

***Hasta:*** *Hiçbir fikrim yok.*

***Terapist:*** *Doğru, sizin hakkınızda böyle düşünen var mı, yok mu? Bunu kesin olarak bilme şansımız yok, insanların zihnini okuyan bir makine icat edilmedikçe de olmayacak. Ama ben bu konuda kesin olan bir şey biliyorum. Ben en azından sizin çevrenizden, sizin tanıdığınız, bildiğiniz bir insanın, en azından bir kişinin böyle düşündüğüne eminim. Kilo almanın şu anlama geldiğine (tahtada gösteriyor); sorumsuz, tembel, rahatlamış, babasının yasını bırakmış olduğuna inanan... Kim o kişi sizce?*

***Hasta:*** *Ben sizi anladım, ama inanın böyle bir kişi yok.*

***Terapist:*** *Ben olduğuna eminim, kim olabilir tahmin edebilir misiniz?*

***Hasta:*** *Kim?*

***Terapist:*** *Sizsiniz o kişi.*

***Hasta:*** *Doğru, evet benden başka böyle düşünen yok.*

***Terapist:*** *Sizden başka kişilerin ne düşündüğüne emin olamayız, ancak tahmin edebiliriz, ama sizin böyle düşündüğünüze eminiz.*

***Hasta:*** *Kaynak benim.*

***Terapist:*** *Doğru, çünkü bu soruların cevabını, yani insanların hakkımızda ne düşündüklerini bilmek isteriz, insan tabii ki diğer insanların kendisi hakkında ne düşündüğünü merak eder. Hepimiz merak ederiz. Buna cevap bulabilmek için de uğraşırız ve bu cevabı bulmada tek dayanağımız kendimizizdir, ancak kendimiz buna cevap bulabiliriz. Şimdi ben size "Ayşe Hanım kilo almanızda hiçbir problem yok, bunun rahatlıkla da bir ilgisi yok. Normal kilonuza dönersiniz," desem buna inanır mısınız?*

***Hasta:*** *Hayır.*

***Terapist:*** *Peki ben bu söylediklerimde gayet samimi olsam, inanıp inanmamanız değişir mi?*

***Hasta:*** *Değişmez. Benim ne düşündüğüm önemli.*

***Terapist:*** *O zaman diğer insanların neye inandığından çok sizin neye inandığınız önemli. İsterse bütün dünya bunun böyle olmadığını düşünse bile o bir kişi, yani siz bunun kötü bir şey olduğuna inanmaya devam ederseniz bu sürer, tam tersine bütün dünya bunun böyle olduğuna inansa bile siz inanmazsanız sonuçta bu sizi etkilemez. Ancak o bir kişinin inancı değişirse, sizin bu konudaki sıkıntınız geçer. O değişmedikten sonra dünyadaki tüm insanlar bunun aksine inansa da fark etmez. Peki bunun değişmesini ister misiniz?*

***Hasta:*** *Çok isterim.*

***Terapist:*** *Ama bir yandan da bu sizin çok alıştığınız bir düşünce tarzı. Değişmesi o kadar kolay değil.*

***Hasta:*** *Doğru, kolay değil.*

***Terapist:*** *Şimdi farz edelim, siz Ayşe'nin yakın bir arkadaşısınız. Ayşe diyor ki: "Ben kilo alırsam diğer insanlar 'Sen kilo aldın ve rahatsın,' derler". Ona ne dersiniz?* (Çifte standart tekniği)

***Hasta:*** *Böyle olmadığını söylerim.*

***Terapist:*** *Onu bunun böyle olmadığına nasıl inandırırsınız? Böyle olmadığına nasıl ikna edersiniz?*

***Hasta:*** *Her kilolu insanın rahatlık içinde olmadığını söylerim. Çok zayıf insanların da rahatlık içinde olabildiğini söylerim.*

***Terapist:*** *Yani zayıflıkla şişmanlığın rahat olmakla birebir ilişkisi yok?*

***Hasta:*** *Evet. Başkası için konuşacaksam böyle söylerim.*

***Terapist:*** *Peki siz kendi içinizden yakın arkadaşınız için "Ya kilo almış ne kadar rahat," diye mi düşünürsünüz, yoksa başka bir değerlendirmeniz olur mu?*

***Hasta:*** *Her iki türlü de değerlendirebilirim.*

***Terapist:*** *Yakın bir arkadaşınız var. Kilosu da normal. Bir yakınını kaybetmiş. Onu bu halde gördüğünüzde "Ya ne kadar rahat, hiç etkilenmemiş, ben bundan uzaklaşayım" diye bir düşünceniz olur mu?*

***Hasta:*** *"Ben bundan uzaklaşayım," demem. "Ama ne kadar rahat, hiç etkilenmemiş," diye düşünürüm.*

**Terapist:** *Peki o da bunu söylese, "Ben bundan dolayı suçluluk duyuyorum. Bak ne kadar kötü şeyler oldu. Ben ne kadar rahatmışım ki hiç kilo kaybetmedim," dese, ne dersiniz ona?*

**Hasta:** *Şu an bir şey bulamıyorum.*

**Terapist:** *O zaman bunu düşünün. Sizin gibi bir arkadaşınız var, aynı olayları yaşamış ama kilo olarak normal. Ona ne dersiniz? Bir de farz edin ki yine sizin gibi, kilo olarak da sizin gibi, diyor ki: "Ben kilo alırsam bu benim rahat olduğumu, babamın yasını tutmadığımı gösterir." ve yemek yiyemiyor bu nedenle. Siz ona ne dersiniz? Tamam mı?* (Ödev verme)

**Hasta:** *Hı hı...*

**Terapist:** *Günlük tuttuğunuz notlara devam edin, ödev olarak bir de bunlar var.*

**Hasta:** *Tamam. Yalnız aslında az önce sorduğunuz soruya şimdi cevap verebilirim. Normal kilolu bir insan için, hâlâ ayakta durabiliyorsa eğer, aynı zamanda sağlığına da dikkat etmişse, takdir ederim. Benim gibi aynı kiloda olan biri için üzülürüm. Çok üzülürüm. Ama ben şu an için bunu söylüyorum. Daha önce böyle bir şey hiç düşünmemiştim, bu sorunuz bunu fark etmemi sağladı. Ama bunun böyle olmayacağını, böyle süremeyeceğini, şu an bulunduğu kilo ona yetiyorsa bu kilosunu koruması için bir beslenme uzmanına danışmasını söylerim. Bulunduğu kilo onun metabolizması için yetmiyorsa, sağlığı açısından risk taşıyorsa kilo alması gerektiğini söylerim.*

**Terapist:** *Evet. Şimdi bugün yemek yemekle ilgili düşüncelerinizi konuştuk. Kilo alma düşüncesinin korku yarattığını konuştuk. Ama şu an kilo alacağınıza ilişkin inancınız biraz zayıfladı, azaldı. Daha az korkutuyor yani. Daha sonra "kilo alıyorumun" ardında ne var, onu konuştuk sizinle. Diğer insanlar bunu hoş görmez,; rahat, sorumsuz, babasının yasını bırakmış, tembel gibi görürler; ilgi göremem, yakınlık göremem ve yalnız kalırım diye düşünüyorsunuz. O zaman bizim ara inanç dediğimiz bir şey ortaya çıkıyor: "Eğer ben normal kiloda olursam insanlardan yakınlık göremem."* (Seans sonu özetleme)

**Hasta:** *Evet.*

**Terapist:** *Yine "Ben normal kiloda olursam yalnız kalırım."*

**Hasta:** *Hı hı...*

**Terapist:** *"Eğer ben zayıf olursam ilgi görürüm, zayıf olursam desteklenirim." Bunu inceledik bir parça, buradan devam ederiz bir sonraki görüşmede. Sizinle çok hızlı gidiyor. Siz de çok çabuk uyum sağlıyorsunuz. Bu düşünceleri bulmada birçok insan bazen zorluk yaşar. Ama siz seanslardan sonra aralarda da bunun üzerinde düşündüğünüz için daha kolay oluyor. O şekilde devam edelim. Hep kendi duygularınız, kendi düşünceleriniz hakkında düşünmek için zaman bulduğunuzda günde 15-20 dakika ayırın hep, o anda ne düşünüyorsunuz, aklınızdan ne geçiyor? Bunları kaydedin, tamam mı?*

**Hasta:** *Tamam.*

**Terapist:** *Bu görüşmede sizi rahatsız eden herhangi bir olumsuzluk var mıydı?* (Son geribildirim)

**Hasta:** *Hayır.*

**Terapist:** *Eğer sonradan böyle bir şey aklınıza gelirse, onu da not edin.*

Görüşmenin sonu.

# Bölüm 14
# Temel İnançlar ve Kurallarla İlgili Teknikler

Bireyin anlık değerlendirmeleri olan ve zihinsel işleyişinin içeriğinde yer alan otomatik düşünceler, kişinin inanç ve kurallarından, yani şemalarından kaynaklanır. Kişi, eğer insanların güçlü ve cezalandırıcı olduklarına, kendisinin de zayıf olduğuna inanıyorsa "Susmalıyım," diye düşünür, insanlara karşı çıkamaz. Ondan bir şey talep edilir de yerine getirmezse "Eyvah! Şimdi ne yapacağım?", "Mahvoldum!" gibi otomatik düşünceler çıkar. Kişide neden başka türlü bir otomatik düşünce değil de bunların çıktığı, altta yatan inançlarla ilişkilidir. Altta yatan inanç ve sayıltılar, (zaten dünya öyle işlediği kabul edildiği için) genellikle konuşulmaya gerek duyulmayan temel tutum ve genel izlenimleri yansıtır: "İnsanlar yardımseverdir", "İnsanlar alaycıdır", "Ben akıllıyım, becerikliyim, farklıyım", vb. Kişinin bunlarla ilgili olarak kendiliğinden bir farkındalık geliştirmesi ve bunları kendiliğinden söze dökmesi güçtür. Nesnel dünya ve diğer insanlarla ilgili değerlendirme yapmakta bile zorlanan bireyin, kendisiyle ilgili olarak bunu yapabilmesi daha da güçtür. Hepimiz kendi özel izlenimlerimize göre hareket eder, yaşantıyı kendi inanç ve sayıltılarımız çerçevesinde değerlendiririz. Temel inançlarımız, dünyaya arkasından baktığımız merceğin rengini verir; sayıltılar ve kurallar, bu inançlara dayalı olarak geliştirdiğimiz varsayımlardır. Eğer insanların adil olduğuna ilişkin bir temel inancınız var ise "Eğer ben bir insana iyi davranırsam o da bana iyi davranır," diye farz edersiniz. Eğer diğer insanların düşmancıl ve eleştirel olduğuna inanıyorsanız, o zaman "Başkalarına kendimi açarsam zayıflığımı keşfeder ve beni sömürürler," diye inanırsınız. Kişi, inançlarının, olaylar ne ise onu birebir yansıttığına inanır. Temel inançlar, kişinin kendisiyle, başkalarıyla ve genel olarak dünyanın işleyişiyle ilgili kanılarını yansıtır. Bunların, bireyin otomatik düşünceleri, davranışları ve duyguları üzerine büyük etkileri vardır. İnançların çoğu benzer temaları içermekle birlikte sözcüğe dökülmeleri farklıdır. Bu farklı temel inançları Beck üç ana grupta toplamıştır:

**Çaresizlik Temel İnançları**
"Yetersizim, etkisizim, yeteneksizim, beceriksizim; baş edemem", "Güçsüzüm, kontrolsüzüm, değişemem, sıkışmış, kıstırılmış, kurbanım", "Dayanıksızım, zayıfım, muhtacım, kolayca incinebilirim", "Aşağıyım, başarısızım, kaybedenim, yeterince iyi değilim, diğerleriyle boy ölçüşemem, başa çıkamam."

**Sevilmeme Temel İnançları**
"Hoşlanmayan, istenmeyen, çirkin, sıkıcıyım; diğer insanlara verebilecek hiçbir şeyim yok", "Sevilmiyorum, önemsizim", "Her zaman reddedileceğim, terk edileceğim, hep yalnız kalacağım", "Farklıyım, kusurluyum, sevilecek kadar iyi değilim."

**Değersizlik Temel İnançları**
"Değersiz, kabul edilemez, kötü, hasta, bozuk, hiç, pisliğim", "Tehlikeli, zarar verici, zehirli, kötü ruhluyum", "Yaşamayı hak etmiyorum."

Ara inançlar, sayıltılar ve kurallar kişinin temel inancının verdiği sıkıntılarla baş edebilmek için kullandığı yöntemlerdir. Örneğin değersizlik temel inancı bulunan birinde "Eğer çok çalışırsam değerli olurum" şeklinde bir sayıltı, "Çok çalışmalıyım" şeklinde bir kural bulunabilir. Sevilmeme temel inancı olan bir kişide "Eğer insanların her istediğini yaparsam sevilirim" şeklinde bir sayıltı ya da çaresizlik temel inancı olan bir kişide ise "Birine dayanırsam ayakta kalırım" şeklinde bir sayıltı ve "İnsanları kızdırmamalıyım" şeklinde bir kural var olabilir.

Temel inançlar ve kurallar hepimizde vardır. Bunlar olmaksızın yaşam çok zor hale gelir, sosyal ve kişisel dünyamızı düzenleyemeyiz. Sorun, bazı insanlarda olumsuz temel inançların çok baskın ve bununla bağlantılı olarak da kuralların ve sayıltılarının çok katı ve çeşitlilikten yoksun olmasıdır.

Çoğu hastada, sorunun geçmesi için otomatik düşünce düzeyinde yapılan bir çalışma yeterli olur. Peki, ne zaman kişilerin şemaları üzerinde çalışma yapmak gereksinimi vardır? Bu tür bir çalışma üç durumda gündeme gelir: 1) Kişide sınırlı süreli belli bir Eksen 1 bozukluğu olup otomatik düşünce düzeyinde çalışmayla terapiden yarar görmüş olmasına rağmen, kalıntı belirtiler varsa veya tamamıyla düzelmesine rağmen kendini tanımak ve kişisel gelişim için şemaları üzerinde çalışmak istiyorsa; 2) Kişide süreğen ve uzun yıllar önce başalayan bir Eksen 1 sorunu varsa; 3) Kişide belirgin bir kişilik patolojisi olması durumunda. Bu bölümde daha çok birinci durumda kullanılabilecek düzeyde konu ele alınacaktır. İkinci ve üçüncü tür durumlarla ilgili olarak *Klinik Uygulamada Bilişsel Terapi* kitabının "Kişilik Bozuklukları" bölümüne başvurulabilir.

### Ara İnanç ve Temel İnançlarla Çalışma

Terapide şemalarla ilgili çalışmaya otomatik düşünce çalışmasından sonra geçilir. Bu genellikle bireyin başvurusuna yol açan sorunda bir düzelme sağlanıp, bir süre devam eden görüşmelerle terapötik ilişkilerin sağlamlaştığı bir noktadır. Bunlar otomatik düşüncelere göre kişinin daha çok yatırım yaptığı ve daha güçlü biçimde inandığı inançlar olduğu için değişime karşı daha dirençlidir, değişmeleri daha güçtür. Bu nedenle terapinin başında ele alınmaları genellikle uygun değildir. Bir süre birlikte çalışıldıktan sonra ilişkinin geçen süre içinde sağlamlaşmış olması bu çalışmayı kolaylaştırır. İlk aşama temel inanç, sayıtlılar ve kuralların saptanmasıdır.

**Temel İnançlar Nasıl Tanınır?**

İlk ve en sağlam yöntemlerden biri hastanın otomatik düşüncelerindeki ortak temalardan yola çıkarak temel inançların saptanmasıdır. Bu yöntemin daha çok tercih edilmesinin nedeni yorumdan çok bilgiye dayalı olmasıdır. Burada yapılmaya çalışılan şey, hastanın otomatik düşüncelerindeki ana temaların sevilmeme, çaresizlik, değersizlik ana gruplarından hangisine daha çok uyduğunu saptamaktır.

Bunun nasıl yapıldığı örnek bir olgu üzerinden gösterelim: Ayşe, 31 yaşında, eşiyle sevgilisi arasında seçim yapamaması nedeniyle başvuruyor. Mutsuzluk, ağlama, suçluluk duygusu ve kararsızlık çekiyor. Eşinin kendisiyle ilgilenmemesi nedeniyle yaşadığı yalnızlık döneminde kendisiyle ilgilenen başka biriyle görüşmeye başlamış. Hasta çıkmazda olduğu için ne yapacağını bilemediğinden terapiye geliyordu. Daha önce bir süre dinamik yönelimli bir terapi alan hasta, terapistinin başka bir şehre taşınması üzerine zorunluluk nedeniyle terapistini değiştirmişti. Ayşe, çocuksu ve yaşından küçük gösteren, giyim tarzı itibariyle daha çok ergen bir erkek çocuğunu anımsatan bir şekilde giyinmiş bir hastaydı.

Yapılan klinik değerlendirmede birinci eksende Majör Depresyon tanısı alan hasta Eksen 2'de Bağımlı Kişilik ölçütlerini karşılıyordu. Hastaya uygulanan Beck Depresyon Ölçeği'nde oldukça yüksek derecede depresyonu gösteren bir puan; 38 puan aldı. Hastayla haftalık seanslarla bilişsel terapi süreci başlatıldı.

Bu hastanın terapide getirdiği üç durum ve otomatik düşünceleri:

DURUM 1: "Ahmet (erkek arkadaşı) beni terk etti" düşüncesi. Otomatik düşünce (OD): "Hatanın hepsi benim." OD'nin anlamı: "Ben yetersizim." Duygu: hüzün, kızgınlık.

DURUM 2: "Eşim emrediyor." OD: "Benim hatam, keşke evlenmeseydim." OD'nin anlamı: "Ben yanlış yaptım." Duygu: öfke (kendisine).

DURUM 3: Eşinin ailesiyle birlikte bir akşam yemeği sırasında. OD: "Bunların arasında ne işim var? Eşim benimle ilgilenmiyor." OD'nin anlamı: "Yanlışımın cezasını çekiyorum." Duygu: üzüntü.

Hastanın üç durumda da otomatik düşüncelerindeki ortak tema olay ne olursa olsun kendini kusurlu ve güçsüz görmesidir.

Temel inançları saptamada ikinci yöntem, hastanın erken yaşantılarını incelemektir. Az önceki olgumuz Ayşe, üç çocuklu bir ailenin en küçük çocuğudur. Ailesi, özellikle babası, üçüncü çocuğun erkek çocuk olmasını istiyormuş. Sert, sinirli, otoriter, sevgisini göstermeyen, sağı solu belli olmayan babası ve koruyucu bir annesi varmış. Ailede erkek çocuk beklentisine bağlı olarak kız olmaktan dolayı yetersiz, sevilmeye değer olmadığı yönünde tutumlarla karşılaşmış. Kararlarını (üniversite, meslek seçimi, evleneceği kişi) onun adına hep ailesi vermiş.

Hastanın erken yaşantılarının nasıl olduğu incelendiğinde bu ortak temayı destekleyen özellikler görülmesi temel inançla ilgili varsayımlarımızı güçlendirir. Bu hastanın ailesinin başta cinsiyeti nedeniyle onu istememiş olması, onu olduğundan farklı olmak zorunda bırakması; erkek çocuk beklentisine uymadığı için kendisinin yetersiz olduğuna inanması, kusurluluk, yetersizlik ve sevilmeme temel inançlarının gelişmiş olabileceğini düşündürmektedir.

Bu bilgilerin ışığında, Ayşe'nin temel inançlarının "Yetersizim, kusurluyum, sevilmiyorum" olabileceği varsayımında bulunabiliriz.

Temel inançları saptamada bir diğer yöntem, değişime dirençli otomatik düşüncelere dikkat etmektir. Bu düşünceler bireyin temel inançlarıyla örtüşüyorsa, bunların üzerinde ne kadar iyi çalışılırsa çalışılsın hasta "Hâlâ böyle hissediyorum," diyebilir. Böyle düşüncelerle karşılaşıldığında bunların içerik olarak hastanın temel inancıyla aynı olabileceği akla getirilmelidir. Örneğin, konuşma yaparken heyecanlanan ve o anda yetersiz olduğunu düşündüğünü söyleyen bir hasta bu otomatik düşüncesi dikkatli biçimde incelenmesine rağmen sonunda "Ama ben yine de kendimi yetersiz hissediyorum," diyorsa, bu aslında onun temel inancının "Ben yetersizim" olabileceğini düşündürür.

**Ara İnançların Saptanması**

İnançlar, tutumlar ve sayıltılar davranışın soyut düzenleyicileridir; konuşulmamıştır; yerine göre uyum sağlayıcı olduğu gibi uyumu bozucu da olabilir. Örneğin; "İnsanlar beni sevmiyorlarsa bu benim değersiz olduğum anlamına gelir" gibi bir ara inanç, kişinin uyumunu bozar. Ara inançlar, kurallar ve sayıltılar birbiriyle bağlantılı şekilde bireyin kendisi ve diğerleriyle ilgili kurallarının oluşumunu sağlar. Bunlarla ilgili bilgiler hastanın düşünce ve davranış örüntüsünden çıkarılır. İnançlar, talepler, emirler ve "olmalı"lar şeklindeki katı ve mutlak bilişlerdir. Örneğin, anoreksik hastalarda görülen "İnsan, yeme üzerinde kesin ve tam bir kontrole sahip olmalıdır" inancı. Kişinin kendine yönelik tavırları/tutumları, bireyin davranış değerlendirmelerine ve/veya beklentilerine rehberlik eden kurallar olarak görülebilir. Örneğin; "Diğer insanlar bana sevgi duymadıkça mutlu olamam," diye inanan bir kişi sürekli sevilmeye çalışacak, bu da onu zorlayacaktır.

Temel inancı bulunmuş bir hastanın ilişki ve tutumları incelenerek bu temel inancının yaşattığı sıkıntıyla baş edebilmek için nasıl bir yöntem geliştirdiğine bakılır. Buradan da hastanın ara inançları tahmin edilebilir.

**Derine Doğru İnme Tekniği**

Ara inançları bulmada bir diğer yöntem ise derine doğru inme tekniği adı da verilen otomatik düşüncenin anlamını ve bunun olumsuz yanını sormaya dayalı bir yöntemdir. Hastaya "Eğer olumsuz otomatik düşünce doğruysa bunun nesi kötü?" ya da hasta için "Bunun anlamı veya zararı nedir?" diye sorulur. Bu sorular art arda sorulduğunda her biriyle bağlantılı olumsuz düşünceler çıkarılır, başka bir düşünce kalmayıncaya dek bu sorular tekrarlanır.

**Derine doğru inme tekniğinin uygulanması**

***Terapist:*** *Size çok meşgul olduğunu söylediğinde aklınızdan neler geçti?*

***Danışan:*** *Benimle beraber olmak istemiyor.*

***Terapist:*** *Eğer bu doğruysa, yani sizinle birlikte olmak istemiyorsa, bunun anlamı ne sizin için?*

***Danışan:*** *Beni yeterince önemsemiyor.*

***Terapist:*** *Sizi yeterince önemsemiyorsa bunun anlamı nedir?*

***Danışan:*** *Beni gerçekten sevmiyor demek ki.*

***Terapist:*** *Bunun sizin için anlamı nedir?*

***Danışan:*** *Eğer o beni sevmiyorsa kimse sevmeyecek demektir.*

***Terapist:*** *Bu ne anlama geliyor sizin için?*

***Danışan:*** *Ben sevilmeyen biriyim.*

***Terapist:*** *Bu ne anlama geliyor sizin için?*

***Danışan:*** *Sevilmiyorum işte daha ötesi yok.*

"Bu ne anlama geliyor?" yerine;
"Eğer bu doğruysa bu kadar kötü olan yanı ne?"
"Bunun zararı ne?"
"Diyelim öyle, ne olur o zaman?"
"Bunun olumsuz yanı ne olur?"
"O zaman ne olur?"
"Bunun sizinle ilgili anlamı ne?"
soruları da kullanılabilir.

**Derine doğru inme tekniğinin Ayşe'ye uygulanması**

Düşünce kaydında Ayşe'nin otomatik düşüncesi "Ahmet beni terk etti" idi. Bu düşünce üzerinden derine doğru inme tekniğinin kullanımı:

***Terapist:*** *Ahmet'in sizi terk etmesi ne anlama geliyor?*
***Danışan:*** *Bu benim yüzümden oldu, hatalıyım.*
***Terapist:*** *Ahmet'in sizi terk etmesinin zararı ne?*
***Danışan:*** *Yeni birini, daha doğrusu onun gibi dayanabileceğim birini bulamam.*
***Terapist:*** *Bu durumda ne olur, yani zararı ne bunun?*
***Danışan:*** *Zararı olmaz olur mu, o zaman yalnız kalırım, tek başıma ne yaparım?*
***Terapist:*** *Neden tek başına yapamazsınız?*
***Danışan:*** *Hayat çok zor, hele yalnız biri için… Benim için her şey zor olur. Hem onu özlerim, bana sahip çıkan birini...*
***Terapist:*** *O zaman yaşamın tek başına götüremeyecek kadar zor olduğunu ve size destek olacak birine muhtaç olduğunuza inanıyorsunuz öyle mi?*
***Danışan:*** *Doğru, bu dediğiniz bana çok uygun geliyor. Hayat zor ve ben çok zayıfım. Birilerine ihtiyacım var.*

Derine doğru inme tekniğinin uygulanması sonucunda da netleştiği gibi Ayşe'nin şartlı sayıltılar/inançlar/kuralları var: "Dayanacak birilerini bulmalıyım", "Bu dünya tek başıma ayakta duramayacağım kadar zorluklarla dolu".

**Ara İnançları Doğrudan Sorularla Açığa Çıkarma**

Koşullu cümlelerin veya kuralların baş kısmı verilerek hastadan geri kalanı tamamlaması istenebilir. Örneğin; ".... olursa … anlamına gelir" cümlesindeki boşlukları "Başarısız olursam bu benim yetersiz olduğum anlamına gelir," şeklinde tamamlayan bir kişi olabilir. Bir diğer yöntem, "Eğer…?" ile başlayan bir soruyla durumun sonucunu veya anlamını sormaktır ("Eğer ... olursa ...."). Ruh sağlığıyla ilgili çalışanlar olarak aşağıdaki ifadeyi nasıl tamamlayacağınızı düşünün: "Eğer hastam iyileşmezse, bu benim kötü bir doktor olduğum anlamına gelir/başka birine gönderirim/benim yetersiz bir doktor olduğum anlamına gelir/daha çok öğrenmeye çalışırım/hastalığı iyileşemez bir hastalık olduğu içindir" vb.

Bir diğer yöntem hastanın olmasını istemediği şeyi söyleyip daha sonra çünkü sorusunu sormaktır: "Size bunu yapmamalıydı çünkü...", "Yalnız kalamam çünkü...", "Başarılı olmam gerek çünkü...", "Hata yapmamam gerek çünkü..." gibi. Hasta bu ifadelerin ikinci kısmını kendi inanç ve beklentilerine göre tamamlar: "Hata yapmamam gerek çünkü o zaman terk edilirim" gibi.

## Şemaların Dönüştürülmesi

### Temel İnançlara Dönük Müdahaleler

Bütün diğer bilişsel katmanlarla çalışılırken yapıldığı gibi öncelikle temel inançla neyin kastedildiğinin hastaya açıklanması gerekir. Burada yararlı bir benzetme, önyargı kavramıyla hastaya temel inanç kavramını anlatmaktır. Bu tekniği uygularken hastaya yakından tanıdığı insanlardan herhangi birinin bir konuda (belli gruba, dine, ırka, cinsiyete, politik görüşe) kendisinin katılmadığı bir önyargısı olup olmadığı sorulur. Diyelim ki hasta, babasının Avrupalıların Türkleri sevmediğine ilişkin bir önyargısı olduğunu söylesin; bu durumda Avrupalı bir politikacıdan Türkiye'nin Avrupa topluluğuna alınmayacağına ilişkin bir demeç duyduğunda babasının ne diyeceği sorulur. Babam "İşte gördünüz; Avrupalılar bizi hiç sevmezler," diyecektir. Daha sonra herhangi bir Avrupalı politikacıdan Türkiye'ye veya Türklere ilişkin olumlu bir ifade duysa ne diyeceği sorulur. (Mesela "Türkiye'nin Avrupa topluluğuna alınmasını destekleyen bir konuşma yapan Avrupalı bir politikacı olsa bu duruma babası ne derdi?"). "Gerçek düşüncelerini söylemiyor," veya o kişi gerçekten samimi görünüyorsa "Herhalde bu adam Avrupalı değil," diyecektir. "Yani kişi önyargılarına uyan verileri kabul eder, önem verir ve sayarken, önyargılarına uymayanları ya görmezlikten gelir ya da önyargısına uygun hale getirerek görür." Daha sonra babasının bu önyargısını değiştirmek istese ne yapabileceği, ona nasıl yardımcı olabileceği sorulur. Görüşme, bu konunun çeşitli açılardan ele alınmasıyla sürdürüldükten sonra bir noktasında, hastaya, konuşulan bu konunun kendisiyle ne tür bir ilişkisinin olduğu sorulabilir. Burada, hastaya, kendisinin de kendisi, diğer insanlar ve dünyanın işleyişiyle ilgili birtakım önyargılarının bulunduğunu, bunların hepimizde olduğunu ve bunlara temel inanç adını verdiğimizi söyleyerek o ana dek elde ettiğimiz verilere dayalı olarak olası temel inançlarının neler olduğunu açıklarız. Tıpkı önyargılarda olduğu gibi şemalar, temel inancı destekleyen verileri hemen fark etme, aksine olanları yok sayma ya da göz ardı etme işleyişiyle varlıklarını sürdürür. Temel inancın kişi çok güçlü bir biçimde öyle inansa veya hissetse de sonuçta bunun da bir düşünce olduğu, mutlaka doğru olması gerekmediği, kişiye bunlar gerçekle eşdeğer gelse de aslında realitenin %100 karşılığı olmayan varsayımlar olduğu ve bir varsayım oldukları için gerçeğe uygunluk derecelerinin incelenebileceği söylenir. Şemalar çocukluktaki olaylardan kaynaklanır; ilk inanıldığı çocukluk döneminde kişinin durumunu ve yaşadıklarını doğru açıklamayabilir ya da o dönemin gerçekliğine de uygun olmayabilir. Ancak sonuçta kişinin güncel durumuna ve çevresine uygun olmaları oldukça güçtür. Bunu bir örnekle açıklayalım: Çocuk, sıkıntı duymamaya, mutsuzluktan ve fiziksel-ruhsal acıdan uzak kalmaya veya bunu azaltmaya çalışır. Erken yaşam koşullarında kandırılma ve yalanla çok karşılaşan bir çocuğun bu duruma uyum sağlaması ve sıkıntısını azaltabilmesi için diğer insanların güvenilmez olduğuna dair bir temel inanç geliştirmesi gerekir. Eğer yaşadıklarından bunu öğrenmezse, her seferinde hayal kırıklığı yaşayarak acı çeker. Bu inanç onun yaşadıklarını anlamlandırmasına ve öngörmesine hizmet ederek işe yarar. Sorun, kişi çocukluktan çıkıp sıradan hayata karıştığında başlar: Artık kendisi, sadece ana babasına bağımlı olan bir çocuk değildir ve bu dünyadaki herkes de onun ana babası gibi değildir. Yani bu dünyada sözlerini tutanlar da vardır, tutmayanlar da. Ancak insanlara güvenilmez şeklinde bir temel inancı olan kişi, yetişkin yaşamında da bu temel inancı sürdürür. İnsanların güvenilmez tavırlarında inancı daha pekişir; güvenilir davranışlar gördüğünde bunun geçici olduğuna veya özellikle kişiyi önce güvendirip daha sonra büyük bir zarar vermek için bunun yapıldığına inanır. Temel inançlarla ilgili iki varsayım söz konusu olabilir: Örneğin az önceki örnekteki çocuklukta kendisine yalan söylenen kişinin diğer insanlarla ilgili temel inancı için iki durum söz konusu olabilir: 1) Bütün insanlara her durumda ve her zaman güvenmemek gerekmektedir ve kendisi de bunu gören ve bunun ıstırabıyla sıkıntı çeken bir insandır. 2) İnsanlara bazı durumlarda ve bazı zamanlarda güvenebilmek mümkündür, ancak kendisi bunu kabul etmediği veya görmediği için ya da yanlışlıkla herkese her zaman güvenilmez diye inandığı için öyle zanneden ve bu yüzden de sıkıntı duyan bir kişidir. İşte temel inançlarla çalışırken amaç, kendisiyle ilgili gerçeklik neyse bunu daha doğru bir biçimde görmesini sağlamaktır.

Temel inançlarının neler olduğuna ilişkin varsayımın hastaya sunulması, birlikte gözden geçirilmesi; düzeltilmesi, daha sonra hastanın o andaki ya da çocukluğundaki yaşantıları ile bağlantısının kurulması bu aşamada gerçekleştirilir.

Hastaya temel inançların ortaya çıktıkları dönem içinde anlamlı ve hatta uyum sağlayıcı olmakla birlikte yetişkin yaşantısında ona engel olup sorun çıkarabilecekleri çeşitli benzetmelerle açıklanabilir. İnsanlara onlarla ilgili düşüncelerini açıklamayan ve arkadaş ilişkilerinde duygusal katılımdan uzak duran bir hastanın bu tutumunun kökenleri konuşulduğunda ilkokul yıllarında çok yakın iki arkadaşından birine bir konuda hak verdiği zaman diğer arkadaşının ona küserek uzaklaştığı, bundan sonra kişiler arasında taraf tutmamaya aşırı özen gösterdiği ve biriyle çok yakınlaşırsam diğerleri benden uzaklaşır şeklinde bir inancı olduğu açığa çıktı. Bu noktadan sonra hastayla gelişen diyalog şöyle oldu:

**Terapist:** *Buna, yani "Eğer biriyle çok yakınlaşırsam diğer insanlar kızar ve uzak dururlar"a kaç yaşında inandınız?*

**Danışan:** *Bu olay olduğunda 8 yaşındaydım.*

**Terapist:** *Şöyle bir şeyi hayalinizde canlandırmanızı istiyorum. Diyelim 8 yaşındaki sizi, bugüne getirme şansımız var. Hatta böyle bir film de vardı, birinin 8 yaşındaki çocuk hali bugüne gelip onunla yaşıyordu. 8 yaşındaki Ayşe'ye mimarlık çizimlerinizi yaptırır mıydınız?*

**Danışan:** *Hayır, bu konuyu bilmesi mümkün değil.*

**Terapist:** *Erkek arkadaşınızla evlenip evlenmeyeceğiniz kararını ona bırakır mıydınız?*

**Danışan:** *Hayır.*

**Terapist:** *Şu anda eve yeni neler almanız gerektiği konusunda onun karar vermesini ister miydiniz?*

**Danışan:** *Hayır, sanmam.*

**Terapist:** *Anladığım kadarıyla büyük ya da küçük herhangi bir kararınızı 8 yaşındaki Ayşe'ye bırakmıyorsunuz. Peki neden hayatınıza bugün hâlâ yön veren, insan ilişkilerinizde etkili olan "Eğer biriyle çok yakınlaşırsam diğer insanlar kızar ve uzak dururlar" varsayımı söz konusu olduğunda 8 yaşındaki Ayşe'nin inandığı şeye inanmaya devam ediyorsunuz?*

Bundan sonraki aşama, eğer hasta da istiyorsa birlikte temel inancın değiştirilmeye başlanmasıdır. Hasta temel inancını değiştirme çalışmasına motive ise eski temel inancın gücünü azaltıp yenisinin gücünü artırmak için öncelikle bilişsel yöntemler kullanılır. Daha sonra ikinci aşamada deneysel ya da "duygusal" teknikler kullanılır.

**Temel İnanç İnceleme Formu**

Temel inançlarla ilgili tercih edilen ilk bilişsel yöntem, temel inanç sorgulama formunun kullanımıdır. Hastaya yıllardır temel inancına uyan verileri ağırlıklı olarak fark ettiği, uymayanları fark etmediği, diyelim temel inancı "Ben yetersizim" ise sürekli buna uyan verileri fark ettiği, diğerlerinin farkındalık alanına girmediği, bir anlamda güçsüz olduğuna ilişkin verileri fark etmekte aşırı ustalaştığı, oysa tersi verileri fark etmede acemi olduğu veya o yönünün gelişmemiş olduğu söylenebilir. İşte hastanın bu az gelişen yönünü geliştirmeye yönelik en önemli çalışma, temel inanç inceleme formudur. Burada hastanın özgün temel inancına alternatif olan olumlu temel inanç yazılır. Kişinin üzerinde çalışacağı ve veri toplayacağı inanç budur. Olumsuz inançla ilgili veri toplamaya gerek yoktur çünkü zaten bu konudaki veriler sürekli olarak kişinin zihnini bombalamaktadır. Bu çalışmada amaç sağlıklı insanlarda daha çok egemen olan, ancak sorunlu kişilerde oldukça zayıf kalan veya çoğu zaman hiç ortada olmayan olumlu temel inancın gelişmesini sağlamaktır. Gerçeğe uygun, hem olumlu hem de olumsuz temel inançların olması ve yerine göre etkinleşmesidir. Örneğin hepimiz sevdiğimiz birisi tarafından terk edildiğimizde bir süreliğine sevilmeme olumsuz inancı egemen olur ve kendimizi kötü hissederiz ama bir süre sonra bunun etkisini atarak "Yeniden sevilebilirim" olumlu inancı etkin hale geçer ve toparlanırız. İşte bazı kişilerde bu olumlu inançlar ("Sevilebilirim") çok zayıf veya hiç gelişmemiş olduğu için daha uzun süreyle etkin biçimde kalır.

Formda olumlu ve olumsuz iki inancın yan yana yazılması bile daha gerçekçi bir bakış açısı yönünde bir adımdır. Yıllardır eski inancın ışığında kendisini ve dünyayı değerlendirmeye alışmış bir kişinin bundan farklı bir "doğru"nun olabileceğini teorik olarak kabul etmesi ve yazılı biçimde görmesi bile başlı başına önem taşır. Olumlu ve olumsuz temel inançlarının altına da gerçeğe uygun olan yeni temel inanç yazılır. Bu yeni temel inanç, olumlu ve olumsuzun karışımından oluşur ki çoğu kere de gerçekliğe uygun olan budur.

Bu çalışmayı yaparken hastaların zorlanmaları doğaldır, çünkü onlardan yıllardır alıştıkları şeyin tam tersi istenmektedir. Hastanın bu yeni bakış açısına uyum sağlayabilmesi için, bu formu doldururken "Bir başkası onun hayatına baksa, yaptığı neleri olumlu görürdü? Yine, kendi yaptıklarını bir başkası yapsa, bunlara olumlu der miydi? En ufak bir olumsuzluğu nasıl yakalıyor ve çok etkileniyorsa aynı şekilde olumlu olayları da yakalayıp onları ciddiye alabilir mi?" soruları üzerine düşünmesi gerekir.

Başka kişi için olumlu veri olduğunu söyleyebileceği şeyleri sorarız: "Çoğunlukla yeterli bulduğunuz bir başkasını düşünebilir misiniz? Kim olabilir? Bugün sizin yaptıklarınızdan neyi o yapsaydı, onun yeterli olduğunu söylerdiniz?" İkinci bir yöntem, hastaya bir başkasının olasılıkla hasta için olumlu veri olduğunu söyleyebileceği şeyleri sormaktır: "Sizi oldukça iyi tanıyan kim var, kimin yargılarına güvenirsiniz? [Bu kişi] bugün yaptığınız hangi şey için yeterli olduğunuzu söylerdi?" ya da "Bugün benim, sizin yeterli olduğunuzu düşünmemi sağlayacak ne yaptınız?" Üçüncü yöntem hastaya "[Bu kişinin] olumsuz olan temel inancınızın ışığında tamamıyla yetersiz olduğu varsayılırsa, bugüne dek yaptığı şeyler nasıl açıklanabilir?" sorusunu yöneltmektir. "Tamamıyla yetersiz birisi ise; örneğin okuma yazmayı nasıl öğrenmiştir, okulu nasıl bitirmiştir?" vb. "Gerçekten tamamıyla yetersiz bir kişi, sizin şimdiye dek yaptıklarınızı yapabilir miydi?"

Bu teknikle çalışırken hasta neden çok küçük olumlu şeyleri yazdığı ve bunların fazla vurgulandığını, bunu yapay ve saçma bulduğunu ve kendisinin bundan rahatsız olduğunu söylediğinde ne zaman olumsuzlukları büyütmemeye ve hepsini fark etmemeye başlarsa o zaman olumlular için de aynı şeyi yapabileceği, ancak o güne dek bu kayda devam etmesi söylenebilir.

## Temel İnanç İnceleme Formu

Eski temel inanç: "Güçsüzüm."
Olumlu temel inanç: "Güçlüyüm."
Yeni temel inanç: "Bazen güçlü, bazen de güçsüz biriyim."
Çalışma öncesinde eski temel inanca inanma düzeyi? (0-100)

**"Olumlu temel inancı" destekleyen veriler**

(Yaşadıklarınız içinde olumlu temel inancın doğru olduğuna işaret edebilecek bütün yapıp ettiklerinizi veya size olumlu yönde verilen geribildirimleri aşağıya not edin; bunu bulmakta zorlanırsanız hayatınıza nesnel olarak bakılsa olumlu temel inancı destekleyen yönde ufak da olsa ne tür veriler bulunurdu, hepsini yazın)

| **Tarih-** | **Yer** | **Ne oldu?** |
|---|---|---|
| Çarşamba gecesi, | Ev | Ödevimi yaptım. |
| Perşembe | | Arabayı tamir ettirdim, araba kullandım (bütün hafta). |
| Cuma, | | okul Arkadaşıma okulun sınav sistemiyle ilgili görüşleri konusunda ona katılmadığımı söyledim. |
| Cumartesi, | Annemin evi | Anneme yardımcı oldum. |
| Pazar | Kütüphane | Tezimle ilgili makaleleri çıkarttım. Tezin girişini yazdım. |
| Pazartesi | | Arkadaşımın anlamadığı konuyu ona anlattım |

**Diğer kanıtlar**
**(Olumlu inancı destekleyen yaşantınızda saptadığınız diğer durumları buraya not edin):**
Araba kullanıyor olmam,
ayrı evde yaşıyor olabilmem

Çalışma sonrasında eski temel inanca inanma düzeyi? (0-100)

### Davranış Deneyleri

Ara inançlar ve temel inançlara inanma düzeyi otomatik düşüncelere kıyasla oldukça güçlü olduğu için sadece sözel tekniklerle değişimin sağlanabilmesi güçtür. İnsan öğrenmeleri içinde en etkili olan, bir kişinin doğrudan yaşantısı yoluyla öğrenmesidir. Bu da davranış deneyleriyle sağlanır. Örneğin daha önce örnek görüşmesini okuduğunuz anoreksik hastada, otomatik düşüncelerinin anlamı üzerinden kilo almayla ilgili ara inançlar araştırıldığında hastanın "Kilo almak, sorumsuz, tembel, rahat olmaktır. Eğer ben normal kiloda olursam insanlardan yakınlık görmem; zayıf olursam ilgi görürüm, zayıf olursam desteklenirim, yalnız kalmam" şeklindeki ara inançları açığa çıkarılmıştı. Bu ara inançlar sözel olarak ele alındıktan sonra (bkz. tekniklerin uygulanmasıyla ilgili örnek görüşme) hastadan ilk istenen davranış deneyi, kilosunun artışına çevresinin verdiği tepkileri gözlemesiydi. Yine hastadan ödev olarak, aşırı derecede zayıf olmanın, aşırı yemenin ve çıkarmanın olumsuz sonuçlarını yazması istendi. Kilo almakla ilgili ara inancını test etmek için düzenlenen davranışsal deney, hastanede yattığı süreçte kendisini ziyarete gelen yakınlarına kilosunu olduğundan daha fazla söylemesi, aynı zamanda onların yanındayken kalın giysiler giyerek kilolu görünmeye çalışması ve bunun diğer insanlarda yarattığı etkileri gözlemesiydi. Bu deney sonucunda hasta çevresinin ona karşı tutumunun ilgi azalması ve uzaklaşma olmak bir yana daha olumlu biçimde davrandığını gözledi. Daha sonra ortaya çıkan bu sonuç ele alınarak hastanın "normalken" de çevresinin kendisiyle ilgilenebileceğini görmeye başlaması sağlandı. İlerleyen aşamalarda hastanın ara inançlarının altında yatan yoğun ilgi gereksinimi ele alındı.

### Şemaları Çocukluk Anılarıyla Yeniden Yapılandırma

Şemaları oluşturan temel inanç, kural ve sayıltıları bunların genellikle oluştuğu dönem olan çocukluğa dönerek ele almak bir diğer güçlü tekniktir. Şemaların, kökleri geçmişte olduğu için değişimi güç olduğundan, sadece rasyonel tekniklerle değil duygusal uyarımla beraber ele alınmaları daha uygun olur.

Bu konuda en sık uygulanan teknik, önemli erken yaşantıların canlandırılmasıdır. Bu teknik, özellikle temel inançları değiştirmek için uygulanır. Bu teknikte terapist temel inancı doğuran ya da sürmesini sağlayan, genellikle çocukluk döneminde yaşanmış ve kişinin temel inancının oluşumunda etkili olabileceği varsayılan bir olayı rol oyunu ile yeniden canlandırarak hastanın yaşamasını sağlar. Temel inancın çocukluktaki kaynaklarının saptanması ve ele alınması için ilk yapılan şey bireyin genel bir örüntü halinde sık sık tekrarlayan güncel bir sorununu ele alarak o konudaki duygulanımını yoğunlaştırmak ve konuyla ilgili otomatik düşüncelerinden kalkarak bu konuda daha önce çalışılmış ve saptanmış olan temel inanç ifade edilerek, hastaya bu şekilde inanmaya ve hissetmeye ne zaman başladığı, geçmişte kendisinin böyle hissetmesine ve inanmasına yol açan olay veya olaylar yaşayıp yaşamadığı sorulur. Hasta buna benzer bir erken yaşantıyı hatırlarsa, önce olayın nasıl olduğu konuşularak bilgi toplanır, ardından hastaya bu konuda uygulanacak olan teknik açıklanır:

Örneğin hastamız Ayşe Hanım, babasının kendisini beceriksiz ve yetersiz görmesiyle ilgili bir anısını hatırlayarak ilkokul birinci sınıfta ilk karnesini aldıktan sonra karnesindeki bütün derslerin 5 olmasına çok sevinip gururla babasına gösterdiğinde babasının önce karneye bakmadığını, baktıktan sonra da "İlkokulda öğretmen zaten herkese 5 verir, bu notlara göre kendini bir şey zannetme!" dediğini hatırlamıştır. Bu olay biraz konuşulduktan sonra terapist "Bugün sizinle şu ana dek kullandığımız tekniklerden biraz daha farklı bir teknik kullanacağız, geçmişte yaşadığınız ve sizin için bugün sorun olan ve değiştirmeyi istediğiniz bazı inançlarınızın gelişmesine yol açan önemli olayları tekrar beraberce canlandırmaya çalışarak bu inancın geliştiği dönemde nasıl bir şey olduğunu iyice anlamış olacağız. Birlikte şöyle bir şey yapacağız: Az önce olayla ilgili olarak sizin anlattıklarınızı dinledim. Size önereceğim şey şu, bu yaşadığınız olayı şu an yine oluyormuş gibi canlandıralım istiyorum. Ben sizin anlattıklarınıza göre babanızı oynayacağım, siz de 8 yaşındaki kendinizi oynayacaksınız. Kendinizi oynarken mümkün olduğunca 8 yaşındaki Ayşe ne düşünüp hissediyordu, buna odaklanmanızı istiyorum. Olayları olabildiğince onun bakış açısından görmeye çalışın."

***Terapist:*** *Siz başlayın isterseniz.*

***Danışan:*** *Baba karne aldık, işte karnem.*

***Terapist:*** *Tamam iyi.*

***Danışan:*** *Karneme bakar mısın?*

***Terapist:*** *Şu anda çok meşgulüm, görmüyor musun?*

***Danışan:*** *Ama öğretmen "Karnenizi gösterin" demişti.*

***Terapist:*** *Bakmadan peşimi bırakmayacaksın anlaşılan, ver bakalım. İyi aferin...*

***Danışan:*** *Hepsi pekiyi, 5, baba.*

***Terapist:*** *İlkokulda öğretmenler böyle yapar...*

***Danışan:*** *Nasıl?*

***Terapist:*** *Hepsi pekiyi diye kendini bir şey zannetme, zaten herkese 5 verirler ilkokulda.*

***Danışan:*** *Ama öğretmen beni öptü, kutladı.*

***Terapist:*** *Ne yapmasını bekliyorsun? Sizi teşvik etmeye çalışıyor. Senin bir yere gelmen için daha çok yolun var, bunu unutma. Peki, rolleri bırakalım. Ne hissediyorsunuz şu anda?*

***Danışan:*** *Çok kötü, hayal kırıklığına uğradım, utanma ve üzüntü...*

***Terapist:*** *Peki 8 yaşındaki Ayşe babasından bunları duyup çok üzülüp utandığı anda aklından neler geçiyor söyleyebilir misiniz?*

***Danışan:*** *Beceriksiz ve yetersizim.*

***Terapist:*** *Buna ne kadar inanıyorsunuz?*

***Danışan:*** *Çok, tamamıyla inanıyorum o anda.*

***Terapist:*** *İsterseniz burada duralım, şu anda da yetersiz ve beceriksiz olduğunuza inandığınızı söylediniz. Küçük Ayşe'nin de beceriksiz ve yetersiz olduğuna inanıyor musunuz?*

***Danışan:*** *Evet babam haklıydı, ilkokulda bütün karnenin 5 olması bir insanın başarılı olduğunu göstermez.*

***Terapist:*** *Peki üniversiteyi bitirmiş olmanız, mimar olmanız?*

***Danışan:*** *Okulda çok başarılı değildim, zor bitirdim, hem birçok kişi bana yardımcı oldu, birçok konuya tam hâkim değildim, okulu bitirmemin şans olduğuna inanıyorum.*

***Terapist:*** *Peki kendi yaşıtlarınıza göre 8 yaşındaki Ayşe nasıldı?*

***Danışan:*** *Ürkektim, korkuyordum, kendimi çok yeterli görmüyordum.*

***Terapist:*** *Hatırlıyor musunuz, sınıftaki diğer çocukların notları nasıldı?*

***Danışan:*** *Genelde iyiydi sanırım.*

***Terapist:*** *Herkesin notu 5 miydi?*

***Danışan:*** *Her notu 5 olmayanlar da vardı.*

***Terapist:*** *Peki bundan dolayı onların yetersiz olduğunu düşünür müsünüz?*

***Danışan:*** *Niye olsun ki? Notlar tek başına yetersizliği göstermez.*

***Terapist:*** *Peki bazı notların 5 olmaması yetersiz olmamayı gösterirken, sizin bütün notlarınız 5 olmasına rağmen bunun tam tersine işaret etmesine ne diyorsunuz?*

***Danışan:*** *...*

***Terapist:*** *8 yaşında tanıdığınız bir çocuk var mı?*

***Danışan:*** *Evet yeğenim var, kız kardeşimin çocuğu.*

***Terapist:*** *Onun karnesi nasıldı biliyor musunuz?*

***Danışan:*** *Hepsi pekiyi.*

***Terapist:*** *Peki onun için aynı şeyi söyler misiniz? Yani bu durumla gurur duymamasını, zaten öğretmenin herkese 5 verdiğini.*

***Danışan:*** *Hayır tabii ki...*

***Terapist:*** *Peki bunu onu avutmak ya da üzmemek için mi söylersiniz, yoksa gerçekten yeterli olduğuna inanarak mı?*

***Danışan:*** *Tabii ki yeterli olduğuna inanıyorum.*

***Terapist:*** *Diyelim ki yeğeninizin bazı notları 4 olsa, onun yetersiz olduğuna inanır mısınız?*

***Danışan:*** *Hayır, bazı derslere az çalıştığına inanırım, bu onu yetersiz yapmaz.*

***Terapist:*** *Bu konuda çok bir veri saptayamadık, ama diyelim sizin çocukken bir ya da birkaç alanda başarısız olmanız, neden sizi yetersiz ve zayıf yapsın?*

Rol oyunun ilk kısmında kişinin çocuk halinin duyguları ve düşünceleri açığa çıkarıldıktan sonra ortaya çıkan düşüncelerden hâlâ etkisi sürenler bilişsel tekniklerle ele alınır. Daha sonra rol oyunun ikinci kısmına geçilir. Burada hastanın çocuklukta yaşanan etkileşimdeki diğer tarafı oynaması istenir.

***Terapist:*** *Ayşe Hanım, ben babanızı çok gerçeğe uygun oynamamış olabilirim, ayrıca siz bu olayı sadece bir yanından yaşadınız, 8 yaşındaki Ayşe olarak olaya baktığınız için olayın bütün yönlerini kaçırmış olabilirsiniz. Şimdi ben, babanızı sizin oynamanızı istiyorum; belki siz babanızı, benim oynadığımdan oldukça farklı oynayacaksınız çünkü onun gerçekten nasıl olduğunu siz daha iyi biliyorsunuz. Babanızı oynarken, nasıl az önce 8 yaşındaki Ayşe'nin duygu ve düşüncelerini yaşamaya çalıştıysanız, şimdi de babanızın düşünce ve duygularını yaşamaya çalışın. Hazır mısınız? İsterseniz bir dakika role girmeye çalışalım, hazır olunca başlayalım.*

***Terapist:*** *(Çocuk Ayşe'yi oynuyor) Baba karne aldık işte karnem.*

***Danışan:*** *(Babasını canlandırıyor) Tamam, iyi, aferin.*

***Terapist:*** *Karneme bakar mısın baba?*

***Danışan:*** *Beni rahatsız etme, "Aferin," dedim ya sana. Beni neden meşgul ediyorsun, şu anda çok işim var görmüyor musun? Sürekli seninle ilgilenemem, git annene göster karneni.*

***Terapist:*** *Ama o baktı, senin de görmeni istiyorum, öğretmen "Karnenizi gösterin," demişti.*

**Danışan:** *Bir tutturdunuz mu peşimi bırakmazsınız, annen de böyle. Ne zaman kendi işimi yapacağımı bilemiyorum. Ver bakalım.*

**Terapist:** *Hepsi pekiyi 5 baba, gördün mü?*

**Danışan:** *Tamam hepsi 5 ama bu seni şımartmasın. Başarılı olmak için çok çalışmalısın. Bunu görüp de gevşeme, ilkokulda öğretmenler herkese 5 verir, sakın buna kanayım deme.*

**Terapist:** *Nasıl yani?*

**Danışan:** *Nasıl olacak, üzülmesin diye herkese 5 verirler, bu 5'leri sen aldın sanma, öğretmen sana verdi bu notları. Yani hepsi pekiyi diye kendini bir şey zannetme, ben senin ne durumda olduğunu görüyorum.*

**Terapist:** *Ama öğretmen beni öptü, kutladı.*

**Danışan:** *Kızım, öğretmen yapması gerekeni yapıyor; rolünü oynuyor. Sen dikkatli ol ve gevşeme. O böyle yaparak sizi gayrete getirmeye çalışıyor. Senin bir yere gelmen için daha çok çalışman gerek, bunu unutma.*

**Terapist:** *Olur baba*

...

**Terapist:** *Peki, rolleri bırakalım. Babanızı düşündüğünüzde, ne hissediyordu bu konuşma esnasında?*

**Danışan:** *Kaygılı ve endişeli, aynı zamanda çok yüklenmiş ve bıkkın.*

**Terapist:** *Peki bu konuşmaya başlamadan önce nasıldı sizce?*

**Danışan:** *Öncesinde de öyleydi.*

**Terapist:** *Olay nasıl etkiledi?*

**Danışan:** *Kaygıları biraz daha arttı.*

**Terapist:** *Ne düşünüyor ki kaygıları arttı?*

**Danışan:** *Kızının kendisini çok başarılı sanarak çalışmayı bırakacağından, işleri ciddiye almayıp zor duruma düşeceğinden kaygılanıyordu.*

**Terapist:** *Peki kızının yetersiz ve zayıf olduğuna inanıyor muydu?*

**Danışan:** *Evet zayıf görüyordu ama çocuk olduğu için ve aynı ölçüde dünyayı da acımasız ve her an kötü bir şeyler olabilecek bir yer gibi görüyordu.*

***Terapist:*** *Peki bu zayıf ve yetersiz görme durumu sadece çocuk Ayşe için miydi?*

***Danışan:*** *Birçok insanı ve kendisini de öyle görüyordu.*

***Terapist:*** *O zaman sizin çocuk olmanızdan dolayı zayıf görmesi söz konusuydu ve genelde telaşlı ve kaygılı bir insandı babanız.*

***Danışan:*** *Evet.*

***Terapist:*** *Şimdi isterseniz üçüncü bir şey daha yapalım. Gördüğüm kadarıyla siz babanızı benim oynadığımdan daha iyi oynadınız. Siz, bunları da kullanarak, tekrar babanızı canlandırırken, ben yine sizin 8 yaşındaki halinizi oynayacağım ama bunu daha önce yaptığımdan biraz daha farklı bir şekilde yapacağım. Bu kez yetişkin olarak bildiklerimin ışığında, yani az önce konuştuklarımıza göre 8 yaşındaki çocukların özelliklerini, babanızın özelliklerini göz önüne alarak, atılgan bir biçimde 8 yaşındaki Ayşe'yi, yani kendimi savunacağım. Atılgan bir şekilde kendini savunmak nedir, biliyor musunuz?*

***Danışan:*** *Hayır.*

***Terapist:*** *Kısaca, eksiklikleri gerçeğe uygun biçimde kabullenmek ve yine gerçeğe bağlı kalarak gerçekdışı suçlamalara karşı kendini savunmak. Bunu yapınca nasıl olduğunu daha iyi anlayacaksınız. (Çocuk Ayşe'yi oynuyor) Baba karne aldık işte karnem.*

***Danışan:*** *(Babasını canlandırıyor) Tamam, iyi, aferin.*

***Terapist:*** *Karneme bakar mısın baba?*

***Danışan:*** *Beni rahatsız etme, "Aferin," dedim ya sana. Daha beni neden meşgul ediyorsun, şu anda çok işim var görmüyor musun? İşimi gücümü yapamayacak mıyım? Bıktım artık! Sürekli seninle ilgilenemem, git, annene göster karneni!*

***Terapist:*** *Ama o baktı, senin de görmeni istiyorum, öğretmen "Karnenizi gösterin," demişti. İşinin olduğunun farkındayımış ama herhalde yılda iki kez aldığım karneye ayıracak 1-2 dakikan vardır. Bunun benim için ne kadar önemli olduğunun farkında değil misin? Bu şekilde davranman benim kendimi kötü hissetmeme yol açıyor.*

***Danışan:*** *Senin kötü hissetmen benden çok şey beklemenden. Ben de kendimi kötü hissediyorum. Bir tutturdunuz mu peşimi bırakmazsınız, annen de böyle. Ne zaman kendi işimi yapacağımı bilemiyorum. Ver bakalım.*

***Terapist:*** *Hepsi pekiyi 5 baba, gördün mü?*

***Danışan:*** *Tamam hepsi 5 ama bu seni şımartmasın. Başarılı olmak için çok çalışmalısın. Bunu görüp de gevşeme, ilkokulda öğretmenler herkese 5 verir, sakın buna kanayım deme.*

***Terapist:*** *Bununla demek istediğin, aldığım notların bir önemi olmadığını söylemekse yanılıyorsun. Evet ilkokulda öğretmenler daha yüksek notlar verirler ama bütün öğrencilerin karnesi böyle değil. Üstelik bütün karnesi 5 olanlardan bazıları bunu hak ederek almamış olabilir. Ben hak ederek aldığımı düşünüyorum. Sen ne düşünüyorsun?*

***Danışan:*** *Nasıl olacak, üzülmesin diye herkese 5 verirler. Bu 5'leri sen aldın sanıyorsun, ama öğretmen sana verdi bu notları. Yani hepsi pekiyi diye kendini bir şey zannetme! Ben senin ne durumda olduğunu görüyorum.*

***Terapist:*** *Evet bu notları tabii ki öğretmen verdi ama bana ben olduğum için bu notları verdi. Öğretmen beni öptü, kutladı. Evet bu karne hiçbir şey anlamına gelmediği gibi "Her şey bitti" demek de değil.*

***Danışan:*** *Kızım öğretmen yapması gerekeni yapıyor; rolünü oynuyor. Sen dikkatli ol ve gevşeme! O böyle yaparak sizi gayrete getirmeye çalışıyor. Senin bir yere gelmen için daha çok çalışman gerek, bunu unutma.*

***Terapist:*** *Eğer bunu benim uyanık ve dikkatli olmam için söylüyorsan, benim özelliklerimi bu kadar yok saymadan söylesen benim için daha iyi olur, çünkü sen bu şekilde yaptığında yetersiz ve zayıf olduğumu ima ediyorsun gibi geliyor bana.*

Daha sonra hastanın bu tekniği öğrenmesinin ardından roller değiştirilip, bu kez de hastanın kendisini, terapistin ise babayı oynaması ile hastanın kendisini gerçekçi biçimde görmeyi iyice içselleştirmesi sağlanır.

## Ek 1: Bilişsel Terapi Okuma Parçası

**Bilişsel Davranışçı Psikoterapi Nedir?**
**Hazırlayan Prof. Dr. M. Hakan Türkçapar**

Bilişsel davranışçı psikoterapi (BDT), psikoloji ve psikopatoloji (ruhsal rahatsızlıklar) alanındaki bilimsel bulgulara dayalı olarak geliştirilmiş, bilimsel ilkelerin, psikoterapi alanına uygulanmasıyla ortaya çıkmış bir psikoterapidir.

Psikoterapi ruhsal rahatsızlık veya sorunları sözel etkileşim yoluyla (görüşmelerle) çözme yöntemine verilen genel addır. Bilişsel davranışçı psikoterapi ruhsal rahatsızlıkları açıklar ve nedenlerini araştırırken psikoloji biliminin verilerine dayanır. BDT'nin rahatsızlıkların çözümünde kullandığı sözel ve davranışsal yöntemler de aynı şekilde bu bilimsel ilkelere ve öğrenme kuramlarına dayalıdır. BDT'nin etkinliği, bilimsel olarak sınanmış ve yüzlerce klinik araştırmayla birçok ruhsal rahatsızlıkta etkili olduğu gösterilmiştir. Dayandığı temel itibariyle diğer psikoterapilerden farklı olan BDT'nin tedavi uygulamaları süreç ve içerik olarak yapılandırılmıştır. BDT'de öncelikle kişinin güncel sorunlarına odaklanır, süre olarak daha sınırlı, ve daha çok sorun çözme hedeflidir. BDT sadece başvuranların güncel sorunlarını çözmez aynı zamanda bütün yaşamları süresince sorunlarını çözmekte kullanabilecekleri özel birtakım beceriler de öğretir. Bu beceriler temelde, düşünce alanında daha gerçekçi, uygun ve yararlı düşünmeyi, davranış alanında da kişinin nasıl bir insan olmak ve nasıl bir hayat yaşamak istiyorsa ona uygun davranıp yaşamasını geliştirmeye dönüktür.

**Bilişsel Davranışçı Psikoterapinin altında yatan kuram nedir?**

Bilişsel davranışçı psikoterapi bilişsel davranışçı modele dayanır, Kişinin içinde bulunduğu çevre, yaşadığı olaylar, bu olayları algılama biçimimiz, duygusal tepkilerimiz ve davranışlarımızın birbiriyle etkileşim içinde olduğu gerçeği BDT'nin ana çıkış noktasıdır. BDT kişinin sorunuyla ilgili ve birbiriyle etkileşim içindeki bu alanlardan öncelikle düşünce ve davranışlarına odaklanır.

Düşünce ve duygusal tepkilerimiz birbiriyle çok yakından ilişkilidir. Olan bitenler algı ve düşüncelerimizin süzgecinden geçerek bizi etkiler. Yani "olayları olduğu gibi değil, olduğumuz gibi görürüz". Örneğin bu yazıyı okurken okuduklarımızı değerlendirip yorumlarız. Bu satırları okuyan ve "çok güzel, tam benim aradığım tedavi türü" diye düşünen kişi kendini mutlu, hevesli hissedecektir. "İyi gibi görünüyor, ama ben yapamam, bende işe yaramaz" şeklinde düşünen bir kişi ise kendini karamsar ve isteksiz hissedecektir. Yani kişinin duygusal tepkisi sadece doğrudan durumdan (örneğin burada kitapçığı okuma) değil, durumla ilgili düşüncelerinden de etkilenir. BDT kişilerin sıkıntı yaşadıkları anlara eşlik eden düşüncelerini saptayıp, bu düşüncelerin ne kadar gerçekçi ve uygun olduğunu incelemeleri ve uygunsuz düşünceleri yerine daha gerçekçi ve düşünceler geliştirilmelerini öğretir.

Düşünceye dönük bu müdahalelerin yanı sıra BDT'de davranış alanında kişinin yaşamdaki hedeflerine daha uygun davranması, hayatını kısıtlayan kaçınma ve gereksiz güvence arama ve tedbir almaya dönük davranışlarının değiştirilmesi hedeflenir. Kişinin yaşamında sorun olan alanlara dönük sorun çözme yöntemleri ve davranış değişikliği uygulamalarıyla da birey içinde bulunduğu çevre koşullarını ve ilişkilerini değiştirmeye çalışır.

Psikoterapi genellikle bilişsel (düşünce) müdahalelerle başlar ve bunu davranış alanında değişiklikler izler. Bazı durumlarda ise (depresyon-ruhsal çökkünlük) öncelik davranış alanındadır.

**Terapiye nasıl hazırlanabilirim?**

En önemli ilk adım, amaç belirlemektir. Kendi kendinize "Terapinin sonunda nasıl olmayı istiyorum? Nelerin değişmesini istiyorum?" diye sorun. Özel olarak işte, evinizde, okulda, ailenizle, arkadaşlarınızla, iş arkadaşlarınızla ve diğer insanlarla olan ilişkilerinizde ne gibi değişiklikler olsun istiyorsunuz? Şu anda sizi rahatsız eden ne gibi belirtiler yaşıyorsunuz? Bunların hangilerinin azalmasını ya da yok olmasını istiyorsunuz? Yaşamınızın daha iyi geçmesini sağlayacak ne gibi başka alanlar olabilir? Kültürel, entelektüel ilgiler, bedensel uğraşları artırmak, kötü alışkanlıklarınızı azaltmak, insan ilişkilerinde yeni beceriler edinmek, evdeki ve işyerindeki durumu nasıl daha iyi idare edebileceğinizi öğrenmek gibi konuları zihninizden geçirin. Terapistiniz bu amaçları sizinle birlikte inceleyerek tam olarak saptamanıza ve hangilerinin üzerinde kendi başınıza, hangilerinin ise terapide çalışılabileceğini belirlemenize yardımcı olacaktır.

**Terapi seanslarında neler yapılır?**

Terapi seansınız başlamadan önce terapistiniz size durumunuzla ilgili bazı formlar ve psikolojik ölçekler doldurtur. Bu şekilde durumun nereye gittiğini her seans öncesi daha nesnel bir şekilde saptama imkânı olur. Terapistinizin seans başladıktan sonra ilk yapacağı şey genel olarak o hafta daha öncekilere kıyasla kendinizi nasıl hissettiğinizi sormaktır. Daha sonra o seans için hangi konular üzerinde çalışmayı istediğinizi ve hafta içinde sizi etkileyen önemli bir olay olup olmadığı saptanarak konular belirlenir. Ardından bir önceki seansla şimdiki seans arasında bağlantı kurmak üzere geçen seansta sizin için önemli olan konunun ne olduğu, ne hatırladığınız, hafta arasında kendi başınıza ne gibi uygulamalar yaptığınız, bunların nasıl geçtiği ve terapiyle ilgili değişmesini istediğiniz bir şey olup olmadığı konuşulur.

Daha sonra terapistinizle o gün için gündeme aldığınız konu ya da konular tartışılarak, sorun çözme ve sorun durumdaki düşünce ve inançlarınızın geçerliliği, tutarlılığı konuşulur. Aynı zamanda bu yolla yeni beceriler öğrenirsiniz.

Seans esnasında öğrendiğiniz şeyleri gelecek olan hafta içinde en iyi biçimde nasıl kullanacağınızı konuştuktan sonra terapistiniz o günkü görüşmedeki önemli noktaları tekrar özetleyerek sizden geribildirim ister; yani seanstan size yararlı olan herhangi bir şey aldıysanız, fayda görmediğiniz ya da sizi rahatsız eden bir şey olduysa, terapistin yanlış anladığı bir şey ya da değişmesini istediğiniz bir şey varsa, bunları terapistinize aktarırsınız. Gördüğünüz gibi, bilişsel terapi hem terapistin hem de danışmaya gelen kişinin oldukça aktif oldukları bir terapi türüdür.

## Terapi ne kadar sürer?

Pratik birtakım zorunlu durumlar bir yana bırakıldığında (belli bir süreyle terapiye gelebilme imkânı gibi) terapinin ne kadar süreceğine terapistle danışan birlikte karar verir. Genellikle 2-3 seanstan sonra ilk seanslarda ortaya konulan amaçlara ne kadar sürede ulaşılabileceği konusunda terapistin kabaca bir fikri olur. Bazı danışanlar için 6-10 görüşme gibi çok kısa bir süre yeterli olabilir. Daha uzun süreli sorunları olan kimi danışanlar aylarca hatta bir yılı geçen bir süre boyunca terapide kalmayı seçebilirler. Danışanla başlangıçta, çok ağır bir kriz durumu söz konusu değilse, haftada bir kez görüşülür. Kişi kendini daha iyi hissetmeye başlar başlamaz seansların aralığı açılmaya başlanır: Görüşmeler kademeli olarak önce 15 günde bire, daha sonra üç haftada bire doğru seyrekleştirilir. Bu henüz terapide iken öğrenilen becerilerin gündelik hayat içinde uygulanarak denenmesi şansını verir. Terapi sona erdikten 3, 6 ve 12 ay sonra birer güçlendirme seansı yapılması önerilir.

## Terapiyle birlikte ilaç kullanılır mı?

Bilişsel terapi ile ilaç tedavisinin birlikte yürümesi mümkündür. İlaç kullanılması gerektiğini düşündüğü durumda terapistiniz bu durumu size söyleyerek durumun avantajlarını ve dezavantajlarını sizinle tartışacaktır. Birçok durum hiç ilaç kullanmadan tedavi edilebileceği gibi sadece ilaç kullanımıyla geçen sorunlar da söz konusu olabilir. Her iki tedavi türünün de etkili olduğu durumlarda tercih danışmaya gelen kişiye bağlıdır. Bazı durumlar genellikle iki tedavinin birlikte kullanımına daha iyi cevap verir.

## Terapiden nasıl daha çok yararlanabilirim?

Bunun bir yolu terapistinize psikoterapinize yardımcı olacak ne gibi kitaplar ve broşürler okuyabileceğinizi sormak ve bunları okumaktır. İkinci yapabileceğiniz şey, her bir seansa dikkatli bir biçimde hazırlanarak gelmeniz, bir önceki seansla ilgili düşünmeniz ve bir sonraki seansta neleri konuşmak istiyorsanız onu not etmenizdir. Terapiden elde edeceğiniz yararı artırmanın üçüncü yolu terapi seansını gündelik yaşamınıza taşımanızdır. Bunu seansta olup bitenlerin kendiniz için bir özetini çıkararak yapabilirsiniz. Seansın sonunda o hafta için neler yapabileceğiniz, bunları yaparken ne gibi güçlüklerle karşılaşabileceğiniz konusunda konuşabileceğiniz bir zaman bırakarak terapistinizin seans sona ermeden size bu konuda yardımcı olmasını sağlayabilirsiniz. Tabii en önemlisi seanslara düzenli ve zamanında devam etmeniz terapinizin de daha hızlı ilerlemesini sağlayacaktır.

## Terapinin işe yaradığını nereden anlayabilirim?

Birçok danışan eğer güvenerek ve inanarak seanslara devam eder ve seans dışı zamanlarda önerilen teknikleri her gün gündelik yaşamlarında kullanırlarsa 4-5 seans sonra belirtilerinde bir azalma fark etmeye başlarlar. Aynı zamanda uygulanan psikolojik testlerde objektif olarak birkaç hafta içinde düşme gerçekleşir. Özetlersek, kendisini daha iyi hissetmeye başlar.

# Kaynaklar

## Yararlanılan Kaynaklar – Bölüm 1


1. "Science" maddesi. *Oxford Dictionary of English 2ed*, Oxford University Press, 2003.
2. Uebel, Thomas, "Vienna Circle", *The Stanford Encyclopedia of Philosophy* (Winter 2010 Edition), Edward N. Zalta (haz.).
3. Lagemaat R, *Theory of Knowledge*, Cambridge University Press, 2005
4. Bird, Alexander, "Thomas Kuhn", *The Stanford Encyclopedia of Philosophy* (Fall 2009 Edition), Edward N. Zalta (haz.).
5. Kuhn, T.S., *The Structure of Scientific Revolutions*, Chicago: University of Chicago Press, 1962, pp. 145-6.
6. Mevlânâ Celaleddin Rumi, *Cân* Yücedir *Göklerden: Mesnevi'den Seçmeler,* Kenan Sarıalioğlu (çev.) ve Gültekin Çizgen (res.), Dünya Kitapları, İstanbul, Dizi: Doğu-Batı Klasikleri, 2004.
7. Klerman, G. L., Historical Background Psychiatry, Lippincott Publishing, New York, 1990.
8. Kernberg, O. F., "New Perspectives on Drive Theory", *Agression in Personality Disorders and Perversions*, Yale University Press, New Haven, 1992.
9. Ornstein, P. H., & Kay, J. (1990), "Development of Psychoanalytic Self Psychology: A historical-conceptual Overview", *Review of Psychiatry, 9*, 303-322.
10. Gençtan, E., *Psikanaliz ve Sonrası*, Remzi Kitabevi, İstanbul, 1993, 5. baskı.
11. Gabbard, G.O., *Psychodynamic Psychiatry in Clinical Practice.* APP Inc, Washington, 1994.
12. Tataryn, D. J., Nadel, L., & Jacobs, W. J., "Cognitive Therapy and Cognitive Science", *Comprehensive Handbook of Cognitive Therapy*, Freeman, A., Simon, K. M., Beutler, L. E., ve Arkowitz, H. (haz.), Plenum Press, New York, 1989.
13. Arkowitz, H., & Hannah, M. T., "Cognitive, Behavioral and Psychodynamic Therapies: Converging or Diverging Pathways to Change", *Comprehensive Handbook of Cognitive Therapy,* Freeman, A., Simon, K. M., Beutler, L. E. ve Arkowitz, H. (haz.), Plenum Press, New York, 1989.
14. Beck, A. T., Rush, A. J., Shaw, B. F. & Emery, G, *Cognitive Therapy of Depression,* The Guilford Press, New York, 1979.

15. Persons, J. B., Gross, J. J., Etkin, M. S. & Madan, S. K., "Psychodynamic Therapists' Reservations About Cognitive-behavioral Therapy: Implications for Training and Practice", *The Journal of Psychotherapy Practice and Research*, *5*(3), 202, 1996.
16. Ellis, A, "Is Psychoanalysis Harmful", *Psychiatric Opinion*, *5*(1), 16-25, Revised, 1993: 16-25, (1968).
17. Dryden, W., *Integrative and Eclectic Therapy: A Handbook*, Open University Press, Buckhingam Philadelphia, 1992.
18. Ryle, A. E., *Cognitive Analytic Therapy: Developments in Theory and Practice*. John Wiley & Sons: Chichester, 1995.

## Yararlanılan Kaynaklar – Bölüm 2

19. Beck, A. T. & Rush, A. J., *Cognitive Therapy: Comprehensive Textbook of Psychiatry/5* Kaplan, H. I. & Sadock, B. J. (haz.), Baltimore-Maryland: Williams & Wilkins, 1989.
20. Alford, B. A. & Beck, A. T., *The Integrative Power of Cognitive Therapy*, The Guilford Press, New York, 1997.
21. Beck, A. T. & Newman, C. F., *Cognitive Therapy: Comprehensive Textbook of Psychiatry/5* Kaplan, H. I. & Sadock, B. J. (haz.), Baltimore-Maryland: Williams & Wilkins, 1989.
22. Levenson, H. & Pope, K. S., "Behavior & Cognitive Therapy", *Review of General Psychiatry* (3. baskı) Goldman HH (haz.), Connecticut. Appleton & Lange, 1992.
23. Beck, A. T., *Cognitive Therapy and the Emotional Disorders, New York: A Meridian Book,* Penguin Group, 1976
24. Beck, A. T., *Depression: Clinical, Experimental and Theoretical Aspects*, University of Pennsylvania Press, 1967.
25. Watson, J. B. & Rayner, R., Conditioned Emotional Reactions, *Journal of Experimental Psychology*, *3*(1), 1, 1920.
26. Teasdale, J. D., "Emotion and Two Kinds of Meaning: Cognitive Therapy and Applied Cognitive Science", *Behaviour Research and Therapy*, *31*(4), 339-354, 1993.
27. Butler, A., *Meta Analysis Findings Favor Cognitive Therapy for Many Disorders*, Beck Institute Newsletter, Şubat 2000.
28. Butler, A. C., Chapman, J. E., Forman, E. M. & Beck, A. T., "The Empirical Status of Cognitive-behavioral Therapy: A Review of Meta-analyses", *Clinical Psychology Review*, *26*(1), 17-31, 2006.
29. Salkovskis, P. M. (haz.), *Frontiers of Cognitive Therapy*, Guilford Press, New York, 1996.

## Yararlanılan Kaynaklar – Bölüm 3


30. Mercin, L. Piaget ve Kohlberg'in ahlaki (*moral*) gelişim kuramlarının özelliklerinin karşılaştırılması. *Dicle Üniversitesi Eğitim Fakültesi Dergisi, 5*, 73-86, 2005.


## Yararlanılan Kaynaklar – Bölüm 4


31. Purdon, C. & Clark, D. A., *Overcoming Obsessive Thoughts: How to Gain Control of Your OCD*, New Harbinger Publications, 2005.
32. Wright, J. H., "Cognitive Therapy of Depression", *Review of Psychiatry*, (7. sayı) Frances, A. J. ve Hales, R. E. (haz.), Washington DC, American Psychiatric Press Inc., 1988.
33. Batmaz, S. & Ozdel, K., "Psychometric Properties of the Revised and Abbreviated Form of the Turkish Version of the Dysfunctional Attitude Scale", *Psychological Reports*, *118*(1), 180-198, 2016.
34. Shaw, B. F. & Segal, Z. V., "Introduction to Cognitive Therapy", *Review of Psychiatry*, (7. sayı) Frances, A. J. ve Hales, R. E. (haz.) ,Washington DC, American Psychiatric Press Inc., 1988.
35. Di Giuseppe, R., "Cognitive Therapy with Children", *Comprehensive Handbook of Cognitive Therapy,* Freeman, A., Simon, K. M., Beutler, L. E. ve Arkowitz, H. (haz.), Plenum Press, New York, 1989.
36. Beck, A. T. & Weishaar, M., "Cognitive Therapy", *Comprehensive Handbook of Cognitive Therapy*, Freeman, A., Simon, K. M., Beutler, L. E. & Arkowitz, H. (haz.), New York, Plenum Press, 1989.
37. Young, J. E. & Lindemann, M. D., "An Integrative Schema-focused Model for Personality Disorders", *Journal of Cognitive Psychotherapy*, *6*(1), 11, 1992.
38. Walen, S. R., DiGiuseppe, R. & Dryden, W., *A Practitioner's Guide to Rational Emotive Therapy,* Oxford University Press, 1992.
39. Kendall, P. C., *Anxiety Disorder in Youth: Cognitive-behavioral Interventions,* Allyn and Bacon, Massachusetts, 1992.